KB219429

교리별 성경연구

Great Truths of the Bible

by Alan Stringfellow

교리별 성경연구

지은이 | 앨런 스트링펠로우
편집 | 두란노 출판부
초판 발행 | 2016. 5. 23
6쇄 발행 | 2024. 1. 18
등록번호 | 제1988-000080호
등록된 곳 | 서울특별시 용산구 서빙고로65길 38
발행처 | 사단법인 두란노서원
영업부 | 02)2078-3333 FAX | 080-749-3705
출판부 | 02)2078-3330

책값은 뒤표지에 있습니다.
ISBN 978-89-531-2563-6 04230
(세트) 978-89-531-2522-3 04230

독자의 의견을 기다립니다.
tpress@duranno.com www.duranno.com

두란노서원은 바울 사도가 3차 전도 여행 때 에베소에서 성령 받은 제자들을 따로 세워 하나님의 말씀으로 양육하던 장소입니다. 사도행전 19장 8–20절의 정신에 따라 첫째 목회자를 돕는 사역과 평신도를 훈련시키는 사역, 둘째 세계선교TIM와 문서선교단행본·잡지 사역, 셋째 예수문화 및 경배와 찬양 사역, 그리고 가정·상담 사역 등을 감당하고 있습니다. 1980년 12월 22일에 창립된 두란노서원은 주님 오실 때까지 이 사역들을 계속할 것입니다.

하나님을 더 깊이 알아가는 교리 공부 52주

교리별 성경연구

앨런 스트링펠로우 지음 | 두란노 출판부 편집

두란노

차례

Bible Study

Bible Study

교리별 성경연구를 내면서

한국 교회에 강해설교, 큐티 훈련, 제자양육, 성경공부, 복음적인 상담 등 성숙한 교육프로그램이 활발하게 개발되고 추진되고 있음을 생각할 때 하나님께 감사를 드립니다.

이번에 보급판을 펴내는《교리별 성경연구》는 기독교의 기본적이고 핵심적인 교리들을 1년 동안 공부할 수 있도록 만든 책입니다. 이 책을 통해 여러분은 성경 정경, 삼위일체 하나님, 천사, 사탄, 구원, 성화, 율법과 은혜, 그리스도인의 생활, 교회, 적그리스도 등에 대해서 구체적이고 종합적으로 공부할 수 있을 것입니다.

이 교재는《인물별 성경연구》,《책별 성경연구》와 연결됩니다. 앨런 스트링펠로우가 쓴 이 책은 미국 워싱턴에서 목회하고 있는 우수명 목사님의 소개로 알게 되었습니다. 그 후 2년여의 교섭 끝에 허락을 받은 특별한 책입니다.

이 교재가 한국 교회와 모든 성도님에게 영적인 활력소가 되기를 기도합니다. 더욱이 이번 보급판을 계기로 많은 이들에게 널리 읽혔으면 하는 소망이 간절합니다.

2016년 5월

두란노 출판부

효과적인 학습을 위한 지침

52주 동안 최대의 지식과 풍부한 영감을 얻기 위해서 다음의 지시 사항들을 지켜야 합니다. 다음의 사항은 하나님의 말씀으로 철저하게 훈련받기 위한 지침들입니다.

1. 학습자가 지켜야 할 지침들

- 52주 동안 빠짐없이 참석할 것
- 매주에 주어진 과제(복습과 예습)들을 꼭 수행할 것
- 중요한 성경 구절에 밑줄을 그을 것
- 공부 시간에 필요한 내용들은 적어 둘 것
- 공부 시간에 나오는 성경 구절들을 찾아 참고 사항을 적어 넣을 것. 밑줄 그은 성경 구절은 노트에 적어 둘 것
- 매주 적어도 두 시간 이상 성경을 읽고 복습하기로 주님과 약속 할 것

그저 적당히 공부하겠다고 생각하면 효과적인 학습이 이루어지지 못합니다. 적극적으로 참여할 필요가 있습니다.

2. 교사가 지켜야 할 지침들

먼저 아래의 말씀을 읽고 교사 스스로 영적인 마음의 준비를 하십시오.

고린도전서 2:12-14

에베소서 1:17-18

요한복음 14:26; 16:12-16

교사들이여, 성경공부를 통해 성령이 학생들에게 은혜를 주고 말씀을 가르칠 것이라는 사실을 믿고 기대하십시오.

교회에서 이 교재를 사용하신다면 목사, 교육지도자, 교회학교 교사들이 보면 좋습니다. 이 공부는 일주일에 한 번씩 모여 진행하게 될 것입니다. 주어진 과를 좀 더 깊이 연구하려면 다음

과를 참고해 준비하시기 바랍니다.

만일 여러분이 전체적인 윤곽을 모르고 가르친다면 학생들에게 중요한 핵심 내용을 제시할 수 없을 것입니다.

성구 사전들과 기타 참고 서적들을 활용하십시오.

당신이 맡고 있는 팀의 상황을 파악하고 그들에게 나올 수 있는 질문들과 대답들을 미리 준비하십시오.

- 매주의 주제를 떠나서 가르치지 말 것
- 학생들이 너무 원초적인 내용에만 집착하게 하지 말 것
- 핵심 주제를 포착할 것
- 매주의 아우트라인을 바꾸지 말 것
- 당신의 의견이나 말을 첨가할 수 있지만 중요한 포인트는 바꾸지 말 것
- 말보다는 인격으로 가르칠 것
- 학생들에게 주제를 꼭 제시할 것

매주 진행하는 데는 적어도 55분 이상의 시간이 소요될 것입니다. 성경공부를 시작하기 전에 너무 많은 시간을 허비하지 말고 간단한 기도와 찬송가 한곡 정도 부르고 시작하면 됩니다.

이 성경공부 교재는 간헐적으로 보다는 집중적으로 어떤 기간을 정해서 진행하는 것이 효과적입니다.

이 교재를 공부하는 학생들과 교사님들에게 하나님의 축복이 임하기를 바랍니다. 성령님이 친히 교사와 학생들을 가르칠 것입니다.

Week 01
신구약 정경

Ⅰ. 서론

"정경"(Canon)이란 규칙, 측량하는 선, 기준, 혹은 규범을 뜻한다. 이것은 라틴어, 헬라어, 히브리어 그리고 영어에서도 같은 의미를 가진 동일한 단어이다. 성경에서 명칭을 갖고 있는 모든 책은 경전으로 인정되어 있으며 성령의 감동을 받아 하나님의 말씀으로 기록된 표준 혹은 규범이다.

Ⅱ. 중요한 성경 구절

누가복음 24:27, 44, 마태복음 23:35, 디모데후서 3:16, 베드로후서 1:21, 히브리서 1:1-3.

Ⅲ. 핵심 진리

성경 66권이 어떻게 하여 하나님의 말씀 중의 한 부분이 되었는지 디모데후서 3:16에서 찾아보자.

Ⅳ. 중요한 진리: 신 · 구약 정경

A. 구약성경 39권

1. 구약은 하나님으로부터 받은 예언적 말씀이다.

예언은 언제든지 사람의 뜻으로 낸 것이 아니요 오직 성령의 감동하심을 받은 사람들이 하나님께 받아 말한 것임이니라(벧후 1:21).

선지자(예언자)는 하나님의 말씀을 대변하여 말하는 사람이다. 하나님의 감동을 받아 장래의 일을 미리 "예언"하는 일을 한다. 헬라어로 "선지자"(예언자)는 "다른 사람을 대변하여 말하는 사람"이다. 따라서 구약성경은 예언적이든 비예언적이든 하나님의 진리를 선포하여 기록한 사람들에 의해 쓰인 것이다. "선지자"로 불린 사람들이 있었으며 아론(출 7:1)과 다윗(행 2:30)처럼 "예언적 은사"를 지닌 사람도 있었다.

Note

2. 구약은 하나님의 감동을 받아 기록된 그분의 말씀이다.

모든 성경은 하나님의 감동으로 된 것으로 교훈과 책망과 바르게 함과 의로 교육하기에 유익하니(딤후 3:16).

구약은 하나님의 감동을 받아 기록됐다. 하나님의 감동(God breathed)에 대해 말해주는 성경 및 구절을 찾아보자. "하나님이 이르시되"란 구절이 창세기 1장에서 몇 번 나오는지 살펴보자. 창세기 2:7; 3:15은 하나님의 감동하심으로만 기록될 수 있는 말씀이다.

출애굽기 32:16을 찾아보라. ____________________

레위기 1:1 ____________________

민수기 36:13 ____________________

____

신명기 4:2 ____________________

여호수아 24:26 ____________________

구약성경 전체를 통해 우리는 하나님의 감동하심에 대한 근본적인 진리를 알 수 있다.

3. 구약이 만들어진 것은 에스라와 대회당의 사람들 덕분이라고 생각하는 것은 유대인의 전승이다. 유대인이 이같이 생각하는 것은 에스라의 열성과 능력 때문이다. 에스라는 "여호와의 계명의 말씀과 이스라엘에게 주신 율례 학자"였다(스 7:11). 에스라는 "여호와의 율법을 연구하여 준행하며 율례와 규례를 이스라엘에게 가르치기로 결심했던" 사람이다(스 7:10). 대회당인들(The men of the Great Synagogue)은 하나님의 신탁를 받을 수 있고 또 그 신탁의 진위를 결정할 자격을 구비하고 있었다. 하나님의 감동으로 이루어진 말씀을 사실상 현재적인 형태로 대회당인들이 정리한 사실에 의혹을 품을만한 정당한 이유가 없다.

유대인의 전승은 단순한 전승 이상일 수도 있다. 구약성경이 이루어짐에 있어 에스라와 대회당인들이 중요한 역할을 했다는 충분한 증거가 있다.

4. 역사는 구약정경의 정당성을 입증해 준다.

유명한 유대인 역사가 요세푸스(Josephus)는 기원후 90년에 쓴 그의 작품 *Against Apion 1:8*에서 구약성경의 올바름을 입증한다. 그는 다음과 같이 말했다.

> "우리(유대인을 의미함)에게는 셀 수 없이 많은 책이 있어서 서로 일치하지 아니하며 모순 상충되는 것이 아니라 단지 22권의 책밖에 없다. 이 책들 속에는 과거에 관한 모든 것들이 기록되어 있고 또 우리는 이들을 성스러운 책으로 당연히 믿고 있다. 그리고 이들 중에서 다섯 권은 모세에게 속하는 것으로 모세의 율법과 그의 임종시까지의 인간 기원에 관한 이야기가 기록되어 있다. 이들이 기록된 시간적인 간격이 채 3,000년이 되지는 않지만 그렇지만 모세가 임종한 때로부터 고레스(Xerxes)의 뒤를 이어 통치한 바사의 왕 아닥사스가 통치한 때까지는 모세 뒤에 있었던 선지자들이 그들 시대에 있었던 일들을 13권의 책에다 기록했던 것이다. 나머지 네 권에는 하나님께 드리는 찬송과 인간 생활의 행위에 관한 교훈이 들어 있다. 우리 역사는 아닥사스 왕 이후에 기록된 것이지만 그러나 매우 이상하게도 앞에서 언급한 책들만큼 권위 있는 책으로 생각되지 않았음이 사실이다. 그 이유는 아닥사스 왕 후로는 선지자들의 계열이 명확치 않기 때문이다. 우리 민족에 관한 일들이 기록된 그러한 책들을 우리가 행하는 일들로 분명히 알 수 있다. 왜냐하면 이미 지나간 여러 해 동안 어느 한 사람도 과감하게 어떤 것을 그 책들에 더하지도 혹은 그 책들로부터 어떤 것을 취하지도 않았던 것이다. 모든 유대인들은 출생 직후부터 그 책들을 하나님의 교훈이라 생각하면서 그 교훈에 따라 살기를 주장하고 그리고 여하한 경우에는 그 교훈들로 말미암은 죽음조차도 기꺼이 받아들이고 있는 점은 그들에게 있어 당연지사인 것이다."

구약정경을 이루고 있는 책들은 바사의 왕 아닥사스로부터 추정되는 22권의 책 속에 기록되어 있다. 에스라 7:11-26에는 에스라를 위하여 내려진 아닥사스의 조서가 기록되어 있고, 느헤미야 2장에는 느헤미야를 위하여 내려진 아닥사스의 조서가 기록되어 있다. 이와 같이 요세푸스의 기록은 구약성경을 이루는 책의 권수와 마지막 선지자(하나님의 감동을 받은 대변인)가 에스라와 느헤미야임을 말한다. 에스라와 느헤미야 시대에 있지 아니한 책은 인정되지 않았다.

5. 22권의 구약정경은 성경 39권과 같다.

Note

모세오경	예언서 13권	찬양시 4권
1. 창세기 2. 출애굽기 3. 레위기 4. 민수기 5. 신명기	1. 여호수아 2. 사사기와 룻기 3. 사무엘상하 4. 열왕기상하 5. 역대상하 6. 에스라와 느헤미야 7. 에스더 8. 이사야 9. 예레미야와 예레미야 애가 10. 에스겔 11. 다니엘 12. 12소예언서 13. 욥기	1. 시편 2. 잠언 3. 전도서 4. 아가

a. 요세푸스의 말처럼 유대교 정경 원본은 도표의 책들로 이루어져 있다. 이것들은 오늘날 구약성경을 이루고 있는 39권의 책으로 단 한 권도 가감되지 않았다.

b. 오늘날 우리의 구약성경이 39권인 이유

- 12소예언서는 1권이 아니라 12권(호세아에서 말라기까지)이다.
- 사무엘, 열왕기, 역대기는 각각 2권이며 1권이 아니다.
- 에스라와 느헤미야는 1권으로 이루어진 것이 아니고 2권의 책이다.
- 룻기와 사사기도 분리되어 있다.
- 예레미야와 예레미야애가도 분리되어 있다.
- 이러한 분리와 더불어 17권의 책은 22권의 책, 즉 일련의 기록물에 더하여져서 도합 39권의 책을 이루고 있다.

c. 히브리어 성경이 70인역으로 알려져 있는 헬라어역으로 번역되었을 때 이들은 히브리어 성경 원본을 다음과 같이 나누었다.

- 모세오경– 율법서
- 역사서 12권– (여호수아에서 에스더까지)
- 시가서 5권– (욥기에서 아가서까지)
- 예언서 17권– (이사야에서 말라기까지)

• 총 39권

기원전 3세기 알렉산드리아에서 만든 헬라어역이 그 당시 알려진 세계에서 사용되는 언어였다. 그래서 요세푸스가 말한 22권의 책은 헬라어로 번역되어 오늘날 우리가 사용하는 구약성경 39권이 되었다.

6. 예수님과 신약성경이 구약정경을 증거해 준다.

a. 누가복음 24:44를 찾아보라. ______________________________

____

b. 예수님과 신약성경이 증거하는 것은 율법과 선지자와 그 기록물 속에 약속된 모든 것을 성취한다. 예수 그리스도는 구약성경 전권의 중심이 되는 분이다. 누가복음 24:27을 찾아보라. ______________________________

____

B. 신약성경 27권

1. 신약성경은 하나님, 즉 성령의 감동으로 이루어졌다.

신약성경을 쓴 저자의 영감여부는 예수님과 저자의 관계를 통해 나타난다. 예수 그리스도는 복음의 중심이며 예수님을 통하여 하나님께서는 자신을 인간의 모습으로 세상에 알리신 것이다. 이와 같은 사실과 복음의 진리에 대해 흠이 없이 가르치거나 기록할 수 있는 사람들을 예수님께서 신령한 방법으로 선택하시고 사용하셨다. 히브리서 1:1-2를 찾아 밑줄을 그어라.

2. 신약성경에 나오는 책들은 사도나 혹은 사도의 동역자(서기)가 기록한 것이다.

a. 예수님께서는 세상에 거하시는 동안 사도들이 이해할 수 없었던 일들을 성령이 그들에게 나타내 보이리라고 말씀하셨다. 요한복음 16:12-15를 찾아 줄을 긋고 마태복음 10:20과 요한복음 14:25-26을 찾아보라.

b. 여러 약속들이 특수한 임무를 달성하기 위해 사도들에게 주어졌다. 이 약속들은 또한 사도들의 가르침을 통해 교회에도 전달되었다(엡 2:19-22).

c. 사도들은 신령한 권위로 말하고 성경을 기록했다. 고린도전서 2:9-13을 읽고 13절에 밑줄을 그어라. 갈라디아서 1:11-12에서 바울은 자신이 가지고 있는 권위에 대해 다시 강조한다.

____

이제 에베소서 2:20을 찾아 밑줄을 그어라.

d. 마가복음과 누가복음 속에서 대서인(비서)으로 알려진 사도들의 동역자가 쓴 몇 권의

책에 대한 예를 찾아 볼 수 있다. 마가는 베드로의 동역자이고 누가는 바울의 동역자이다. 베드로전서 5:13에 밑줄을 그어라. 누가는 세 번째 복음서를 기록했다. 누가가 사도행전에서 기록한 바와 같이 바울이 여행하는 동안 그는 바울의 동역자였다.

Note

3. 신약성경의 모든 책에는 사도적 권위가 있다.

신약성경 27권은 교회가 이를 보관하여 온 이후에 정경 속에 포함되었다. 교회들은 서로 서신을 교환하고 그것들을 베껴 또 다른 교회에 보냈다. 사도적 권위가 있는 서신만이 정경의 일부로 인정되었다.

기원후 397년 카르타고의 회의에서는 "정경으로 승인되지 않은 것은 어떤 것도 교회에서 읽혀지지 않아야 한다"고 공표했다. 이때에 신약성경 27권의 이름이 지어졌다. 그들이 지침으로 삼은 규범(canon) 혹은 규칙은 "신약성경은 사도나 혹은 사도의 서기(동역자)에 의해 쓰여 져야 한다"라는 것이다. 성경은 하나님의 감동으로 이루어진 말씀이며 하나님의 사람들에 의해 쓰여 진 것이며 성령의 힘으로 보존됐으며 하나님의 사람들에 의해 수세기 동안 승인되어져 왔다. 즉 하나님의 완전한 말씀이 우리에게 있는 것이다.

복습

우리가 알 수 있는 것은 신구약 정경은 하나님의 감동으로 이루어진 것이며, 하나님의 사람들에 의해 쓰여 진 것이며(선지자나 사도들), 하나님의 진리를 나타내는 것이며, 성령의 도움으로 보존되고 그리고 하나님의 사람들에 의해 인정되고 사랑받는 것이다.

"믿음은 들음에서 나며 들음은 그리스도의 말씀으로 말미암았느니라"(롬 10:17).

예습

1. 시편 119편, 고린도전서 2:9–13, 이사야 28:9–13; 40:6–8, 디모데후서 3:16, 베드로전서 1:23–25, 베드로후서 1:19–21을 읽어 보라.
2. 노트에 기재되어 있는 신구약 성경을 복습하라.
3. 새로운 진리를 배울 때마다 성경에 표시해 보라.

성경, 하나님의 감동으로 된 말씀

Ⅰ. 서론

성경에 기록된 모든 말씀은 하나님의 감동(God breathed)으로 이루어졌다. 디모데후서 3:16은 "모든 성경은 하나님의 감동으로 된 것"이라고 말한다. 이 구절에서 사용하는 두 단어는 성경의 감동에 대한 사도적 견해를 우리에게 제시한다. 첫 번째 단어는 "그라페"(GRAPHE)로 "기록"을 의미하고 두 번째는 "데오프뉴스토스"(THEOPNEUSTOS)로 "하나님의 영감"을 의미다. "하나님의 영감" 즉 "하나님의 감동하심"을 입어 기록된 것이 성경이다.

영감이란 하나님께서 우리에게 성경을 주시기 위해 인간의 인격과 정신에 부여한 것이다. 성경(Bible)이란 단어는 헬라어 "비블로스"(biblos)에서 유래된 것으로 그 복수형은 "비블리아"(biblia)다. 바이블(Bible)이라는 현대영어식 표기는 라틴어와 고대 불어의 "기록들"을 의미하는 "비블리아"(biblia)에서 유래됐으며 이것은 한권의 책, 성경(Bible)이 되었다.

Ⅱ. 중요한 성경 구절

시편 119편, 이사야 28:9-13; 40:6-8, 고린도전서 2:9-13, 디모데후서 3:16, 베드로전서 1:23-25, 베드로후서 1:19-21.

Ⅲ. 핵심 진리

성경은 40명 이상의 각기 다른 사람들이 1,500년의 기간에 걸쳐 성령의 감동하심을 따라 썼다. 그들은 하나님의 감동으로 이 모든 것을 기록했다. 베드로후서 1:21을 찾아보자.

실수투성이 인간은 모두 죽지만, 그들이 기록한 하나님의 말씀은 영원히 변하지 않는다.

Note

Ⅳ. 중요한 진리: 성경, 하나님의 감동으로 된 말씀

A. 성경은 그 자체가 하나님의 감동을 증언한다.

1. 성경이 갖는 주장

a. 어떤 다른 책이나 기록물도 이 같은 주장을 할 수 없다. 오직 하나님의 말씀만이 그렇게 주장할 수 있다. 출애굽기 31:18을 찾아보라. ___________

____

시편 119:89, 105, 152, 160절에 밑줄을 쳐라. 그리고 이사야 40:8을 찾아 베드로전서 1:23–25과 비교해 보라.

b. "하나님이 말씀하시기를 …" 혹은 "하나님의 말씀이 임하여 이르시되 …"라는 어구가 3,808번 구약성경에 나온다. 성경이 하나님의 말씀임을 스스로 주장하고 있다. 선지자들은 그들이 받은 메시지를 소개할 때에 "주의 말씀이 이르기를 …"이라는 진술을 늘 함께 사용했다. 선지자들은 하나님의 말씀이었으며 또한 하나님의 말씀인 메시지를 전했다. 예를 들어 베드로전서 1:10–11을 천천히 읽어 보자. 베드로는 선지자들이 하나님께서 그들에게 쓰라고 명하신 것을 기록했다고 말한다. 선지자들은 메시지를 임의로 창안해 내지 않았다. 모든 메시지는 하나님으로부터 받은 것이다. 출애굽기 4:10–12에서 하나님은 모세에게 말씀신다.

____

____

____

40년 후에 모세는 신명기 4:2에서 이스라엘 사람들에게 말했다.

____

____

사무엘하 23:1–2에 밑줄을 그어라.

예레미야 1:6–9를 찾아 읽고 9절 말씀을 적어보라. ___________

____

수많은 예를 찾을 수 있다. 우리는 성경이 스스로 하나님의 말씀임을 주장함을 알 수 있다.

B. 성경의 저자들은 성령의 감동을 받았다.

1. 성령의 감동을 받은 경건한 사람들(Holy Men)이 말했다.

베드로후서 1:21을 읽어보라. 성령은 우리에게 성경을 주시기 위해 하나님께서 선택하신 사람들을 감동시켰다. 천사의 말로, 하나님의 목소리로 그리고 사도들의 기록 등 여러 가지 방법으로 하나님은 자신의 메시지를 전하셨다. 그리고 그것은 성경에 기록되었다. 히브리서 1:1-2를 찾아보자.

2. 신적 근원(The Divine Source)과 하나님의 도구로서의 인간

성경에는 신령한 저자와 또한 인간이 도구로 사용됨을 언급하는 여러 구절이 있다. 마태복음 1:22를 써 보자.

사도행전 1:16에 밑줄을 그어라.

3. 성경은 기적이다.

말씀이 오랜 시간에 걸쳐 기록되었음을 볼 때 진실하고 완전한 메시지가 기록되기 위해서 성령의 꾸준한 인도가 필요했음을 알 수 있다. 기록된 말씀은 위대한 주제인 그리스도를 증언하고 유일하신 참 하나님을 지적하며 우리에게 구원의 계획을 제시한다.

C. 성경의 핵심 주제

1. 성경의 핵심 주제는 예수 그리스도이다.

창조적인 능력으로 하나님께서 인간 세대의 사슬을 끊으시고 초자연적인 분이신 하나님의 아들 예수님을 탄생케 하셨다.

갈라디아서 4:4를 보라.

---

2. 핵심 주제가 되신 예수님의 이야기로 성경은 하나로 묶여있다.

구약성경에 선포된 주제는 "장차 누군가가 오리라"는 것이다. 성육신의 시대에 공표된 주제는 "누군가가 와 있다"는 것이었다. 종말에 예언되는 주제는 "누군가 다시 오

리라"는 것이다. 예수님은 성경을 하나의 메시지, 즉 우리를 향하신 하나님의 구속 계획으로 통합하는 위대한 요소다. 갈라디아서 4:5–6에 줄을 치고 또 에베소서 2:4, 5, 8절에도 밑줄을 그어라.

Note

D. 계시와 성경의 영감

1. 계시와 영감의 차이

 a. "계시"란 하나님께서 어떤 것을 알려 주시는 것이다. 말하자면 비밀한 어떤 일을 하나님께서 밝히 드러낸다는 것이다. 예를 들어 모세로 하여금 창세기 1장을 기록케 하신 것이 계시이다. 하나님께서 하늘과 땅을 창조하실 때 모세는 그곳에 있지 않았다. 어떤 인간도 그것을 목격하지 않았다. 그래서 하나님께서는 계시를 통해 창조 사실을 알리셨다.

 신약성경을 통해 나타나는 또 한 예의 계시는 요한이 요한계시록, 즉 묵시록을 기록한 사실이다. 아무도 시대의 종말 이를테면 하나님만이 알고 계시는 미래의 일을 수천 년 앞서 미리 볼 수가 없었다. 그렇지만 하나님께서 미래의 일을 요한에게 계시하였고 요한은 그 일을 기록했다.

 b. "영감"이란 전달된 문서를 가리키는 말이다. 이것은 기록된 문서를 오류나 실수없이 보존하는 것과 관련을 갖는다.

 예를 들어 모세가 홍해를 건넌 일을 기록한 것도 영감에 의한 기록이다. 그가 잘못된 기록을 하지 않도록 하나님께서 지키셨다. 그래서 성령의 인도하심에 따라 기록될 수 있었다. 이스라엘이 홍해를 지나는 일을 모세는 직접 목격했다. 전달된 문서는 성령의 감동(영감)하심으로 잘못됨 없이 보존되어 왔다.

 요한복음 19장에 또 한 예가 나타난다. 요한계시록의 저자 요한이 그리스도가 십자가에 못 박힌 사실을 기록한 것도 영감의 예다. 요한은 현장에서 주님의 죽음을 목격했다. 성령의 감동으로 요한은 실수없이 그 사실을 기록했다(영감과 계시에 관한 숱한 이론이 있다. 이 책은 평신도를 위한 성경 교리이므로 공부 중에 논쟁을 해서는 안 된다. 평신도 학생들이 계시와 영감에 대해 기본적인 의미를 파악할 수 있도록 여기에서 제시된 용어들은 이해하기 쉽게 쓰여 져 있다).

2. 영감을 통해 하나님 자신의 계시인 기록, 즉 성경이 탄생했다.

 a. 성령의 감동을 받은 성경 저자들이란 말은 그들이 기록한 말씀이 감동을 받

았다는 것이지 그 사람들 자체의 감동을 의미하지 않는다. 성령의 감동은 하나님의 말씀 속에 있다. 감동 받았다는 것은 성경 저자들의 기록 자체를 의미한다. 모세, 다윗, 바울은 인간이기에 실수하거나 잘못을 저지를 수 있다. 그러나 그들의 실수나 감정은 성경 기록과 무관하다.

b. 모든 성경 저자는 그들의 인격 전체를 성령의 의지에 굴복시켰다. 그러므로 그들이 기록한 것은 하나님의 감동에 의한 것이다. 성령 감동의 진리는 하나님의 영이 성경을 낳은 기적과 관련된다. 성경은 우리를 향하신 하나님의 구속계획을 인간의 언어로 기록한 문서다.

성경 속에 하나님의 말씀이 포함되어 있는 것이 아니라 성경이 바로 하나님의 말씀이다.

E. 하나님의 참된 말씀을 우리가 어떻게 알 수 있는가?

1. 하나님의 감동을 주장하는 많은 책들이 있다.

하나님의 말씀으로 "추가"되어야 한다고 주장하는 몇몇 책들이 있다. 오늘날에는 "성경의 분실된 책들"에 관해 많은 논란이 일고 있다. 그러면 우리가 어떻게 하나님의 말씀이 주는 참 진리를 알 수 있는가?

2. 성경 속에 해답이 있다.

우리가 상고할 수 있는 많은 시험 가운데에서 우선 성경에 언급된 다음 세 가지 사항을 살펴보자.

첫 번째 시험이 신명기 18:21–22에 있다. 밑줄을 그어라.

이와 같이 첫 번째 시험은 하나님의 선지자가 예언한 대로 어떤 예언의 성취 여부를 살펴보는 것이다. 예언이란 미리 말한다는 의미가 아니다. 진실한 예언은 인간이 할 수 있는 예상 이상의 것이다. 진실한 예언은 하나님이 주시는 것이다.

예를 들어 예수님께서 세상에 오시기 800년 전에 선지자 미가는 예수님께서 베들레헴에서 태어날 것이라고 말했다(미 5:2). 이 일은 참으로 성취되었다(눅 2:1–7).

또한 다윗이 다음 상황이 생기기 1000년 전에 "내 겉옷을 나누며 속옷을 제비 뽑나이다"(시 22:18)라고 말했다. 이제 마태복음 27:35절을 펴서 이 예언이 성취됨을 확인해 보라.

수천 년 전에 미리 하나님께서는 선지자들을 통해 일어날 일들을 말씀하셨다. 바로 이것이 하나님의 참된 말씀의 증거다. 인간은 1시간 앞의 일도 말할 수 없다. 그

Note

러나 하나님은 수천 년 앞의 일을 미리 나타내 주신다.

두 번째 시험은 시편 119:160에 있다. "주의 말씀의 강령은 진리이오니 주의 의로운 모든 규례들은 영원하리이다."

성경은 진리이다. 태초로부터 말씀은 진리였다. 창세로부터 이 시대의 종말이 하나님의 말씀 속에 있다. 모든 것을 알고 계시는 하나님께서 우리에게 진리의 책을 주신 것이다.

세 번째 시험은 하나님의 말씀은 그 목적을 성취한다는 것이다. 이사야 55:10-11을 읽고 11절을 써 보라.

____

____

하나님의 말씀은 하나님께서 바라시는 바를 행하고 있다. 하나님의 말씀이 목적하는 바는 우리가 죄의 형벌과 심판에서 구원받는 것다. 말씀을 가르치고 전파하고 공부하는 것이 헛된 일로 귀착되지 않을 것이다.

말씀을 향한 하나님의 뜻은 "내 입에서 나가는 말도 이와 같이 헛되이 내게로 되돌아오지 아니하고 나의 기뻐하는 뜻을 이루며 내가 보낸 일에 형통함이니라"(사 55:11)는 것이다. 이러한 것이 하나님의 말씀이다. 신구약 성경 66권은 하나님의 감동을 통해 이루어진 말씀이다.

3. 만일 이와 같은 일이 사실이라면, 성경의 분실된 책들은 어떻게 되는가?

외경이란 "숨겨진 혹은 비밀스러운"이라는 의미다. 또 외경은 14권의 책으로 이루어져 있다. 그리고 외경은 에스라와 느헤미야 시대 후에 써 졌다(Week 01 신구약 정경 참고). 외경은 위대한 문헌이긴 하나 성령의 감동으로 기록된 것은 아니다. 외경은 헬라어 70인역에서 찾아 볼 수 있다. 70인역이란 기원전 270년 경 애굽에서 만든 히브리어 성경의 번역이다. 제롬은 70인역을 라틴 벌게잇(Vulgate) 성서로 번역했는데 이 속에 외경이 포함되어 있었다. 제롬은 14권의 외경이 정경으로 인정받은 신구약 성경보다 못한 것이라고 말했다.

신구약 정경의 규범을 상기해 보라. 구약은 히브리어로 기록되었으며 에스라와 느헤미야 시대에 끝이 났다.

신약은 헬라어로 기록되었으며 사도나 사도의 서기에 의해 쓰여 진 것이다. 우리의 성경 66권은 정경으로 인정된 것이다. 그러나 외경은 이와 같은 자격을 충족시키지 못한다. 외경을 포함한 성경이 조금 있긴 하나 개신교의 성경 속에는 외경이 없다. 외경이 성경에 나타난 것은 기원후 1546년 트렌트회의에서다.

외경 14권은 분실되지 않았다. 그러나 이 책들은 신구약정경 속에 포함되지 않는다. 지금 당신이 가지고 있는 성경은 하나님의 감동을 받아 기록된 말씀다. 말씀을 사랑하고 공부하고 가르치고 그 가르침에 따라 살도록 노력하라.

복습

하나님의 말씀은 그분의 감동하심으로 기록된 것이다. 성경 66권은 우리에게 하나님의 구속계획을 말해 주고 제시해 준다. 베드로전서 1:24-25를 다시 읽어 보라.

요한복음 20:31을 적어 보라.

성경에서 가장 긴 장은 하나님의 말씀에 관해 말해 준다. 모든 구절이 기록된 말씀의 우수성을 찬양하고 있다. 그것은 시편 119편으로 176절로 이루어져 있다. 시편 119편을 읽고 마음에 감동을 주는 구절에 밑줄을 그어라.

여호와여 주의 말씀은 영원히 하늘에 굳게 섰사오며(시 119:89).

주의 말씀은 내 발에 등이요 내 길에 빛이니이다(시 119:105).

예습

1. 마태복음 5:17-19; 19:4-5; 22:29-32; 26:54-56, 누가복음 24:25-32, 44-45, 요한복음 10:35, 로마서 15:4; 16:26, 갈라디아서 3:8, 디모데전서 5:18, 디모데후서 3:16을 읽어 보라.
2. 이번 주에 배운 것을 완전히 이해하라. 참고가 될 성경구절에 줄을 치고 그 말씀을 기록하라("거짓의"(pseudo〈슈도우〉)와 "그위"(epi〈에피〉)와 "기록하다"(Graphi〈그라피〉). 즉 "잘못 기론된 것"을 의미하는 "슈드에피그라피"(pseudepigrapha)라 칭하는 엄청난 양의 문헌이 기록되어 있다. 이 문헌은 기원전 200년에서 기원후 600년 사이에 기록되었다. 그것은 다른 사람(거짓된), 이를테면 선지자들이나 왕들 혹은 신약성경의 명칭을 빌어 쓰여졌다. 이따금 거론되는 구약성경의 가짜 문헌에는 18권이 있다(정확한 숫자는 알려져 있지 않음). 신약성경에서도 적어도 280개의 가짜 문헌이 있다. "마리아의 복음, 도마

의 복음, 베드로의 복음, 열두사도들의 복음." 그리고 그외 사람들이 쓴 복음서등 숱한 "복음서들"이 있다. 이 문헌 중의 많은 것들이 외경성을 띠고 있다. 어떤 규범이나 종교회의에서도 이 문헌들을 인정하지 않았다. 유세비우스(Eusebius)는 이같은 문헌들이 완전히 불합리하고 불경건한 것이라고 말했다]

3. 새로운 진리를 배울 때마다 성경에 표시해 보라.

Note

Week 03

성경, 하나님의 권위있는 말씀

Ⅰ. 서론

성경의 권위는 성경 속에 있다. 가장 중요한 증거들 중의 하나는 성경 그 자체의 증거가 되는 가장 단순한 이유 때문이다. 이보다 더 고귀한 권위는 없다. 결코 성경을 옹호할 필요도 없다. 성경은 스스로 자신을 변호한다. 성부 하나님과 성자, 성령이 성경의 권위를 증언한다. 예를 들어 성령이 모든 믿는 자가 하나님의 자녀임을 증거하듯(롬 8:16) 성령은 또한 성경이 하나님의 말씀임을 증거한다(벧후 1:20-21). 그러므로 우리 믿음과 행위가 추구해야 할 궁극적 권위는 하나님의 말씀이다.

Ⅱ. 중요한 성경 구절

시편 119편, 이사야 40:6-8, 마태복음 5:17-19; 19:4-5; 22:29-32; 26:54-56, 누가복음 24:25-32, 44-45, 요한복음 10:35, 로마서 15:4; 16:26, 갈라디아서 3:8, 디모데전서 5:18, 디모데후서 3:16.

Ⅲ. 핵심 진리

예수님의 가르침은 성경에 관하여 우리가 취할 수 있는 최고의 권위이다. 어떤 비평의 말로도 그분의 완전무결함을 욕되게 할 수는 없다. 빌라도 마저도 "내가 보니 이 사람에게 죄가 없도다"(눅 23:4)라고 말했다. 예수님은 권위있게 성경을 가르쳐 주셨다(마 7:29). 만일 이 단계에서 예수님의 권위를 부인해 버린다면 하나님의 구속계획의 완전한 토대가 하나님의 아들과 더불어 무너지게 될 것이다.

성경은 하나님의 권위있는 말씀이다. 왜냐하면 예수 그리스도이신 성자 하나님께서 그 완전한 책에 자신이 가진 권세의 인을 쳐 놓으셨기 때문이다.

Note

Ⅳ. 중요한 진리: 성경, 하나님의 권위있는 말씀

A. 성부 하나님의 증거

1. 구약성경 속 말하는 자와 듣는 자

   a. 성경은 하나님의 권위있는 말씀이다. 왜냐하면 하나님께서 말씀을 하늘에 굳게 서게 하셨으며(시 119:89) 또 하나님의 말씀은 태초부터 진리(시 119:160)이기 때문이다.

   "주께서 말씀 하시기를–", "하나님이 말씀하시기를–", "주의 말씀에 이르기를–" 의 어구가 구약성경에 3,808번 나온다.

   b. 우리가 인정하면서도 이따금씩 대수롭지 않게 지나쳐버리는 성경 속 어구들이 성경의 권위를 더해 준다. 한 책 속에 35번씩이나 나오는 구절인 "주께서 모세에게 말씀하여 이르시되–"를 찾아보라. 성경에 나오는 이 구절들에 밑줄을 그어라.

   레위기 1:1

   레위기 4:1

   레위기 5:14

   레위기 6:1, 8, 19, 24

   레위기 7:22, 28

   레위기 8:1

   레위기 10:8

   레위기 11:1

   레위기 12:1

   레위기 13:1

   레위기 14:1, 33

   레위기 15:1

   레위기 16:1

   레위기 17:1

레위기 18:1

레위기 19:1

레위기 20:1

레위기 21:16

레위기 22:1, 17, 26

레위기 23:1, 9, 23, 26, 33

레위기 24:1, 13

레위기 25:1

레위기 27:1

c. 말하는 분은 하나님이시고 듣는 사람은 모세이다. 구약성경을 통해 당신은 이 사실을 알게 된다. 하나님께서 말씀하시고 성경저자는 "주님의 말씀"을 기록한다.

2. 하나님께서는 구속계획의 실현을 말씀하셨다.

a. 하나님께서 말씀하신 중요한 말씀 가운데 몇 마디가 창세기 3장에 나온다. 창세기 3장에는 인간의 타락과 하나님의 구속계획이 기록되어 있다. 창세기 3:14에 밑줄을 치고 15절 말씀을 써 보라.

____

____

b. 하나님의 주권과 의지 속에서 하나의 방법이 모색되었다. 그 방법에 의해 우리는 구원받을 수 있고 또 하나님을 알 수 있다. 하나님께서는 구속계획의 실현을 말씀하셨고 또한 그의 아들(예수님)이 값을 치룰 것을 알고 계셨다.

B. 성경의 증거

1. 성경의 권위에 대한 내적인 증거

a. 성경자체가 하나님의 말씀임을 선포한다.

신명기 6:1-9를 읽고 5절과 6절을 써 보라.

____

____

여호수아 1:8과 8:32-35에 밑줄을 그어라.

____

b. 하나님의 말씀은 틀림이 없으며 완전하며 영원히 없어지지 않는 진실한 것이다.

시편 12:6을 읽어 보라.

시편 19:7-11 말씀에 밑줄을 치고 하나님의 권위있는 말씀에 주목하라.

c. 말씀은 영원한 것이다.

시편 119:89를 써 보라.

시편 119:152과 160절에 밑줄을 쳐라.

이사야 40:6-8을 찾아보고 8절을 써 보라.

---

d. 능력 있는 말씀이 바로 복음이다.

데살로니가전서 2:13에 밑줄을 그어라.

베드로전서 1:23-25를 읽고 "너희가 거듭난 것은 … 살아 있고 항상 있는 하나님의 말씀으로 되었느니라"는 말씀에 주목하라.

Note

C. 성령의 증거

1. 성령은 성경이 하나님의 말씀임을 증거한다.
   a. 베드로후서 1:19-21을 다시 찾아보고 19절과 21절의 말씀에 특히 주목해 보라. "오직 성령의 감동하심을 받은 사람들이 하나님께 받아 말한 것임이라"는 말씀을 다시 읽어 보라.
   b. 베드로전서 1:10-11에 밑줄을 쳐라. 베드로는 선지자들이 그들에게 쓰라고 명한 것을 기록했다. 선지자들이 메시지를 창안하지는 않았다. 그 메시지는 하나님께서 주신 것이다.
2. 하나님의 성령이 성경 저자들에게 메시지를 주셨다.
   a. 사무엘하 23:1-2로 돌아가 2절 말씀을 써 보라.

---

   b. 예레미야는 하나님의 메시지를 이스라엘에게 전함에 있어 자신의 약함을 느꼈다. 주님께서는 그의 말을 예레미야의 입에 두겠노라고 말씀하셨다. 예레미야 1:6-9를 읽고 9절에 밑줄을 그어라.
   c. 다니엘 12:8-9에서 다니엘은 자신이 이해할 수 없는 신령한 영감에 의해 그에게 주어지는 말씀을 기록했다. 그 말씀은 하나님이 주신 것이었다.

3. 하나님은 메시지를 나타내기 위해 많은 방법을 사용하셨다.

a. 하나님은 "하나님의 목소리"와 "천사들"과 "선지자들"을 사용하셨다. 히브리서 1:1–2를 보고 하나님께서 그의 메시지를 어떻게 계속하여 나타내시는지 주목해 보라.

b. 스가랴 4:6에 줄을 치고 이 구절의 마지막 부분을 써 보라.

"이는 힘으로 되지 아니하며 ____________________

____

c. 성령은 믿는 자가 하나님의 자녀임을 증거한다. 로마서 8:16을 써 보라.

____

____

성령은 진리와 거짓을 밝혀 준다.

4. 성경 말씀은 성령께서 신령하게 가르쳐 주신다(고전 2:9–13).

a. 고린도전서 2:9–10에 줄을 치고 2:13절을 써 보라.

____

____

b. 영적인 일들은 성령이 주시는 말씀으로 가르쳐야 한다. "영적인 일은 영적인 일로 비교하고" 말하자면 실제적인 면에 있어 "성경을 성경으로 비교함으로써" 이 일은 성취된다.

c. 고린도전서 2:4에 나오는 바울의 증거에 주목하고 이 구절의 마지막 부분에 밑줄을 그어라.

D. 예수 그리스도의 증거

1. 예수님의 권위

예수님이 증거하신 것은 우리가 하나님의 완전하신 말씀에 대한 권위를 되새겨 볼 수 있는 최고의 권위다. 예수님의 가르침을 받아들인다면 또한 성경에 관한 그분의 가르침도 받아들여야 한다.

2. 예수님께서는 하나님의 말씀 속에 신령한 계시가 있다고 말씀하셨다.

a. 성경이 말하는 것을 하나님도 말씀하셨다.

마태복음 5:17–18에서 예수님은 이것을 확증하신다. 18절을 써 보라.

____

마태복음 19:4에서도 이 사실이 확증된다. 요한복음 10:35에서도 예수님은 "성경은 폐하지 못하나니"라고 말씀하신다.

b. 사람이 하나님의 아들을 영접하면 성경의 권위에 대한 문제가 해결된다. 우리가 예수님의 가르침을 받아들인다면 하나님의 완전한 말씀도 인정하게 된다.

3. 예수님께서는 성경을 영적 권위가 있는 것으로 인정하셨다.

a. 그 증거로 다음 구절을 찾아보라.

마태복음 22:29 ______________________________

____

마태복음 24:37 ______________________________

____

마가복음 7:13 ______________________________

____

누가복음 24:44 ______________________________

____

요한복음 5:39 "너희가 성경에서 영생을 얻는 줄 생각하고 성경을 연구하거니와 이 성경이 곧 내게 대하여 증언하는 것이로다."

요한복음 5:46 ______________________________

____

b. 예수님께서 성경을 사용하신 것은 성경에 대한 사랑과 존경을 증명한다. 예수님께서 성경을 인용하신 방법은 놀랍다. 주위에 있는 사람들에게 응답해 주실 때 예수님은 "너희가 읽지 않았느냐?", "기록된 바", "성경을 연구하라" 등의 말로 무리들의 질문에 늘 응답해 주셨다(마태복음 5-7장까지의 산상설교를 참고하라. 그리고 위에서 인용한 구절이 몇 번 나오는지 주의 깊게 보라). 마태복음 4장에서는 사탄을 물리치기 위해 예수님께서 성경을 사용하셨다. 4, 7, 10절을 읽어 보라.

4. 예수님께서는 자신의 가르침이 신령한 감동에 의한 것이라 주장하셨다.

a. 예수님께서는 하나님의 교훈을 말씀하셨다(요 7:16; 12:49). "내 교훈은 내 것이 아니요 나를 보내신 이의 것이니라."

요한복음 12:49를 써 보라.

____

Note

b. 예수님께서는 하나님의 감동된 말씀을 이야기하셨다.

요한복음 6:63에 밑줄을 그어라.

요한복음 8:28을 적어 보라.

요한복음 8:42-43에 밑줄을 그어라.

요한복음 12:50을 적어 보라.

예수님은 하나님의 영이 말씀하실 때 말씀하셨다.

누가복음 4:18에 밑줄을 그어라.

5. 예수님께서 대중 전도를 시작하실 때 성경을 인용하셨다.

a. 누가복음 4:16-21에서 예수님이 증거하신 메시지의 내용을 읽어 보라. 그리고 21절에 밑줄을 그어라. 여기서 예수님은 이사야 61:1-2를 인용하셨다.

b. 이 때를 기점으로 예수님은 말씀대로 사시면서 그 말씀을 가르치고 또한 전파하셨다.

6. 예수님과 부활 후의 성경

a. 주께서 완전한 구약으로 인치신 것은 부활하신 후이다. 육신으로 계실 때 주께서 완전한 진리를 아셨던 사실에 대해 어떤 의혹이 있었다 하면, 부활하신 후 주님의 절대적인 지식에 대해서는 의심의 여지가 없다(눅 24:27).

누가복음 24:44를 적어 보라.

그 다음 두 구절 45절과 46절에 밑줄을 그어라.

b. 유대인들은 성경 즉 우리의 구약성경을 세 가지 부분, 율법과 신지자들과 시편 즉 '성문서'로 나누었다. 부활하신 후 예수님께서 구약성경의 세 부분을 모두 인정하셨고 그리고 각 부분마다 그의 권세의 인을 치신 사실에 주목하라.

7. 예수님은 사도들에게 그들이 기록하고 가르칠 때에 성령님의 인도를 받을 것이라고 약속하셨다.

a. 예수님은 신약성경에 권세의 인을 치셨다. 예수님께서 영광스런 승천을 하실 때에는

단 한권의 신약성경도 기록되지 않았다. 예수님께서 사도들에 의해 기록될 신약성경을 어떻게 확증하셨는가?

Note

예수님은 사도들이 그에 관한 것을 말하고 기록할 때에 성령의 인도가 있을 것이라고 약속하셨다(마 10:19-20).

19절에 줄을 치고 20절을 적어 보라(이 일은 예수님께서 열두사도에게 가서 전파하라고 명령하신 직후의 일임을 기억하라. 마 10:7).

b. 감람산의 대화를 기술한 마가의 기록에서도 예수님은 동일한 약속을 반복하셨다(막 13:11).

c. 예수님은 사도들에게 모든 것을 가르쳐 주며 또 예수님께서 가르치신 모든 일을 기억하게 해줄 성령이 임하게 되리라고 약속하셨다. 요한복음 14:26에 밑줄을 그어라.

d. 요한복음 16:12-13에도 이 증언이 반복되고 있다. 이것은 신약성경 중에서 가장 중요한 글귀 가운데 하나이다.

요한복음 16:12에 줄을 치고 13절을 적어 보라.

e. 신약성경은 예수 그리스도의 권세를 바탕으로 성령의 도움에 의해 이루어졌다. 신약성경 속에는 예수님께서 떠나신 후 우리에게 알려 주시는 진리가 담겨 있다(요 15:26-27). 26절에 밑줄을 그어라.

복습

모든 성경은 하나님의 권위있는 말씀이다. 왜냐하면 성부 하나님과 성경 자체와 성령과 예수 그리스도의 증거가 있었기 때문이다. 성경은 하나님의 말씀으로 아무도 폐할 수 없다(요 10:35). "나를 가리켜 기록한 것이 두루마리 책에 있나이다"라고 예수님은 말씀하셨다(시 40:7, 히 10:7).

그러므로 우리는 하나님 말씀의 권위에 경의를 표하며 그 가르침에 순복해야 한다. 말씀은 인간에게 주신 하나님의 메시지로 우리를 승리의 삶으로 이끌어 주는 완전하고 완벽한 믿음을 갖게 한다. 말씀은 믿는 자에게 영원한 생명을 확신시켜 준다.

예습

1. 창세기 1–3장; 11:1–9; 18:1–2 ,33, 출애굽기 20:3, 시편 2:7, 12; 110:1, 이사야 6:8; 11:1–2; 48:16; 63:8–10, 마태복음 3:16–17; 28:19–20, 요한복음 1:1; 8:54; 14:16–17; 15:26–27; 16:7–15, 요한복음 17장, 고린도전서 1:3, 고린도후서 13:14, 데살로니가전서 2:13–14, 디도서 3:4–6을 읽어 보라.
2. 이번 주는 중요한 내용을 다뤘다. 새로운 생각이나 진리가 나타날 때마다 기록해 두라. 공부하는 동안 성령께서 여러분을 가르치실 것이다.
3. 새로운 진리를 배울 때마다 성경에 표시해 보라.

Week 04
삼위일체 하나님

Ⅰ. 서론

삼위일체를 정확하고 세부적으로 이해한다는 것은 불가능하다. 왜냐하면 우리는 유한한 인간이지만 하나님은 무한하신 분이기 때문이다. 삼위일체의 진리는 성경 전체를 통해 나타난다. 따라서 우리는 성경이 하나님의 말씀임을 알게 된다. 만일 선지자들과 사도들이 성령의 감동을 받지 않았다면 그들은 삼위일체에 대해 무시했을 지도 모른다.

삼위일체는 너무 어려워서 '자연인'은 그 깊이를 통찰할 수가 없다. 그러나 하나님의 자녀는 믿음으로 삼위일체를 받아들인다. '삼위일체'라는 용어가 성경에 있는 것은 아니지만 삼위일체의 진리는 창세기에서 요한계시록까지 나타나 있다. 삼위일체는 라틴어의 '트리니타스'(TRINITAS)에서 유래된 것으로 3배(倍)라는 의미이다. 말하자면 하나님의 세 가지 자기표현인 것이다.

기원후 160년 이후로 삼위일체설은 기독교신앙을 설명하는 보편적인 진술 중의 하나가 되었다. 처음으로 삼위일체라는 표현이 기독교 문서에 쓰이게 된 것은 기원후 317년 알렉산드리아에서다. 그때부터 지금까지 모든 '신조'(creeds)에는 삼위일체가 포함되었다. 이를테면 니케아 신조(기원후 325년), 영국 초대 교회의 신조, 사도신경(오늘날 사용됨), 그 외에도 여기 언급되지 않은 많은 다른 신조들이 있다.

Ⅱ. 중요한 성경 구절

창세기 1-3장; 11:1-9; 18:1-2, 33, 출애굽기 20:3, 시편 2:7, 12; 110:1, 이사야 6:8; 11:1-2; 48:16; 63:8-10, 마태복음 3:16-17; 28:19-20, 요한복음 1:1; 8:54; 14:16-17; 15:26-27; 16:7-15; 17장, 고린도전서 1:3, 고린도후서 13:14, 데살로니가후서 2:13-14, 디도서 3:4-6.

Ⅲ. 핵심 진리

성경의 진리는 하나님의 순수한 계시다. 하나님은 한 분이시다. 하나님은 성부 하나님과 성자 하나님, 그리고 성령 하나님 세 분이 아니다. 영원한 아버지이신 하나님께서 아들과 성령을 그가 정한 시간에 자신의 창조물로서 만들지 않으셨다. 다시 말해 영원한 아버지 하나님과 영원한 아들과 성령은 항상 계셨다. 즉, 하나님은 삼위가 일치되어 있는 단체이다.

일부 사람들이 삼위일체를 설명하기 위해 여러 방법을 시도했다. 이를테면 그들은 액체 상태의 물과 열이 가해졌을 경우의 증기, 언 상태에서의 고체를 예로 들었다. 이것은 데살로니가전서 5:23의 말씀에 주어진 예증만큼 명확하지는 않다. 데살로니가전서 5:23에는 "평강의 하나님이 친히 너희를 온전히 거룩하게 하시고 또 너희 온 영과 혼과 몸이 우리 주 예수 그리스도께서 강림하실 때에 흠 없게 보전되기를 원하노라"는 말씀이 있다. 인간은 영과 혼과 몸이 분리된 세 사람이 아니다. 한 사람 속에 이들 셋이 들어 있는 것이다. 이와 같이 한 분 하나님 속에도 삼위가 있다.

Ⅳ. 중요한 진리: 삼위일체 하나님

A. 구약성경 중의 삼위일체

1. 구약성경에 나오는 이름을 통해 삼위일체의 진리를 알 수 있다.

a. 태초에 하나님(엘로힘)이 천지를 창조하시니라(창 1:1).

"엘로힘"은 복수명사다. 영어에 있어 복수는 두 개 혹은 그 이상을 뜻한다. 히브리어에는 문법상의 수와 관련된 세 개의 용어가 있다. 하나를 의미하는 단수와 짝으로 된 다수를 의미하는 쌍수와 둘 내지 그 이상을 의미하는 복수가 있다. 따라서 엘로힘이란 둘 이상을 의미하는 복수형 어미를 가진 단수명사이다.

그래서 성경의 가장 처음에 나오는 구절에 "천지를 창조하신 엘로힘"이란 하나님은 세 분 내지 그 이상임을 알 수 있다. 그 세 분이 성부 하나님과 성자 하나님과 성령 하나님이시다. 모세오경에서 "엘로힘"이란 명사는 500번 등장한다.

b. 하나님(엘로힘)이 이르시되 우리의 형상을 따라 우리의 모양대로 우리가 사람을 만들고 하나님(엘로힘)이 자기 형상 곧 하나님의 형상대로 사람을 창조하시되(창 1:26-27).

여기서 사용한 엘로힘은 복수명사로 인간을 창조하실 때에도 삼위가 역사했음을 나타내고 있다. 그러나 "자기 형상"이란 어구는 한 분 하나님이란 의미를 나타낸다. 하나님은 삼위가 일체로 된 단일체이다.

c. 이 사람이 우리 중 하나 같이 되었으니(창 3:22).

"여호와 하나님이 이르시되"라고 말씀하신 그분의 이름에 주목해 보라. 여기서 "주님"(여호와)이란 이름이 사용된다. 히브리어로 주님이란 명사는 "여호와"이다. "여호와"란 하나님 자신의 이름이다. 여호와의 기원을 정확히 알 수 없으나, 여호와란 인간을 향하신 구속의 방법과 항상 관련되는 이름이다.

d. 우리가 내려가서 거기서 그들의 언어를 혼잡하게 하여(창 11:7).

여기서 "주"(여호와)란 이름이 나온다. 이것은 하나님께서 말씀하시는 하나님의 이름이다. 바로 이곳에도 삼위일체가 나타나 있다.

이사야 6:8 ______________________________

____

2. 성경에 삼위일체에 관한 진술이 있다.

a. 창세기 1:2에 성령에 관한 진술이 있다.

이사야 11:1-2에서도 성령의 이름이 나온다.

b. 시편 2:7에는 아들 즉 예수 그리스도란 이름이 나온다.

거듭하여 12절에는 "그의 아들에게 입맞추라. 그렇지 아니하면 진노하심으로 너희가 길에서 망하리니…"라고 기록되었다.

c. 삼위일체는 창세기 18:1-2를 통해서도 계시된다. 2절을 읽고 밑줄을 그어라.

이사야 48:16에도 삼위일체가 나타난다.

거듭하여 이사야 63:8-10에서도 삼위일체가 나타난다. 성경에 밑줄을 그어라.

B. 신약성경 중의 삼위일체

1. 신약성경 속에서 삼위일체가 선언된다.

a. 구약성경에서 선지자들이 묘사한 쉽게 이해되지 않는 진리들이 대개 신약성경에서 해명된다. 아버지와 아들과 성령의 이름이 함께 사용될 뿐만 아니라 개별적으로 사용되는 사실로 미루어 신약성경 속에서 삼위일체가 선언됨을 알 수 있다.

Note

b. 아버지와 아들과 성령이 다음 성경구절에 나온다.

요한복음 5:36

요한복음 5:37

요한복음 7:37에 밑줄을 그어라(성령을 예언).

요한복음 8:18

요한복음 8:42에 밑줄을 긋고 요한복음 1:1을 적어 보라.

요한복음 1:32에 밑줄을 그어라.

요한복음 3:34

c. 요한복음 17장에는 주님께서 하신 기도(기도의 모형이 아님)가 등장하며 그것은 예수님께서 자신을 위해 드리신 기도다. 17장을 읽고 아버지와 아들을 가리키는 표현에 밑줄을 그어라.

2. 주님의 탄생이 삼위일체를 증거한다.

a. 누가복음 1:35에 나와 있는 삼위일체에 밑줄을 그어라.

마태복음 1:20-23을 통해 주님의 탄생에 관한 기사를 읽고 여기 나타나 있는 삼위일체에 밑줄을 그어라.

3. 주님이 받으신 세례로 삼위일체가 증명된다.

a. 예수님께서 세례받으신 사실이 삼위일체를 증거하는 가장 큰 증거물 중의 하나이다. 마태복음 3:13-17을 읽고 아래 사항에 주목해 보라.

- 예수님께서 세례받으심(16절).
- 하나님의 성령이 비둘기같이 내려서 임함(16절).
- 아버지가 말씀하심(17절).

여기에 삼위일체가 명시되어 있다.

b. 마태복음 17:5에서 성부 하나님은 예수님의 변형시에 아들에 관해 꼭 같은 말씀을 하셨다.

c. 마가복음 1:9-11에서 마가는 예수님이 세례받으신 일을 기록했다. 누가복음 3:21-22에서 누가는 같은 사실을 기록했다. 이들 두 제자를 마태복음과 비교함으로써 세 편의 기사 모두가 삼위일체를 언급하고 있음을 알게 될 것이다(첫 복음서 세 권은 "유사한 견해"란 의미에서 공관복음서라고 부른다).

왜 요한은 예수님께서 세례받으신 일을 기록하지 않았을까? 요한은 예수 그리스도의 내면적이고 신령한 개인적인 생활면을 기록했다.

Note

4. 예수님은 세례의 방법적인 면에 있어 삼위일체를 공포하셨다.
   a. 예수님은 영광의 자리로 올라가시기 전에 우리에게 어떤 특별한 교훈을 주셨다. 이것은 그분의 마지막 말씀으로 열 한 제자와 그리스도의 몸인 교회에 주신 가르침이다.
   b. 예수님의 대 명령이 마태복음 28:16-20에 나온다.
   마태복음 28:19를 적어 보라.

   ___

   ___

   ___

   c. 우리가 받아야 할 세례의 방식이 19절에 나온다. "아버지와 아들과 성령의 이름으로(단수) 세례를 베풀고"란 말씀에 주목해 보자. 예수님은 "이름들로"라고 말씀하지 않으셨다. 하나의 이름인 단수적 의미와 아울러 세 분의 인격 곧 아버지와 아들과 성령의 이름을 동시에 선언하셨다. 그 이후로 그리스도의 몸인 교회는 교파나 명칭을 막론하고 모두 이 방법을 적용했다.
5. 바울서신에 삼위일체에 대한 언급이 많이 나온다.
   a. 바울은 그의 서신 중 여러 곳에서 삼위일체를 언급한다. 우리는 이번 주에 그들을 모두 다 열거할 수 없다. 사도 바울의 기록이 없었다면 우리는 초대 교회에 대해 아는 바가 거의 없었을 것이다. 또한 오늘날 우리들의 교회 질서를 위해 성경의 권위에 많은 부분 의존치 않았을 것이다.
   b. 아래 말씀을 통해 바울은 삼위일체를 선언한다.
   로마서 1:3-4에 밑줄을 그어라.
   로마서 8:1
   로마서 8:3에 밑줄을 그어라.
   로마서 8:11에 밑줄을 그어라.
   로마서 8:16-17
   고린도전서 1:3-4; 2:10-13; 12:4-6을 읽어라.
   고린도후서 3:3
   고린도후서 13:13에는 사도의 유명한 축복기도가 있다.
   갈라디아서 4:6
   에베소서 2:18에 밑줄을 그어라.

에베소서 4:4-6과 또한 5:18, 20에 나타나 있는 삼위일체에 주목하라.

골로새서 1:19

데살로니가전서 5:18-19를 살피고 밑줄을 그어라.

데살로니가후서 2:13-14에 밑줄을 그어라.

디모데전서 3:16

디도서 3:4-6에 밑줄을 그어라.

그 외에도 많은 성경구절이 있다. 이 구절들만으로도 삼위일체에 관한 바울의 가르침을 나타내기에 족할 것이다.

6. 일반 서신들과 요한계시록도 삼위일체를 선언한다.

a. 베드로전서 1:2에서 베드로는 삼위일체에 대해 묘사한다.

베드로전서 4:14에 밑줄을 그어라.

b. 요한일서 4:2에서 요한은 삼위일체를 확언해 준다.

요한일서 4:12-15에서 요한은 거듭하여 주장한다. 삼위일체에 관한 사항에 밑줄을 그어라.

요한일서 5:7

c. 유다서 1:20-21에서 유다는 삼위일체에 대해 기록한다.

d. 요한은 요한계시록 1:4-6에서 삼위일체를 선언한다.

복습

하나님은 성부 하나님과 아들과 성령이시다. 아버지와 아들과 성령이 구별된 세 위격으로 묘사된다. 태초부터 아들과 성령은 성부 하나님과 함께 존재했다. 아들 예수 그리스도는 하나님 속에 실재하고 계시는 두 번째 위격이다. 예수님을 통해 하나님께서 자신을 나타내 보이셨다.

요한복음 5:26, 27, 30, 36, 37절에서 예수님은 자신을 하나님과 구별하신다. 하나님은 독생자를 보내신 아버지시다(요 3:16, 갈 4:4). 하나님의 세 번째 위격이신 성령님은 아버지와 아들의 대리인으로 오셨다(요 14:16-17). 성령은 아버지와 아들이 보내신 것이다. 예수님께서 선물로 주신 성령님이 우리를 위로하시고 가르치며 하나님 아들에 대해 증거하신다(요 14:26; 15:26). 세 위격은 동등하다. 하나님은 아버지와 아들과 성령의 세 위격이 일체되어 존재하시는 분이다. 우리 자신도 몸과 혼과 영을 소유한 삼위일체와 같다. 그러나 단 한 사람으로 존재하고 있다. 몸도 혼도 영도 홀로 있거나 떨어져서는 완전한 인간으로 실재할 수가 없다. 이들 셋이 함께 있을 때 한 사람이 존재한다.

Note

이와 같이 삼위일체의 원리도 마찬가지다. 성부와 성자와 성령 모두가 한 하나님이시다. 하나님은 항상 존재하신 분이었다. 하나님의 실재는 하나님 안에서 이루어진다. "태초에 하나님이 존재하셨다"(창 1:1)란 의미는 아들도 태초부터 존재하였고(요 1:1) 또 성령도 태초부터 있었음을(창 1:2) 의미한다.

그래서 하나님께서 우리를 하나님처럼 지으셨다(그의 형상과 모습을 따라). 우리 속에도 몸과 혼과 영이 셋, 실재한다. 하나님은 우리를 창조하시고 우리를 구속하시려고 아들을 보내시고 성령을 우리의 보증인으로 보내사 우리를 가르치고 말씀으로 채워주시며 우리로 하여금 죄를 깨닫게 하고 우리를 인도해 주신다(역주– 우리는 삼위일체의 각 위격에 대해 앞으로 몇 주에 걸쳐 공부할 것이다. 그때 이번 주의 내용이 더 잘 이해 될 것이다).

예습

1. 창세기 1–3장; 6:5–8; 11:10; 12:1–8; 15:1–6, 출애굽기 3–4장; 15:2; 20, 신명기 6:3–5; 29:29, 시편 9:10; 14:1; 33:6–9; 34:7; 90:2; 99:9, 욥기 37:16, 예레미야 32:17–18; 23:6, 24, 말라기 3:6, 누가복음 24:39, 요한복음 1:1, 14, 18; 3:16; 4:24; 13:13; 14:16–17, 사도행전 14:15; 15:18, 에베소서 1:19–21; 4:6, 골로새서 1:15–19, 디모데전서 3:16, 디도서 2:12–13, 히브리서 12:29, 야고보서 1:17, 요한일서 1:5; 3:20; 4:8–16, 베드로전서 1:20; 5:10, 요한계시록 19:6을 읽어 보라.
2. 위에서 소개된 모든 구절이 "성부 하나님"께만 적용되지는 않는다. 예습을 위해 주어진 성경말씀을 읽고 밑줄을 그어라.
3. "삼위일체"에 관해 복습해 보자.

Week 05
성부 하나님

Ⅰ. 서론

"성부 하나님"은 광대하고도 위압감이 느껴지는 과제다. 이번 주는 이 책을 공부하려는 평신도를 위해 쓴 것이지, 전문가나 신학자들을 위해 쓴 것이 아니다. 이것은 신학적인 논설이 아니고 성경을 배경으로 한 간단한 개론이다. 결국 우리는 "성경이 주장하는 바"를 사람들에게 접근시키는 것이 목적이다.

"데오스"(theos)란 헬라어로 하나님을 뜻한다. 따라서 신학이란 하나님을 연구하는 학문이다. 무언가가 존재하기 전부터 하나님은 존재하셨고, 지금도 존재하시며, 또 항상 존재하실 것이다. 이는 하나님 바로 그분이 영원하시기 때문이다. 이 말이 주는 의미는 "시작도 끝도 없다"라는 것이다. 하나님은 존재하시며 살아계시는 영원한 분이시다. 하나님은 "태초부터"계셨다. 태초의 시작은 아무도 모른다.

우리는 해(years)와 달(months)과 주와 날을 단위로 살고 있을 뿐이다. 우리는 시계에 의존된 삶, 즉 시간과 분을 단위로 살아간다. 유일한 이해력을 소유한 보편적인 사람들에게 있어 모든 것은 시작과 끝이 있는 법이다. 그러나 하나님은 그렇지 않다! 하나님은 계절과 해와 날을 창조하셨다. "태초에(그때가 언제인지 아무도 모른다) 하나님이 천지를 창조하시니라"(창 1:1).

Ⅱ. 중요한 성경 구절

창세기 1-3장; 6:5-8; 11:10; 12:1-8; 15:1-6, 출애굽기 3-4장; 15:2; 20:2, 신명기 6:3-5; 29:29, 시편 9:10; 14:1; 33:6-9; 34:7; 90:2; 99:9, 욥기 37:16, 예레미야 32:17-18; 23:6, 24, 말라기 3:6, 누가복음 24:39, 요한복음 1:1, 14, 18; 3:16; 4:24; 13:13; 14:16-17, 사도행전 14:15; 15:18, 에베소서 1:19-21; 4:6, 골로새서 1:15-19, 디모데전서 3:16, 디도서 2:12-13, 히브리서 12:29, 야고보서 1:17, 요한일서 1:5; 3:20; 4:8-16, 베드로전서 1:20;

5:10, 요한계시록 19:6.

Note

Ⅲ. 핵심 진리

하나님은 스스로 계시는 분이다. 그분은 인간을 존재하게 하셨다. 그러나 아무 것도 그분을 존재시키지는 않았다. 또한 영원히 하나님이 되실 것이다. 하나님 아버지는 인간의 창조자이시며 아들을 영접한 사람들의 아버지시다. 신자인 우리들은 하나님을 아버지라 부른다.

모든 인간들은 하나님의 창조물이지만 모두가 하나님의 자녀는 아니다. 불가사의한 탄생으로 인간은 하나님의 아들이 되는 것이다. 아들이면 하나님으로 말미암아 유업을 받을 자니라(갈 4:7).

십자가에서 예수님은 "나의 하나님, 나의 하나님, 어찌하여 나를 버리셨나이까?"(마 27:46)라고 외치셨다. 그는 하나님을 아버지로 부르지 않고 "하나님"으로 불렀다. 이는 그분께서 의로운 자로서 죄인인 우리들의 모든 죄, 말하자면 불의한 자를 대신하여 죽임을 당했음을 의미한다. 그래서 그는 "하나님"이란 칭호를 사용했던 것이다. 성부 하나님은 하나님이시며 우리 주 예수 그리스도의 아버지시다(엡 1:3).

Ⅳ. 중요한 진리: 성부 하나님

A. 하나님의 이름들에는 의미가 있다.

1. 하나님의 이름들은 그분의 인격을 나타낸다.

a. "엘로힘"은 하나님의 공식적인 칭호로 그분이 하나님임을 나타낸다(창 1:1). "엘로힘"은 복수명사다. 영어로 복수는 둘 내지 그 이상이다. 히브리어로 복수는 셋 내지 그 이상이고 단수는 하나를 뜻하고, 쌍수는 짝으로 된 다수를 나타낸다. 따라서 창세기 1장 1절에서 셋 내지 그 이상의 의미를 갖는 엘로힘은 삼위일체를 나타낸다고 볼 수 있다. 창세기 1:26-27의 '우리'와 '우리의'라는 단어 속에서 삼위일체가 다시 한 번 재현된다.

b. "엘"(El)은 엘로힘의 단수형이다. 성경에 나오는 다음 이름들을 통해 "엘"을 찾아 볼 수 있다.

"하나님의 집"을 의미하는 "벧엘"(Bethel)(창 12:8).

"하나님은 나의 심판관이다"를 의미하는 "다니엘"(Daniel)(단 1:6).

"나의 하나님은 여호와시다"를 의미하는 "엘리야"(Elijah)(왕상 17:1).

"하나님이 우리와 함께하심"을 의미하는 "임마누엘"(Immanuel)"(사 7:14).

이름의 서두와 어미에서 "엘"이 사용된 숫자에 주목하라. "엘"은 항상 "하나님"이란 의미로 사용된다.

c. 여호와(Jehovah)는 하나님 자신의 이름이다. 여호와란 이름은 구속자를 의미하며 따라서 하나님에 의한 구속 혹은 구출과 관련되어 늘 사용된다. "여호와"께서 모세에게 이스라엘 자녀들을 애굽에서 인도 즉 그들을 속박에서 구출해 내라고 말씀하셨다. 여호와께서 모세에게 "나는 스스로 있는 자이니라 … 스스로 있는 자가 나를 너희에게 보내셨다"라고 이스라엘 백성에게 이르게 하셨다(출 3:13–14).

여호와란 영원히 "스스로 있는 자"이다. 출애굽기 20:2과 그 외 여러 다른 구절에 "나는 주 너의 하나님"이란 어귀가 있다. 이것은 곧 "너의 하나님 여호와"란 의미이다. 오직 여호와는 한 분이시다(신 6:4). 히브리어로 이 문장은 "이스라엘아 들으라 우리의 엘로힘(세 분 내지 그 이상) 여호와는 오직 유일한 여호와이시니"라는 뜻이다.

d. "아도나이"(Adonai)는 주인 혹은 주님을 의미한다. 구약성경에서 이 단어는 신과 인간 모두에게 사용된다. 창세기 15:2에 이 단어가 처음 나온다. KJV에서 이 단어가 신(Deity)에게 적용될 때는 대문자로 쓰이고 인간에게는 소문자로 쓰인다.

2. 복합어로 된 이름들이 하나님을 나타낸다.

복합어로 된 이름들을 "이중 이름들"로 부르기도 한다. 복합어로 된 이름들은 "엘"(El)이나 "여호와"(Jehovah)를 사용한 단어 속에서 찾아볼 수 있다. 몇 가지만 열거해 보자.

a. 엘 사다이(El Shaddai)– 전능한 하나님(창 17:1).

b. 엘 올람(El Olam)– 영생하시는 하나님(창 21:33).

c. 여호와 엘로힘(Jehovah Elohim)– 주 하나님(출 34:6).

d. 여호와 이레(Jehovah–jireh)– 주께서 준비하리라(창 22:14).

e. 여호와 살롬(Jehovah–shalom)– 우리에게 평강을 주시는 주님(삿 6:24).

f. 여호와 삼마(Jehovah–shammah)– 주께서 거기 계시니라(겔 48:35).

3. 여호와는 다른 사람의 이름들 속에도 나타난다.

a. 성경에서 "–야"(iah)로 끝나는 이름은 "야"(Jah) 내지 "여호와"(Jehovah)를 의미한다.

"–야(iah)"로 끝나는 몇몇 유명한 이름들을 살펴보자.

이사야는 "여호와의 구원"을 의미한다.

예레미야라는 이름의 뜻은 "여호와께서 임명하심"을 의미한다.

웃시야라는 이름의 뜻은 "여호와의 힘"을 의미한다.

스가랴라는 이름의 뜻은 "여호와께서 기억하심"을 의미한다.

성경 전체에 걸쳐 "-야"로 끝나는 이름에 주목하라.

Note

B. 하나님의 본성

1. 하나님은 영이시다.
   a. 요한복음 4:24를 찾아보라.
   b. 하나님은 보이지 아니하신다(골 1:15).
   c. 세례 요한은 요한복음 1:18에서 말했다.
   d. 하나님께서 자신을 여러 방법으로 나타내셨다. 떨기나무 불꽃 가운데서 하나님은 자신을 지도자 모세에게 나타내셨다(출 3:4).

   구름기둥과 불기둥으로서 하나님은 자신을 나타내셨다(출 13:21).

   하나님의 아들 예수 그리스도를 통해 하나님께서 자신을 나타내셨다(요 1:1, 14).

   갈라디아서 4:4를 찾아보라.

   요한복음 1:18, 32에 밑줄을 그어라.

   요한복음 5:37도 밑줄을 그어라.

   하나님께서 자신을 나타내신 또 다른 방법들이 있다. 이러한 예들을 통하여 여러분은 성경을 찾는 과정에 몰두할 수 있다.

2. 하나님은 빛이시다.
   a. 요한일서 1:5를 써 보자. ______________________________

   ____
   b. 요한복음 1:4-5에 나오는 놀라운 말씀을 깊이 생각해 보라..

   요한복음 1:9를 써 보자. ______________________________

   ____

   c. 신인(God-Man)이신 예수님께서 그가 빛이라고 말하셨다(요 8:12). 이 부분에서 삼위일체에 관한 공부를 상기해 보자. 예수님은 육체를 입으신 하나님이시다(성육신).
   d. 요한계시록의 마지막 구절들이 하나님이 빛이심을 나타낸다(계 21:23).

3. 하나님은 사랑이시다.

a. 요한일서 4:8을 써 보자. ____

____

b. 성경 속의 위대한 구절이 하나님의 사랑을 증거한다(요 3:16).

c. 히브리서 12:6과 요한계시록 3:19에 밑줄을 그어라.

d. 요한일서 4:7–21을 읽고 '사랑'이라는 말에 밑줄을 그어라. 그 다음에 나오는 5:1–3에도 마찬가지로 밑줄을 그어라.

4. 하나님은 하나의 인격체시다.

- 하나님은 사랑하실 뿐만 아니라(위의 성경 구절들)
- 하나님은 한탄하신다(창 6:6).
- 하나님은 미워하신다(잠 6:16–19).
- 하나님은 예비하신다(마 7:7–11).
- 하나님은 돌보신다(벧전 5:6–7).

이와 같은 사실을 통하여 하나님은 인격을 가지신 한 인격체이심을 알 수 있다. 그분은 사랑을 창조하셨다. 또한 우리에게 선택할 수 있는 자유의지를 주셨다. 우리는 하나님의 형상과 모습대로 지음 받았다. 하나님은 "창조주"이시며, "권세자"가 되시며, "능력 있으신 분"이며 그 이상의 인격체이시다.

요한복음 17장에서 성자 하나님이신 예수님께서 성부 하나님께 기도하셨다. 요한복음 17:5, 11, 13에 주목하라. 예수님은 하나의 인격체이신 아버지께 말씀드렸다.

C. 하나님의 속성들

1. 하나님은 전능하시다.

라틴어로 "옴니"(omni)란 모두(all)를 의미한다. 전능하다란 의미는 "무엇이든 다 할 수 있는"(all powerful)이란 뜻이다. 그는 전능하신 하나님이시다(계 19:6).

a. 하나님께서 인간과 나라를 다스리신다(왕상 11:11).

다니엘 4:17, 25, 32의 마지막 부분에 밑줄을 그어라.

디모데후서 2:13에도 밑줄을 그어라.

마태복음 19:26을 써 보라. ____

____

b. 하나님께서 모든 자연을 다스리신다. 욥기 28:5, 6, 25, 26과 시편 33:6–9에 주목하라.

c. 하나님께서 천사를 다스리신다(시 103:20). 시편 104:4를 써 보라. ____________

Note

시편 91:11과 히브리서 1:14에 밑줄을 그어라.

d. 하나님께서 사탄과 죽음을 다스리신다(욥 1:12; 2:6). 로마서 16:20과 요한계시록 20:2, 10에 밑줄을 그어라. 죽음은 전멸될 것이다(시 110:1, 계 20:14).

2. 하나님은 전지하신 분이다.

전지란 "무엇이든지 다 알고 있다"라는 뜻이다. 그는 지식에 있어 완전하신 분이시므로 모든 것을 다 알고 계신다(욥 37:16).

a. 하나님은 자연에 관한 모든 것을 다 알고 계신다(사 40:28). 시편 147:4를 써 보라. ______

마태복음 10:29에 밑줄을 그어라.

b. 하나님은 인간에 관한 모든 것을 알고 계신다(마 10:30).

시편 139:2; 94:11 사도행전 1:15를 읽어 보라.

히브리서 4:13에 밑줄을 그어라.

요한일서 3:20을 써 보라. ______

c. 하나님은 과거와 현재와 미래를 알고 계신다(행 15:18).

베드로전서 1:20을 읽어 보라.

3. 하나님은 동시에 어디든지 계신다(Omni present).

이 말의 의미는 "모든 곳에 편재되어 있다"는 것이다. 하나님은 항상 그리고 어디에나 계신다(렘 23:24).

a. 하나님은 손으로 지은 전에만 계시는 것이 아니라 어디에나 동시에 실재하신다(행 17:24-27).

b. 하나님은 천국에 계신다(엡 1:20, 계 21:2).

c. 하나님은 예수님을 믿는 모든 사람의 마음속에 거하신다(요 14:16-17; 15:26-27; 16:12-14).

4. 하나님은 결코 변하지 않으신다(하나님의 불변성).

불변성(Immutability)이란 "변하지 않는"이란 의미다. 그분은 항상 하나님이시다.

a. 하나님은 자신에 대해서도 결코 변하지 아니하신다(롬 11:29). 말라기 3:6에 밑줄을 그어라.

b. 하나님은 변함이 없으신 분이시다(약 1:17).

c. 하나님은 불변하시는 분이시다(히 6:17).

복습

예수님은 요한복음 8:41-47에서 "성부 하나님"이 의미하는 바에 대해 명확히 설명하셨다. 오늘날 우리 모두에게도 이 말이 주는 의미는 동일하다. 아버지를 알기 위해 우선 우리는 그 아들을 알아야 한다. 요한복음 8:18-19를 보라. 그 다음 42절에서 예수님은 "하나님이 너희 아버지였으면 너희가 나를 사랑하였으리니…"라고 말씀하셨다. 이와 같은 주제에 대해 예수님은 솔직히 말씀하신다. 44절과 47절에 밑줄을 그어라.

이 모든 것이 뜻하는 것은 무엇인가? 자녀는 늘 아버지의 성품을 이어받기 마련이다. 아담의 종족의 천성은 죄로 가득찼다. 우리 모두는 아담의 천성을 지니고 태어났다. 그래서 출생부터 우리는 자연스레 죄를 지니게 되며 죄와 사탄을 섬기게 되었다.

우리가 예수 그리스도를 구속자로 영접할 때 우리는 중생(새로운 탄생)을 체험하게 된다. 그때, 바로 그때에 하나님께서 우리 아버지가 되신다.

세계는 두 개의 뚜렷한 집단으로 나누어진다. 이를테면 아담과 동일시되는 구원받지 못한 자들과 그리스도와 동일시되는 구원받은 자들이다. 모든 인간은 자연적인 출생에 의해 아담과 동일시된다. 구원받은 자들은 영적인 출생에 의해 예수 그리스도 안에서 인침을 받게 된다

"아담 안에서 모든 사람이 죽은 것 같이 그리스도 안에서 모든 사람이 삶을 얻으리라"(고전 15:22).

하나님을 아버지로 부르려면 우리와 그분의 구속계획을 받아들여야 한다("값으로 삼"을 의미). 예수님은 십자가에서 우리를 구속하시기 위해 그 값을 치루셨다. "우리의 아버지"라고 기도드리는 것은 구속받은 자들에게 주어진 특권이다. 당신은 이렇게 기도할 수 있는가?

예습

1. 창세기 1-2장, 18:1, 22; 22:11-13; 26:2, 24; 32:24-32, 출애굽기 3:1-14, 신명기 18:15-22, 이사야 6:1-13; 7:14; 9:6; 52:13-53:12, 스가랴 3:1-10; 6:12-15, 마태복음 27-28장, 누가복음 1-2장, 요한복음 1:1-14; 4:6; 6:35; 7:37; 8장, 17장, 사도행전 1:8-11, 갈라디아서 4:4, 빌립보서 2:6-7, 골로새서

1:15–29; 3:1–14, 요한계시록 5:5; 22:13, 16을 읽어 보라.

2. "성부 하나님"에 대해 당신이 기록한 것을 복습해 보라.

3. 위 성경구절을 성경에 표시해 보라.

Note

성자 하나님, 그의 과거(Ⅰ)

Ⅰ. 서론

모든 성경의 중심인물이 되시는 "성자 하나님"에 대해 앞으로 4주에 걸쳐 공부하게 된다. "태초로" 거슬러 올라가 우리는 "그분의 과거"에 대해 2주에 걸쳐 공부하게 된다. 즉, 구약성경에 나타난 그분의 모습들과 이름들, 탄생, 죽음, 부활 그리고 승천에 관한 일들이다. 그 다음 우리는 "그분의 현재 제사장으로서의 사역"을 고찰할 것이다. 다음으로는 "그분의 미래의 왕국과 영광"을 고찰하게 된다. 4주에 걸쳐 우리는 우리 주 예수 그리스도에 대해 가능한 간략하게 공부 하고자 한다.

구약성경에서 예수님은 성육신하시기 전의 모습(pre-incarnate manifestations)으로 표현한다. 이것은 예수님께서 성육신하시기 전-베들레헴에서 탄생하시기 전-에도 눈으로 볼 수 있는 형상으로 나타나셨음을 의미한다. 소위 이것을 눈에 보이는 신의 나타남(a visible manifestation of deity) 곧 "신의 현현"(theophanies)이라 부른다.

이 주를 공부하기 전에 먼저 우리는 성령님께 모든 진리를 가르쳐 달라고 기도드려야 한다. 참고가 될 성경구절이 나오면 일일이 찾고 또한 말씀을 수용하는 마음을 가져야겠다.

Ⅱ. 중요한 성경 구절

창세기 1-2장, 18:1, 22; 22:11-13; 26:2, 24; 32:24-32, 출애굽기 3:1-14, 신명기 18:15-22, 이사야 6:1-13; 7:14; 9:6; 52:13-53:12, 스가랴 3:1-10; 6:12-15, 마태복음 27-28장, 누가복음 1-2장, 요한복음 1:1-14; 4:6; 6:35; 7:37; 8장, 17장, 사도행전 1:8-11, 갈라디아서 4:4, 빌립보서 2:6-7, 골로새서 1:15-29; 3:1-14, 요한계시록 5:5; 22:13, 16.

여기서 제시한 성경구절은 읽어야 할 구절 중 일부분에 지나지 않는다. 해당 구절이 너무 많아 모두 언급할 수 없다.

Note

Ⅲ. 핵심 진리

주 예수 그리스도이신 성자 하나님은 성부 하나님과 성령과 더불어 영원히 공존하신 분이었다. 그리스도는 영원한 과거부터 하나님과 함께 계셨다(창 1:1). 이 같은 일을 요한은 다음과 같이 선포했다. "태초에 말씀(예수님)이 계시니라 이 말씀(예수님)이 하나님과 함께 계셨으니 이 말씀(예수님)은 곧 하나님이시니라 그가 태초에 하나님과 함께 계셨고"(요 1:1-2).

영원 전부터, 전지하신 하나님께서는 그의 예지 속에서 인간이 죄를 범하리라는 것과 이에 따라 구속의 계획이 필요하리라는 것을 아셨다.

흠도 죄도 없으신 구세주께서 "창세전에 죽임당한 어린양으로서 오시기로" 되어 있었다(계 13:8). 인간 범죄의 결국을 아셨던 성자 하나님은 인간의 형체를 입고 기꺼이 세상에 오셔서 그 죄의 값을 치루신 것이다(빌 2:6-8). 구속받은 영혼 즉, 그의 몸인 교회는 "창세전에 그리스도 안에서 택함 받았다"(엡 1:4).

이번 주의 핵심을 간략히 진술해 보면, 태초에 예수님이 계셨다. 선지자들은 오시기로 하셨던 그분을 보았다. 시간이 가까워짐에 따라 예수님의 환상(vision)은 더욱 명백해 졌으므로 구약시대로부터 그리스도의 생애를 묘사해 볼 수도 있었을 것이다. 예수님은 구약성경을 일컬어 "그들(구약성경)이 나를 증거했다"라고 말씀하셨다. 즉 예수님은 구약성경을 통해 나타나셨다. 성경에 기록한 바와 같이 예수님은 세상에 오셔서, 사시다가 죽으셨고, 그리고 마침내 무덤에서 나오셔서 영광의 자리로 다시 올라가셨다. 이번 주에는 영원한 과거에서 성육신하시기까지의 "그의 과거", 1부만을 다루고자 한다.

Ⅳ. 중요한 진리: 성자 하나님, 그의 과거(Ⅰ)

A. 구약성경에 나타난 예수님(신의 현현)

1. 아브라함에게 나타남
   a. 노령의 아브라함에게 아들을 약속했던 세 천사 중의 한 천사가 예수님이었다(창 18:1-10).

b. 이삭을 번제로 드리려고 했을 때 아브라함에게 외쳤던 "주의 사자"는 성육신하시기 전의 바로 예수님이시다(창 22:11-12).

8절에 밑줄을 그어라.

c. 아브라함의 믿음으로 인하여 그에게 언약을 확증했던 "주의 사자"도 예수님이시다(창 22:15-16).

2. 이삭에게 나타남

a. 예수님은 이삭에게 나타나 그에게 지시하셨다. 그는 아브라함의 언약을 이삭에게 확증시켜 주셨다(창 26:2-5).

b. 주께서 이삭에게 "나타나셔서" 확실한 축복을 약속하셨다(창 26:24-25).

3. 야곱에게 나타남

a. "사자"(천사)가 야곱과 함께 싸웠으며 주께서 야곱의 이름을 "이스라엘"로 바꾸어 주셨다(창 32:24-32). 24절의 그 "사람"은 "주의 사자"였다(호 12:3-4). 30절에 나타나 있는 바와 같이 하나님을 본다는 개념이 성경 속에서 항상 동일하지는 않는다.

출애굽기 33:20에서 하나님은 "나를 보고 살 자가 없음이니라"고 말씀하셨다. 야곱이 하나님을 보았다고 말했을 때 그가 의미하는 바는 거룩한 사람(Divine Personage), 즉 주의 사자인 예수 그리스도를 보았음을 말한다(고후 4:6). 하나님은 영이시다. 예수님은 하나님의 보이는 형상이다.

b. "나를 건지신 사자"가 단순한 천사(celestial being)라고는 할 수 없다(창 48:15-16).

4. 모세에게 나타남

a. 타지 않는 풀무불 속에서 "그 사자"가 모세에게 나타났다. 모세가 얼굴을 숨겼다는 것은 보이는 신의 모습이 있었다는 것이다. 오늘 우리에게 여호와의 "사자"는 해답을 주신다. 모세는 "신의 현현"을 목격했다(출 3:2-14).

b. 광야의 반석은 단순한 바위 그 이상이었다(출 17:6)..

고린도전서 10:4를 찾아 바울의 말을 써 보라. ______________________

____

____

5. 여호수아에게 나타남

a. 예수님은 여호와의 군대장관으로서 여호수아에게 나타났다(수 5:13-15.

6. 이사야에게 나타남

a. 이사야 6:1, 5, 8에 밑줄을 그어라. 1절 말씀 "내가 또한 여호와를 본즉"에 주목하라.

Note

7. 스가랴에게 나타남

   a. 스가랴에서 예수님의 나타남은 수없이 많다. 이들 중 몇몇을 찾아보자(슥 1:8-13; 2:1, 9; 3:1-10; 6:12-15).

8. 성경 전체를 통해 나타나는 성육신 이전의 사역(Pre-Incarnate Ministry)

   a. "주의 사자"-"언약의 사자"

   "그의 임재의 사자"(The Angel of His Presence)는 대부분의 성경학자들이 성육신 이전의 그리스도로서 인정하는 이름들이다. 몇몇을 열거해 보자(시 34:7; 창 31:11; 사 63:9; 말 3:1).

   b. 주의 선재(His pre-existence)를 말해주는 그 외 성경구절이 있다(시 110:1; 단 3:25; 출 14:19; 요 1:15; 골 1:15-19).

B. 그리스도의 나타남의 약속과 예언들

1. 선지자들의 증거

예수님의 첫 번째 오심에 대하여 구약성경이 기록한 것을 지면이 허락하는 대로 살펴보자.

   a. 창세기 3:15에 가장 오래된 예언이 있다. 동정녀에게서 탄생함을 말해주는 "여자의 후손"으로 그는 미리 예정되어 있었다. 창세기 3:15에 이 용어가 쓰이며 그 외 어떤 곳에도 이 용어를 찾아 볼 수가 없다.

   인간은 피의 원리에 의해 임신하게 된다. 만일 예수님께서 성령의 잉태하심으로 동정녀에게서 태어나지 않았다면 그리스도에 관해 처음으로 예언한 이곳에는 아담의 후손이라는 말이 언급되었을 것이다. 창세기 3:15를 적어 보라. ______________________________

   ____

   b. "아담의 후예"는 아벨과 셋과 노아를 따라 계속되었다(창 6:8-10).

   c. 하나님은 아담의 후예를 이을 한 민족을 택하셨다(창 9:26). 예수님은 셈의 후예일 것이다. 셈으로부터 아브라함까지의 계보에 주목하라(창 11:10-26). 그 민족은 히브리 민족(이스라엘)이 되었다.

   d. 예수님은 히브리인이라 부를 수 있는 첫 번째 사람, 아브라함의 후예일 것이다(창 12:2-3, 14:13). 아브라함의 언약은 아브라함의 후손을 통해 이스라엘과 그리스도 안에서의 하나님의 교회를 축복하시겠다는 하나님의 무조

건적인 언약이었다(갈 3:16, 29).

갈라디아서 3:14–29까지를 읽고 예수님이 그 후손임을 주목해 보자.

e. 예수님은 이삭을 통해 올 것이다(창 17:19).

f. 예수님은 야곱(이스라엘)을 통해 올 것이다(창 28:10–15).

g. 유다지파는 아브라함의 후손이었다(창 49:10). 이 구절을 히브리서 7:14과 요한계시록 5:5과 비교해 보자.

h. 예수님은 한 가계, 즉 다윗의 집안에서 나시기로 예정되어 있었다(삼하 7:12–15).

로마서 1:3을 써 보라. ______________________________

____

____

i. 예수님은 베들레헴에서 탄생하시기로 예정되어 있었다(미 5:2).

j. 예수님은 동정녀의 아들이 될 것이다(사 7:14). 이사야는 이 일을 단지 아하스에게만 아니라 "다윗의 집안"(혈통) 모두에게 예언했다.

이사야 7:14를 써 보라. ______________________________

____

____

k. 이사야 53:1–12에서 이사야는 예수님의 모습(눈에 보이는 신의 모습)을 아주 명확하게 묘사했다.

l. 선지자들의 증거를 모두 다 열거하기는 불가능하다. 모세로부터 말라기에 이르는 주제는 메시야이다.

2. 천사의 증거

a. 가브리엘 천사는 사가랴에게 아들 즉 세계 요한의 신비한 탄생을 알려주었다. 세례 요한은 주 예수의 길을 예비해 주는 예수님의 선구자일 것이다(눅 1:11–19).

13절에 줄을 치고 또 누가복음 3:4에도 밑줄을 그어라.

b. 가브리엘 천사는 마리아에게 그녀가 한 아들을 낳으리니 그의 이름을 예수라 하라고 전하였다(누가복음 1:26–33). 35절을 읽고 밑줄을 그어라.

31절을 써 보라. ______________________________

____

____

c. 천사가 요셉에게 예수님이 동정녀에게서 탄생될 것을 전하였다(마 1:19–21). 25절에

주목하라.

Note

C. 이름에 담겨 있는 영원한 존재의 의미

1. 우리 주님의 개인적인 이름인 예수
   a. 예수란 가브리엘 천사에 의해 요셉과(마 1:21) 마리아(눅 1:31)에게 주어진 이름이다. 예수란 그분이 탄생하시기 전에 이같이 주어진 그분 자신의 이름인 것이다.
   b. "예수"란 히브리어 이름인 "여호수아"(Joshua)의 헬라어 형태다. 이 두 이름이 갖는 의미는 "우리의 구세주 여호와"이다. "예수"란 이름은 그의 죽음과 장사(burial)와 부활이 전의 일을 기술한 복음서에서 더 현저하게 부각되고 있다. 이것은 그의 지상에서의 이름 곧, 겸손과 고통을 견뎌내는 이름이다.
   마태복음 1:21을 써 보라. ______________________

   ____

   ____

   "예수"란 이름은 구속사업이 성취되기 이전에 주로 사용된 이름이다.
2. 하나님의 아들의 칭호인 그리스도
   a. "그리스도"란 이름은 "기름부음을 받은 자"란 의미로 그것은 히브리어 "메시야"와 같은 의미다(단 9:25).
   요한복음 1:41을 써 보라. ______________________

   ____
   b. "그리스도"는 갈보리 십자가 사건 이후 뚜렷이 부각되는 이름이다. 사도서신들은 십자가상의 희생을 통하여 믿음으로 구원받을 수 있는 교리에 대해 자세히 설명한다. 예수님은 "주와 그리스도가 되셨다"라고 사도행전 2:36에서 베드로가 말했다.
   c. 우리도 그리스도의 이름을 본받아 그리스도인(人)이라 칭한다.
3. 신(하나님)과 권위의 칭호인 주
   a. 신약성경에서 "주"란 단어는 우리 성경에서 "주(Lord), 하나님(God), 주인(Master)"으로서 번역되어 있는 헬라어 "쿠리오스"(KURIOS)에서 유래된 말이다. 하나님을 칭하는 이들 세 가지 이름들이 구약성경에서는 하나의 이름 "주"로 나타난다.

b. 로마서 10:9, "만일 네가 네 입으로 예수를 주로 시인하며…"란 구절을 읽어보라.

4. "나는 … 이다"란 그분의 모든 이름을 다 포함시켜 주는 이름이다.

a. 예수님은 "아브라함이 나기 전부터 내가 있느니라"고 말씀하셨다(요 8:58). 요한복음에서 20번 씩이나 예수님은 다음 어구들을 말씀하셨다. "나는 생명의 떡이다", "나는 세상의 빛이다", "나는 선한 목자다", "나는 부활이요 생명이다" 등.

b. 요한복음 14:6을 써 보라. ____________________

____

5. 영광과 신(Deity)의 칭호인 하나님의 아들

a. 예수님은 하나님의 아들로 영원 전부터 계셨다. 우리도 중생(the new birth)함으로 하나님의 아들이 된다.

b. 누가복음 1:35과 요한복음 19:7에 밑줄을 그어라.

6. 임마누엘(Emmanuel)–"하나님께서 우리와 함께 하심."

a. 예수님은 "우리와 함께 하시는 하나님"으로 이사야의 예언을 성취시키셨다(사 7:14).

b. 마태복음 1:23을 써 보라. ____________________

____

7. 말씀(The Word)—살아있는 말씀(The Living Word)

a. 예수님은 말씀이시며 태초부터 계신 분이었다(요 1:1–2).

b. 말씀이 육신이 되어 눈에 보이는 하나님을 나타내 준다(요 1:14, 18).

8. 구세주–그분은 우리를 죄에서 구원해 주시기 위해 태어나셨다.

a. 마태복음 1:21, 누가복음 2:11을 찾아보라.

9. 주 예수 그리스도–완전한 칭호

에베소서 1:3에 밑줄을 그어라.

10. 기타 칭호들

a. 신구약성경에 우리 주님을 칭하는 이름이 207가지가 있다. 몇 가지만 언급해 두었다.

b. 각자의 공부를 위해 다음 몇 가지만 찾아보라.

독생자

알파와 오메가

영광의 주

기묘자

모사(Counsellor)

Note

전능하신 하나님

태초부터 계신 이

아브라함의 자손

다윗의 자손

마지막 아담

랍비

주인

선한 목자

대목자(Great Shepherd)

목자장(Chief Shepherd)

대제사장

문

가지

반석

구속자

복습

예수님은 태초, 즉 영원한 과거부터 계셨다. 그는 하나님과 함께 계셨고 또한 하나님이셨다(요 1:1–2). 그의 선재하심(preexistence)은 많은 성경말씀과 더불어 신약에서도 확증된다. 그분은 창조주이시므로 모든 창조물 그 이전부터 계셨다. "만물이 그로 말미암아 지은 바 되었으니 지은 것이 하나도 그가 없이는 된 것이 없느니라"(요 1:3). 에베소서 3:9에는 "예수 그리스도로 말미암아 영원부터 만물을 창조하신 하나님"(God, who created all things by Jesus Christ)이라 기록되어 있다.

골로새서 1:16–17을 적어 보라. ______________________________

____

____

____

____

예수님은 구약성경을 통해서도 나타나셨다. 선지자들은 그분과 그의 오심에 대해 말했다. 그 이름들이 그의 영원한 존재를 말해준다(계 22:13).

예수님은 "두루마리 책에 나를 가리켜 기록한 것과 같이"라고 말씀하셨다(시 40:7을 인용한 히 10:7). 구약성경 속에서도 우리는 예수님을 접해 왔다. 모든 성경과 역사와 시편과 예언은 한 분의 중심적인 인물이신 예수 그리스도를 말미암아 이루어져 있다. 이제 우리는 그가 성육신하여 오셨던 것과 그의 생애와 죽음과 부활과 승천에 대해 다음 과에서 배우게 된다.

예습

1. 이번 주에 나온 모든 성경말씀과 다음 주에 배울 말씀을 미리 공부하라. 로마서 1:3–4; 8:3, 고린도전서 15장, 고린도후서 8:9, 요한일서 1:1–7; 5:20, 요한계시록 1:5–6; 3:20을 읽어 보라.
2. 신의 현현(theophany)의 정의를 암기하라.
3. 이번 주에서 기록한 것을 복습하라.
4. 새로운 진리를 배울 때마다 성경에 표시해 보라.

Week 07
성자 하나님, 그의 과거(Ⅱ)

Ⅰ. 서론

이번 주는 성육신 즉 하나님께서 육체로 나타나심과 동정녀에 의한 탄생과 그의 두 가지 본성과 죽음 그리고 부활과 승천에 관한 이야기로 시작된다. 이들은 구약성경의 모든 예언을 성취시켜 주는 기본적인 진리이다. 이러한 진리에 믿음의 토대를 두어라. 기독교 신앙의 이 위대한 교리에 대해 하나님의 말씀이 말하고 있는 바를 우리는 믿음으로 받아들인다. 성경이 이 같은 사실을 나타내고 있으며 또 성령께서 "우리를 모든 진리 가운데"로 인도하실 것이다(요 16:13).

하나님의 말씀이 말하고 있는 바에 대해 논쟁의 여지는 있을 수 없다. 하나님의 말씀이 선포될 때 우리는 거룩한 영역에 이르게 되며 또한 인간의 이성을 내던지게 된다. "자연인"(natural; 육에 속한 사람)은 하나님의 일을 이해할 수가 없다. "하나님의 일은 영적으로만 분별되기 때문이다"(고전 2:14).

Ⅱ. 중요한 성경 구절

1. 로마서 1:3-4; 8:3, 고린도전서 15장, 고린도후서 8:9, 요한일서 1:1-7; 5:20, 요한계시록 1:5-6; 3:20.

Ⅲ. 핵심 진리

하나님께서 육신을 입고 동정녀의 몸에서 태어나셨다. 구약성경 전권을 통하여 이 사실이 예언된다. 창세기 3:15에서 시작하여 말라기까지 예언된 바와 같이 성육신은 모든 예언을 정확히 성취시키고 있다. 예수님의 죽음과 부활과 승천은 성경인용을 통해 예수님께서 스스로 증거하셨다. 그리스도의 탄생과 죽음은 창세전에 이미 계획되었다(엡 1:4). 하나님께서 우리를 위하여 자신을 죄 있는 자로 삼으신 것은 우리를 하나님 안에서 하나님의 의로운 자로 삼게 하기 위함이다(고후 5:21). 예수님은 죽기 위해 세상에 오셨다.

이름을 예수라 하라. 이는 그가 자기 백성을 그들의 죄에서 구원할 자이심이라 하니라(마 1:21).

Ⅳ. 중요한 진리: 성자 하나님, 그의 과거(Ⅱ)

A. 성육신의 사실

1. 성육신의 의미

a. 성육신이란 "육신을 입음"(in-flesh-ment)이란 의미다. 우리가 하나님의 아들 예수 그리스도의 성육신에 관한 사실을 말할 때 이것은 하나님께서 육체를 입으셨음, 혹은 하나님께서 육체로 나타나셨음을 의미한다. "나타나다"(manifest)란 말은 "눈에 보이는 명확한 형태가 됨"(make evident, visible)을 의미한다.

b. 요한복음 1:14를 적어 보라. ______________________________

____

2. 성육신의 목적

a. 보이지 아니하는 하나님을 나타내시기 위해 예수님께서 육체를 입으셨다. 하나님은 영이시다. 요한복음 4:24를 찾아보라.

b. 눈으로 볼 수 있는 하나님의 유일한 형상이 아들 예수님을 통해 나타난다. 요한복음 1:18을 찾아보라.

우리는 하나님을 보고 싶어한다. 인간의 형체를 입으신 예수님께서 우리에게 하나님을 나타내 주셨음은 그가 곧 하나님이시기 때문이다. 우리가 언젠가 뵙게 될 유일하신 하나님은 예수님이시다(요 14:9).

c. 하나님의 언약을 성취하시기 위해 예수님께서는 육신이 되셨다. 예를 들자면 아브라함에게 하신 언약이다. 갈라디아서 3:8, 14, 16에 밑줄을 긋고 이 절들을 창세기 12:1-3; 13:15과 비교해 보라.

하나님께서 다윗에게 주신 언약을 성취하시기 위해 예수님께서 육신이 되셨다(삼하 7:12-16). 이사야의 위대한 예언 속에 나오는 "다윗의 왕좌"(the throne of David)에 주목해 보라(사 9:6-9). 이 사실을 베드로는 오순절날 그의 설교 가운데서 확증했다(행 2:29-30). 30절에 밑줄을 그어라.

Note

d. 죄의 희생물이 되기 위해 성육신이 반드시 필요했다.

요한일서 3:5를 써 보라. ____________________

____

히브리서 10:10과 사도행전 13:38-39에 주목하라.

3. 성육신의 신비

a. 디모데전서 3:16을 써 보라. ____________________

____

b. 인간들에게 있어 성육신은 하나의 신비다. 우리가 알아야 하고 깨달아야 할 모든 일을 하나님께서 말씀을 통해 모두 나타내셨다.

골로새서 2:2-3을 써 보라. ____________________

____

____

____

B. 예수님의 동정녀 탄생

1. 예수님의 동정녀 탄생의 의미

a. 인간의 이성은 동정녀 탄생을 배격하지만 하나님의 아들을 영접하고 믿음으로써 영적 분별력이 생기게 된다. 동정녀 탄생은 자연의 법칙에 모순된다. 만일 성육신이 그 암시하는대로의 의미라면 -이같은 탄생은 하나님이 육신을 입고 태어나신 사실을 말해준다- 자연법에 따라 이 사실이 있을 수 없으나 하나님의 법에 따라 이것은 가능하다.

b. 이 일이 일어나기 750년 전에 이사야는 동정녀의 탄생을 예언했다(사 7:14).

c. 동정녀 마리아에게 예수님의 탄생이 전해졌다(눅 1:26-32). 요셉에게도 같은 소식이 전해졌다(마 1:18-25).

d. 예수님의 아버지는 누구였을까? 그 아버지는 바로 하나님이시다! 마리아는 "나는 남자를 알지 못하니 어찌 이 일이 있으리이까?"라고 말했다(눅 1:34). 35절에 밑줄을 그어라. 마태복음 1:20 하반절에 주목하라.

e. 마리아가 임신하게 됨은 성령의 역사였다(마 1:20, 눅 1:35). 혹자는 이것을 "순결한 임신"(immaculate conception)이라 부른다. 그렇다고 해서 이 말의 의미가 마리아에게 죄가 없었음을 나타내줄 수도 있는 그녀의 "순결한 임

신을" 지적하고 있지는 않는다. 순결한 임신에서 강조되어야 하는 것은 마리아가 아니라 예수님이시다. 마리아는 동정녀의 몸으로 하나님의 은총을 받았을 뿐 우리와 같은 사람이다.

2. 여자의 후손(The Seed of Woman)
   a. 창세기 3:15에 예언한 바대로 예수님은 "여자의 후손"이었다.
   b. 예수님은 자신의 성육신하심과 인성의 근원에 대해 말씀하셨다(요 16:27-28).
   c. 갈라디아서 3:16에서 바울은 이 후손에 대해 확증한다. 다시, 바울은 하나님께서 예수님을 보내신 것과 예수님이 "여자에게서 나신 사실"에 대해 강조한다(갈 4:4).
   d. 남자의 씨가 없이 하나님께서 그의 아들을 인간의 형상으로 만드셨다. 마치 이것은 여자의 도움 없이 하나님께서 하와를 지으신 것과 그리고 또 남, 여의 생식적인 기능이 없이 남자(아담)를 지으신 경우와 마찬가지다.

C. 예수 그리스도의 두 가지 본성

1. 그는 신인(God-Man)이 되었다.
   a. 신성(divine nature)을 가지신 예수 그리스도께서는 인성도 겸비하셨다-모든 면에서 양자는 모두 완전한 것이다. 그리스도는 신과 인간(God and man)이 아니고 신인(God-Man)이셨다. 요한복음 1:14은 "말씀이 한 인간이 되셨다"라고 말하지 않는다. "말씀이 육신이 되어"라고 말한다.
   b. 우리가 그분을 영접하게 되면 우리도 신성을 겸비한 자가 된다. 인성을 가진 우리가 "중생"(new birth) 할 때에 신성한 성품이 더해지게 된다(벧후 1:4).
2. 예수님의 인성
   a. 예수님에게 인간의 육체가 있었다(마 26:12).
   b. 예수님에게 혼(soul)이 있었다(마 26:38).
   c. 예수님에게 영(spirit)이 있었다(눅 23:46).
   d. 인간에게는 몸과 혼과 영이 있다고 바울은 말한다(살전 5:23). 이 구절을 써 보라.

      ____

      ____

   e. 예수님도 어린 시절이 있었다. 그는 자라며 영과 지혜가 강하여지고 키도 자랐다(눅 2:40, 52).
   f. 예수님도 인간의 욕구가 있었다.

Note

- 주리셨다(마 4:2).
- 목이 말랐다(요 19:28).
- 지쳐 있었다(요 4:6).
- 졸음이 왔다(마 8:24).
- 슬퍼하셨다(마 26:37).

사복음서를 살펴보면 예수님께서 겪으신 또 다른 욕구들을 발견할 수 있을 것이다.

3. 예수님은 죄가 없으셨다.
   a. 예수님은 자신의 인성 속에 죄의 본성을 갖지 아니한 유일한 분이시다(창 3장에 나오는 아담 범죄 이전의 아담은 예외다). 고린도후서 5:21을 적어 보라.

   ____

   ____

   b. "만일 그에게 죄의 본성이 없었고 또한 그가 죄를 범할 수 없었다"라고 하면 예수님께서 죄의 유혹을 받으셨다는 것은 사실이 아니다. 그것은 꾸며낸 이야기에 지나지 않는다"라는 문제가 늘 야기될 것이다.
   이에 대한 대답은 명백하다. 예수님께서 시험 받으심은 그분께서 죄를 범할 수 있는지 가능여부를 알기 위해서가 아니라 죄를 범치 아니한다는 것을 증명하기 위한 시험이었다. 이 같은 문제들을 수 시간 동안이나 신학자들이 논쟁하는 것을 들은 적이 있다. 우리가 그분이 신인(God-Man)이라는 사실을 잊지만 아니한다면 해답은 간단하다.
4. 예수님의 신성
   a. 예수님의 탄생과 이름들을 통해 우리는 그분의 신성을 살펴보았다. 이제 그분의 사역(ministry)을 통해 그 신성을 살펴보자.
   b. 그분은 성부 하나님과 동등한 분이시다(요 17:5).
   c. 예수님의 신성과 인성을 바울은 유명한 성경말씀(빌 2:6-8)으로 설명한다. "하나님과 동등됨을 취할 것으로 여기지 아니하시고"(6절)란 말씀에 주목하라. 예수님은 신이었고 또한 신인이셨다.
   7절 말씀 "오히려 자기를 비어 종의 형체를 가지사 사람들과 같이 되셨고 사람의 모양으로 나타나사"란 구절에 주목하라. 그분이 자신을 비어 신과 같이 되셨을까? 결코 그렇지 않다! 자신을 비어 종의 형체를 입으셨다. 그리고 인간의 모습으로 나타나신 것이다. 그는 자신을 낮추시어 우리를 위하여 십자가에서 죽는 인간이 되셨다(8절).

빌립보서 2:6-8 모두에 밑줄을 그어라.

D. 그리스도의 십자가 죽음

1. 예수님의 생명은 우리를 위해 바쳐진 것이지 자신을 위해 취해진 것이 아니다.
   a. 예수님은 죽기 위해 세상에 오셨다(요 12:32-36).
   b. 요한복음 17장에서 예수님은 우리를 위해 기도하셨다. 1, 4, 5, 11, 13, 24절에서 자신의 죽음에 대해 예수님께서 말씀하신 바에 주목하라.
   c. 예수님의 죽음은 자유의사에 의한 것이었다(요 10:17-18).
   18절을 적어 보라. ______________________________

   ____

   ____

2. 예수님은 성경대로 우리 죄를 위해 죽으셨다(고전 15:3).
   a. 우리 죄를 위해 희생물(Sacrifice)이 되셨다. 또한 우리의 유월절 양이다(고전 5:7).
   b. 하나님과 우리를 화목하게 하셨다(고후 5:19). 화해란 "회복(restoration) 및 조화 그리고 우정을 야기시킴"을 뜻한다. 이것은 예수님께서 죽으심으로 우리를 하나님과 화목케 하신(인간 속에 변화를 일으킴) 사실을 뜻한다.
   c. 우리를 위한 제물이 되셨다(히 10:10, 14).
   d. 상기한 말씀 외에 또 다른 구절들이 그분의 죽음에 의미를 부과시킨다.
   • 요한일서 2:2에서 화목제물은 속죄소(Mercy Seat)와 만족이란 의미다(출 25:22).
   • 디모데전서 2:5-6의 "중보"란 "값을 지불함"이란 의미다.
   • 에베소서 1:7의 "속량"이란 "값을 지불하여 해방시키거나 구해준다"는 뜻이다. 고린도전서 6:20도 또한 찾아보라.
   • 로마서 5:1의 "의롭다 하심"(Justification)은 "마치 내가 결코 범죄치 않았던 자처럼"이란 의미다(롬 3:21, 26).

3. 그분의 죽음은 믿는 모든 자에게 영원한 생명을 준다.
   a. 요한복음 3:16을 적어 보라. ______________________________
   b. 로마서 5:6을 적어 보라. ______________________________
   로마서 5:8에 밑줄을 그어라.

c. 요한복음 3:17을 적어 보라. ______________________________

____

Note

E. 그리스도의 부활과 승천

1. 그리스도의 부활

a. 예수 그리스도의 부활은 기독교 신앙의 모퉁이돌이며 또한 그분의 신성을 의미한다(행 2:24, 31, 32).

b. 그리스도는 모든 믿는 자에게 부활생명을 주시기 위해 살아나셨다(요 11:25-26).

c. 부활은 죄와 죽음에 대한 승리다(고전 15:54-57).

d. 부활은 그리스도 안에서의 우리 믿음과 승리를 확증해 준다. 그는 부활의 첫 열매가 되셨다(고전 15:14-26).

e. 예수님께서 죽음에 대해 말씀하실 때는 부활도 늘 함께 말씀하셨다(마 16:21; 17:22-23; 20:17-19, 눅 9:22; 18:31-34, 요 2:19-22).

f. 예수님의 부활 증거는 부활하신 몸으로 17번이나 나타나셨던 사실과 더불어 확인해 볼 수 있다. 사람들은 예수님을 알아보았고 또한 그분은 그들과 함께 얘기를 나누셨다. 몇몇 성경구절을 찾아보라(요 20:11-17, 마 28:9-10, 눅 24:34, 막 16:12-14, 고전 15:6).

2. 그리스도의 승천

a. 예수님께서는 승천에 대해 말씀하셨다(요 14:2-3).

b. 예수님은 아버지께서 보내 주실 성령을 예수님의 이름으로 약속하셨다. 그분은 성령으로 보혜사가 되어 모든 진리를 가르쳐 줄 것이다(요 14:16, 17, 26; 15:26-27).

c. 승천은 예수님의 지상 사역의 끝을 의미한다(눅 24:50-51; 행 1:9-11). 부활의 영광스런 몸을 입으신 살아계신 예수님께서 다시 영광의 자리로 승천하심은 우리의 구속사역이 끝났음을 의미한다. 사도행전 1:9-11에 밑줄을 긋고 "하늘로 가심을 본 그대로 오시리라"는 말씀에 주목하라.

복습

예수님께서는 육신으로 이 땅에 거하셨다. 예수님은 육신을 입으신 하나님의 모습이었다. 그분은 동정녀의 몸에서 태어나셨다. 그분에게는 지상의 육적 아버지가 계시지 않는다. 세상 사람에게 신인이 되신 주 예수 그리스도를 주시기 위해 그는 신성과 인성을 겸하시고 성령의 힘에 의해 마리아에게 거룩하게 잉태 되셨다. 또한 구약성경에 예언된 대로 "여자의 후손"이었다.

예수님의 인성은 사실적이다. 인간과 똑같이 성장했고 또 그에게는 인간의 욕구가 있었다. 그러나 그분에게는 죄의 본성이 없었다. 그분에게는 신성과 인성만 존재했다. 우리의 구속자로 오시기 위해 자신의 형상과 위치를 변모한 것이다.

모든 죄를 위해 그는 자신의 생명을 바쳤다. 믿는 모든 자를 구하기 위해 죽으셨다. 그분은 무덤에서 부활하셔서 죄와 죽음을 정복하셨고 우리에게 부활생명을 확증시켜 주셨다. 그분은 구속의 완성을 나타내기 위해 영광의 자리로 다시 올라가셨고 우리와 함께 거하면서 우리를 가르치고 위로해 줄 성령을 보내 주셨다.

예습

1. 마태복음 22:44, 마가복음 12:36, 누가복음 20:42-43, 사도행전 7:55-56, 로마서 8:34, 에베소서 1:20, 빌립보서 2:9-11, 골로새서 3:1, 히브리서 1:3-13; 7:22-28; 8:1; 10:12-14; 12:2, 베드로전서 3:22를 읽어 보라.
2. 이번 주에 당신이 기록한 것을 복습하라.
3. 새로운 진리를 배울 때마다 성경에 표시해 보라.

Week 08

성자 하나님의 현재 사역

Ⅰ. 서론

"성자 하나님"에 관하여 기술한 이번 주는 우리 가운데 역사하시는 하나님의 현재 사역을 총망라한다. 십자가의 죽음과 부활과 승천 후에도 주님의 사역은 끝나지 않았다. 영광 중에 계시면서도 자신의 일을 계속하고 계신다. 하나님의 위대한 행동은 세상 끝날까지 지속될 것이다.

지상 생활을 통해 예수님이 마치신 유일한 일은 구속계획이었다. 예수님께서 영광의 자리로 승천하실 때에 그분은 "육신이 되어 우리 속에 거하는" 바로 그 예수님이셨던 것이다. 죄의 값을 지불하심으로써 육신을 입은 생애는 완전히 끝난 것이다. 이제 예수님의 사역은 그리스도를 주와 구주로 믿는 모든 사람을 통해 계속되고 있다.

Ⅱ. 중요한 성경 구절

마태복음 22:44, 마가복음 12:36, 누가복음 20:42-43, 사도행전 7:55-56, 로마서 8:34, 에베소서 1:20, 빌립보서 2:9-11, 골로새서 3:1, 히브리서 1:3-13; 7:22-28; 8:1; 10:12-14; 12:2, 베드로전서 3:22.

Ⅲ. 핵심 진리

예수님은 "그의 백성을 죄에서 구원하시기 위해" 죽으셨다. 우리가 죄에서 사함받기 위해 필요한 희생제물이 되시기 위해 죽으신 것이다. 구원의 길, 즉 그리스도의 피를 통하여 하나님께 나가는 길을 예비하시기 위해 죽으셨다. 또한 우리를 깨끗하게 하시기 위해 죽으셨다(과거). 그는 우리를 계속하여 깨끗케 하시려고 살아계신다(현재). 우리 주님의 그토록 놀라운 사역은 결코 끝나지 아니할 것이다. 그는 영광 중에 살아계셔서 그의 말씀과 영으로 우리를 위해, 우리를 향해 그리고 우리 속에서 역사하고 계신다. 그는 우리를 위해 하나님께 간구하며 또한 하나님을 위해 우리에게 말씀하신다. "또 하나님과 사람 사이에 중보도 한 분이시니 곧 사람이신 그리스도 예수라"(딤전 2:5).

Ⅳ. 중요한 진리: 성자 하나님의 현재 사역

A. 그리스도의 높임(Exaltation)

1. 그의 영광의 회복
   a. 예수님께서 "창세전"에 가졌던 영광이 다시 그에게 회복 되었다.
   요한복음 17:5를 적어 보라. ______________________________

   ____

   b. 요한복음 17:1에 밑줄을 그어라.
2. 아버지 하나님께서 그리스도를 높이심
   a. 빌립보서 2:5-8에서 바울이 묘사한 바와 같이 그리스도께서 자신을 낮추시고 땅에 오신 후로 예수님을 찬양함이 9-11절에 뒤이어 나온다. 계속하여 고양되는 일곱 가지 단계에 주목하라.
   1단계: 이러므로 하나님이 그를 지극히 높여
   2단계: 모든 이름 위에 뛰어난 이름을 주사
   3단계: 모든 무릎을 예수의 이름에 꿇게 하시고
   4단계: 하늘에 있는 자들과
   5단계: 땅에 있는 자들과
   6단계: 땅 아래에 있는 자들로
   7단계: 모든 입으로 예수 그리스도를 주라 시인하여 하나님 아버지께 영광을 돌리게 하셨느니라.
3. 예수님은 하나님의 오른 편에 앉아 계신다.
   a. 하늘과 땅의 모든 권세가 예수님에게 주어져 있다(마 28:18).
   b. 하나님의 오른편은 "권위와 권세"를 의미한다. 구속의 일을 끝내신 예수님에게 주어진 자리가 하나님의 오른편이었다.
   사도행전 7:55-56에서 스데반이 말한 얘기를 적어 보라. ______________________________

Note

로마서 8:34를 적어 보라.

c. 권위의 자리에 계신 예수님께는 천사들과 권세들과 능력을 다스리는 힘이 있다(벧전 3:22).

d. 우리 주님의 자리와 위치는 승천하신 후에 회복되었다. 그분은 인성을 맛보셨고 우리의 약한 감정도 체험하셨다. 그는 모든 일에 우리와 똑같이 시험을 받으신 이로되 죄는 없으시니라(히 4:15).

B. 예비자

1. 놀라운 위로의 말씀

a. "내 아버지 집에 거할 곳이 많도다. 그렇지 않으면 너희에게 일렀으리라. 내가 너희를 위하여 거처를 예비하러 가노니 가서 너희를 위하여 거처를 예비하면 내가 다시 와서 너희를 내게로 영접하여 나 있는 곳에 너희도 있게 하리라"고 말씀하셨다(요 14:2-3).

b. 우리도 그의 영광에 동참하게 된다(요 17:24).

C. 위대한 대 제사장

1. 그는 하나님의 부르심을 입어 대제사장이 되셨다.

a. 히브리서에는 구약성경의 대제사장 아론과 비교하여 예수님의 제사장직에 관한 말씀이 많이 나온다. 아론의 제사장 직은 그리스도의 제사장 사역의 그림자이며 하나의 유형에 불과했다. 아론은 다른 사람의 죄 뿐만 아니라 자신의 죄를 위해서도 제물을 드려야 했다(히 7:26-27).

b. 하나님의 아들이신 예수님은 우리의 대제사장이시다.

히브리서 4:14를 적어 보라.

c. 대제사장은 스스로 될 수가 없었다. 오직 아론과 같이 하나님의 부르심을 입은 자만이 할 수 있었다(히 5:4). 이와 같이 그리스도도 스스로 영광을 취하심이 아니요 오직 하나님의 부르심을 입어 대제사장이 되셨다(히 5:5-10). 10절을 적어 보라. ___________

____

2. 예수님은 그의 형제들과 같이 되셨다.
   a. 히브리서 2:9-18을 읽고 17절을 적어 보라. ___________________
   b. 그러므로 예수님을 깊이 생각해 보라. 히브리서 3:1을 적어 보라. ___________

   ____

   ____

   예수님을 사도(보냄을 받은 자)라 부르기도 하고 대제사장(하나님의 보좌 앞에 자기 자신을 나타내는 자)이라 부르기도 한다. 사도이시며 대제사장이신 예수 그리스도는 "거룩한 형제들"(신자들)이 주로 고백했던 바로 그분이시다.

3. 예수님의 제사장직은 변함이 없으시다.
   a. 죽음으로 말미암아 땅위의 제사장직은 변하였다. 대제사장 아론과 그의 아들들은 일시적인 제사장직을 맡았다. 그들은 죽었기 때문이다(히 7:23).
   b. 예수님의 제사장직은 결코 변하지 않는다. 그분은 영원히 계신 분이므로 그 제사장 직분도 결코 변함이 없다(히 7:24). 이 구절에 밑줄을 그어라.

4. 예수님은 살아 계셔서 자기백성을 위해 간구하신다.
   a. 성경의 놀라운 진리 중 하나는 예수님께서 하나님의 존전에 늘 살아 계셔서 그를 믿는 우리 모두를 위해 중보해 주신다는 것이다. 예수님의 사역은 우리를 위해 계속되고 있다. 우리가 실수할 때 또한 우리가 범죄할 때 예수님은 늘 우리를 위해 하나님께 간구하신다. 그분은 우리를 중재해 주시는 분이시다.

   가장 중요한 성경말씀 중의 하나가 히브리서 7:25이다. "이는 그가 항상 살아서 우리를 위해 간구하심이니라"는 구절에 주목하라.

   25절 전체를 써 보라. ___________________

   ____

   ____

   b. 우리의 기도 생활도 이 진리에 영향을 받고 있다. 왜 우리는 항상 "예수님의 이름으로"–"예수님을 위해" 기도할까? 이는 예수님께서 우리의 중재자가 되시기 때문이다. 우리는 예수님을 통해 하나님께 기도드린다. 우리의 죄를 고백하기 위해 우리는 땅 위

에 누구도 아니 어떤 한 사람의 도움도 필요로 하지 않다. 우리는 예수님 앞에 고백한다. 예수님만이 하나님과 인간 사이의 유일한 중재자이시다. 우리는 매 순간마다 그분의 고귀한 사역의 도움을 받는다. 그분은 우리의 필요도 아시고 또한 하나님 아버지의 약속도 알고 계신다. 우리는 그의 통치권 속에서 완전히 안전해 질 수 있다.

Note

요한복음 14:13-14를 적어 보라. ______

______

______

______

c. 예수 그리스도 안에서 모든 믿는 자에게는 한 대제사장이 있다(현재적 의미).

히브리서 8:1을 적어 보라. ______

______

히브리서 8:2에 밑줄을 그어라.

d. 예수님은 단번에 뿌린 "오직 자기의 피로" 우리, 즉 모든 사람을 위한 속죄를 이루셨다(히 9:11-12).

히브리서 10:10, 12를 적어 보라. ______

______

______

______

______

예수님께서 십자가에서 희생제물이 되신 사실을 근거로 우리는 영원한 생명을 갖게 되었다. 더 이상의 다른 제물이 필요치 않았다. 예수님은 우리를 지켜 주시며 받들어 주신다. 우리의 모든 기도를 들어주신다. 그리스도와 믿는 자(사람)와의 교제가 그 믿는 자(사람)로 인하여 깨어질 수도 있다. 우리가 우리의 죄를 고백하면 그분은 우리를 사해 주신다(요일 1:9).

5. 그리스도는 우리의 대변자이시다.

a. 대변자는 다른 사람의 사건을 변호해 주는 사람 즉 변호사(lawyer)이다. 예수님은 하나님 앞에 서 있는 우리의 대변자이시다.

요한일서 2:1을 적어 보라. ______

______

이것은 믿는 자에게 주시는 말씀이다. 믿는 자도 죄를 범한다. 완전한 사람은 없다. 우리의 대변자 그리스도 안에서 우리는 확신을 얻고 용서를 받게 된다.

b. 히브리서 9:24를 적어 보라. ______

c. 그리스도는 "형제를 참소하는 자"인 사탄과 대항하는 우리의 대변자이다. 그리스도가 자신의 백성을 위해 간구할 때 사탄도 거기서 그리스도께 속한 모든 사람을 참소하신다(계 12:10).

요한계시록 12:9-10을 찾아 밑줄을 그어라.

6. 우리는 그의 사역으로 지탱된다.

a. 예수 그리스도는 우리에게 능력을 주셔서 우리로 하여금 그의 일을 감당하게 해 주신다. 마태복음 28:20을 적어 보라. ______

(주:"볼지어다, 내가 세상 끝날까지 너희와 항상 함께 있으리라.")

b. 우리는 "큰 일"(greater work)을 해야 한다. 이 큰 일은 말씀을 전하고 가르침으로써 복음을 확장시킨다. 예수님께서 하신 말씀에 주목하라(요 14:12).

c. 우리는 그의 뜻을 이루어 드려야 한다. 그 뜻은 그가 보시기에 즐거운 것이다(히 13:20-21).

D. 그리스도의 속성

1. 예수님은 전능하시다.

a. 예수 그리스도는 "모든 권세를" 가지신 분이다. 마태복음 28:18을 적어 보라.

b. 자연을 다스리신다(골 1:16-17).

c. 죽음을 다스리신다(요 11:25-26). 여기에 밑줄을 그어라. 요한계시록 1:18에도 밑줄을 그어라.

2. 예수님은 전지하시다.

a. 예수 그리스도는 모든 것을 다 아신다.

요한복음 16:30을 찾아 적어 보라. ______

b. 베드로는 "주님 모든 것을 아시오매"라고 말했다(요 21:17).

c. 예수님은 우리의 생각을 아신다(마 9:4).

마태복음 12:25를 찾아 적어 보라. ______

요한복음 7:15를 적어 보라. ______

3. 예수님은 어디에나 계신다.

a. 예수 그리스도는 모든 곳에 계신다.

마태복음 28:20을 적어 보라. ______

b. 마태복음 18:20을 적어 보라. ______

Note

복습

예수님은 늘 살아계셔서 우리를 위하여 간구하신다. 우리에게는 우리의 모든 잘못과 실패와 죄를 우리를 위해 하나님 아버지께 말씀해 주시는 대변인이 있다. 그분의 사랑은 무한하다. 그분은 항상 우리와 함께 계시며, 우리의 기도를 들어 주신다. 또한 우리의 필요한 것들을 아신다. 우리는 넘어질 때 어떻게 세움을 받을 수 있는가?

어떻게 주님과의 교제를 회복할 수 있을까? 이에 대한 답이 이번 주가 제시하는 주요한 주제이다. 그 답은 "그분은 늘 살아계셔서 우리를 위해 간구해 주신다"라는 것이다.

예수님이 우리의 대제사장이시므로 모든 믿는 자들도 제사장이라 할 수 있다. 요한계시록 1:6; 5:10; 20:6을 보라. 믿는 자의 제사장 직분은 사람들로 하여금 기도하게 하고, 말씀을 배우게 하고, 그 말씀을 가르치게 하며 그리하여 그 말씀을 통해 승리하게 격려해 주는 진리 속에 있다. 제사장인 우리는 휘장이 가리워지지 아니한 "지성소"(holy of holies)에 들어가서 우리 주 예수 그리스도의 이름으로 하나님께 기도드릴 수 있다. 주님의 현재 사역은 우리를 향한 사랑과 관심이다.

예습

1. 마태복음 24–25장, 데살로니가전서 4:13–18; 5:6, 로마서 8:19–23, 빌립보서 3:20, 고린도전서 15:51–57, 히브리서 13:14, 골로새서 3:1–3, 요한계시록 20:9–20을 읽어 보라.
2. 이번 주에 기록한 것을 복습하라.
3. 새로운 진리를 배울 때마다 성경에 표시해 보라.

Week 09

성자 하나님의 미래 사역

Ⅰ. 서론

성자 하나님에 관한 기술은 그리스도의 미래 사역을 총망라해 준다. 우리는 그분이 "알파와 오메가요 시작과 마침이 되시며, 이제도 있고, 전에도 있었고, 장차 올 자요 전능한 자"임을 우리는 기억해야 한다(계 1:8; 21:6; 22:13). 그분의 과거와 현재 사역은 초자연적인 일중의 한 부분에 지나지 않는다. 그분의 구속계획은 창세전에 알려져 있다. 이 일에 대해 성경에는 아담으로부터 그리스도에 이르기까지 많은 일들이 명백하게 기록되어 있다. 아담 안에서 모든 사람이 죽은 것 같이 그리스도 안에서 모든 사람이 삶을 얻으리라(고전 15:21-22).

그리스도의 사명과 일은 아브라함의 언약과 연결된다. 네 씨로 말미암아 천하 만민이 복을 받으리니(창 22:18). 갈라디아서 3:17에서 바울은 이 사실을 확인시켜 준다. 모세의 율법(The Mosaic Covenant)은 그리스도로 말미암아 끝났다. 아담으로부터 말라기에 이르기까지 하나님께서 인간에게 주신 구약성경의 모든 계시는 그리스도를 주와 구세주로 영접하는 모든 사람을 완전히 구속하려는 하나님의 계획을 나타내 준다.

요한복음 5:17-29에는 예수님의 놀라운 주장이 나와 있다. 그의 영광스런 위치로 인하여 우리는 그분의 세 가지 사역인 선지자와 제사장과 왕의 일을 할 수 있다.

Ⅱ. 중요한 성경 구절

1. 마태복음 24-25장, 데살로니가전서 4:13-18; 5:6, 로마서 8:19-23, 빌립보서 3:20, 고린도전서 15:51-57, 히브리서 13:14, 골로새서 3:1-3, 요한계시록 20:9-20.

Ⅲ. 핵심 진리

예수님은 선지자와 제사장과 왕의 사명을 가지셨다. 이것은 그리스도 안에서 성취된 구약성경에서 제시한 세 가지 일이다. 구약시대에는 하나님께서 명하신 세 가지의 중요한 기름부음이 있었다. 그 기름부음은 선지자와 제사장과 왕께 행해졌다. 구약성경에서 예수님의 직무는 이스라엘에서 행하는 예언적 규례(prophetical order), 이를테면 아론과 제사장들이 행했던 피를 뿌려 드리는 제물이나 혹은 영원한 보좌로서의 다윗의 보좌 등에 의해 예시되었다.

진리의 핵심을 말하자면 예수님은 선지자요, 제사장이요, 또한 왕이시다.

하나님의 기름부음으로 그에게는 이 같은 일이 주셨다. 그분이 취하신 존귀한 일들은 그분이 가지신 공식적인 칭호인 말씀의 권위나 그분께서 하신 일의 특징을 증언해 준다.

Ⅳ. 중요한 진리: 성자 하나님의 미래 사역

(역주– 그리스도의 미래 사역을 이해하기 위해서 우리는 이번 주에 그분의 세 가지 직무를 공부해야 한다. 그분의 미래 사역의 보다 큰 부분은 이 책의 끝 부분에서 공부하게 된다.)

A. 그리스도의 기름부음

1. 거룩한 칭호인 그리스도
   a. "그리스도"란 칭호는 하나님 아들의 공식적인 칭호다. "그리스도"란 "기름부은 자"란 의미다. 마태복음 16:16을 찾아보라.
   b. 기름부은 자가 언급될 때에는 우리의 생각이 이사야 61:1–3로 미치게 된다(읽고 밑줄을 그어라). 예수님께서는 이 땅에 오셔서 구약성경에서 예언한 바를 성취하셨다. "그런즉 이스라엘 온 집은 확실히 알지니 너희가 십자가에 못 박은 이 예수를 하나님이 주와 그리스도가 되게 하셨느니라 하니라"고 시몬 베드로는 말했다. 즉 그리스도는 기름부은 자란 의미다(행 2:36).
2. 선지자와 제사장과 왕의 직무가 그리스도를 통하여 완전히 성취된다.
   a. 초대 교회 신자들은 기도 중에 하나님을 향하여 시편 2:2에서 다윗이 인용한 기도문을 외쳤다(행 4:26–27).
   b. 예수님께서는 성령과 능력으로 기름부음을 받으셨다고 베드로는 말했다(행 10:38).

B. 선지자 그리스도

Note

1. 여호와께서 그리스도를 예언하셨다.
   a. 그리스도께서 나시기 14세기 전에 여호와께서 그 선지자에 대하여 모세에게 말씀하셨다(신 18:18). 신명기 18:18을 적어 보라. ________________

   ____
   b. 거의 15세기 후에 시몬 베드로는 여호와의 약속이 성취되었음을 선언했다(행 3:18, 22, 26).
2. 선지자란 단어의 의미
   a. "선지자"란 말은 "하나님을 대신하여 말하는 사람"이다. 이와 꼭 같이 예수님께서 말씀하셨다(요 12:49-50).
   b. 그리스도의 말씀과 일은 곧 아버지의 말씀과 일이다(요 14:9-10).
3. 예수님은 선지자로 기름부음 받으셨다.
   a. 예수님께서 나사렛 회당에서 이사야 61:1-3에 나오는 글귀를 읽으셨다. 이 말씀은 누가복음 4:18-19에 기록되어 있고 "복음을 전하게 하시려고 내게 기름을 부으셨다"라고 진술한다.
   b. 고넬료의 집에서 베드로는 그리스도의 기름부음에 대해 설교했다(행 10:38).
   c. 그렇다면 기름부음은 어디서 일어났을까? 예수님께서 세례받으시던 때이다(마 3:16-17). 이 구절을 읽고 밑줄을 그어라. 이 때를 기점으로 그리스도께서 공식적으로 선지자의 사역에 임하셨다.
   d. 이 진리는 절대적으로 중요하다. 선지자로서 예수님은 구약성경을 확증하셨다(눅 24:44). 하나님을 대신하여, 하나님으로서 예수님은 말씀하셨다. 그분은 말씀에 인을 치셨다(마 5:18, 24:35, 요10:35).
   e. 예수님께서 자기 자신을 선지자로 부르셨다(눅 13:33).
   f. 예수님은 선지자로서 말씀하셨다(마 21:11, 눅 7:16, 24:19, 요 4:19).
4. 선지자로서 예수님은 미래를 예언하셨다.
   a. 구약성경의 선지자들에게는 통찰력과 예지가 있었다. 하나님의 선지자로서 예수님도 장차 일어날 일을 예언하셨다(막 13:23).
   b. 과거와 현재만큼 그의 말씀 중에 미래도 확연히 드러났다. 마태복음 13장에서 예수님은 "씨 뿌리는" 비유와 "가라지와 곡식"에 관한 비유를 말씀하셨다. 마태복음 24장과 25장에서 예수님은 그가 오시기 전에 일어날 사건

들을 말씀하셨다.

예수님은 하나님의 참 선지자였다. 그분의 선지자적 사역은 세례받으시던 때부터 공식적으로 시작되어 십자가에서 죄인의 제물이 되셨을 때 끝나게 되었다.

C. 제사장이신 그리스도

1. 제사장은 중재자이다.
   a. 예수님은 죄 많은 인간을 대신하여 하나님께 간구해 주신다. 또한 우리의 위대한 대제사장이시다(히 4:14-15).
   b. 하나님과 사람 사이의 중보자이시다(딤전 2:5).
2. 성경에서 말하는 제사장의 모습을 예수님께서 성취시키셨다.
   a. 구약성경의 제사장 직에는 세 가지 양상이 있었다.
   - 백성을 위하여 제물을 드림
   - 장막 속에 들어가서 백성을 위하여 간구함
   - 장막 밖에 나와서 백성을 축복함

   b. 이것은 화해와 중보와 축복의 행위들이다.
   히브리서 7:27; 8:3, 에베소서 5:2를 찾아보라.
3. 왕같은 제사장이다.
   a. 멜기세덱의 반차를 좇는 제사장이었다(히 7:21). 멜기세덱이 제사장과 왕이었던 것 같이 우리 주님의 제사장 직도 왕족에 속한다.
   b. 스가랴 6:13에 밑줄을 그어라.

D. 왕이신 그리스도

1. 예수님의 왕국 특성
   a. 예수님은 구약성경을 영원한 말씀으로서 확증하셨고, 사람에게 하나님을 나타내었으며 장차 있을 일을 예언하셨다. 제사장으로서 흠없이 자신을 하나님께 드렸고 지성소에 들어가셔서 모든 믿는 자를 대신하여 하나님의 존전에 자신을 나타내셨다. 선지자와 제사장으로서의 직무를 성취시켰듯이 예수님께서 왕으로서의 직무도 성취시켜야 했다.
   b. 하나님 아버지께서 예수님을 왕으로 세우실 것이다. 디모데전서 6:15를 적어 보라.

Note

c. 예수님은 현재 세상의 왕이 아니다. 왕권을 누릴 때가 아직 도래하지 않았다. 예수님은 다시 오실 때까지 또 다른 왕이 통치하리라고 말씀하셨다. 예수님께서 말씀하신 그 왕이 요한복음 14:30에 언급되어 있다.

바울은 그를 가리켜 "공중의 권세 잡은 자, 곧 지금 불순종의 아들들 가운데서 역사하는 영이라"고 말한다(엡 2:2).

d. 예수님은 "유대인의 왕"으로 태어나서(마 2:2) "유대인의 왕"으로 죽으셨다(마 27:37). 그분이 당하신 십자가의 죽음은 세상이 하나님의 기름부음 받은 통치자를 완전히 배격했음을 나타내 준다(히 10:12–13).

예수님은 "아버지께서 자기의 권한에 두신 때와 시기"를 기다리고 계신다(행 1:7). 예수님께서 영광을 받으시기 위해 승천하시기 직전에 제자들이 그에게 나아와 "주여, 당신께서 이스라엘을 회복하심이 이 때이니까?"라고 물었다. 예수님은 그의 반복된 가르침에 의거하여 대답해 주셨다. 시간은 하나님만이 아시는 비밀이다. 마태복음 24:36을 적어 보라. __________

마태복음 24:42, 44; 25:13에 밑줄을 그어라.

2. 왕으로서의 예수님에 관한 예언들

a. 하나님의 말씀은 왕으로서의 메시야에 관한 예언들로 충만해 있다. 야곱은 임종시에 "규가 유다를 떠나지 아니하며 통치자의 지팡이가 그 발 사이에서 떠나지 아니하기를 실로가 오시기까지 이르리니 그에게 모든 백성이 복종하리로다"라고 말했다(창 49:10).

실로는 "누구에게 속함"–안식을 의미한다. 실로는 예수 그리스도를 뜻한다.

b. 이스라엘에게 임할 축복을 예언하려고 한 그의 의지를 저지당했던 발람은 그리스도를 왕으로서 예언하였다. 민수기 24:17, 19를 적어 보라.

c. 시편 속에서 최초의 메시야에 관한 예언이 아버지 하나님에 의해 주어 준다. 시편 2:6-8을 적어 보라.

시편 2:12에 밑줄을 그어라.

d. 시편 110편에 나오는 예언을 읽으라.

e. 이 왕에 대해 이사야 9:6-7에 기록되어 있다. 6절에 줄을 치고 7절을 적어 보라.

이것은 사무엘하 7:8-16에 나오는 다윗의 언약과 관련된 말씀이다.

f. 예레미야 23:5-6에 나오는 예언을 읽고 밑줄을 그어라. 예레미야는 "이스라엘 집의 왕위에 앉을 사람이 다윗에게 영원히 끊어지지 아니할 것이며"라고 기록했다(렘 33:17).

g. 누가복음 1:32를 적어 보라.

3. 왕의 백성들

a. 특별한 의미로 그리스도는 유대인의 왕이 되기로 예정된 분다. 하나님의 때가 이르면 온 이스라엘이 돌아올 것이요 또 예수님께서 진실로 유대인의 왕이 될 것이다(롬 11:26). 예수 그리스도가 열방의 왕이 된다는 사실도 마찬가지 진리이다. 땅끝까지 그분께서 통치할 것이다.

b. 시편 72:11을 적어 보라.

c. 그리스도의 왕적 특성이 다니엘서 7:14에 묘사되어 있다. 또 그 특성은 요한계시록 5:1-7에도 묘사되어 있다. 이 구절들을 읽고 5절을 적어 보라.

온 세계가 왕되신 예수 그리스도의 통치를 받을 것이다.

Note

4. 복스런 소망

a. 이 세상에 황금시대가 도래하고 있다. 그 황금기는 교회로 말미암아 예고되지 아니한다. 그리스도께서 오심으로 그 시대는 열릴 것이고 또한 그의 보좌와 왕국이 세워짐으로써 그 시대는 시작될 것이다. 지나간 모든 시대와 같이 지금 이 시대도 인간 실패의 기록을 말해주고 있다(겔 21:26-27).

b. 세상 권세 아래 사는 기독교인들에게는 하나의 유일한 소망이 있다. 우리는 "복스러운 소망과 우리의 크신 하나님 구주 예수 그리스도의 영광이 나타나심을 기다리고 있다"(딛 2:13).

주님께서 우리를 그분께로 데려가기 위해 우리를 영접 오실 것을 기다리면서 우리는 천국을 향해 서 있다(살전 4:17).

c. 주님께서 그의 영광스런 성도들과 함께 "만왕의 왕, 만주의 주"로서 이 땅에 오실 것이다(계 11:15, 19:16).

스가랴 14:9를 적어 보라. ________________________________

____

____

____

d. 이것이 예수 그리스도께서 담당하실 미래 사역이다.

복습

하나님은 언제나 변함없이 성실하게 자신이 말씀하신 바를 지키신다. 예언과 언약이 성취됨을 우리는 보았다. 과거에 그분께서 성실히 자신의 약속을 지키셨으므로 우리는 아직도 성취되어야 할 예언들이 곧 성취될 것을 확신할 수 있다.

모든 성경에서 중심되는 분은 예수님이시다. 그는 우리의 선지자였다. 그는 우리의 제사장이시다. 그리고 그분은 온 땅의 왕이 될 것이다.

이제 예수님은 교회의 머리이시다. 결코 그를 교회의 왕이라 부르지는 않았다. 그는 교회인 그의 신부를 맞으러 오실 것이다. 그리고 우리는 돌아갈 것이며 또 그의 왕국에서 그 왕과 더불어 통치하게 될 것이다. 시편은 선지자와 제사장과 왕으로서의 그리스도의 직무를 설명함으로써 그리스도의 사역을 증거해 준다. 이들 세 가지 사역이 아래 도표에 나타나 있다.

시편 22편	시편 23편	시편 24편
과거	현재	미래
십자가에 못 박히신 선지자 고통하는 구세주 선한 목자 요한복음 10:11 십자가 시편 23편	부활하신 제사장 살아계신 목자 대목자 히브리서 13:20 지팡이 시편 24편	통치하시는 왕 높임받는 주권자 목자장 베드로전서 5:4 면류관

예습

1. 창세기 1:2; 6:3, 출애굽기 28:3; 31:3, 민수기 11:17, 25, 29; 27:18, 이사야 11:2; 32:15; 42:1; 61:1, 요엘 2:28–29, 스가랴 4:6; 12:10, 마태복음 1:18, 20; 3:16; 10:20; 28:20, 요한복음 14:16, 17, 26; 15:26; 16:7–15, 사도행전 1–2장; 13:2, 4, 9, 10, 로마서 8장, 고린도전서 2:4, 11, 12,; 3:16; 12:3–13, 고린도후서 1:22; 3:3, 6, 8, 갈라디아서 4:6; 5:5–25, 에베소서 1:13, 14, 17; 2:18; 4:3, 4, 30; 5:9; 6:17, 디도서 3:5, 히브리서 3:7; 9:8; 10:15, 16, 29, 베드로전서 3:18; 4:6, 14, 요한일서 4:2, 6, 13; 5:7–8, 요한계시록 1:4, 10; 2:7, 11, 17, 29; 3:1, 6, 13, 22; 22:17을 읽어 보라.
2. 이번 주에 기록한 것을 복습하라.
3. 새로운 진리를 배울 때마다 성경에 표시해 보라.

Week 10
성령 하나님(Ⅰ)

Ⅰ. 서론

성령의 인격은 어떠할까? 이것은 이상한 질문이다. 아마도 대부분의 사람들이 대답하거나 이해할 수 없는 것이다. 성령이란 이름은 크게 혼란을 빚어 왔을 것이다. 영어로 '영'(Spirit) 내지 '유령'(Ghost)은 "사람을 사로잡는 악한 영"이라든지 아니면 "집 주위를 떠돌아 다니는 것"이 유령이다. 또한 "육신을 입고 나타날 수도 있는 보이지 않는 세계에 거주하는 자"요 그리고 "마귀" 등의 의미를 갖고 있다.

성령은 하나님의 제 삼의 품격이다. 그분은 성령 하나님–즉 하나의 위(a Person)이시다. 또한 삼위일체의 하나님이시다. 성경은 어김없이 하나님 아버지를 하나의 위로서 나타내고 있다(창 3:8–9, 출 33:11).

하나님의 두 번째 위이신 주 예수 그리스도는 하나님이시며 또한 인간이시다. 예수님의 승천이 기록된 기사에서(눅 24:50–53) 예수님은 자신을 하나님으로서 섬기던 제자들을 축복하기 위해서 두 손을 펼치셨다. 그분은 하나님(God)이셨으며 또한 사람(Person)이셨다. 그러나 성령의 인격은 어떠할까?

성경에는 성령의 신성이 분명히 나타나 있다. 이 일에 대해 예수님께서 몇 마디의 짧은 말씀으로 확증하신 바 있다. 말씀에 대해 우리는 앞으로 공부하게 된다. 예수님께서 배신당하던 날 밤 다락방에서 제자들에게 주신 말씀 가운데 "아버지의 약속"(눅 24:49)이 언급된다.

Ⅱ. 중요한 성경 구절

창세기 1:2; 6:3, 출애굽기 28:3; 31:3, 민수기 11:17, 25, 29; 27:18, 이사야 11:2; 32:15; 42:1; 61:1, 요엘 2:28–29, 스가랴 4:6; 12:10, 마태복음 1:18, 20; 3:16; 10:20; 28:20, 요한

복음 14:16, 17, 26; 15:26; 16:7-15, 사도행전 1-2장; 13:2, 4, 9, 10, 로마서 8장, 고린도전서 2:4, 11, 12,; 3:16; 12:3-13, 고린도후서 1:22; 3:3, 6, 8, 갈라디아서 4:6; 5:5-25, 에베소서 1:13, 14, 17; 2:18; 4:3, 4, 30; 5:9; 6:17, 디도서 3:5, 히브리서 3:7; 9:8; 10:15, 16, 29, 베드로전서 3:18; 4:6, 14, 요한일서 4:2, 6, 13; 5:7-8, 요한계시록 1:4, 10; 2:7, 11, 17, 29; 3:1, 6, 13, 22; 22:17.

Ⅲ. 핵심 진리

성령은 하나님의 품격이다. 성령은 예수 그리스도의 승천 선물이다. 그리스도께서 승천하시지 아니하셨다면 성령은 이 땅에 오시지 않았을 것이다(요 16:7). 성부 하나님께서 예수 그리스도의 이름으로 성령을 보내셨다. 성령은 모든 믿는 자 속에 계신다. 오순절 전에 성령은 제자들과 함께 계셨고, 그들 속에 있지는 아니했다(요 14:17).

바로 이 교회의 시대에, 은혜의 시대에 예수 그리스도께서 그 자신과 더불어 한몸 되기를 요구하시는 시대에, 성령은 새로운 성전인 여러분(믿는 자)속에 계신다. 우리가 예수 그리스도를 우리의 주와 구주로 영접하는 순간에 성령이 우리 속에 거하신다(고전 12:13). 이 중심되는 진리를 이해할 수 있다면 성령과 관련된 성경의 완전한 가르침을 보다 잘 이해할 수 있을 것이다.

Ⅳ. 중요한 진리: 성령 하나님(Ⅰ)

A. 구약성경 속의 성령

1. 태초에 성령이 계셨다.
   a. 삼위일체의 제 삼위가 되신 한 인격이신 성령의 활동이 창조시부터 있었다.
   창세기 1:1-2를 적어 보라. ______________________________

   ____

   ____

   1절의 하나님은 성부 하나님과 성자 하나님과 성령 하나님을 의미하는 복수명사이다. 2절에 성령의 이름이 나온다.
   b. 하나님의 입 기운은 하나님의 영이다. 시편 33:6-9에서 시편 기자는 창조에 관해 말한다. 6절에 밑줄을 그어라. 욥기 26:13을 적어 보라. ______________________________

   ____

   c. 동물에게 생명을 주실 때도 성령은 역사하셨다(시 104:24-30).

30절을 적어 보라. ________________

Note

d. 인간을 지으실 때도 성령은 역사하셨다(창 1:26-27). 여기서 "우리"(us)와 "우리의"(our)라는 복수 단어는 삼위일체의 하나님을 가리킨다.
창세기 2:7을 기록하고 밑줄을 그어라. ________________

욥기 33:4를 적어 보라. ________________

2. 성령께서 신의 속성을 갖고 계신다.
a. 그는 전능하시다. 성령은 "모든 능력이 있다"(all powerful). 그는 창조의 사역에 동참하셨다(상기된 사실에서 알 수 있다). 시편 33:6과 창세기 1:2를 다시 살펴보라.
b. 그는 어디에나 계신다. 성령은 "모든 곳에 현존하신다"(everywhere present). 다윗의 말을 읽으시오(시 139:7-10). 7절을 적어 보라. ________________

c. 그는 전지하시다. 성령은 "모든 것을 알고 계신다"(all knowing). 욥기 42:3에 밑줄을 그어라. 시편 139:1-6을 읽고 4절을 적어 보라. ________________

3. 구약성경 속에서 성령의 나타남
a. 그는 인간을 만나셨다(came upon). 민수기 11:17을 읽고 25절을 적어 보라.

민수기 24:2와 사사기 3:10; 6:34; 11:29; 13:25; 14:6을 읽으라. 사무엘상 10:6과 10절에 밑줄을 그어라.

b. 성령이 인간에게 부으신바 되었다. 잠언 1:23을 보라. 이사야 32:15를 적어 보라.

____

____

이사야 44:3, 에스겔 39:29, 요엘 2:28-29, 스가랴 12:10에 밑줄을 그어라.

c. 성령이 인간에게 임하셨다. 민수기 11:25-26에 밑줄을 그어라. 이사야 11:2를 적어 보라. ______________________________

____

____

4. 구약성경 속에서 성령을 일컫는 말들

a. 구약성경에서 성령이 88번 언급된다. 이들은 정경으로 인정된 39권의 구약 중에서 22권에 걸쳐 널리 언급되어 있다.

b. 모세오경(성경의 처음 5권)에 성령이란 말이 14번 나온다. 그러나 이 말들은 모세오경 중 4권에서만 찾아 볼 수 있다. 레위기에는 성령이 언급되어 있지 않는다.

c. 예언서 중의 2권인 이사야와 에스겔 각각에서 성령이란 말이 15번 언급된다.

d. 그 외의 다른 책들, 사사기와 사무엘상에서는 각각 7번의 언급이 있다. 사무엘하에서 1번, 시편에는 5번 언급된다. 그 외 11권에는 24번 언급된다.

e. 구약성경에서 성령은 결코 개인들 속에 계시지 아니하셨다. 그분의 뜻에 따라 성령은 인간에게 임하였고 또 그들을 떠나기도 했다(삿 14:6; 16:20-21). 성령이 이스라엘(겔 37:14; 39:29)과 모든 사람(욜 2:28-29)에게 부어지리라는 예언이 구약성경에 나온다. 그러나 이 일은 미래에 약속된 것이지 구약시대에 일어나지 아니했음을 기억하라.

B. 신약성경 속의 성령

1. 하나님의 말씀이 계시될 때에 성령의 역사가 있었다.

a. 구약성경 속에서의 성령은 하나님의 말씀의 감동과 전달하는데 있어서 활발했다. 신약성경이 이것을 입증해 준다. 베드로후서 1:21을 적어 보라. ______________

____

____

디모데후서 3:16을 읽으라 사도행전 28:25에 밑줄을 그어라.

b. 많은 구약성경이 직접적으로 성령의 감동을 입은 것이라고 신약은 입증했다. 마태복음 22:43, 마가복음 12:36, 사도행전 1:16; 4:25, 히브리서 3:7; 10:15-16을 찾아

밑줄을 그어라.

Note

2. 오순절 전과 후의 성령의 차이점

a. 승천하시기 전에 주님은 제자들과 함께 계시면서 그들에게 "아버지의 약속"에 관해 말씀하셨다(행 1:4-5, 8).

b. 완전히 새롭고 다른 것을 주께서 친히 말씀하신다. 주께서 말씀하신 것은 성령의 오심에 대하여 가장 중요한 진술이다.

요한복음 14:16에 줄을 치고 17절을 적어 보라. ______________________

____

____

요한복음 14:26을 적어 보라. ______________________________

____

____

요한복음 15:26에 밑줄을 그어라.

요한복음 16:7을 적어 보라. ______________________________

____

요한복음 16:12에 줄을 치고 13절을 적어 보라. ______________________

____

요한복음 16:14에 밑줄을 그어라.

c. 아래 사항들은 주께서 승천하시기 전과 하늘로 승천하신 후의 성령의 사역의 차이점을 요약해 준다.

첫째, 성령은 새로운 전으로 들어 가셨다. 그 새로운 전은 그리스도를 믿는 중생한 자들인 산 돌들 중에서도 그리스도를 바탕으로 세워진다(벧전 2:5). 오순절날 성령은 그리스도의 몸인 하나님의 교회 즉, 그의 신부와 함께 거하게 되었다. 오순절날, 성령께서 믿는 자들 속에 거하셨다(엡 2:19-22, 고전 3:16-17).

둘째, 성령은 법인(corporate body)으로서 교회에 거하셨을 뿐만 아니라 오순절 날 모든 믿는 자 속에 거하셨다. 요한복음 14:17에서 예수님은 "진리의 영이라-너희는 그를 아나니 그는 너희와 함께 거하심이요 또 너희 속에 계시겠음이라"고 말씀하셨다.

지금 은혜의 시대와는 달리 구약시대에는 성령께서 모든 믿는 자 속에 거하시지 아니했다. 성령은 그가 바라는 바에 따라 몇몇 개인에게만 주어진 선물이었고 또 그 선물은 하나님의 특별한 목적을 위한 것이었다. 예수님께서 그가 사랑하는 사람에 관해 말씀하셨다. 주님은 세례 요한을 큰사람이라고 부르셨다(마 11:11). 요한은 오순절 이전에 있었다. 예수님은 "천국에서는 극히 작은 자라도 세례 요한보다 크니라"고 말씀하셨다.

셋째, 성령은 개인적으로 예수 안에서 믿는 자와 함께 거하시며 결코 떠나시지 아니한다. 성령께서 친히 거하실 때에 우리의 영적 분별력이 보증된다. 그는 우리의 교사이며 또한 우리가 필요로 하는 모든 것을 기억나게 해 주시는 분이시다(요 14:26). 구약에서 성령은 떠날 수도 있었다. 하나의 보기가 이스라엘의 첫 번째 왕 사울의 생애 속에서 일어난다. 사무엘상 10:9-10을 펼쳐보면 "하나님이 그에게 새 마음을 주셨고-하나님의 영(신)이 사울에게 임하므로 그가 예언을 하니"란 말씀이 있다. 이것이 이야기의 끝이 아니다. 사울에 관한 비극적인 말씀의 기록이 있다(삼상 16:14).

14절을 적어 보라. ____________________

____

우리가 사는 이 시대에 있어 성령의 선물은 하나님의 모든 중생한 자녀에게 개인적인 선물이라고 예수님께서 말씀하셨다. 고린도교인들의 모든 허물과 죄와 악덕에도 불구하고 바울은 그들에게 "너희 몸은 너희가 하나님께로부터 받은바 너희 가운데 계신 성령의 전인 줄을 알지 못하느냐?"라고 기록하여 보냈다(고전 6:19).

3. 오순절의 의미와 중요성

a. 오순절은 첫 열매의 절기(the Feast of the Firstfruits)후 50일 째 되는 날이다. 첫 열매의 절기는 그리스도께서 부활하신 유형을 가리킨다(레 23:9-16). 오순절은 50을 의미한다.

b. 오순절의 중요성은 예수님께서 무덤에서 부활하신 후 50일 째 되는 날에 성령이 강림하신 사실을 통해 찾아 볼 수 있다. 예수님께서 십자가에서 죽음을 치루시고, 장사지낸바 되셨다가 그 후 무덤에서 살아나셨음을 사람들은 알았다. 영광의 몸을 입으신 예수님께서 40일동안 사람들에게 보이셨다.

사도행전 1:3을 적어 보라. ____________________

____

c. 예수님께서 승천하시기 전에 제자들에게 "아버지께서 약속하신 것을 기다리라"고 말씀하셨다(행 1:4). "아버지의 약속"은 성령의 보내심이다(행 1:8).

d. 기다리는 기간이 직접적으로 언급되지는 않았지만 그 기간은 쉽게 계산해 낼 수 있다.

부활하신 후 40일 동안을 예수님께서 사람에게 보이셨고, 그리고 오순절이 50일을 의미하니까 그들은 10일을 기다린 셈이다.

e. 성령께서 제 때에 오셨다. 구약성경에 나오는 절기들은 이스라엘 사람들과 우리에게 오순절의 의미를 가르쳐 주었다(레 23장을 읽으라). 구약시대에는 성령께서 어느 때나 내려오지 아니하셨다.

f. 유월절 절기는 갈보리에서 성취되었다. 오로지 하나의 갈보리, 예수님의 단 한번의 죽으심이다. "예수님은 우리의 유월절이시다"(고전 5:7). 오순절의 절기는 성령께서 오심으로 성취되었다. 오순절은 오직 하나이다.

g. 오순절에 두 가지 사건이 일어났다.

• 일찌기 예수님께서 그들에게 말씀하신 바대로 믿는 자들은 성령으로 세례를 받았다(행 1:5). "세례"란 단어가 사도행전 2장에서는 나오지 않는다.

• 그들이 다 성령의 충만함을 받고(행 2:4). 세례와 성령충만은 전혀 다르다. 성령의 충만으로 인하여 제자들은 다른 방언으로 말하였고 모인 사람들은 그들 자신의 말로 알아들었다(행 2:6, 8). 이것은 "알려져 있지 아니한 언어"(unknown tongue)이다. 이 방언으로 성령께서 예수 그리스도의 복음을 전파하기 시작하셨다.

(역주-다음 주도 우리는 성령을 공부할 것이고 또 이 중요한 문제를 계속 연구할 것이다).

Note

복습

성령은 그리스도를 믿는 모든 사람들 속에 거하시는 하나의 품격(a Person)이시다. 그는 교사요, 위로자요, 보혜사요, 우리의 삶을 인도하는 안내자이시다. 성령은 아버지 하나님께서 예수 그리스도의 이름으로 보내 주신 것이다. 성령은 항상 그리스도를 더욱 크게 나타내 준다. 성령은 "아버지의 약속"이다. 성경에는 3,000번 이상의 약속이 등장한다. 그러나 "아버지의 약속"(the promise of the Father)으로 칭해진 것은 단 한 번이다. 이와 같은 진리가 모든 믿는 자에게 성령께서 그들 속에 거하시며 그리고 그들을 결코 떠나지 아니할 것임을 확신시켜 준다. 그가 우리 속에 거하신다는 것이 얼마나 감격적인 일일까?

예습

1. 이번 주에 제시한 성경구절을 읽으라. 다음 주도 성령에 관한 연구이다.
2. 10주, 11주, 12주는 우리의 신앙에 중요한 영향을 끼친다. 단 한 주도 빠뜨리지 말라.
3. 당신의 성경에 표시를 해 두라. 특히 성령의 오심에 대해 예수님께서 말씀하신 사항들에 주목하라.

Week 11
성령 하나님(Ⅱ)

Ⅰ. 서론

우리는 이번 주에 성령에 관해 언급된 사항들을 신약성경을 통해 살펴 볼 것이다. 이를테면 아버지와 아들과의 관계에서의 성령의 이름들, 교회에서의 성령의 역할, 성령 하나님의 인격적인 특징들, 성령과 관련된 우리 주님의 가르침 그리고 마지막으로 성령의 열매다.

이것들을 통해 여러분은 성령에 관하여 조금이나마 이해하게 될 것이다. 우리가 성령의 완전한 사역을 연구할 수는 없겠지만, 우리는 성령에 관한 좋은 입문, 즉 근본이 되는 좋은 지식을 얻게 된다. 이 위대한 진리에 대하여 우리의 개인적인 연구가 보다 훌륭한 도움을 줄 것이다.

Ⅱ. 중요한 성경 구절

10주에서 열거한 성경구절을 모두 읽으라.

Ⅲ. 핵심 진리

삼위일체의 제 삼위이신 성령은 그리스도를 믿는 모든 사람들의 마음과 영혼 속에 거한다. 그는 그리스도의 몸인 교회 안에 계신다. 오늘날은 교회의 시대이다. 오순절 이후 성령은 교회 안에서 그리스도의 복음을 전하는 힘이 되어 왔고 그리스도의 이름을 위하여 그의 백성을 부르는 힘이 되어 왔다.

오늘날 은혜와 교회의 시대에, 성령의 역할이 그리 크지는 않다. 성령은 예수님께서 오신 후에 오셨다. 예수님이 승천하신 후 성령이 오셨다. 예수님께서 이 땅을 떠나지 아니하셨다면 성령이 오시지 않았을 것이다.

> 내가 떠나가지 아니하면 보혜사가 너희에게로 오시지 아니할 것이요 가면 내가 그를 너희에게로 보내리니(요 16:7).

지금 이 시대는 성령께서 믿는 자들에게 모든 성경의 진리를 가르쳐 주는 시대이다(요 14:26). 성령이신 그분은 진리의 영이며 그리고 예수 그리스도를 증거하신다(요 15:26). 우리는 성령에 관한 하나의 중요한 사실을 관찰해야 한다.

> 진리의 성령이 오시면 그가 너희를 모든 진리 가운데로 인도하시리니 그가 스스로 말하지 않고—그가 내 영광을 나타내리니(요 16:13–14).

Ⅳ. 중요한 진리: 성령의 하나님(II)

A. 신약성경에서의 성령에 관한 언급들

1. 신약성경에 성령을 언급하는 글귀가 262번 나온다.
   a. 262번의 글귀는 신약성경 27권 중에서 24권에 언급된다. 성령이 언급되지 않은 유일한 책은 빌레몬서와 요한이서, 요한삼서이다.
   b. 사복음서인 마태복음, 마가복음, 누가복음, 요한복음에서는 성령에 관련된 글귀가 56번 나온다.
   c. 사도행전 [성령행전(the Act of the Holy Spirit)으로 알려짐]에서는 성령에 관한 말이 57번 나온다.
   d. 바울서신에는 성령에 관련된 글귀가 113번 나온다.
   e. 그 외의 일반서신과 요한계시록에서는 성령에 관한 언급이 36번 나온다.
2. 신구약성경에서는 성령에 관한 언급이 도합 350번 나온다.

성령에 관한 문제가 성경에 이토록 자주 언급되었음은 매우 중요하다는 뜻이다. 성경은 성령의 품격을 대단히 강조한다. 우리는 성령으로 하여금 성령 자신에 관한 진리를 포함하여 모든 진리를 우리에게 가르치도록 해야 한다.

B. 성령에 관한 예수님의 가르침

1. 성령에 대한 예수님의 증거
   a. 성령에 대한 첫 증거와 성령에 대한 첫 번째의 정의적인 가르침은 주 예수님이 하셨다.
   b. 오순절 이전에 예수님께서 이 가르침을 주셨음을 기억해야 한다.
2. 성령에 대한 예수님의 특별한 가르침
   a. 예수님은 자신이 성령의 인도를 받을 뿐만 아니라 그가 행하는 모든 일은 성령의 가르침에 의한 것이라고 주장하셨다. 개시설교(opening sermon)에서 예수님께 말씀하시

Note

기를, (누가복음 4:18).

요한복음 3:34를 적어 보라. ___

b. 성령께서 구약성경에서 말씀하셨으며 또 사실 성령의 말씀하신 바로 인하여 성경은 기록된 것이라고 예수님께서 가르치셨다(마 22:43, 44).

c. 구원은 성령의 사역에 기인된 것이라고 예수님께서 가르치셨다(요 3:5-6).

d. 예수님께서 제자들에게 풍성한 삶을 가르치셨다. 요한복음 7:37-39를 적어 보라. ___

e. 예수님께서 성령의 소생시키는 능력에 대해 가르치셨다(소생시킨다는 뜻은 "살린다"는 것이다)(요 6:63).

f. 예수님께서 삼위일체라는 이름하에 세례의 규칙을 정하셨다. "아버지와, 아들과, 성령의 이름(단수)으로"라는 사실에 주목하라(마 28:19).

g. 예수님께서 그의 제자들의 사역시에 성령이 임재할 것을 약속하셨다. 즉 그들이 무슨 말을 해야할 때 성령께서 실제로 말씀해 주신다는 것이다(막 13:11).

h. 예수님께서 가르침과 교사(the Teacher)에 관련하여 교회에 말씀을 주셨다(요 16:13-16) 우리를 가르치는 그분의 이름은 "진리의 영"이다. 또한 그의 역할은 "그가 그리스도의 영광을 나타내리라"는 것이다. 성령께서 증거하시는 세 가지 대주제가 명명되어 있다.

- 죄에 대하여-그리스도를 믿지 아니하기 때문이다.
- 의에 대하여-하나님께서 요구하신다.
- 심판에 대하여-십자가 상에서 이미 선포되었다.

i. 그래서 예수님은 말씀을 깨닫게 해 주시는 성령의 진리를 선포하셨다.

- 나의 죄

- 그리스도의 의
- 하나님의 심판

j. 아버지를 영광스럽게 하기 위해 아들이 이 땅에서 살았듯이 성령은 아들의 영광을 나타내기 위해 시간을 보내신다.

C. 신약성경에 나타난 성령의 이름들

1. 아버지와의 관계를 나타내 주는 이름들
   a. 하나님의 성령(The Spirit of God)(마 3:16).
   b. 주의 성령(The Spirit of the Lord)(눅 4:18).
   c. 우리 하나님의 성령(고전 6:11).
   d. 살아계신 하나님의 영(고후 3:3).
   e. 너희 아버지의 성령(마 10:20).
   f. 영광의 영 곧 하나님의 영(벧전 4:14).
   g. 아버지의 약속(행 1:4).
2. 아들과의 관계를 나타내주는 이름들
   a. 그리스도의 영(롬 8:9).
   b. 예수 그리스도의 영(빌 1:9).
   c. 예수의 영(행 16:7).
   d. 그(하나님) 아들의 영(갈 4:6).
   e. 다른 보혜사(보혜사)(요 14:16).
3. 자신의 본질적인 신성을 나타내 주는 이름들
   a. 한 성령(엡 4:4).
   b. 일곱 영(완전히 완벽한 영)(계 1:4, 3:1).
   c. 주의 영(The Lord the Spirit)(고후 3:18).
   d. 영원한 영(히 9:14).
4. 성령께서 주시는 은사를 나타내 주는 이름들
   a. 생명의 성령(롬 8:2, 계 11:11).
   b. 성결의 영(롬 1:4).
   c. 지혜의 영(엡 1:17).
   d. 믿음의 영(고후 4:13).

Note

e. 진리의 영(요 14:17, 16:13).

f. 은혜의 영(히 10:29).

g. 양자의 영(롬 8:15).

h. 능력과 사랑과 절제의 영(딤후 1:7).

이같이 다양한 이름들은 그의 어떤 신성과 능력과 영향력과 우리 가운데 그리고 우리 속에 역사하시는 그의 사역과 그의 인격을 말해준다.

D. 교회에서의 성령의 역할

1. 교회는 하나의 영적인 조직이 되었다.

a. 예수님께서 "성령의 세례"를 약속하셨다(행 1:5). 성령은 오셔서 믿는 자들의 마음속에 거하셨다. 그리하여 믿는 자들은 그리스도를 머리로 한, 몸이라 칭하는 하나의 영적인 조직을 이루게 되었다(골 2:19). 에베소서 1:22-23을 적어 보라. ______

b. 성령께서 교회를 이루신다. 언제 사람은 그리스도의 몸의 한부분이 될까? 그리스도를 구주로 영접하는 순간에 우리는 그분의 용서와 속죄를 받게 된다. 우리에게 세례를 주어 그리스도의 몸인 교회의 지체가 되게 해 주시는 것은 성령 바로 그분이시다. 고린도전서 12:13을 적어 보라. ______

c. 그리스도를 영접할 때에 사람은 그리스도 안에서 성령의 인침을 받게 된다(엡 1:13).

2. 교회에서의 성령 사역의 결과들

a. 오순절 날 성령께서 임하시어 다락방에 모인 120명의 사람들에게 성령으로 충만하게 채우셨다(행 2:1-4).

b. 성령의 두 가지 사역은 별개의 것으로 구별되기도 하고 또한 동일한 것으

로 간주되기도 한다. 사도행전 1:5에서 예수님께서 말씀하신 "세례"와 사도행전 2:41에서의 "성령 충만"이다.

c. 베드로가 요엘 2:28-29로 말씀을 전파했을 때 3,000명의 사람들이 구원받았다(행 2:41).

d. 박해 아래서도 복음이 전파되었을 그때에 여자의 수를 제외하고도 5,000명이나 되는 남자가 그리스도를 영접했다(행 4:4).

e. 사도행전 8장에서 복음은 유대인으로부터 사마리아인과 에디오피아 내시에게까지 전파되었다. 그 다음 사도행전 9장에서는 다소의 사울 즉 바울에게 전파되었다. 그 다음 사도행전 10장에서는 이방인 고넬료에게 전파되었다.

f. 복음전파는 사도행전 1:8에서 그리스도께서 하신 말씀에 응하기 위해서였다.

3. 교회라는 몸속에서 성령의 사역은 계속되고 있다.

a. 성령은 우리 주님의 교회 속에 거하시면서 또한 그 교회를 통치하셨다.

b. 그는 "영원히 우리와 함께" 거하실 것이다. 그는 결코 우리를 떠나지 아니하실 것이다.

c. 그는 예수님에 관한 것을 우리에게 가르치기 위해 오셨다. 그는 그의 교회 즉 믿는 자들 속에서 또한 믿는 자들을 통하여 그 일을 계속 하신다.

E. 성령의 인격적인 특징들

1. 인격 속에는 네 가지 특징이 명확히 나타난다.

a. 하나의 인격체는 사고할 수 있다(그에게는 지성과 지각이 있다).

b. 인격체는 느낄 수 있다(그에게는 감정이 있다).

c. 인격체는 선택할 수 있다(그에게는 의지와 결단과 목적이 있다).

d. 인격체는 일을 한다(그는 행동할 수 있다).

2. 네 가지 특징 중 모두가 성령 속에 나타났다.

a. 성령은 사고할 수 있다-그에게는 지성과 지각이 있다. 사도행전 15:28과 고린도전서 2:10-11과 에베소서 1:17에 성령의 이와 같은 모습이 나타난다.

b. 성령, 그분은 느낄 수 있다(엡 4:30).

c. 성령은 선택할 수 있다. 그에게는 의지가 있다(고전 12:11).

d. 성령은 일을 하며 행동할 수 있다. 성령은 모든 성경의 저자다(딤후 3:16, 행 1:16, 히 10:15-16).

성령은 죄를 깨닫게 해 주시며 또한 우리 구원의 도구가 되신다(딛 3:5-6, 살전 1:5).

Note

성령은 진리를 가르치는 교사다(요 14:16, 롬 8:14).

성령은 우리를 도우시고 또한 우리를 지탱토록 도우신다(요 14:16-18, 롬 8:26-27).

F. 성령의 열매

1. 성령의 열매는 기독교인의 특징을 나타낸다.
   a. 성령의 열매가 갈라디아서 5:22-23에 나와 있다.
   b. "열매"은 단수다. 성령께서 거하심으로써 성령의 어떤 "열매"을 그리스도께서 맺게 해 주실 것을 우리는 알 수 있다.
2. 성령으로 충만한 생활에서 열매가 산출된다.
   a. 예수님은 성령의 열매의 위대한 본보기다. 갈라디아서 5:22-23에 열거된 모든 자질을 예수님은 갖추셨다.
   b. 인간은 자신의 행동과 선행으로 성령의 열매를 맺을 수 없다. 성령께 모든 것을 맡김으로써 성령의 열매가 맺히게 된다.

G. 기독교인 속에서의 성령의 역사

1. 성령을 따라 행한다.
   a. 갈라디아서 5:16을 적어 보라. ____________________
   ____
   ____
   b. 성령께서 우리의 걸음을 인도하시며 우리의 길을 가르쳐 주실 것이다.
2. 성령께서 새롭게 해주신다.
   a. 디도서 3:5를 적어 보라. ____________________
   ____
   ____
   b. 이것은 승리로운 기독교인의 삶을 살기 위해 성령께서 새롭게 해 주심을 가리킨다.
3. 성령께서 인도하신다.
   a. 로마서 8:14를 적어 보라. ____________________
   ____

____

b. 성령은 항상 임재하셔서 우리의 삶의 안내자가 되어 주신다. 그 비밀이 "무릇 하나님의 영으로 인도함을 받는 사람" 속에 나타나 있다.

4. 성령께서 우리 속에 계신다.

a. 고린도전서 6:19를 적어 보라. ____

____

____

b. 요한복음 7:37-39를 읽고 밑줄을 그어라.

5. 듣고 믿음(The Hearing of Faith)

a. 갈라디아서 3:2를 적어 보라. ____

____

b. 요한복음 3:6-7에 밑줄을 그어라.

복습

신구약성경에서 성령이란 이름이 나타나는 숫자를 통해 성령의 중요성이 표현된다. 신약성경에서는 262번 그리고 구약성경에서는 88번씩이나 성령에 대한 언급이 있다. 오순절 이전에 예수님께서 성령과 그리고 모든 믿는 자 속에서 역사하실 성령의 사역에 대해 가르쳐 주셨다.

성령에 관한 근본되는 모든 진리는 우리 주님이 주셨다. 성령께서 오시기 위해서 예수님 자신은 승천해야 할 것을 예수님은 알고 계셨다. 성령은 성경의 가장 중요한 주제들 중의 하나다. 그렇지만 다른 어떤 주제 이상으로 성령은 이용되고 또한 남용되고 있다. 이유가 무엇일까? 이렇게 하기 위해 사탄도 열심히 노력하기 때문이다. 게다가 우리의 오해와 부족한 연구로 인하여 성령은 또한 오용되고 있다. 그러므로 성령에 관해 우리는 세 번째의 학습을 하게 될 것이다.

예습

Note

1. 10주에 나오는 성경구절과 다음 성경구절들을 함께 읽으라. 로마서 4:11, 고린도전서 12:1; 8–11; 12:28–30, 고린도후서 13:14, 갈라디아서 6:7–8, 에베소서 3:16; 4:11; 5:18, 빌립보서 1:19, 데살로니가후서 2:13–14, 디모데후서 2:19, 베드로전서 1:2.
2. 10주와 11주를 다시 읽어 보라.
3. 새로운 진리를 배울 때마다 성경에 표시해 보라(공부 중에는 당신의 공책에 새 진리를 표해 두었다가 집에 와서 그것들을 당신의 성경에 옮기라. 당신의 성경에 간단한 기록도 함께 해 두라. 여러 해 동안 그 기록한 것이 남게 될 것이다).

Week 12
성령 하나님(Ⅲ)

Ⅰ. 서론

성령에 관련된 많은 다른 가르침들이 있다. 진리의 유일한 원천이 성경에 있다. 성령은 진리를 가르치는 교사다. 그렇다면 성령이란 주제에 왜 이토록 많은 논란이 있을까? "형제를 고소하는 자"인 사탄은 그리스도의 몸의 지체를 끊임없이 분리시키고 있다. 우리는 하나님의 말씀으로 성령을 연구하는게 아니고 사탄으로 하여금 이 문제를 다루도록 방임해 두고 있다. 성령에 관한 마지막 주인 본주에서 우리는 몇 가지 난해한 문제점들을 상고해 볼 것이다. 우리는 성령의 인격 내지 능력, 성령의 다스리는 은사, 성령의 인치심, 성령을 거스리는 죄악들 그리고 성령의 상징들에 대해 성경에서 말하는 것들을 공부해야만 한다.

Ⅱ. 중요한 성경 구절

1. 10주에 나오는 성경구절과 다음 성경구절들을 함께 읽으라. 로마서 4:11, 고린도전서 12:1; 8-11; 12:28-30, 고린도후서 13:14, 갈라디아서 6:7-8, 에베소서 3:16; 4:11; 5:18, 빌립보서 1:19, 데살로니가후서 2:13-14, 디모데후서 2:19, 베드로전서 1:2.

Ⅲ. 핵심 진리

우리에게는 능력이나 힘을 하나의 비인격적인 대상 '그것'(it)으로 생각해 버리는 경향이 있다. 성령을 생각함에 있어서도 비인격적인 대상 "그것", 영향력, 정력, 능력, 힘으로 간주해 버리는 오류에 쉽사리 빠지게 된다. 우리가 성령의 능력을 성령이라는 인격체와 분리시켜 생각한다면 우리는 성령을 막연히 신비한 '그것'으로 생각하는 위험을 저지르게 된다. 우리는 하나의 인격체로서 그분을 생각하지 않는다. 성령께서 우리 속에서 역사하신다는 것은 곧 하나님의 말씀의 역사를 의미한다. 그리스도의 몸인 교회는 우리의 학교이다. 학교에는 두 가지 사항, 즉 교재(성경)와 교사(성령)가 있어 우리의 이해를 돕는다. 교사는 하나의 인격체이지 막연히 비인격적인 '그것'이 아니다. 설명하고, 위로하고 또한 하나님의 진리를 가르치기 위해서 성령은 "성령의 검"인 성경을 사용한다. 말씀을 배우고 말씀 속에서 성장하기 위해 우리는 "하나님의 말씀은 살아 있고 활력이 있어 좌우에 날선 어떤 검보다도 예리하다"(히 4:12)는 사실을 믿어야 한다. 또한 성령께서 "모든 진리 가운데로 우리를 인도한다"는 사실도 믿어야 한다. 하나를 버리고 다른 하나를 택한다는 것은 교재없이 교사만 있거나 아니면 교사없이 교재만 있는 경우와 다를 바 없다. 인격체이신 성령께서 우리를 지키시고, 도우시고, 또 우리에게 인을 치사 하나님의 영광을 위해 사용할 수 있는 은사를 주신다.

Note

Ⅳ. 중요한 진리: 성령 하나님(Ⅲ)

A. 성령-인격-능력

1. 성령의 능력은 언제부터 임하였을까?
   a. 많은 사람들이 성령의 오심과 성령의 능력을 학자들이 개별적으로 분리하고 있다는 사실을 배웠다. 그들의 이같은 결론은 요한복음 20:22 "이 말씀을 하시고 그들을 향하사 숨을 내쉬며 이르시되 성령을 받으라"는 말씀 가운데 기인되어 있다.
   아더 핑크(Arthur Pink) 같은 주요 작가들은 성령의 오심과 오순절의 능력을 분리시키는 견해를 표현한 바 있다. 아더 핑크는 요한복음 해설집 3권에서 다음과 같이 기술한다. "오순절날 일어난 일은 그들 속에서 거하는 성령의 오심이 아니라 성령이 주시는 능력의 세례였다"
   b. 우리가 성경에 나오는 말씀과 말씀을 잘 비교하면서 예수님께서 하신 말씀의 진실한 의미를 찾아본다면 이 이론에 어떤 문제점들이 있음을 알게 된다.
   c. 승천하시기 전 주님께서 아버지의 약속이 앞으로 있을 것이라고 강조하셨다. 누가복음 24:49-53을 읽고 49절을 적어 보라. ______________

____

____

____

이렇게 말씀하심은 예수님께서 요한복음 20:22에서 말씀하신 후의 일이며 또 승천하시기 직전의 일이었다(눅 24:51과 행 1:4-5).

d. 사도행전 1:4에서도 주님의 이 같은 가르침이 반복된다. 사도들은 "아버지께서 약속하신 것"을 기다려야만 했다. 요한복음 14:16-17에 의하면 "아버지께서 약속하신 것"은 바로 성령 자신이다. 오순절 날 베드로는 "약속하신 성령을 아버지께 받아서"(행 2:33)라고 말했다. 이것은 예수님께서 하신 말씀을 확증해 준다.

e. 그렇다면 오순절에 일어난 일은 아버지께서 그의 아들 주 예수 그리스도에게 약속하셨던 성령의 오심이었다.

f. 바울은 성령을 "약속의 성령"으로 부른다(엡 1:13).

2. 왜 이런 문제점이 일어났을까?

a. 문제는 한 단어가 정확히 번역되지 못한 사실에 있다. 요한복음 20:22에 "받으라"는 단어가 나온다. "성령을 받으라"(Receive the Holy Ghost). 요한이 사용한 "라베테"(labete)란 단어는 두 가지 방법으로 번역될 수 있다. 이를테면 "받다(take), 받아들이다(accept)"나 혹은 "받으라"(receive)로 된다. 요한복음 18:31에도 꼭 같은 단어가 사용된다. "그를 데려다가…재판하라"(Take Him…and judge Him). 요한복음 10:18에서는 이와 같은 단어가 두 가지의 다른 방법으로 번역된다. "나는 다시 얻을(take) 권세도 있으니 이 계명은 내 아버지에게서 받았노라." 마태복음 26:26에서 주님은 만찬시에 "받아, 먹으라"(Take, eat)고 말씀하셨다.

b. 그러므로 요한복음 20:22에서 예수님께서 제자들을 향하여 숨을 내쉬며 말씀하셨을 때 그들은 믿음과 소망으로 새로운 힘을 얻게 되었다. 이 일이 "아버지의 약속"이 왔음을 의미하지는 않는다. 예수님은 그들에게 가장 진실되고 강력한 은사를 보증하셨다. 예수님께서 처음에 숨을 내 쉬셨다함은 성령의 약속이었고 성령의 임재는 그 다음 오순절에 있었던 것이다.

3. 성령의 오신다.

a. 우리가 요한복음 20:22에서 "성령을 받았다"고 말하거나 또 사도행전 1:4에서 "오순절에 성령의 능력이 임하였다"고 말한다면 우리는 마치 이 두 가지가 상이한 일인 것처럼 성령이라는 인격체와 능력을 분리시킨다.

b. 성령께서 능력으로 임하신 것은 예수님의 승천 후의 일이다. 요한복음 16:7에서 예수님께서 다음과 같이 말씀하셨다.

c. 예수님께서 제자들을 향하여 "숨을 내 쉬셨다" 함은 성령이 예수님의 생명의 호흡이

었음을 의미하는 것이다. 성령 안에서 또 성령으로 말미암아 예수님은 사셨다—그는 성령으로 마리아에게 잉태된 것이었다(창 2:7 참고).

d. 아버지의 약속인 성령께서 예수님이 가르치신바 그대로 정확한 시간과 장소와 사람들에게 능력으로 임하셨다. 오순절 날 사람들은 믿음으로 성령을 받을 준비가 되어 있었다. 그들이 성령을 받았던 것이 그 이전의 일은 아닌 것이다. 예루살렘에서 약속한 것을 기다리라고 예수님께서 말씀하셨다. 10일째 되는 마지막 날에 그들은 "받을" 준비가 되어 있었다(요 14:17을 다시 읽고 "함께"와 "속에"란 단어에 주목하라).

Note

B. 성령의 상징들

1. 성경에는 비유가 나온다(유사, 유추, 이미지).

a. 성경은 직유와 은유, 우의와 우화, 전형과 표상과 상징으로 이루어진 책이다. 성경을 보다 잘 이해하려면 우선 우리는 이 비유들을 알고 있어야 겠다.

직유(simile)는 한 가지 일을 또 다른 한 가지와 비교하는 비유적 표현이다(시 102:6).

은유(metaphor)는 한 가지 일을 또 다른 하나로 칭하는 비유적 표현이다(요 1:29).

우의(allegory)는 은유식 표현이 확대된 것이다(prolonged metaphor)(삿 9:1–21).

우화(비유; parable)는 사실적인 이야기로 예증한 진리이다. 이를테면 천국의 의미를 담고 있는 지상의 이야기다(마 13장에는 예수님께서 말씀하신 7가지 비유가 있다).

유형(type)은 또 하나의 목적물과 사건을 예시하기 위해 사용되는 목적물 내지 사건이다(요 3:14).

상징(emblem)은 관념적인 것을 눈에 보이는 형태로 나타낸 것이다: 한 대상이 또 하나의 대상내지 이념을 상징한다(누가복음 3:22).

표상(symbol)은 영적인 것을 나타내는 물체나 행위다(창 9:12–13).

b. 우리가 성령의 "상징"(emblem)들을 논의할 때 이들 비유를 마음에 새긴다면 하나님의 말씀을 더 잘 이해 할 수 있다.

2. 성령을 상징하는 단어들이 있다.

a. 비둘기– 마태복음 3:16, 누가복음 3:22, 요한복음 1:32에서 우리는 성령께

서 “비둘기 같이” 예수님에게 임재함을 알 수 있다. 이와 같은 모습으로 성령은 또 다른 사람에게 임하지 않았다. 비둘기가 그리스도에게 내려와서 “그의 위에 머물렀다”(요 1:32). 성령께서 그리스도에게 내려와서 그의 위에 머물렀다. 이와 같이 성령께서 그리스도를 통하여 믿는 우리 모두에게도 임재한다.

b. 기름– 구약성경에서 제사장들에게 기름을 뿌릴 때는 제일 먼저 그들 귓부리에 발랐다. 이는 그가 하나님의 말씀을 들어야 했음을 의미한다. 다음으로 그 오른 손 엄지였는데 이것은 거룩한 손으로 행동해야 했음을 의미한다. 그리고 그 다음이 오른 발 엄지로 이것은 그가 하나님과 함께 동행해야 했음을 의미한다(출 29:20–21). 기름은 성령을 상징하는 모든 것 중에서 가장 특징있는 상징 중의 하나이다. 사도행전 10:38을 찾아보라.

요한일서 2:20을 적어 보라. ______________________________

____

____

c. 바람– 히브리어와 헬라어에서 “숨”(breath)이란 단어는 “바람”과 같은 의미이다. 또 이 둘은 “성령”을 의미한다.

요한복음 3:8을 적어 보라. ______________________________

____

사도행전 2:2에 밑줄을 그어라.

d. 불– 불은 하나님의 영을 나타낸다. 불은 순결을 주며, 죄를 소멸시키시고, 단련시키며, 빛을 발하게 하고 그리고 새로운 힘을 준다.

이사야 4:4과 6:6–7에 밑줄을 그어라. 사도행전 2:3을 적어 보라. ______________

____

e. 옷– 능력의 옷은 성령을 나타내는 또 하나의 상징이다. 사사기 6:34절 “여호와의 영이 기드온에게 임하시니”란 말씀을 읽어 보라. 역대하 24:20에서도 동일한 말씀이 있다. 누가복음 24:49에서 예수님은 “너희는 위로부터 능력으로 입혀질 때까지”라고 말씀하셨다. “입히우다”(endued)란 단어는 문자적인 의미에서 “옷을 입다”(put on)나 “입히다”(to be clothed)는 뜻이다. 성령은 우리의 보호자이시다. 옷은 보호의 역할을 한다.

f. 인– 우리는 하나님에게 속한 자다(만일 우리가 구원 받았다면). 그리고 성령께서 우리를 인치셨다. 에베소서 1:13에 밑줄을 그어라.

고린도후서 1:21–22를 적어 보라. ______________________________

Note

요한복음 6:27과 에베소서 4:30에 밑줄을 그어라.

성령은 인치심이다. 또한 인을 쳤다는 것은 소유권을 나타낸다(딤후 2:19).

g. 보증– "보증"(earnest)은 보증(guarantee)내지 서약이다. 신약성경에서 성령은 하나님께서 성도들에게 주신 "보증"이란 말이 세 번 나온다. 고린도후서 1:22를 다시 읽고 "보증"이란 말에 주목하라.

고린도후서 5:5를 적어 보라.

에베소서 1:14를 적어 보라.

"보증"은 서약이며 또한 하나님께서 그가 약속하신 모든 것을 주시겠다는 표시다. 성령은 "보증"이다.

C. 성령의 교통

1. 성령께서 믿는 자의 반려가 되신다.

a. 바울은 삼위일체의 이름하에 유명한 축복기도를 했다. 고린도후서 13:13을 적어 보라.

b. "교통"(communion)이란 단어는 "교제"(fellowship)로 번역되는 것이 더 좋을 것 같다. 이 두 단어는 우리의 말 "반려자"(partnership)로 종합시켜 볼 수 있다.

c. 성령께서 우리로 하여금 그의 반려가 되도록 하시는 것이 아니고 성령께서 친히 우리의 반려가 되신다. 바로 여기에 기독교인의 삶의 위대한 진리가 있다. 우리가 그리스도를 영접할 때, 성령 그분이 오셔서 우리 속에 거하시며 과거를 바탕으로 삼지 않고 그리스도를 받아들이는 토대로 그분은 우리의 반려가 되신다. 그는 항상 우리의 반려자로 존재한다. 우리도 그분

과의 교제를 나누어야 한다.

2. 성령의 교통하심과 아버지와 아들의 교통하심은 다르다

a. "교제"에 해당하는 꼭같은 어휘가 요한일서 1:3에 쓰여 있다. "우리의 사귐은 아버지와 그의 아들 예수 그리스도와 더불어 누림이라."

하나의 놀라운 사실이 이 구절 속에 나타나 있습다. 그것은 성령에 관한 어떤 언급도 여기 나타나 있지 않다는 것이다. 그럴듯한 이유들이 있다. 사귐이란 단어가 어떻게 달리 표현되는지 살펴보라. 사귐은 아버지와 우리의 사귐이다. 그렇지만 그 사귐은 바로 "성령의 교통"인 것이다.

요한일서 1:3에서 우리는 아버지와 그리스도와 함께 하는 사람이다. 고린도후서 13:13에서 성령은 우리와 함께 하는 분이시다.

b. 다른 견해도 존재한다.성령께서 자신에게 주의를 돌리지 않으신다. 따라서 성령은 자신의 이름이 요한일서 1:3에 기록되게 하지 않으셨다.

3. 반려는 인격체와 더불어 이루어진다.

a. 성령께서 반려자가 되심은 우리로 인해 제한된다. 죄의 양상을 취하고 있는 책략이라면 성령은 우리의 반려자가 될 수 없다. 그가 우리의 반려가 되심은 우리를 주 예수와 긴밀한 관계에 있게 하는 것이다.

b. 이 반려는 인격체이신 성령과 더불어 이루어진다. 성령은 우리와 같은 생각을 하신다. "교통"은 "화합"(Union)에서 일어나고, "화합"은 그리스도와 믿는 자와의 "화합"인 것이다.

c. 예수님께서 그분 자신을 통하여 이루어지는 우리와 아버지와의 관계에 대해 말씀하셨다. 요한복음 17:21에 밑줄을 그어라. "그들도 다 하나가 되어"란 말씀에 주목하라. 이와 같은 관계에서 우리와 성령의 교통하심과의 공통된 영역이다. 십자가를 배경으로 성령께서 우리 속에서 그리스도를 찾을 수 있고 또한 화합과 교통의 근원을 찾게 된 것이다. 이 단계에서 더 많은 것이 기록될 수도 있다. 그러나 아마도 반려자뿐만 아니라 당신과 그분과의 관계를 찾기 위해 감동되었을 것이다.

복습

이제, 성령은 한 인격이시다. 성령은 오순절 날 믿는 자 속에 거하기 위해 내려오신 능력이다. 우리는 인격과 능력을 개별적으로 분리시킬 수 없다. 성경은 여러 가지 비유들로 이루어진 책이다. 직유와 은유와 우의와 비유와 전형과 표상과 상징을 통해 성경은 우리에게 교훈을 주

신다. 우리가 기독교인이라면 우리에게 한 반려자가 계신다. 우리의 반려자는 성령이시다. 교통은 예수 그리스도와의 화합에서 생긴다. 본과는 참으로 실제적인 것으로 엮어졌다. 오늘 여러분의 생활에 이것을 적용해 보라.

Note

예습

1. 다음 구절을 읽으라(의도적으로 연대기별로 열거하지 아니함).

   시편 8:4–5; 68:17; 103:20; 104:4, 창세기 16:1–13; 21:17–19; 22:11–16; 31:11–13, 출애굽기 3:2–4, 유다 1:9, 데살로니가전서 4:16, 골로새서 1:16, 히브리서 1:4–14; 12:12, 마태복음 25:31; 28:2–4; 22:30, 누가복음 20:35–36, 에베소서 3:10–11; 6:12, 베드로전서 1:10–12; 3:22, 베드로후서 2:10–11, 사도행전 5:19–20; 8:26; 27:23–25, 요한계시록 1:1; 1:20.

2. 다음 주의 주제는 "천사들"이다. 과제로 주어진 성경 몇 구절을 읽으라.
3. 성령에 관해 기록한 것을 복습하고 당신의 성경에 표시해 보라.

Week 13
거룩한 천사들

I. 서론

천사에 관한 연구는 두 무리의 영적인 존재, 즉 거룩한 천사들(Holy Angels)과 마귀들로 언급되는 타락한 천사들(Fallen Angels)로 알려져 있다. 이번 주는 "거룩한 천사들"에 대해 연구해 보고자 한다. 다음 주에는 "타락한 천사들"을 연구할 것이다. 천사가 존재한다는 사실은 하나님의 말씀 전부를 통해 알 수 있다. 우리는 성경 속에서 하나님의 뜻과 통치 목적을 실행하는 천사들에 대해 273번 이상 찾아볼 수 있다. 히브리어와 헬라어에서 "천사"라는 단어는 "사자(messenger), 대사(ambassador), 대신(minister)"으로 번역된다. "천사"라는 용어는 개인의 이름이 아니고 일의 직책을 나타내 주는 명칭이다. 인간의 감각상 성별이 천사에게 기인되어 있지는 않지만 천사란 단어는 항상 남성으로 사용된다.

II. 중요한 성경 구절

시편 8:4-5; 68:17; 103:20; 104:4, 창세기 16:1-13; 21:17-19; 22:11-16; 31:11-13, 출애굽기 3:2-4, 유다 1:9, 데살로니가전서 4:16, 골로새서 1:16, 히브리서 1:4-14; 12:12, 마태복음 25:31; 28:2-4; 22:30, 누가복음 20:35-36, 에베소서 3:10-11; 6:12, 베드로전서 1:10-12; 3:22, 베드로후서 2:10-11, 사도행전 5:19-20; 8:26; 27:23-25, 요한계시록 1:1; 1:20.

III. 핵심 진리

천사는 하나님께서 창조하신 창조의 무리에 속한다. 천사는 생식작용에 의해 존재한 것이 아니라 하나님께서 직접 창조하셨다. 천사는 영원히 죽지 아니하는 무한한 영적 존재다. 천사는 숫자상 변함이 없다. 그들은 종족을 번식치 아니하는 영원한 영적 존재다. 그들은 하나님의 종이요 사자이다. 천사는 실재적으로 존재한다. 그들은 거룩한 백성이다. 성경은 그들이 해온 일과 하고 있는 일과 그리고 장차 할 일들에 대해 말하고 있다. 모든 천사들은 곧 "구원받을 상속자들을 위하여 섬기라고 보내심"이 되었다(히 1:14). 이것은 모두 그리스도인들이 아버지 하나님과 아들 하나님으로부터 커다란 선물 두 가지를 받았음을 의미한다.

첫째는, 우리 속에 거하는 성령이다.

둘째는, 우리를 섬기는 천사들이다.

우리 속에 성령이 계시 우리를 섬기는 광대한 천사들이 있다는 사실로 우리는 나약한 신자들을 격려해야 한다.

Ⅳ. 중요한 진리: 거룩한 천사들

A. 천사들을 창조하심

1. 천사들은 최초로 그리고 가장 지고한 존재로 지음 받은 자들이다.
   a. 땅이 창조될 때에 천사들이 있었다(욥 38:4-7). 7절을 적어 보라. ________

   ____

   ____

   ____

   7절에서 "하나님의 아들들"이란 용어는 천사들이다.

   b. 이 같은 사실은 골로새서 1:16-17에서 확증되고 있다. 이 구절을 찾아 밑줄을 그어라.
2. 천사의 창조가 확실시 된다.
   a. 하나님께서 지으신 창조물을 인하여 하나님을 찬양하는 위대한 시인, 시편 148편에서 "해와 달과 별들"이 언급되기 전에 "천사"와 "군대"가 먼저 언급되었음을 우리는 알 수 있다. 시편 148:2를 적어 보라. ________

   ____

   ____

   5절에 밑줄을 그어라.

Note

B. 천사의 형상(Form)과 본성(Nature)

1. 천사는 영이다.
   a. 히브리서 1:7에 이 사실이 확증되어 있다. 또 히브리서 1:14에서도 동일한 사실이 나타나 있다.
2. 천사에게는 보이는 모습으로 나타날 수 있는 능력이 있다.
   a. 천사에게도 일종의 몸이 있어 신체적으로 행동한다. 그렇지만 그들의 몸은 우리 인간과 다르다. 그들은 인간의 외형적인 모습을 입고 나타날 뿐이다(눅 1:26-29).
   요한복음 20:12를 적어 보라. ________________________________

   ____
   b. 창세기 19:1-3에서 천사는 눈에 보이는 모습으로 나타난다. 롯은 음식을 준비했고 그리고 그들은 먹었다.
3. 천사는 남성의 모습으로 나타난다.
   a. 천사를 말할 때는 항상 남성 대명사가 사용된다(마 28:2-6).
   b. 인간의 감각상, 성별이 천사에게 기인되어 있지는 않았다.
   마태복음 22:30을 적어 보라. ________________________________

   ____

   ____
4. 천사는 결코 죽지 않는다.
   a. 천사는 영원히 존재한다. 천사는 늙지도 않고 죽지도 않는다(눅 20:35-36).
   b. 그러므로 천사의 수는 줄지도 늘지도 않는다.
5. 천사의 수는 무한하다.
   a. 히브리서 12:22를 적어 보라. ________________________________

   ____
   b. 다음 성경구절을 찾아 밑줄을 그어라(단 7:10, 눅 2:13, 마 26:53).
   이 모든 구절들 속에는 인간이 계시해 낼 수 없는 광대한 숫자적 개념이 포함되어 있다.
6. 천사는 "천국"(The Heavenlies)에 거한다.
   a. 요한계시록 5:11을 적어 보라. ________________________________

   ____
   b. 요한계시록 7:11, 시편 103:19-21을 참고하고 밑줄을 그어라.

Note

7. 천사는 하나님의 다스림을 받는다.
   a. 시편 103:20을 적어 보라. ______________________________
   ____
   b. 창세기 19:13을 참고하고 시편 91:11에 밑줄을 그어라.
8. 천사에게는 능력과 힘이 있다.
   a. 천사란 매우 능력이 많은 전능한 자가 아니다. 그러나 그들에게는 하나님이 주신 능력이 있다. 천사에게 부여된 능력 중의 한 예가 열왕기하 19:35에 기록되어 있다.
   b. 사도행전 5:19; 12:5-11; 12:23을 찾아보라.

C. 천사의 분류

1. 성경에는 천사의 여러 가지 등급과 기능들이 나타나 있다.
   a. 그룹(The Cherubim-Cherub의 복수). 그룹이 처음 나타난 곳은 에덴동산이다. 하나님께서 이들로 하여금 범죄한 아담이 접근치 못하도록 "생명나무"의 길을 지키게 하셨다(창 3:24). 언약궤 위에 금으로 만든 그룹상이 하나님께서 그의 백성과 함께 거하시는 지성소 안의 속죄소 양끝에 놓여졌다(출 25:18-22; 26:1 시 80:1, 왕상 6:23-25). 속죄소의 용도는 하나님의 보좌의 형태와 같다. 속죄소가 거룩하게 보존되었던 것은 그룹들에 의해서다.
   b. 스랍(Seraphim)
   스랍은 성경에 단 한번 나오는 복수형태의 단어다. 이사야는 환상 중에 스랍을 보았다. 스랍은 "태우는 자"(burners)를 뜻하며 하나님의 보좌 주위에 있다. 이사야 6:1-8을 읽고 6절을 적어 보라. ______________________
   ____
   이들 천사들은 거룩함을 나타내고 있으며 이는 하나님을 섬기기 전에 먼저 죄에서 깨끗함을 받아야 함을 의미한다.
2. 세 천사의 이름이 나온다.
   a. 천사장 미가엘은 천사들의 우두머리 즉 천사들의 왕자이다. 그의 이름은 "하나님과 유사하다"는 것을 의미한다. 그는 법과 심판의 사자다. 성경 속에서 그의 이름은 다섯 번 언급된다. 다니엘 10:13에서 미가엘은 "군주 중 하나"라고 불려진다. 다니엘서 중의 또 다른 두 곳에서도 미가엘이란 이름

이 언급된다(단 10:21; 12:1). 모세의 시체를 두고 미가엘과 사탄은 서로 맞섰다(유 1:9). "마귀로 지칭되는 옛 사탄"과 그 "사탄의 사자"에 대항하여 하늘에서 천군을 지휘하는 것도 미가엘이다(계 12:7). 데살로니가전서 4:16에서 "천사장"의 소리는 미가엘의 소리일 것이다. 천사장은 단 한 분이다(성경에는 "천사장들"이란 복수형태가 없다).

b. 가브리엘은 "하나님의 사람"(man of God) 혹은 "하나님의 용사"(hero of God)를 의미한다. 성경에서 가브리엘이란 이름은 네 번 나온다. 가브리엘은 하나님에게서 중요한 메시지를 받아 다니엘과 사가랴와 예수의 어머니 마리아에게 전했다.

• 다니엘 8:16에 밑줄을 그어라.

• 가브리엘은 "칠십 이레"(seventy weeks)의 환상에 대한 계시를 다니엘에게 전했다. 가브리엘은 다니엘에게 그 환상의 의미를 풀이해 주었다. 다니엘 9:20-27을 펴서 21절과 23절에 밑줄을 그어라. 이 소식을 하나님께서 가브리엘을 통해 다니엘에게 주셨다. 따라서 대개 "다니엘의 칠십이레"라고 부르는 것은 "하나님의 칠십이레"라 불러야 한다.

• 예수님의 선구자 요한의 탄생을 알리면서 가브리엘은 그 소식을 사가랴에게 전했다. 누가복음 1:19를 적어 보라. ______________________________

____

____

• 가브리엘은 동정녀 마리아에게 구세주의 탄생을 알렸다. 누가복음 1:26-35를 읽고 26을 적어 보라. ______________________________

____

____

c. 계명성에 대해서는 다음 주에 공부할 것이다.

D. 거룩한 천사들의 사역

1. 그들은 하나님을 찬양하고 경배한다.

a. 히브리서 1:6을 적어 보라. ______________________________

____

b. 이사야 6:3, 요한계시록 5:11-12를 읽고 밑줄을 그어라.

2. 그들은 인간을 향한 하나님의 뜻을 나타낸다.

a. 누가복음 1:11-13과 사도행전 1:9-11에 밑줄을 그어라.

b. 히브리서 2:2를 적어 보라. ____________________

____

Note

3. 그들은 하나님의 성도들의 구원을 돕는다.

a. 히브리서 1:14를 적어 보라. ____________________

____

b. 열왕기상 19:5-7과 사도행전 10:3-7에 밑줄을 그어라.

4. 그들은 하나님의 자녀를 격려한다.

a. 사도행전 27:23-24에 밑줄을 그어라.

b. 사도행전 12:5-15를 읽고 7절을 적어 보라. ____________________

____

c. 사도행전 5:19-20을 적어 보라. ____________________

____

____

____

5. 그들은 천국의 관객들(Celestial Spectators)이다.

a. 누가복음 12:8-9를 적어 보라. ____________________

____

____

b. 고린도전서 4:9에 밑줄을 그어라.

6. 한 사람이 구원될 때에 그들은 기뻐한다.

누가복음 15:10을 적어 보라. ____________________

____

7. 그들은 신자의 안녕을 돌본다.

a. 시편 34:7과 시편 91:11에 밑줄을 그어라.

b. 다니엘 6:22에 밑줄을 그어라.

c. 마태복음 18:10을 적어 보라. ____________________

____

8. 그들은 말씀을 전하고 확증한다.

a. 갈라디아서 3:19를 적어 보라. ____________________

____

b. 히브리서 2:2에 밑줄을 그어라(천사의 모든 사역들에 대해서 지면 관계상 다 언급할 수 없다).

E. 천사와 예수님의 지상사역(사건들만 열거).

1. 예수님의 생애는 천사들에게 보이셨다(딤전 3:16).
2. 구원의 큰 비밀을 천사들도 알고 싶어했다(벧전 1:10-12).
3. 가브리엘은 예수님의 탄생을 전했다(눅 1:31-33).
4. 천사는 요셉에게 하나님의 목적하신 바를 확신시켰다(마 1:18-25).
5. 천사들이 예수님의 탄생을 전했다(눅 2:10-11, 히 1:6).
6. 예수님께서 마귀에게 시험받으실 때에 천사들이 수종들었다(마 4:1-11).
7. 그리스도께서 겟세마네에서 기도하실 때도 천사들이 수종들었다(눅 22:39-44).
8. 그리스도께서 십자가에 계실 때는 어떤 천사도 수종들지 않았다(우리의 죄를 위해 예수님께서 완전한 형벌과 고통을 겪으셔야 했다. 그렇기에 어떤 도움도 받을 수 없었다. 오직 그가 마셔야 하는 잔을 마셔야만 했다).
9. 천사들이 그리스도의 부활을 전했다(마 28:5-7).
10. 예수님께서 승천하실 때에 천사들이 수종들었다(행 1:10-11).

F. 천사들과 종말

1. 천사들은 하나님의 어린양을 찬양할 것이다(계 5:11-12).
2. 그리스도께서 오실 때에 천사도 함께 동반할 것이다(마 25:31, 살후 1:7).
3. 하나님 앞에 시위한 일곱 천사(계 8:2).
4. 이들 일곱 천사들에게 심판의 나팔이 주어졌다(계 8-9장).
5. 하나님의 진노가 담긴 금대접을 가진 일곱 천사(계 15:5-8).
6. 미가엘과 그의 사자들이 마귀와 또 마귀의 사자들과 더불어 싸움(계 12:7-12).
7. 천사와 영원한 복음(계 14:6-7).
8. 천사가 바벨론의 몰락을 전했다(계 14:8).
9. 천사가 적그리스도를 따르는 자들의 운명을 전함(계 14:9-11).
10. 아마겟돈의 환상(계 14:14-20).
11. 거룩한 천사들이 하나님을 경배할 것이다(계 7:11-12).

Note

G. 주의 사자(The Angel of the Lord)-성육신 이전의 그리스도

1. 다른 천사적 존재와는 달리 "주의 사자"로 일컬어지는 권위의 존재가 있다. "주의 사자"는 성육신 이전의 그리스도이다. 즉 이것을 다른 말로 "신의 현현"이라 부른다. "신의 현현"은 "하나님의 현시"다. 신약에서 성육신한 그리스도이신 예수님은 성경전체를 통해 형태와 모습이 있으시고 또한 "주의 사자"(여호와)로서 나타난다.

2. 많은 성경구절이 "주의 사자"를 언급한다(여호와).

a. 그는 하갈에게 나타났다(창 16:7-14).

b. 그는 아브라함에게 나타났고 여섯 번 씩이나 주라고 불리워진다(창 18장).

c. 그는 아브라함에게 나타났다(창 22:11-18).

d. 그는 브니엘에서 야곱에게 나타났다(창 32:24-32).

e. 그는 떨기나무 불꽃 가운데서 모세에게 나타났다(출 3:2-6).

f. 그는 여호수아에게 나타났다(수 5:13-15).

g. 그는 기드온에게 나타났다(삿 6:11-23).

h. 출애굽기 17:2-7과 23:20-21을 고린도전서 10:9와 10:4와 함께 비교해 보라("여호와의 사자"로 나타나 있는 성경구절은 불과 몇 군데에 지나지 않다).

복습

그리스도의 시대에 사두개인들처럼 오늘날에도 천사들의 실존을 부인하는 사람이 많다. 또한 엣세네파 사람처럼 천사의 직무를 신성시 하는 사람도 있음에 틀림없다. 보호와 중재와 우리의 마음에 힘을 주는 사역(이 모든 일은 그리스도께 속함)이 결코 천사에게 부여되지는 않았다.

성령께서는 우리 속에 계시며, 예수님께서 하나님과 인간 사이의 유일한 중재자가 되신다. 천사의 직무는 모든 구원받을 후사들을 돕는 일이다. 예수님께서는 열 두 군단(legions) 더 되는 천사라도 부르 실 수 있다(마 26:53). 천사는 우리를 위해 일을 하고 또 우리와 함께 일한다. 성령께서 우리 속에 거하신다. 천사에 대한 회의가 생길 때마다 히브리서 1:14를 기억하라.

예습

1. 다음 성경구절은 "타락한 천사" 즉, 마귀와 그의 사자들에 관한 것이다. 우리가 공부할 순서대로 열거되었다.

   이사야 14:12–15, 에스겔 28:15–17, 누가복음 10:18, 창세기 3:1–19, 욥기 1:6–12, 사무엘상 18:10, 역대상 21:1, 역대하 11:15, 신명기 18:10–12, 요한일서 3:12, 유다서 1:6–9, 마태복음 2:13–16; 4:1–11; 5:1–13; 16:23, 누가복음 22:3, 에베소서 2:2; 6:12, 사도행전 5:3, 16, 데살로니가전서 2:18, 디모데후서 3:1–9; 4:3–4, 디모데전서 4:1, 마태복음 25:41, 데살로니가후서 2:9, 베드로후서 2:4, 요한계시록 12:7–12; 16:13–16; 19:20; 20:1–3; 20:7–10을 읽어 보라.
2. 이번 주에 기록한 사항을 복습하라.
3. 새로운 진리를 배울 때마다 성경에 표시해 보라.

Week 14
사탄과 그의 사자(Ⅰ)

Ⅰ. 서론

우리가 사탄과 그의 사자들, 즉 마귀라고도 부를 수 있는 것과 같은 제목을 공부할 때에 인식해 두어야 하는 것이 있다. 사탄의 가장 교묘하고 독특한 수법은 사람들로 하여금 그 자신이 존재치 않는다는 것을 확신시키는 일이다.

사탄은 본서의 저자가 이 주의 내용을 쓰지 못하도록 온갖 일을 다 할 것이다. 여러분의 경우에 있어서도 여러분의 관심이 본과에서 떠나도록 여러 가지 방법으로 수없이 많이 유혹할 것이다.

사탄은 타락한 천사들의 우두머리로서 존재한다. 예수님께서는 사탄과 그의 사자들을 동일하게 취급하셨다. 성경은 우리를 위해 사탄의 이름들과 칭호와 기원과 일과 능력과 한계 그리고 사탄의 군대에 대해 기록하고 있다. 인간 역사의 태초에 사탄이 하나님을 거역하고 인간에게 괴로움을 주었던 사실에 대해 우리는 알고 있다. 그렇지만 결국에 사탄은 완전히 그리고 영원히 파멸될 것을 우리는 또한 알고 있다.

Ⅱ. 중요한 성경 구절

이사야 14:12–15, 에스겔 28:15–17, 누가복음 10:18, 창세기 3:1–19, 욥기 1:6–12, 사무엘상 18:10, 역대상 21:1, 역대하 11:15, 신명기 18:10–12, 요한일서 3:12, 유다서 1:6–9, 마태복음 2:13–16; 4:1–11; 5:1–13; 16:23, 누가복음 22:3, 에베소서 2:2; 6:12, 사도행전 5:3, 16, 데살로니가전서 2:18, 디모데후서 3:1–9; 4:3–4, 디모데전서 4:1, 마태복음 25:41, 데살로니가후서 2:9, 베드로후서 2:4, 요한계시록 12:7–12; 16:13–16; 19:20; 20:1–3; 20:7–10.

Ⅲ. 핵심 진리

사탄과 타락한 천사에 관한 대목이 성경을 통해 두드러지게 부각된다. 성경은 사탄과 그의 사자들을 인간 문제 제반사에 걸쳐 타락하고 악한 힘을 유도하는 대명사로서 말하고 있다. 사탄과 타락한 천사들은 한 주제로 공부해야 한다. 왜냐하면, 그들은 하나님을 거역하는 일에 있어 하나가 되었기 때문이다. 만일 사탄이 사탄이 되지 않았다고 한다면 어떤 타락한 천사(마귀)도 존재치 않았을 것이다. 그리스도에 관한 예언과 또한 그가 성육신한 모습으로 나타난다는 사실이 말씀을 통해 거듭되고 명백해짐으로써 사악한 사탄의 세력도 점진적으로 우리에게 드러난다.

창세기 3:15에서 시작된 그리스도와 사탄과의 싸움은 오늘날도 계속된다. 진리를 앎으로써 우리는 자유롭게 될 것이다. 우리는 하나님에 관한 모든 진리를 알아야 한다. 먼저 우리는 주 예수와 구원의 은혜를 알아야한다. 그 다음으로 우리는 사탄에 관한 사실을 알아야 한다. 마귀는 "우는 사자 같이 두루다니며 삼킬 자를 찾고 있다"(벧전 5:8).

기독교인이 치루어야 하는 전쟁은 세상과 육신과 마귀 세 가지다.

Ⅳ. 중요한 진리: 사탄과 그의 사자들(I)

A. 사탄의 기원

1. 사탄도 창조된 존재(Created Being)다.
   - a. 사탄은 모든 천군 중에서 가장 위대한 존재로 지음 받았다(겔 28:15). 천국에서의 그의 명칭은 "아침의 아들, 계명성"인데, 이것은 천국에서의 그의 계급을 상징한다(사 14:12).
   - b. 이사야를 통하여 하나님께서 사탄에게 그의 천국의 칭호 "계명성"을 호칭하여 말씀하셨다. 에스겔을 통하여 하나님께서 사탄에게 지상의 칭호 "두로왕"(King of Tyrus)이라 호칭하여 말씀하셨는데, 두로왕이 갖는 상징적 의미는 도덕적으로 부패했다는 뜻이다. 이 명칭들은 모든 창조물 중에서 최고의 능력을 과시하며 두로의 왕으로서 사치와 교만이 극에까지 이르렀음을 묘사해 준다.
   - c. 에스겔 28:12-15에서 하나님은 두로왕을 거쳐 사탄에게 말씀하신다. 창세기 3:14-15, 그리고 마태복음 16:23에서도 하나님은 사탄에게 간접적으로 말씀하셨다. 이사야 14:12에서도 마찬가지다. 아마 어느 누구도 이사야나 에스겔에서 언급될 수 없었을 것이다.

Note

d. 이와 같이 사탄은 "아침의 아들, 계명성"이었다. 계명성(Lucifer)이란 "낮의 별 즉 빛의 사자"(사 14:12)를 의미한다. 그는 지혜가 충족하며 완전히 아름다웠다. 그는 하나님의 동산 에덴에서 기름 부음을 받고 지키는 그룹으로 불려졌다(겔 28:12-15).

2. 범죄하기 전 사탄의 상태

a. 범죄하기 전 계명성의 상태가 에스겔 28:12-15에 묘사된다. 12절에 밑줄을 그어라.

에스겔 28:15를 적어 보라. ______________________________

____

b. 계명성은 "하나님의 천국 보좌를 지킴"을 의미하는 "덮는 그룹"이었다. 그는 "네가 지음을 받던 날로부터 네 모든 길에 완전하더니, 마침내…." "마침내"라는 작은 단어를 통해 하나님께서 불의와 죄와 반역과 교만의 문제를 털어 놓으셨다.

c. 하나님께서 계명성을 포함한 모든 천사를 지으셨다. 하나님께서 계명성을 모든 방면, 이를테면 지혜와 미와 권위와 기름부음과 완전함에 있어서 우월하게 하셨다. 따라서 하나님께서 천사 계명성을 지으셨지만 교만의 죄로 그는 사탄이 되었다.

B. 사탄의 죄와 몰락

1. 무엇이 계명성으로 마귀가 되게 했는가?

a. "기름부음을 받은 그룹." 계명성은 우주의 원죄 즉 교만을 가져옴으로 사탄이 되었다.

b. 이사야 14:13-14에 그 죄가 상세히 나와 있다. 이 두 구절에서 "내가 … 하리라"란 말을 주목해 보자.

- "내가 하늘에 올라 가리라–"
- "내가 하나님의 뭇별 위에 내 자리를 높이리라–"
- "내가 북극 집회의 산 위에 앉으리라–"
- "내가 가장 높은 구름에 오르리라–"
- "지극히 높은 이와 같아지리라–"

c. 계명성은 하나님의 의지를 넘어서서 그 자신의 의지를 선택함으로써 사탄

이 되었다. 계명성이 "내가 … 하리라"고 말했을 때 죄는 시작되었다.

2. 사탄의 몰락
   a. 하나님께서 형벌을 결정하셨다. 천사든 사람이든 창조물은 하나님이 중심되도록 지음 받았다. 자아가 중심이 되었을 때 계명성은 나쁜 일을 저지를 수 있었다.
   b. "네가 범죄하였도다. 너 지키는 그룹아 그러므로 내가 너를 더럽게 여겨 하나님의 산에서 쫓아냈고 불타는 돌들 사이에서 멸하였도다"(겔 28:16). "너 아침의 아들 계명성이여 어찌 그리 하늘에서 떨어졌으며,…어찌 그리 땅에 찍혔는고–"(사 14:12).
   c. "내가 … 하리라"는 말을 하고 "하나님의 뜻"이라는 말은 하지 아니할 때 우리도 사탄이 당한 몰락을 맞게 된다.
   d. 예수님께서 "사탄이 하늘로부터 번개같이 떨어지는 것을 보았다"고 말씀하셨다(눅 10:18).

C. 사탄의 이름과 칭호들

1. 대적을 의미하는 사탄

역대상 21:1과 베드로전서 5:8절을 보라.

2. 유혹하는 자, 꾀는 자를 의미하는 마귀

요한계시록 12:9를 적어 보라. ______________________________

____

3. "귀신의 왕"을 의미하는 바알세불

마태복음 12:24에 밑줄을 그어라.

4. "낮은 자"를 의미하는 벨리알(Belial)

고린도후서 6:15에서 "사탄"이라는 단어를 찾아 여러분의 성경 여백에 적어 보라.

5. 옛 뱀

창세기 3:15과 요한계시록 12:9를 찾아보라.

6. 이 세상 신

고린도후서 4:4에 밑줄을 그어라.

7. 이 세상 임금

요한복음 12:31을 적어 보라. ______________________________

____

8. 공중의 권세 잡은 자

에베소서 2:2를 적어 보라. ______________________________

____

Note

9. 용

요한계시록 20:2를 찾아 용이란 이름에 밑줄을 그어라.

10. 광명의 천사

고린도후서 11:14를 적어 보라. ______________________________

____

11. 형제들을 참소하던 자

요한계시록 12:10을 참고하라.

12. 거짓의 아비

요한복음 8:44에 밑줄을 그어라(여기서 열거한 것보다 사탄을 칭하는 더 많은 이름들이 있다. 사탄에서 주어진 이름과 칭호를 통해 사탄의 특징이 나타난다).

D. 사탄의 활동 영역

1. 사탄은 하나님의 보좌에 접근한다.
   a. 욥기 1:6을 적어 보라. ______________________________
      사탄도 여호와 앞에 다시 와서 서 있었다(욥 2:1).
   b. 지금도 사탄은 하나님의 보좌 가까이에 접근해 있다. 요한계시록 12:10. 하반절에 큰 음성이 있어 가로되 "우리 형제들을 참소하던 자 곧 우리 하나님 앞에서 밤낮 참소하던 자가 쫓겨났고"라고 기록되어 있다.
2. 사탄은 땅 가까이에 있다.
   a. 여호와께서 사탄에게 이르시되 "네가 어디서 왔느냐?" 사탄이 여호와께 대답하여 가로되 "땅을 두루 돌아 여기 저기 다녀왔나이다"(욥 1:7; 2:2).
   b. 사탄은 뱀의 모습으로 에덴동산에 나타났다. 사탄의 경건치 않은 야망은 인간 속에서 이루시려는 하나님의 영원한 목적을 격퇴시킴으로 하나님께 도전하는 것이다.
      사탄은 하와를 속였다. 그리고 이어 아담도 그 치명적인 선택을 해야만 했다. 그 후 인간의 마음속에 죄가 들어왔다. 그것이 곧 "인간의 멸망"이다(창 3:1-9). 그러나 하나님께서 구속계획에 대해 말씀하셨다(창 3:15). 이것이 여자의 후손, 즉 예수님에 대한 최초의 직접적인 예언이다.

c. 땅에 접근한 사탄의 또 다른 예가 역대상 21:1에 나타나 있다. "사탄이 일어나 이스라엘을 대적하고 다윗을 충동하여 이스라엘을 계수하게 하니라."

d. 사탄은 공중의 권세 잡은 자이다(엡 2:2). 그는 이 세상의 어두움과 하늘에 있는 악을 주관한다(엡6:12).

E. 사탄이 하는 일

1. 사탄은 사람을 유혹하여 범죄케 한다.

a. 창세기 3:15에서 마태복음 4장에 이르기까지 사탄이 목적하는 바는 하나님의 계획을 뒤엎어 놓는 것이었다. 마태복음 4장은 사탄과 예수님이 대면하는 장면이다. 사탄은 주님도 시험하였고, 유혹하려고 했다(마 4:1-11). 예수님과 사탄은 서로 낯선 사이가 아니었다. 계명성이 창조된 후 그들은 서로 아는 사이었다(천사들은 지음 받았다-예수님은 창조주였다). 세 번에 걸친 시험에서 예수님은 사탄을 이겼다. 그리하여 악이 그를 떠나게 되었다(마 4:11).

d. 사탄이 가룟인 유다에게 들어갔다(눅 22:3).

c. 아나니아와 삽비라에 관한 기사를 읽어 보라(행 5:1-11). 3절을 적어 보라. ________

____

____

2. 사탄은 세상을 속인다.

a. "이 세상의 신이 믿지 아니하는 자들의 마음을 혼미하게 하여"(고후 4:4). 사탄은 마음을 혼미케 한다.

b. 사탄은 사람의 마음에서 말씀을 빼앗아 간다(마 13:19).

c. 사탄은 사람에게 올무를 놓았다-"마귀의 올무"(딤후 2:26). "마귀의 간계"(엡 6:11절), 그리고 마귀가 삼킬 자를 찾는다(벧전 5:8).

3. 사탄은 하나님의 일을 방해한다.

a. 사탄은 바울의 사역을 저지시켰다.
데살로니가전서 2:18을 적어 보라. ________

____

b. 사탄은 그의 유익을 위하여 할 수 있는 한 경건하게 행동한다. 고린도후서 2:11을 적어 보라. ________

____

c. 사탄은 하나님의 종들을 체질한다. 누가복음 22:31을 적어 보라.

Note

d. 사탄은 하나님의 사람들 사이에다 가라지를 심는다. 마태복음 13:38–39를 적어 보라.

e. 사탄은 하나님의 종들에게 끊임없는 문제를 야기시킨다. 고린도후서 12:7에 나오는 바울의 증거를 적어 보라.

F. 사탄의 한계점

1. 사탄은 전능한 존재가 아니다.
   a. 하나님께서는 사탄의 능력을 제한하신다. 사탄에게도 능력이 있다. 욥기 1–2장에서 전개되는 위대한 계시는 사탄의 능력을 말해주는 것이 아니고 그의 능력의 한계점을 말해주는 것이다. 사탄은 사람들로 하여금 죄를 짓도록 강요할 수는 없다. 사탄은 우리를 유혹하고 부추기고, 꾀일 수는 있지만 우리로 하여금 억지로 죄를 짓게 하는 능력은 없다.
   b. 욥기 2:6을 읽으라. 하나님은 사탄의 능력을 제한하신다. 욥기 1:22에 밑줄을 그어라.
2. 사탄은 전지(모든 것을 다 앎)한 존재가 아니다.
   a. 사탄은 지혜롭다. 그러나 하나님만한 지혜가 있는 것은 아니다. 말하자면 모든 것을 다 알지 못한다. 그는 누구를 공격하고, 상처주어야 하며, 또 누구를 괴롭혀야 할지를 알고 있다.
   b. 베드로전서 5:8을 적어 보라.

   누가복음 22:31을 찾아 예수님께서 사탄에 관해 시몬 베드로에게 하신 말씀을 읽어 보라.
3. 사탄은 전재(어디에나 실재함)한 존재가 아니다.
   a. 사탄은 일시에 한 장소 이상의 곳에 실재해 있을 수가 없다. 예수님과 함께 있었을 때 사탄은 그 외 어떤 곳에도 있지 않다. 그가 예수님을 떠난 장면이 마태복음 4:11에 기록돼 있다.

b. 사탄은 어디에나 실재해 있을 수 없으므로 그에게는 그의 대행자들, 즉 마귀들이 있어 어느 때든 마음대로 파송시킨다. 사탄에게도 사탄 자신의 왕국이 있다. 사탄의 왕국에 대해서 예수님께서 말씀하셨다(마 12:26).

복습

우리는 사탄의 기원, 이를테면 그의 이름들, 그가 사역하는 장소, 사역하는 방법을 알고 있다. 또한 격퇴시키는 유일한 무기는 하나님의 말씀임을 확인하게 된다. 예수님께서도 말씀을 사용하셨다(마 4장). 바울은 우리의 삶을 통해 도전해 오는 적과 그리고 그 적을 격퇴시키는 방법에 대해 우리에게 교훈해 준다(엡 6:12-17).

허락된 하나님의 뜻 안에서만 사탄은 지상에서 역사할 수 있다. 하나님께서 허락하시는 범주를 벗어나 사탄이 어디에도 갈 수 있는 것은 아니다. 그렇지만 우리는 기독교인으로서 해야 할 책임을 이행해 가야만 한다. 쉽게 사탄에게 기회를 주어서는 안 된다(엡 4:27). 우리에게 유혹이 닥쳤을 때 하나님께서 주시는 피할 길을 항상 받아들여야 한다(고전 10:13). 우리 주님은 전능하시며, 전지하시며 그리고 전재하시는 분이다. 그분은 항상 우리와 함께 계신다(벧전 5:7, 요일 4:4).

예습

1. 마태복음 10:8, 누가복음 9:1-49; 10:17-20, 마가복음 16:17-18, 사도행전 8:7; 16:16-18; 19:12-17, 마가복음 1:23-28, 마태복음 8:28-31, 요한일서 2:16-18을 읽어 보라.
2. 이번 주에 기록한 것을 복습하라.
3. 새로운 진리를 배울 때마다 성경에 표시해 보라.

Week 15

사탄과 그의 사자(Ⅱ)

Ⅰ. 서론

우리는 앞서 "거룩한 천사들"에 대하여 공부했고 14주에는 "사탄"에 대해서도 공부했다. 이제 우리는 "사탄과 그의 사자들", 즉 타락한 천사들에 대해 보다 철저하게 연구해 보려 한다. 이번 주에는 우리의 모든 것, 이를테면 현재 우리가 어디에 있으며, 과거에 우리는 무엇을 느꼈으며 그리고 사탄이 늘 우리를 올가미에 빠뜨리려 애쓰는 까닭에 날마다 우리가 직면하는 일들에 대해 고찰할 것이다.

그리스도를 아는 사람에게는 사탄을 이길 충분한 힘이 있다. "너희 안에 계신 이가 세상에 있는 자보다 크심이라"(요일 4:4).

물론 이와 같은 일이 인간에게 있는 세속적인 천성을 매혹시키면서 늘 실재해 있는 유혹을 제거시켜 주지는 않는다. 그리스도를 주와 구주로 알고 있지 아니한 사람은 이 세상의 일을 끊임없이 추구한다. "이는 세상에 있는 모든 것이 육신의 정욕과 안목의 정욕과 이생의 자랑이니 다 아버지께로부터 온 것이 아니요 세상으로부터 온 것이라"(요일 2:16).

그것들은 사탄과 그의 사자들의 세력에 연유되어 있다.

Ⅱ. 중요한 성경 구절

14주에 주어진 성경구절 외에 다음 구절도 읽어 보라.

마태복음 10:8, 누가복음 9:1-49; 10:17-20, 마가복음 16:17-18, 사도행전 8:7; 16:16-18; 19:12-17, 마가복음 1:23-28, 마태복음 8:28-31, 요한일서 2:16-18.

Ⅲ. 핵심 진리

타락한 천사들은 사탄의 종들, 즉 옛 마귀다. 마귀(devil)는 귀신(demon)이란 말로 가장 적절히 번역해 볼 수 있다. 마귀는 하나다. 그리고 그는 귀신들의 우두머리다. 오늘날도 마귀는 자신의 소유를 삼고자 애쓰고 있다(딤전 4:1). 이 재난을 피할 수 있는 유일한 해결책은 예수 그리스도시다. 귀신은 예수님을 알고 있고 또 그분의 권세를 인정한다(마 8:28-32). 타락한 천사들은 마귀를 섬기고 또 그들은 더러운 자, 유혹하는 자, 그리고 귀신이라 칭하는 악령들이다.

Ⅳ. 중요한 진리: 사탄과 그의 사자(II)

A. 천사의 타락

1. 타락한 천사는 두 가지 부류로 나누어진다.

a. 범죄하여 사슬에 묶인 천사들(벧후 2:4, 유 1:6).

이들은 범죄한 천사들이다. 하나님이 그들을 용서치 아니하시고 지옥에 던지셨는데 심판 때까지 그들은 거기 있을 것이다. 그들은 속박되어 있다.

베드로후서 2:4를 적어 보라. ____________________

____

유다서 1:6을 적어 보라. ____________________

____

몇몇 학자들이 이들 타락한 천사의 무리를 창세기 6:4로 거슬러 올라가야 한다고 주장한다. 그들은 "하나님의 아들들"이 "타락한 천사들"이라고 주장한다. 그들은 인간이 사는 영역에 침입하여 "사람의 딸들"과 더불어 용사(a race of giants)를 낳았다고 말한다. 이 주장을 받아들인다는 것은 참으로 어려운 일이다. 천사는 완전한 존재로 그리고 완벽한 질서 아래 지음받았다. 그들은 생산할 능력을 가진 자로 지음받지 않았다(마 22:30). 천사의 성격을 변경(하나의 창조질서를 무시하고 또 다른 질서를 임의로 취함)시킬 만한 요소가 성경에 언급되어 있지는 않는다.

창세기 6:2-6에 언급되어 있는 것은 경건한 셋의 가계가 하나님을 떠난 가인의 가계와 결혼함으로써 하나님과의 관계가 붕괴되었음을 의미하는 사실과 관계가 있다. 창세기 6:2-6의 문맥은 "여호와께서 사람의 악함을 보시고-땅 위에 사람 지으셨음을 한탄하사 마음에 근심하시고"란 내용이다.

구약성경에서 인간의 형상을 입고 천사가 나타났던 논쟁이 이러한 주제의 의미를 변경시키지는 않는다. 인간의 형상을 입고 나타난 천사들은 항상 거룩한 천사들이었다. 그들은 하나님의 주권(sovereign power), 즉 하나님의 탁월한 목적(sovereign purpose)을 위해 보내어졌고, 그리고 인간의 형상을 입게 된 것이다. 하나님께서 천사의 모습을 눈에 보이게 하셔서 인간들에게 그들을 알 수 있게 하셨다.

Note

사람이 어떤 주장을 내세우든 하나님의 말씀은 변경되지 않는다. 사탄은 그 종족을 부패시켜 그 결과 인류를 구속하기 위해 구세주가 올 수 없도록 하려고 시도했음이 분명하다. 하나님께서 하나의 가족을 남겨 놓으셔서, 그 결과 경건한 하나님의 혈통이 보존되었다(창 6:7-8).

모든 학설과 논쟁들이 사실과 별반 차이가 없다. 베드로후서 2:4과 유다서 1:6에 의하면 몇몇 타락한 천사들, 즉 모든 악한 귀신들은 그들에게 임할 심판을 기다리도록 이미 예정되어 있다.

b. 범죄하였지만 구속되지 아니한 천사들(엡 6:12).

이들은 범죄하였지만 마귀의 일을 자유롭게 할 수 있는 천사들이다. 마귀가 그들의 우두머리이다. 이 무리도 "어두운 구덩이"에 던져진 무리와 서로 일치된다. 그들 모두는 계명성, 즉 그들 우두머리인 사탄과 함께 천국에서 추방당했다.

사탄과 그의 사자의 일이 언급될 때마다 사탄이 "이 세상의 임금"이란 사실을 상기하라(엡 6:12, 요 12:31).

B. 범죄 하였지만 구속되지 아니한 천사들의 능력

1. 그들 이름이 그들의 일을 나타내 준다.

a. 범죄한, 구속되어 있지 아니한 천사들을 "귀신들"이라 부른다. 귀신이란 의미는 "아는"(Knowing) 혹은 "아는 것"(to know)이란 말이다. KJV에서 이 말은 잘못 묘사되어 "마귀들"(devils)로 나와 있다. 마귀(Devil)는 오직 하나이다. 그러나 귀신(demon)의 수는 수없이 많다(마 7:22).

b. 히브리어로 사탄은 대적(adversary)이란 의미다. 희랍어에서 "마귀"란 "참소하는 자"(accuser)이고 그리고 구약성경에서는 "마귀"(Devil)란 말이 사용되지 않았다.

c. 이 부류의 천사들은 다음의 이름으로도 알려져 있다.

- 신접한 자(familiar spirits) (레 19:31; 20:6)
- 더러운 귀신(unclean spirits) (막 1:23-27)
- 귀신 들린 자(evil spirits) (눅 7:21)

- 미혹하는 영(딤전 4:1)
- 더러운 귀신(foul spirits) (막 9:25)

2. 그들 활동이 그들의 능력을 나타낸다.
   a. 귀신들은 교회(모든 그리스도인들)에 대항하여 사탄의 세력을 확장시킨다. 사탄은 "공중의 권세잡은 자"이다(엡 2:2).
   b. 귀신들은 정사와 권세를 통치하기 위해 사탄의 세력을 확장시키며 또 그들은 어둠을 주관하는 자들이다. 그들의 거처는 하늘(높은 곳)이다(엡 6:12).
   c. 귀신들은 개인의 몸을 사로잡는다. 귀신에게 잡힌 사람에 관한 기사를 읽어 보라(막 5:1-9). 귀신이 가진 힘에 주목해 보라. **"아무도 그를 쇠사슬로도 맬 수 없게 되었으니."** 귀신에게 잡힌 사람에게는 초인간적인 힘이 있다.
   d. 귀신들은 사람의 몸을 사로잡고 또 그 몸에 질병을 일으킨다(마 9:32; 12:22, 막 9:25-29).
   e. 귀신은 사람에게 욕정을 일으키게 하며, 살인하게 하고, 또 거짓말 하게 한다(요 8:44).
   f. 귀신은 그에게 붙들린 사람들의 입을 통해 항상 말한다(막 5:6-12). 마태복음 5:9를 적어 보라. ______________________________

      ____
   g. 우상숭배의 배후에는 귀신의 세력이 있다(행 16:16). 이 구절에서 "점치는 귀신"(spirit of divination)은 실제적으로 신상, 즉 "무당에 붙는 귀신"(the spirit of python)이다.
   h. 귀신이 하는 일과 관련하여 성경에 사용된 모든 용어들은 너무 많아 이 과에서 모두 열거할 수가 없다. 그 용어들 중 몇몇은 오늘날 다시 대중화되고 있다.
      - 마술(행 8:9-11)
      - 주술(갈 5:20)
      - 마술사(사 8:19, 신 18:10-12)
      - 술객(단 1:20; 2:2; 4:7)
      - 점하는 귀신(겔 13:6-7, 행 16:16)
      - 박수(단 1:20)

C. 예수님 VS 사탄의 왕국

1. 사탄에게도 왕국이 있다.
   a. 예수님께서 사탄의 왕국에 대해 말씀하셨다.
      마태복음 12:26을 적어 보라. ______________________________

Note

b. 바울은 사탄의 세력에 대해 말하면서 "어둠의 세상 주관자"들이라고 언급했다.

에베소서 6:12를 적어 보라. ______

2. 사탄 왕국의 사자들

a. 귀신(타락한 천사)은 사탄의 사자이다. 마태복음 25:41에서 예수님은 그들에 대해 말씀하셨다. 당신의 성경에 밑줄을 그어라.

b. 중생하지 아니한(구원받지 못한)인간들은 마태복음 13:38에서 예수님께서는 "가라지는 악한 자의 아들들"이라고 말씀하셨다. 이 문제에 대해 예수님은 아주 구체적으로 말씀하셨다.

요한복음 8:44에 밑줄을 그어라. 이 구절은 사탄이 아비가 된다는 사실에 대해 알려 주고 있다. 이와 대조적으로 요한복음 1:12에서는 하나님께서 아버지가 되신다는 사실이 언급되어 있다.

3. 사탄과 귀신들은 그리스도를 두려워한다.

a. "광명의 천사"로 가장한 사탄과 그의 세력이 지금 현존하는 세계를 지배한다(고후 11:14).

b. 놀라운 소식은 사탄이 십자가에서 심판을 받았다는 소식이다. 십자가를 바라보시면서 예수님께서 사탄의 죽음을 선언하셨다.

요한복음 12:31을 적어 보라. ______

요한복음 12:32-33에 밑줄을 그어라. 이 구절은 예수님께서 어떠한 죽음을 당하실 것인지를 말해 준다.

c. "귀신도 믿고 떠느니라"(약 2:19).

4. 귀신은 그리스도를 하나님의 아들로서 그리고 또 장차 그들의 심판주로서 인정한다.

a. 마태복음 8:29를 적어 보라. ______

b. 마가복음 1:24를 적어 보라. ______

c. 귀신도 예수님을 알았다. 마가복음 3:11을 적어 보라. ______________________

____

마가복음 3:22에 밑줄을 그어라.

d. 귀신은 그리스도를 알고 있었다. 이는 영원한 과거에 이미 그들이 예수님을 알고 있었기 때문이다. 그들이 멸망하기까지 그들은 예수님과 함께 있었다. 비록 말씀 속에서는 귀신이 처음으로 예수님을 만난 것처럼 우리에게 나타나 있지만 사실상 그들은 그때 예수님의 신적권위를 선언했다.

D. 타락한 천사들의 운명

1. 귀신들은 심판 받게 된다.

a. 타락한 천사들, 즉 귀신은 심판을 받는다. 그들이 "큰 날"에 심판을 받으리라고 성경은 말한다. 바로 이 "큰 날"이 주님의 날이다(사 2:9-22). 유다서 1:6을 참고 하라.

b. 심판은 반드시 일어난다. 왜냐하면 그리스도와 더불어 성도, 즉 믿는 자가 타락한 천사를 심판하기 때문이다.

고린도전서 6:3을 적어 보라. ______________________________

____

2. 사탄은 심판 받게 된다.

a. 사탄은 심판을 받아 "불과 유황 못"에 던져질 것이다(계 20:10). 귀신의 우두머리인 사탄의 운명은 정해져 있다.

b. 결박되어 있는 타락한 천사라 할지라도 "심판 때까지 지키게 하셨다"(벧전 2:4 후반절 참고, 역주-여기에 대해서는 이 책의 끝부분에 나오는 "종말"과 "심판"을 다룬 과에서 좀더 자세히 연구하게 된다).

복습

악마학(Demonology)은 오늘날 실제하는 문제이다. 그것은 구약시대에도 존재했을 뿐만 아니라 오늘날도 계속하여 여러 형태로 존재한다. 이 문제에 관해 출판된 자료들이 수없이 많다. 올가미에 걸리지 않는 최선의 방법은 이 같은 일들이 야기되는 현장을 도외시 해버리면 된다.

그리스도를 믿지 않는 자들은 이들의 유혹에 빠지기 쉽다. 이 문제에 직면할 때마다 그리스도인들은 영적인 분별을 해야만 한다. 그리스도 안에서 어린아이와 같이 믿음이 약한자들은 예수 그리스도가 주시는 양식을 취할 수 있다. 기억해야 할 몇몇 성경구절은 베드로전서 5:8, 요한일서 5:18, 에베소서 6:10-17; 2:2-7이다.

사탄을 이길 수 있는 유일한 방법은 예수 그리스도의 이름을 사용하는 것이다(약 2:19, 마 8:29).

Note

예습

1. 창세기 1:26-31; 2:7-25; 3:1-20, 요한복음 3:6, 데살로니가전서 5:23, 고린도전서 15:22-53, 빌립보서 3:21, 로마서 5:12-21; 8:7-8, 히브리서 9:27, 베드로후서 1:4를 읽어 보라.
2. 이번 주에는 현 시대에 널리 퍼져있으며 또한 마지막 때에는 더 기승을 부리게 될 문제를 다루었다. 사탄과 귀신들은 교회의 안팎에서 우리가 날마다 직면해야만 하는 실체이다. 이 과에서 기록한 것을 복습하라.
3. 새로운 진리를 배울 때마다 성경에 표시해 보라.

Week 16
인간, 창조, 타락

Ⅰ. 서론

모든 하나님의 말씀은 인간을 위해 성령의 감동을 받아 기록되었고 또 보존되었다. 말씀은 하나님께서 인간에게 주신 메시지이다. 말씀 속에는 하나님의 모든 교훈, 즉 가르침이 있다. 성경의 모든 진리가 인간과 관계 맺고 있으므로 인간에 대해 성경이 말씀하는 것을 생각해 볼 필요가 있다.

이러한 연구를 과학에서는 인류학이라 부른다. 그리고 인류학(Anthropology)이란 인간을 의미하는 희랍어 “앤스로포스”(anthropos)에서 유래된 말이다. 그것은 “인간의 기원에 관한 학문”이다. 성경은 인간의 기원에 대해 연구해 볼 수 있는 참으로 유일한 출처이다. 그 속에서 우리는 인간의 창조의 근원과 타락과 하나님의 놀라운 구속의 약속을 알 수 있다.

이 주제는 학파들과 심지어는 신학그룹에서의 논쟁거리가 되어 왔다. 우리의 목적은 그 문제를 논쟁하려는 것이 아니다. 모든 면에 있어서 사실적이며 정확한, 참으로 믿을수 있는 진실한 하나의 출처가 있다. 그것이 바로 성경이다. 이 주제에 대한 선입관을 버리라. 그리고나서 당신의 마음과 영혼을 말씀을 통해 하나님께서 말씀하시는 곳으로 개방하라. 당신이 공부할 때에 성령께서 모든 진리를 가르쳐 줄 것이다.

Ⅱ. 중요한 성경 구절

창 1:26–31; 2:7–25; 3:1–20; 요 3:6, 데살로니가전서 5:23, 고린도전서 15:22–53, 빌 3:21, 롬 5:12–21; 8:7–8, 히 9:27, 베드로후서 1:4(이 문제를 다룬 성경 구절이 많이 있다. 시간과 지면이 그들 모두를 연구하도록 허락지 않을 것이다. 더 자세히 알기를 원한다면 성구사전이나 성경사전을 참조하라).

Ⅲ. 핵심 진리

Note

예수님께서는 "몸은 죽여도 영혼은 능히 죽이지 못하는 자들을 두려워하지 말고-너희에게는 머리털까지 다 세신바 되었나니 너희는 많은 참새보다 귀하니라"(마 10:28, 30, 31)고 말씀하셨다.

인간과 인간의 가치, 인간의 몸과 영혼 그리고 하나님께서 인간의 가장 세부적인 사항까지도 알고 계신다는 사실을 강조하신 것이다. 예수님께서 육신이 되어(요 1:14) 사람들과 같이 되셨고 사람의 모양으로 나타나셨다(빌 2:7-8).

예수님께서 인간이 되시기 위해 어떤 진화의 단계도 거치지 아니하셨다. 오히려 그 반대이다. 인간이 되시기 위해 내려 오신 것이다. 진화한다는 것은 "발달, 성장, 진보"를 의미한다. 모든 것에 있어서 예수님은 우리의 최상의 보기가 되시므로 우리도 그분과 함께 시작되어야 한다. 몸과 마음과 지력을 가진 사람으로서 예수님은 인간을 가르치셨다. 예수님은 창조자이다(골 1:16). 예수님은 "그분 나름대로" 모든 것을 창조하셨다. 우리는 성경 속에서 동물이 인간으로 되어가는 어떤 기록도 찾아 볼 수 없다. 다윗은 "나를 지으심이 심히 기묘하심이라"고 말했다(시 139:14).

Ⅳ. 중요한 진리: 인간, 창조, 타락

A. 인간창조

1. 인간은 하나님이 지으신 창조물 중에서 최고의 작품이다.
    a. 인간은 하나님께서 직접 창조하셨다. "창조"한다는 것은 없는 것에서 무엇인가를 만들어 내는 것이다. 인간을 창조한 전반적인 기사가 창세기 1:26-27에 있다.
    b. 성부 하나님, 성자 하나님, 성령 하나님께서 인간을 창조하셨다. 창세기 1:26에서 "우리"와 "우리의"라는 말이 사용된 횟수에 주목해 보자. 삼위가 일체가 되어 인간을 창조했다.
    c. 삼위는 하나이다. 하나님이 자기(단수)형상, 곧 하나님의 형상대로 사람을 창조하시되 남자와 여자를 창조하시고(창 1:27).
    d. 창세기 1:26-27에 나오는 인간창조의 전반적인 기사는 이중으로 이루어진 삼부작이다. 26절에서 삼위가 세 번 언급된다. 우리의 형상을 따라 우리의

모양대로 우리가 사람을 만들고…"

27절에서는 "창조"라는 말이 세 번 나온다(영어성경에서는 세 번 나옴).

e. 인간 창조에 관한 특별한 기사가 창세기 2:7과 21–23절에 나온다. 이것은 창세기 2장에서 지은바 된 새로운 창조물에 관한 묘사가 아니라 하나님께서 남자와 여자를 어떻게 지으셨는가에 대한 보다 특수하고 세부적인 묘사이다. 창 2:21–23에 밑줄을 그어라.

창세기 2:7을 적어 보라. ______________________________

____

2. 인간의 원래 형상

a. 창 1:26에서 인간은 하나님의 형상과 모양대로 지으셨다. 이것은 무엇을 의미하는가?

- 형상은 표현으로 도덕적인 용량을 말한다.
- 모양은 특징으로 영적인 유사성을 말한다.

b. 하나님은 항상 모습을 통해 나타나셨다. 그러나 성경은 "하나님은 영이시요(요 4:24), 하나님은 보이지 아니하시니라"(골 1:15)고 말한다.

(1) 그러면 하나님은 어떻게 그분 자신을 나타내실까? 구약성경에서 하나님은 우리가 알고 있는 바 "신의 현현"이란 모습으로 자신을 나타내셨다. 이것은 성자 하나님의 성육신 이전의 모습이다(사 6:1).

(2) 하나님께서는 특별히 예수 그리스도의 몸을 통해 자기 자신을 나타내셨다(성육신). 이러한 그리스도의 모습을 통해 인간은 하나님을 보았다(요 1:14). 요 14:9의 마지막 부분을 적어 보라. ______________________________

빌립보서 2:6–7에 밑줄을 그어라.

c. 그러면 아담은 그리스도의 모양과 형상되로 지음 받았다. 그리스도는 아담의 형상과 모양대로 지음 받지 않았다.

롬 5:14를 적어 보라. ______________________________

____

이 구절의 마지막 부분인 아담은 "오실 자의 모형이라"는 사실에 주목하라.

3. 인간의 세 가지 성질

a. 인간은 세 가지 성질로 지음 받았다. 인건은 몸과 혼과 영으로 구성된 삼위일체로 창조되었다.하나님이 삼위일체이시므로 따라서 인간은 하나님의 형상대로 창조되었다.

데살로니가전서 5:23을 적어 보라. ______________________________

Note

히브리서 4:12를 적어 보라. ______________________________

____

b. "여호와 하나님이 흙으로 사람을 지으시고"(창 2:7). 이것은 인간의 보이는 부분인 외적인 몸의 형성을 말해 준다. 몸에는 오감, 즉 시각, 후각, 청각, 미각, 촉각이 위치한다. 몸은 "세상을 의식"하는 기관이다.

c. "…생기를 그 코에 불어 넣으시니 사람이 생령이 되니라"(창 2:7). 혼은 감정, 기억, 애정, 양심, 이성이 위치하는 곳이다(창 41:10, 막 14:34).
시편 42:1-6을 읽고 밑줄을 그어라. 혼은 "자아의식"의 기관이다. 성경에서 "마음"은 거의 "혼"과 같은 뜻으로 사용된다(히 10:22).
대부분의 사람들이 관심 갖는 생각은 다음의 사실에 있다. "하나님이 생기를 그 코에 불어 넣으시니 사람이 생령이 되니라." "하나님의 입김"(영)이 "형성된 사람"(몸)에게 주입되어 "혼"이 된 사실에 주목하라. 몸과 영이 결합되어 인간으로 하여금 살아있는 혼(a living soul)이 되게 했다.

d. "생기"(창 2:7). 모든 피조물과 인간의 차이점은 인간이 영을 갖고 있다는 사실이다(히 12:9). 사람의 영은 사람에게 있는 부분으로 그 사람의 사정을 알고 있다.
고린도전서 2:11을 적어 보라. ______________________________

____

영은 사람의 깊은 곳에 있다. 사람의 영 속에는 믿음, 소망, 예배, 기도, 찬양, 숭배의 요소가 있다. 영은 "하나님을 의식"하는 기관이다.

B. 타락하기 전 인간의 상태

1. 사람은 사고할 수 있었다. 즉 그에게는 지각이 있었다.

a. 아담은 지각할 수 있는 힘을 가진 사람으로 지음 받았다. 그에게는 지력이 있었다. 그는 사고할 수 있었다. 그는 어린이가 아니었다. 그는 성인이었다. 그는 하나님이 지으신 모든 동물에게 이름을 지어 주었다.
창세기 2:20을 적어 보라. ______________________________

____

b. 인간은 말할 수 있는 능력과 그가 마음으로 생각한 것을 표현할 수 있는 능

력을 가지고 있다.

2. 인간에게는 책임이 부과되었다.

a. 인간은 "생육하고 번성해야" 한다. "땅에 충만하고 땅을 정복"해야하며 "바다의 물고기와 하늘의 새와 땅에 움직이는 모든 생물을 다스려야 한다"(창 1:28).

하와는 아담이 지어준 이름이다. 그들이 범죄한 후 아담은 그녀에게 하와라는 이름을 지어주었다. 이 이름의 의미는 "모든 산 자의 어머니"란 뜻이며 또 하나님을 향한 아담의 믿음과 하나님의 약속을 나타낸다(창 3:20).

창세기 2:21-23에 기록된 기사는 아담을 위해 하나님께서 어떻게 "배필"을 만드셨는가에 대해 말해 준다. 하나님께서 아담을 만드실 때에 남자나 여자의 도움을 필요로 하지 않았던 것과 마찬가지로 하와를 만드실 때도 어떤 여자의 도움도 없었다. 창세기 3:15에 예언한 바와 같이 하나님께서 그리스도도 남자의 도움없이 만드셨다. 그래서 아담과 하와에게는 재생산의 책임이 있었던 것이다.

b. 인간은 하나님께 순종해야 한다. 하나님께서 아담과 하와에게 하나의 제한, 오직 한 가지 제한만을 하셨다. 그것이 창세기 2:17에 있다.

이 시험은 순종을 알아 보기 위한 것이었다. 그 나무는 "사과나무"가 아니라 "선악을 알게 하는" 나무였다.

c. 인간은 그 동산을 지켜야 했다(창 2:15). 일이란 즐거운 것이지 고통으로 하는 것이 아니었다. 인간이 범죄하기 전에는 아무런 가시덤불과 엉겅퀴도 없었고, 땅도 저주받지 않았다(창 3:17-18).

창세기 1:29과 2:16에서 하나님은 아담과 하와에게 채소와 과일을, 달리 말하자면 푸른 채소와 과일을 먹을 수 있다고 말씀하셨다. 태초에 인간은 채소와 과일만 먹고 살았다(역주- 창 9:3절에서 홍수 후에 노아는 고기를 먹을 수 있다는 명을 받았다).

창세기 2:15에서 "지키라"는 말은 "보호" 혹은 "수비"라는 의미도 동시에 지니고 있다. 그래서 인간은 "동산을 다스리며 지켜야 했던 것"이다. 말할 필요도 없이 타락함으로써 그들은 동산을 잃게 되었다.

C. 인간의 타락

1. 하나님의 한 가지 요구

a. 하나님께서 아담과 하와에게 한 가지 제한을 하신 사실을 우리는 이미 알고 있다(창 2:17). 대다수의 사람들이 제기하는 으뜸가는 자연스런 의문은 "왜 하나님께서 그들로

Note

하여금 사탄의 유혹을 받도록 허락하셨는가?"이다. 하나님은 사람(과 천사들)에게 "자유 의지" 혹은 "자유롭게 선택"할 수 있는 권한을 주셨다. 우리는 끈으로 조정되는 꼭두각시가 아니다.

b. 인간을 시험해 보시기 위해 하나님께서 인간의 시험당함을 허락하셨다. 아담은 무죄한 자로 창조되었다. "무죄"란 "죄가 없다"는 것이다. 왜냐하면 시험을 당한적이 없기 때문이다.

의로움이란 시험을 받아 그 시험에서 승리하는 순결이다. 아담은 순종해야 했다. 그의 무죄가 시험받게 되었을 때 그는 그 시험에 실패했던 것이다.

2. 아담 한 사람으로 말미암아 들어온 죄

a. 바울은 로마서 5:12에서 이 사실을 진술한다.

b. 뱀의 모습으로 나타난 사탄은 유혹의 원천이었다(창 3:1–6). 사탄은 하와를 통해 역사했다.

- 하나님의 말씀에 의혹을 갖게 함(창 3:1)
- 최초의 거짓말(창 3:4)
- 그녀의 교만(창 3:5)

c. 창세기 3:6절에 인간의 범죄가 기록되었다.

d. 인간이 타락한 결과는 직접적인 영향을 끼치게 되었다. 창세기 3:7에서 인간은 자아를 의식하게 되었고, 10절에서는 수치와 두려움을 갖게 되었고, 17절에서는 저주받은 땅에서 수고로운 삶을, 18절에서는 가시덤불과 엉겅퀴사이에서, 19절에서는 땀을 흘리면서 일을 해야 살아갈 수 있게 되었다.

창세기 3:7에서 불순종으로 인하여 그들은 벌거벗은 몸을 가리워야 했다.

창세기 3:8에서 우리는 하나님과 인간의 분리를 볼 수 있다. 인간은 숨어 있었고, 하나님은 찾으셨다. 그들은 선을 행하려는 힘이 없이 선을 알게 되었고, 또한 악을 피하려는 힘이 없이 악을 알게 되었다.

죄는 불순종이었다. 창세기 3:17을 다시 읽어 보라.

3. 모든 육체의 타락

a. 아담, 한사람으로 말미암아 들어오게 된 죄가 인간의 혈통속에 있다.

고린도전서 15:22를 적어 보라. ______________________

____

b. 모든 인간은 아담의 천성을 갖고 태어났다.

로마서 5:12를 적어 보라. ______________________________

____

로마서 3:23; 3:10; 3:19에 밑줄을 그어라.

c. 죄의 천성이 우리 속에 있다. 시편 51:5를 적어 보라. ______________________________

____

d. 두 번째 아담(예수 그리스도)을 우리 삶 속에 영접하지 아니하면 우리는 영적으로 죽은 자이다. 에베소서 2:1을 적어 보라. ______________________________

____

D. 하나님의 은혜

1. 인간을 위해 하나님께서 모든 것을 예비하셨다.
   a. 창세기 3:15에서 하나님은 "여자의 후손"을 약속하셨다. 그 후손은 그리스도이시다. 인간의 삶이 시작되는 시점에서 하나님은 필요한 것을 공급해 놓으셨다. 갈라디아서 4:4를 읽어 보라.
   b. 범죄한 아담은 창세기 3:15에서 약속된 그 후손을 믿고 아내의 이름을 "모든 산 자의 어머니"란 뜻으로 하와라 지었다(창 3:20).
   c. 구속자이신 예수님께서 육신이 되셔서 우리의 죄를 십자가에서 친히 담당하셨다. 그는 두 번째 혹은 마지막 아담이었다(고전 15:45, 47).
2. 죄의 형벌을 면하기 위해서 인간은 하나님의 선물을 받아 들여야 한다.
   a. 우리가 그리스도를 영접할 때에 우리는 그리스도 안에서 새로운 피조물이 된다(고후 5:17, 요 3:16).
   b. 예수 영접하므로써 구원받는다(딤후 1:9).
   c. 그리스도를 영접하므로써 우리는 영원한 생명을 갖게 된다(요 5:24).

복습

혈통을 불문하고 우리 모두는 죄 속에서 태어났다. 우리는 날 때부터 죄인이다. 우리 모두는 아담의 혈통이다. 죄는 이어받은 천성의 일부이다. 죄의 유일한 해독제는 예수 그리스도를 믿는 믿음이다.

대부분의 사람들은 그들 자신이 "착하다"고 생각한다. 그렇지만 중요한 것은 착한 사람도 나쁜 사람도 없다는 것이다. 우리가 할수 있는 물음은 "모든 사람이 죄를 범하였으므로 그들이 하나님의 은혜의 계획을 받아 드렸는가?"라는 것이다. 당신은 어떠한가?

Note

예습

1. 이사야 14:12–15, 에스겔 28:11–19, 사무엘하 24:17, 시편 51:5, 로마서 3:23; 4:5; 5:12; 7:7, 갈라디아서 5:19–21, 에베소서 2:2; 5:6, 데살로니가후서 1:7–9; 2:4, 8, 12, 히브리서 12:6, 요한계시록 20:12, 14를 읽어 보라.
2. "인간, 창조, 타락"에 대해 기록한 것을 복습하라.
3. 새로운 진리를 배울 때마다 성경에 표시해 보라.

Week 17
죄

Ⅰ. 서론

14주에는 죄의 기원에 대해 다뤘다. 우리는 이번 주에는 아침의 아들인 천사, 계명성의 마음과 정신에서 죄가 처음으로 뿌리 내렸음을 배우게 될 것이다. 죄는 교만, 즉 하나님보다 높아지려는 욕망이다. 죄로 인하여 하나님의 심판이 있게 되었다. 네가 범죄 하였도다. 너 지키는 그룹아 그러므로 내가 너를 더럽게 여겨 하나님의 산에서 쫓아내리라(겔 28:16).

계명성(Lucifer)과 그의 타락에 관한 이야기가 에스겔 28:15-17, 이사야 14:12-15에 나온다. 예수님께서는 "사탄이 하늘에서 떨어지는 것을 내가 보았다"라고 말씀하셨다(누가복음 10:18).

계명성 이전에는 죄가 없었다. 그러나 그는 마귀, 즉 사탄이 되었고 엄청난 거짓말쟁이인 사탄은 뱀의 모습으로 최초의 인간을 유혹했다. 이 사건으로 말미암아 죄가 인류에게 들어왔다. 죄와 관련하여 하나님의 마음을 이해해 볼 필요가 있다. 이 사실은 성경 속에서만 알 수 있다.

사람들은 "죄, 상실, 영원한 형벌, 타락"이라는 단어를 사용하는 것을 꺼린다. 왜냐하면 이 단어들이 "선량한 사람들"에게 너무 거센 의미이기 때문이다. 교회 내에서 하나님의 말씀을 공부하기 위해 모인 우리와 같은 성경 그룹에서 사회의 도덕적 수준에 맞추기 위해서 하나님의 용어를 변경시킬 수는 없다. 그러나 이러한 항목 역시 우리 시대에 꼭 필요한 공부이다. 하나님의 진리는 항상 우리에게 도움이 된다.

Ⅱ. 중요한 성경 구절

이사야 14:12-15, 에스겔 28:11-19, 사무엘하 24:17, 시편 51:5, 로마서 3:23; 4:5; 5:12; 7:7, 갈라디아서 5:19-21, 에베소서 2:2, 5:6, 데살로니가후서 1:7-9; 2:4, 8, 12, 히브리서 12:6, 요한계시록 20:12, 14.

Ⅲ. 핵심 진리

Note

모두가 다 그런 것은 아니겠지만 대부분의 사람들이 양심과 행동 사이의 모순을 인정한다. 인간에게는 잘못된 길로 들어 서거나, 형편없는 모양으로 생각하고 행동하고 싶어 하는 천성적인 경향이 있다. 선을 행하려는 끝없는 투쟁과 아울러 악은 항상 우리 주위에 실재하여 가치를 왜곡시키고 잘못된 길로 들어서게 한다. 이같은 모순이 우리의 마음과 영혼 속에 실재한다.

왜 양심과 행동 사이에 모순이 있을까? 인간의 천성에 어떤 일이 일어났다. 창세기 3장에 나오는 "인간의 타락"과 함께 그 일은 일어났다. 그때부터 죄가 대대로 이어졌다. 이어 받는다라는 것은 "조상으로부터 상속받은 것"이다. 우리는 죄의 천성을 가지고 태어났다. 만일 당신이 이것을 믿지 못한다면 다음 질문에 답해 보라. "당신은 자녀에게 나쁜 일을 하도록 가르쳐야 하는가?"

반대로 당신은 올바른 일을 하도록 자녀에게 가르쳐야 한다. 이것이 사실이 아니라면 그리스도께서 십자가에서 치루신 우리 죄의 값은 무가치한 것이다. 예수님께서 이 땅에 오셔서 모든 믿는 이에게 "새로운 천성"을 주시기 위해 죽으셨다.

죄의 천성을 이해하지 못하는 사람들은 누군가가 그들을 죄인이라고 말할 때에 감정이 상할 것이다. 대개 그들이 주장하는 말은 "나는 착한 사람이며 빚을 지지 않고, 이따금 교회에 출석도 하며, 가족과 친구에게 친절하며 선량한 양심을 가진 사람이다"는 등 이다. "착함"(Goodness)은 거론될 문제가 아니다. 문제는 "당신은 어린양의 피로 씻김을 받았는가?"이다. 그 어린양이 새로운 천성을 주고 그에게 나오는 모든 사람에게 인간 속에는 어떤 선한 것도 없음을 인식시켜 준다. 그분은 영적 깨달음의 원천이 되시므로 우리가 행해야 할 선한 일이란 그분과 그분의 영광을 위한 일이다.

이번 주는 "착한 사람들"의 "선함"에 관한 것을 배우지 않는다. 오히려 "모든 인간의 죄"에 관한 것이다.

Ⅳ. 중요한 진리: 죄

A. 죄의 진상(The Fact of Sin)

1. 죄의 기원

    a. 죄는 사탄에게서 시작되었다(사 14:12–14).

b. 아담으로 말미암아 죄가 세상에 들어왔다.

로마서 5:12를 적어 보라. ______________________________

____

2. 죄의 보편성

a. 아담 때에도 그리고 지금 현재에도 죄는 누구에게나 다 있는 것이다. 단, 예수님은 예외이다.

로마서 3:23을 적어 보라. ______________________________

____

갈라디아서 3:22를 적어 보라. ______________________________

____

b. 피조물도 죄의 진상에 대해 고백한다.

로마서 8:22를 적어 보라. ______________________________

____

B. 죄의 참 본질

1. 죄의 일곱 가지 측면

a. 죄는 율법, 즉 하나님께서 정하신 경계를 벗어난 이탈(transgression)이다. 율법이 있기 전에도 죄(sin)는 있었다. 그러나 범죄(이탈)는 없었다(수 7:11, 15). 이 구절에 밑줄을 그어라. 요한일서 3:4를 참고하라.

b. 죄는 나면서부터 범하기 쉬운 행위, 즉 그릇된 행실을 말해 주는 부정(iniquity)이다(골 3:5-9).

마가복음 7:20을 적어 보라. ______________________________

마가복음 7:21-23에서 예수님께서 하신 말씀에 밑줄을 그어라.

c. 죄는 하나님의 권세에 거역하는 "불순종"이다.

에베소서 5:6을 적어 보라. ______________________________

d. 죄는 하나님의 거룩하신 수준에 도달하지 못하는 "부족한 표적"(missing the mark)이다.

로마서 3:23을 적어 보라. ______________________________

____

e. 죄는 하나님의 의지에 끼어들어 그분의 거룩한 권위의 영역에 자신의 의지를 대치시키는 "침범"(trespassing)이다(엡 2:1).

마태복음 6:14에 밑줄을 그어라.

f. 죄는 "경건하지 아니함"(ungodliness)이다. 성경이 이를 설명해 준다.

로마서 4:5를 적어 보라. ______

로마서 5:6을 적어 보라. ______

g. 죄는 "믿지 아니함"이다. 마가복음 9:24를 적어 보라. ______

기타 구절(요일 5:10, 롬 3:3).

마태복음 13:58을 적어 보라. ______

2. 죄가 사람에게 끼치는 영향

a. 죄는 영적인 일을 왜곡시킨다. 요한복음 9:39에 밑줄을 그어라.

로마서 7:19를 적어 보라. ______

b. 죄는 영혼을 부패시킨다. 로마서 1:21-22에 밑줄을 그어라.

로마서 1:32를 적어 보라. ______

c. 죄는 어두워지게 한다. 에베소서 4:18을 적어 보라. ______

d. 죄는 양심을 굳게 한다. 에베소서 4:19를 적어 보라. ______

죄가 끼치는 영향 몇 가지만 열거해 보았다. 이외에도 많은 영향들이 있다. 마음에 떠오르는 몇 가지를 말해 보라.

C. 죄의 범위

1. 불의는 모두 죄다.

a. 죄의 훌륭한 정의를 간단히 말하자면 성경이 얘기하는 "모든 불의가 죄"이다.

요한일서 5:17을 적어 보라. ______

Note

b. 의인은 단 한 사람도 없다(시 14:1-3).

로마서 3:10을 적어 보라. ______________________

____

2. 죄의 두 가지 부류

a. 공개된 죄는 하나님을 향한 모독, 거짓말, 도적질 등과 같이 공개적으로 공공연하게 범하는 죄를 말한다.

시편 90:8을 적어 보라. ______________________

____

b. 은밀한 죄는 시기, 질투, 욕정, 교만, 증오와 같은 마음 속에 은밀히 생각하는 죄를 말한다. "주의 얼굴 빛 가운데에 두셨사오니"라는 구절(시 90:8)을 통해 은밀한 죄가 공개된다.

예레시야 17:9를 적어 보라. ______________________

____

3. 죄가 나타나는 세 가지 형태

a. 예수님께서 죄의 종류를 말씀하신다(막 7:21-23).

마가복음 7:21을 적어 보라. ______________________

____

b. 위의 구절에 나타난 죄의 세 가지 형태는 다음과 같다.

- 인간의 천성 속, 즉 "마음으로부터"
- 인간의 마음속에 있는 "악한 생각들"
- 인간의 행동으로 나타나는 "음란, 간음, 살인, 도둑질" 등

c. 마가복음 7:21-22에서 예수님은 인간의 마음속에 있는 13가지의 죄에 대해 말씀하신다. 예수님께서는 인간의 마음에 대해 제자들에게 말씀하셨다. 완전한 구절을 읽어 보라(막 7:14-23).

마가복음 7:23을 적어 보라. ______________________

____

4. 죄의 총체(The Totality of Sin)

a. 모든 인간은 죄인이다. 요컨대 몸도 혼도 영도 모든 것이 죄로 가득 차 있다. 로마서 3:10-12에 줄을 치고 갈라디아서 3:22도 밑줄을 그어라.

b. 우리 모두는 태어날 때부터 죄인이다.

시편 51:5를 적어 보라. ______________________________

____

c. 죄의 본질은 독(poison)과 같다.

시편 58:3-4를 적어 보라. ______________________________

____

Note

D. 죄의 값(형벌)

1. 죄의 값은 우리가 버는 것이다(Something We Earn).
   a. 값(wages)이란 최종적인 목적을 성취하기 위해 우리가 수고하는 것을 뜻한다. 우리의 삶 속에서 우리는 수표와 명성과 세상 제물을 얻기 위해 일하고 있다.
   b. 죄의 삯은 사망이다(롬 6:23). 성경 속에서 사망은 전멸(Annihilation)을 뜻하는 것이 아니다. 사망은 "영원한 형벌"이다(살후 1:8-9).
   c. 멸망(마 7:13).
   d. 영원한 형벌(마 25:46).
   e. 정죄. 요한복음 3:18을 적어 보라. ______________________________

   ____

2. 그리스도인의 죄의 결과
   a. 하나님께서는 자녀를 징계하신다.

   히브리서 12:6을 적어 보라. ______________________________

   ____

   믿지 않는 자에게는 영원한 형벌이 따른다. 하나님은 그의 백성의 아버지가 되신다. 육신의 아버지도 그의 자녀를 징계한다.
   b. 그리스도인은 스스로가 판단해야 한다.

   고린도전서 11:31-32를 적어 보라. ______________________________

   ____

   c. 죄 사함을 받기 위해 죄 고백이 필요하다.

   요한일서 1:9를 적어 보라. ______________________________

   ____

이 구절을 암기하라. 이 말씀은 그리스도인의 죄를 씻어주는 비누와 같은 역할을 한다.

E. 죄에 대한 유일한 구제책

1. 예수 그리스도의 복음

"내가 복음을 부끄러워하지 아니하노니 이 복음은 모든 믿는 자에게 구원을 주시는 하나님의 능력이 됨이라"(롬 1:16).

예수님께서 모든 죄의 값을 치루셨다. 요한일서 2:2에 밑줄을 그어라.

2. 주 예수 그리스도를 믿음

요한복음 3:16을 상기해 보라. 당신은 이것을 믿고 있는가?

"하나님의 은사는 그리스도 예수 우리 주 안에 있는 영생이니라"(롬 6:23 후반).

복습

모든 죄 중에서 으뜸가는 죄는 예수 그리스도를 믿는 믿음을 통해 얻게 되는 구원의 자유로운 선물을 거절하는 일이다. 사람은 죄 때문에 버린바 된 것이 아니고 그들의 마음과 생활을 그리스도께 바치지 아니함으로 버려지게 되었다.

"죄"와 "죄들"은 서로 다르다. 죄는 아담으로부터 물려받은 죄에 대한 경향 혹은 기질이다. 죄들이란 죄의 천성을 지닌 결과로서 사람이 범하게 되는 죄의 특별한 행위이다.

예수님께서는 죄들이 아니라 죄의 속죄물이 되시기 위해 오셨다. 그를 영접하는 모든 사람의 마음을 변화시키기 위해 이 땅에 오셨다. 받아들이는 모든 사람에게 그분은 새 성품을 주신다. 이것은 옛 생활에서 새로운 생활로 바꾸어 주는 역할을 한다. "그런즉 누구든지 그리스도 안에 있으면 새로운 피조물이라. 이전 것은 지나갔으니 보라 새것이 되었도다"(고후 5:17)라고 바울은 말했다.

두 아담의 차이에 대해 바울은 다음 몇 구절에서 설명해 준다. "첫사람 아담은 생령이 되었다함과 같이 마지막 아담(예수)은 살려 주는 영이 되었나니"(고전 15:45). "첫 사람은 땅에서 났으니 흙에 속한 자이거니와 둘째 사람은 하늘에서 나셨느니라"(고전 15:47). 48절에 밑줄을 그어라.

"아담 안에서 모든 사람이 죽은 것 같이 그리스도 안에서 모든 사람이 삶을 얻으리라"(고전 15:22). 우리는 죄를 짓기 때문에 죄인이 아니라 죄인이기 때문에 죄를 짓는다. "주 예수를 믿으라 그리하면 너와 네 집이 구원을 받으리라"(행 16:31).

예습

1. 창세기 3:15; 12:1–3, 마태복음 1:21, 요한복음 3:3–8, 14–17, 로마서 5:8–9; 10:9, 고린도전서 1:18, 고린도후서 6:2, 에베소서 1:13; 2:5–8, 데살로니가전서 5:9, 데살로니가후서 2:13, 히브리서 2:14–15; 5:9; 9:28, 베드로전서 1:5–12; 4:13을 읽어 보라.
2. "죄"에 대해 기록한 것을 복습하라. 도움이 된 성경 말씀과 진리를 다시 상기해 보라.
3. 이번 주에 밑줄 친 부분에 써 넣은 글귀를 당신의 성경에 표시하고 그 내용을 성경의 빈자리에 써 넣으라.

Note

Week 18
구원

I. 서론

구원을 받은 이유로, 또한 다른 사람들도 그리스도께 나오기를 바라는 마음으로 대부분의 성도들이 주의 일을 하는 것에 충성을 한다. 그러나 승인된 많은 "종교적 활동"(religious activity)이 사람들에게 복음을 전하는 일과 아무런 관계가 없다. 많은 경우에 있어서 그리스도를 알지 못하는 사람에게 그리스도를 알 수 있도록 관심을 보여 주는 것은 어느 집단이나 사람이다. 대부분의 "영혼의 승리자들"(soul winners)은 이 일을 제일 으뜸으로 삼고 있다.

잃어버린 영혼(사람)을 구원하시기 위해 예수님께서 죽으셨고, 교회를 세우셨고, 또 그 교회에 그분의 선물, "사도와 선지자와 복음전하는 자와 목사와 교사"를 주셨다(엡 4:11). 이 선물은 잃어버린 자를 찾기 위해, 그리스도 안에 거하게 된 새 사람을 성장시키기 위해 그리고 "성도(구원받은 자)를 온전(성숙)하게 하여 봉사의 일을 하게 하며 그리스도의 몸을 세우기 위해"(엡 4:12) 교회에 주신 것이다.

구원은 하나의 길, 오직 한 길을 통해서만 얻을 수 있다. 그것은 바로 하나님의 길로, 이번 주에 다루게 될 주제이다.

II. 중요한 성경 구절

창세기 3:15; 12:1-3, 마태복음 1:21, 요한복음 3:3-8, 14-17, 로마서 5:8-9; 10:9, 고린도전서 1:18, 고린도후서 6:2, 에베소서 1:13; 2:5-8, 데살로니가전서 5:9, 데살로니가후서 2:13, 히브리서 2:14-15; 5:9; 9:28, 베드로전서 1:5-12; 4:13.

Ⅲ. 핵심 진리

Note

구원이란 죄의 영원한 파멸에서 인간을 구해주시기 위해 준비된 하나님의 일이다. 구원을 통해 하나님께서 인간에게 주시는 것은 그분의 풍성한 은혜이며 이것은 이제 후로 영원히 우리에게 주실 영원한 생명이다. 구원은 하나님 자신의 일이지 하나님을 위한 인간의 일이 아니다.

구원은 "새로운 출생"이다. 예수님께서는 니고데모에게 "거듭나야 한다"고 말씀하셨다(요 3:3–7). 새 출생은 성령으로 다시 태어나야 한다는 것이고 또 이것은 육적인 탄생(natural birth)만큼이나 중요하다. 그리스도인이 되기 위한 유일한 길은 "다시 태어 나는 것"이다.

히브리어와 헬라어에서 구원의 의미는 구출, 안전, 보존, 병고침, 건강의 개념을 포함하고 있다. 사람이 그리스도를 구주로 영접하지 아니하는 한, 그 사람은 버려져서 구출이나 안전 등의 확신감을 갖지 못한다. 좋은 일을 함으로써 우리가 구원에 이르는 것이 아니다. 착한 사람이 된다는 것이 구원을 의미하지는 않는다. 우리가 행위로 구원받는 것이 아니라고 성경은 말한다. 첫째는 구원이요, 그 다음이 행위(일)이다(엡 2:10).

Ⅳ. 중요한 진리: 구원

A. 구원, 하나님의 영원한 목적

1. 구원은 하나님의 마음속에서 계획된 것이다.
   a. 창세전에 구원의 계획이 하나님의 마음속에서 이루어졌다.
   에베소서 1:4를 적어 보라. ______________________________

   ____

   b. 구원은 하나님께서 미리 생각해내신 결과이다. 구원은 하나님께서 뒤늦게 생각해내신 것이 아니다. 구속의 계획이 필요하리라는 것을 그는 미리 아셨다(전지하심).
   베드로전서 1:20을 적어 보라. ______________________________

   ____

   디도서 1:2를 적어 보라. ______________________________

2. 구원은 하나님의 은혜이다.

a. 구원은 우리가 어떤 일을 행함으로 오는 결과가 아니고 하나님의 은혜의 결과이다.

은혜란: 그리스도의(**G**od's)

희생과(**R**iches)

대가로 인한(**A**t)

하나님의(**C**hrist's)

풍성함이다(**E**xpense).

디모데후서 1:9를 적어 보라. ______________________________

____

디모데후서 2:11을 적어 보라. ______________________________

____

b. 구원은 우리를 향한 하나님의 사랑 때문에 주어진 것이다. 요한일서 4:9에 밑줄을 그어라. 로마서 5:8을 적어 보라. ______________________________

____

B. 십자가 전과 후의 구원

1. 십자가 전의 구원

a. 십자가 이전에는 하나님께서 속죄제에 의해 죄를 다루셨다. 속죄란 "가리우는 것"을 뜻한다(레 16장).

b. 레위기의 번제는 십자가가 있기까지 또 십자가를 기대하면서 죄를 "가리워 주는 것"이지 그 죄를 "청산"하지는 못했다(히 9:15).

로마서 3:25를 적어 보라. ______________________________

____

"전에 지은 죄를 간과하심으로"란 말에 주목하라. "간과"란 "지나간다는 것"이다.

c. 레위기의 희생제물은 최상의 희생물이 되실 예수 그리스도를 예비하신 가운데 바쳐진 것이다. 하나님께서 어린양을 약속하셨고 그리고 그 약속을 토대로 죄를 용서해 주셨다(창 3:15; 22:8).

d. 바울이 아덴사람에게 한 말 중에 "알지 못하던 시대에는 하나님이 간과하셨거니와"란 이야기가 있다(행 17:30). "간과하셨다"(winked)란 "너그럽게 눈감아 주셨다"(overlooked)

라는 뜻이다.

2. 십자가 후의 구원

a. 그리스도께서 죽으신 후 하나님께서 죄를 다루신 방법은 한 제물, 즉 그리스도께서 십자가에서 제물이 되신 사실에 기초하고 있다(히 10:12, 14).

b. 그리스도께서 죽으심으로 죄가 "덮어진 것"이 아니고, 그 죄가 청산되었다(깨끗이 씻어짐). "보라, 세상 죄를 지고 가는 하나님의 어린양이로다"(요 1:29).

골로새서 2:14를 적어 보라. ______

______

C. 구원을 위해 치른 값

1. 하나님의 아들 예수 그리스도께서 구원을 이루시기 위해 죽으셔야 했다.

a. 그리스도께서 죽으시고, 장사되시고, 부활하심으로 인간에게 구원의 길을 마련해 주셨다.

로마서 8:11을 적어 보라. ______

______

b. 하나님이 세상을 이처럼 사랑하사 독생자를 주셨으니 이는 그를 믿는 자마다 멸망하지 않고 영생을 얻게하려 하심이라(요 3:16).

하나님께서 독생자를 주셨다–그리스도께서 죽으셨다–그의 피를 흘리셨다–구원의 값이 우리를 향한 하나님의 사랑을 증거한다.

2. 세상 죄를 위해 예수님께서 고난받으셨다.

a. "우리를 하나님 앞으로 인도하시기 위해" 그는 고난받으셨다.

베드로전서 3:18을 적어 보라. ______

______

b. 그의 피는 지은 죄를 간과하시기 위해 흘리셨다. 간과란 용서라는 의미를 내포하고 있다. 예수님께서는 만찬 때에 이 사실에 대해 말씀하셨다.

마태복음 26:28을 적어 보라. ______

______

D. 죄의 형벌로부터 구원하심

1. 그리스도는 죄와 죄의 형벌에서 구원해 주신다.

Note

a. 이것은 과거에 지은 죄에 대해 말하는 것이다. 사람이 그리스도를 영접할 때 그 죄는 제거된다. 그리스도께서 믿는 모든 자를 위하여 죄인이 되셨으므로 과거에 지은 죄로 인한 형벌을 면하게 됐다.

고린도후서 5:21을 적어 보라. ______________________________

____

b. 과거의 생활도 용서받는다(엡 4:31을 읽고 4:32은 적어 보라). ______________________________

____

2. 그리스도께서 그에게 오는 모든 자를 구원해 주신다.

a. 그리스도는 항상 약속을 지키신다. 그는 어떤 사람도 멸망하기를 원치 않으신다.

베드로후서 3:9를 적어 보라. ______________________________

____

b. 베드로후서 3:9에서 최종적인 결정권이 개인에게 있다는 사실에 주목하라. 비록 어느 누구도 멸망하는 것이 하나님의 뜻이 아니라 하더라도 하나님께서는 결코 강요치 않으신다. 개인이 취해야 할 행동이 9절 후반부, "모두가 다 회개하기에 이르러야 한다"는 사실에 있다.

E. 죄의 권세로부터 구원

1. 그리스도는 영원히 살아 계셔서 우리를 중재해 주신다.

a. 그리스도인이 죄와 죄의 형벌에서 구원받은 후로는, 날마다 주님께서 죄의 권세와 지배에서 그리스도인을 구해주신다.

로마서 6:14를 적어 보라. ______________________________

____

히브리서 9:25를 적어 보라. ______________________________

____

b. 이 진리는 현재시제로 나타나 있다. 비록 사람이 구원을 받는다 하더라도 그에게는 계속 죄를 짓고자하는 경향이 있다.

요한일서 2:1을 적어 보라. ______________________________

____

2. 그리스도인은 승리의 삶을 살 수 있다.

a. 하나님의 구원계획을 받아들인 사람이라 할지라도 여전히 그의 마음속에는 두 개의 천

Note

성이 있다. 아담의 옛 천성과 거듭남을 통하여 얻게 된 거룩한 영적 천성이 있다. 이 두 천성은 끊임없이 투쟁한다. 바울은 그 자신의 마음속에서 일어나는 이 두 천성에 대해 말한다(롬 7:15-25).

b. 모든 그리스도인의 마음속에서 일어나는 투쟁은 해결될 수 있다. 바울은 승리자였다.
로마서 8:1을 적어 보라. ______________________________
____
로마서 8:2-3에 밑줄을 그어라.

c. 성령께서 믿는 자의 마음속에 일어나는 투쟁을 해결해 주실 것이다(롬 8:14-16).
로마서 8:26-27에 밑줄을 그어라.
요한일서 5:20을 적어 보라. ______________________________
____

F. 죄의 실재(The presence of sin)로 부터의 구원

1. 예수님께서 구속받은 자를 죄의 실재에서 구하시기 위해 다시 오실 것이다.
 a. 이 진리는 미래에 관한 사실을 말해 준다. 하나님의 자녀는 죄의 형벌에서 구원받았고(과거), 죄의 권세에서 구원받고 있으며(현재), 그리고 죄의 실재에서 구원받게 될 것이다(미래).
 히브리서 9:28을 적어 보라. ______________________________
 ____
 b. 베드로는 장차 받게 될 기업에 관해 말했다.
 베드로전서 1:4-5를 적어 보라. ______________________________
 ____

2. 하나님께서는 그리스도인을 장차 나타날 모습으로 보신다.
 a. 우리가 하나님의 아들 되기를 기대할 수 없지만 우리는 하나님의 아들이다. 이제 그리스도를 영접한 모든 사람은 하나님의 아들이다. 요한일서 3:1에 밑줄을 그어라.
 b. 그리스도께서 다시 오실 때에 우리를 변화시켜 주실 것을 이미 알고 있다. 요한일서 3:2은 암기해야 할 소중한 말씀 중의 하나이다. 이 구절을 적어

보라. ______________________________

____

G. 선물로 주신 구원

1. 사람이 어떻게 구원받을 수 있을까?
   a. 구원은 믿는 모든 자에게 주시는 하나님의 선물이다.
   에베소서 2:8–9를 적어 보라. ______________________________

   ____

   b. 하나님의 은혜로 구원을 선물로 받은 우리는 무엇을 해야 할까? 죄인임을 인정하고 자백해야 한다(롬 3:23).
   c. 그리스도 밖에 있는 사람은 영적인 죽음을 스스로 벌고 있다.
   로마서 6:23을 적어 보라. ______________________________

   ____

   삯은 날마다 우리가 일하는 대가이다. "죄의 삯이 사망이다"는 것은 좋지 못한 일을 함으로 받게 되는 값이다. 이것이 바로 인간의 판결이다.
   d. "하나님의 은사는 그리스도 예수 우리 주 안에 있는 영생이니라." 이것은 하나님께서 주시는 크고도 영광스런 선물이다. 그 선택은 개인에게 달려 있다.
2. 사람이 어떻게 그리스도인다운 삶을 살 수 있을까?
   a. 그리스도인으로서의 삶을 살 수 있는 권세가 믿는 모든 자에게 주어져 있다.
   요한복음 1:12절을 적어 보라. ______________________________

   ____

   b. 모든 죄를 자백하면 용서받는다.
   요한일서 1:9를 적어 보라. ______________________________

   ____

   이것은 죄를 지어도 좋다는 허가증이 아니다. 이것은 우리를 속죄하려는 하나님의 방법이다. 우리에게 죄가 없다고 말하는 것은 죄요, 또 진리가 우리 속에 없는 증거이다(요일 1:8).

복습

구원은 죄로 가득한 세상에 하나님께서 거저 주시는 선물이다. 이 선물은 하나님의 아들을 믿고 마음속에 영접할 때 얻을 수 있다. 구원은 믿음에서 오는 행위이다. 우리가 애써 구한다고 그리스도께 속하는 것도 아니요, 또 구원을 돈으로 살 수 있는 것도 아니다. 사람이 사람을 구원할 수 없다. 교인이란 자체가 구원을 의미하는 것이 아니고 교인이란 구원받은 백성의 당연한 결과이다.

Note

"복음은 모든 믿는 자에게 구원을 주시는 하나님의 능력"(롬 1:16)이다. 복음은 예수님께서 십자가에서 죄의 값을 지불해 주셨음을 알리는 "좋은 소식"이요, 또한 복음은 하나님의 능력인 것이다. 하나님의 입김에 의해 세상은 창조되었고 하나님이 말씀하시매 말씀대로 되어졌다. 인간을 죄와 고통에서 구원하시기 위해 예수님의 피 흘리심이 필요했다(요 3:16, 행 20:28).

구원은 사람의 마음과 정신을 비롯한 모든 부분을 변화시킨다. 우리는 그리스도 안에서 새로운 피조물(사실상 새로운 창조물)이 되었다(고후 5:17).

구원받기 위해서 선한 사람이 되어야 한다는 사실로 인하여 염려할 필요가 없다. 왜냐하면 어떤 사람도 선으로 구원받을 만큼 선한 사람이 될 수는 없기 때문이다. 만일 사람이 극한 선의 경지에까지 이를 수 있다면 구원이란 필요 없을 것이다. "모든 사람이 죄를 범하였다"는 것은 모두에게 다 해당되는 말이다.

일단 우리가 그리스도께 속하기만 하면 우리는 그분을 의지하는 것을 알게 된다. 매일, 매 순간마다 주님은 우리와 함께 계신다. 바울은 "너희 안에서 착한 일을 시작하신 이가 그리스도 예수의 날까지 이루실 줄을 우리는 확신하노라"(빌 1:6)고 말했다.

예습

1. 마태복음 3:1–2; 4:17, 마가복음 6:12, 누가복음 13:5; 24:47, 사도행전 2:38; 11:18; 20:21; 26:20, 로마서 2:4, 고린도후서 7:10, 디모데후서 2:24–25, 요한계시록 2:5, 16, 21; 3:3, 19를 읽으라.
2. 구원에 대해 기록한 것을 복습하라.
3. 새 진리를 알게 될 때 당신의 성경에 표시해 두라.

Week 19
회개

Ⅰ. 서론

이번 주에 다루게 될 진리는 좀처럼 언급되지 않는 것이다. 회개는 인기 있는 주제는 아니다. 그럼에도 불구하고 회개는 절대적으로 필요한 주제이며, 구원을 얻기 위해 필수 불가결한 요소이다. 회개라는 주제에 대해 어디서 배우더라도 열매는 맺히는 법이다. 가르치는 일과 복음 증거하는 일의 목표는 그리스도를 향한 믿음이다.

가르치고 복음 증거하는 일에 있어 강조되어야 할 것은 회개이다. 예수님께서는 회개는 구원을 이루기 위해 꼭 필요한 것이라고 말씀하셨다(눅 13:3). 웹스터사전에 나와 있는 회개의 정의는 "죄에서 떠나 변화된 생활을 하는 것, 후회하거나 통회하는 것"이다. 이것은 부분적으로 맞는 말이다. 헬라어에서 회개라는 말의 명사형은 "마음의 변화"를 의미하는 "메타노이아"(metanoia)이다. 여기에 일치하는 동사는 "사람의 마음을 변화시킨다"이다. 성경적인 의미에 있어 회개란 "돌이켜 자신의 생활을 변화시키는 것, 즉 방향을 바꾸는 것"이다. 꼭 기억해야 할 기본적인 의미는 "죄에 대해서 돌아서는 것"이다.

Ⅱ. 중요한 성경 구절

마태복음 3:1-2; 4:17, 마가복음 6:12, 누가복음 13:5; 24:47, 사도행전 2:38; 11:18; 20:21; 26:20, 로마서 2:4, 고린도후서 7:10, 디모데후서 2:24-25, 요한계시록 2:5, 16, 21; 3:3, 19.

Ⅲ. 핵심 진리

회개와 믿음은 회심(conversion)에 있어 필요한 두 개의 요소이다. 회개는 자아를 떠나는 것이요, 믿음은 하나님께로 향하는 것이다. 회개는 마음속을 살피는 것이요, 믿음은 위를 바라보는 것이다. 회개는 우리의 혼란한 상태를 바라보는 것이요, 믿음은 우리의 구주를 바라보는 것이다.

Note

회개는 세가지 행동이 합치된 것이다.

- 지각 속에서– 죄를 앎
- 감정 속에서– 고통과 슬픔을 느낌
- 의지 속에서– 마음의 변화(메타노이아)와 전환점을 찾게 된다. 이것은 자아를 실현시키는 것이요, 죄에 대해 절망하면서, 자아를 부인하는 것이다.

바울은 성경구절을 통해 이와 동일한 사실을 간략히 진술해 준다.

오호라 나는 곤고한 사람이로다. 이 사망의 몸에서 누가 나를 건져내랴(롬 7:24).

주께서는 아무도 멸망하지 아니하고 다 회개하기에 이르기를 원하시느니라(벧후 3:9).

사람이 하나님의 아들 예수 그리스도를 믿어야 하는 것이 하나님께서 설정하신 조건이다. 이제 이 사실을 기억해야 한다. 구원은 다음 두 사항으로 이루어져 있다.

- 중생(Regeneration)–하나님 편; 하나님께서 새 사람으로 만들어 주신다.
- 회개와 믿음–인간의 편; 회심

회심은 회개와 믿음을 뜻하는 것으로 중생의 조건이다. 이 진리를 깨달을 수 있다면 이번 주의 공부가 불필요하게 느껴지지 아니할 것이다. 회개는 하나님의 말씀 속에 담겨있는 중요한 진리이다.

Ⅳ. 중요한 진리

A. 하나님의 돌이키심

1. 하나님의 돌이키심은 인간의 회개와 같지 않다.
    a. 구약성경에 나타난 "회개"의 의미는 "애석함을 느끼거나 위안을 받는 것"이다. 하나님의 성품을 인간이 이해할 수 있는 말로 나타내기 위해 인간의 인격을 묘사하는 말이 필요한다. 성경은 "하나님은 사람이 아니시니 거짓말을 하지 않으시고 인생이 아니시니 후회가 없으시도다"(민 23:19)라고 말한다.
    b. 구약성경의 저자들은 "마음의 변화"를 뜻하는 "메타노이아"(metanoia)란 의미에서 "회개"라는 말을 사용했다. 이 사실은 구약성경에 쓰인 모든 말을 연구해 보면 알게 된다.

2. 하나님의 돌이키심은 인간과 더불어 맺으신 조건적이며 무조건적인 언약에 토대를 둔다.

a. 마치 성경에 모순이 있는 것만 같다. 성경의 어떤 부분에서는 하나님께서 결코 변개치 아니하신다고 기록되어 있고 또 다른 부분에서는 후회하신다고 기록되어 있다.

b. 두 개의 진술이 모순되지 않는다. 성경말씀에 모순이 있을 수 없다. 하나님께서 돌이키시느냐 돌이키지 아니하시느냐는 인간의 태도에 달려있다.

3. 하나님은 조건에 근거하여 후회한다.

a. "하나님께서 땅 위에 사람 지으셨음을 한탄(후회)하사"(창 6:6). 이 구절에서 하나님의 한탄하심은 창세기 6:3에 기록된 하나님의 조건적인 경고에 토대를 둔다.

창세기 6:3을 적어 보라. ____________________

____

____

하나님의 경고는 무시되고 인간은 돌이키지 않았다. 사실상 인간은 더욱 악해져 갔다(창 6:5).

인간이 마음의 변화를 일으키지 아니함으로 하나님은 한탄하셨다. 땅 위에 사람 지으셨음을 한탄하사 마음에 근심하셨다(창 6:6).

b. 하나님의 회개(뜻을 돌이키심)는 관계와 상황의 변화를 나타낸다. 이에 대한 좋은 예가 예레미야 18:5–13에 있다. 이 구절 속에서 하나님께서 뜻을 돌이키심에 대해 읽게 된다. 만일 그 민족이 그의 악에서 돌이키면 내가 그에게 내리기로 생각하였던 재앙에 대하여 뜻을 돌이키겠고(렘 18:8).

예레미야 18:10을 적어 보라. ____________________

____

____

c. 요나가 하나님께서 지시하신 대로 니느웨 사람들에게 복음을 전파했을 때 사람들이 악에서 떠났으므로 하나님께서 니느웨에 대해 뜻을 돌이키셨다(욘 3:2, 9, 10). 9절과 10절에 밑줄을 그어라.

d. 이들 몇 가지 예를 통해 우리는 하나님의 사람들이 하나님의 조건을 충족시킬 때에 하나님 마음에 변화가 일어난다는 사실을 알 수 있다. 사람들이 마음의 변화를 일으키면 하나님께서 심판치 아니하시고, 사람들이 말씀에 순종치 아니하면 하나님도 또한 심판하신다.

4. 하나님은 돌이키지 아니하신다.

Note

a. 하나님께서 무조건적인 언약을 맺으실 때에는 그분은 결코 돌이키지 아니하신다. 말하자면 결코 "변개"치 않으신다. 그것은 영원한 언약이다(삼상 15:29).

b. 하나님께서 아브라함과 더불어 맺으신 무조건적인 언약은 영원한 것이다(창 12:1-3).

시편 110:4의 첫 부분을 적어 보라. ______________________________

____

____

c. 하나님께서 다윗과 더불어 맺으신 언약은 무조건적인 것이다(사무엘하 7:12-16). 16절을 적어 보라. ______________________________

____

그 언약은 변하지 않는다(시 89:27-36). 시편 전권이 하나님께서 다윗과 맺으신 언약의 확증이다. 27, 34, 36절에 밑줄을 그어라.

d. 하나님은 그리스도를 멜기세덱의 반차를 좇아 제사장이 되게 하셨고 그는 후회하지 않으실 것이다(시 110:4).

히브리서 7:21에 밑줄을 그어라.

B. 인간의 회개

1. 인간에게 있어 회개의 의미

a. 신약성경에는 회개와 일치하는 헬라어가 세 개 있다.

"메타멜로마이"(metamelomai)란 동사는 "죄를 짓게된 결과로 인해 애를 태우면서 뉘우치거나 한탄하는 것"을 뜻한다. 이것은 가룟 유다에 의해 사용된 말이다(마 27:3). "그때에 예수를 판 유다가 그의 정죄됨을 보고 스스로 뉘우쳐"란 말에 주목해 보라.

이 말 속에는 마음의 변화가 일어났다는 생각이 함축되어 있지 않다. 유다는 한탄으로 가득 차 있었다. 이 단어는 구원의 의미가 담긴 회개는 아니다. 이 단어에 일치하는 보편성 있는 동사는 "사람의 마음을 변화시키다"를 의미하는 "메타노에오"(metanoeo)이다. 이와 일치하는 명사는 "죄에 대해 마음의 변화"를 의미하는 "메타노이아"(metanoia)이다.

b. 회개의 의미는 "죄에 대해서 행동에 변화를 일으키는 의지에서 비롯되는 변

화와 행동"이다. 회개는 하나님께로 향하게 하는 것이다.

2. 세례 요한은 회개하라고 전파했다.
   a. 이사야 40:3-5에서 이사야는 세례 요한이 해야 할 일에 대해 예언했다. 요한은 메시야에 관해 증거함으로써 그 예언을 성취시켰다(요 1:19-23).
   b. 마태복음 3:2를 적어 보라. ______________________________

      ____

      마태복음 3:8과 11절에 밑줄을 그어라.

3. 예수님께서 회개하라고 전파하셨다
   a. 회개하라고 전파함으로써 예수님께서 대중 전도를 시작하셨다.
      마태복음 4:17을 적어 보라. ______________________________

      ____

   b. 예수님께서 죄인을 부르시고 회개하라고 하셨다.
      마태복음 9:13절을 적어 보라. ______________________________

      ____

   c. 예수님께서 요나의 예를 들어 회개를 전파하셨다.
      마태복음 12:41을 적어 보라. ______________________________

      ____

4. 사도들도 회개하라고 전파했다.
   a. 베드로는 회개하라고 전파했다. 사도행전 2:38에 밑줄을 그어라.
      사도행전 3:19를 적어 보라. ______________________________

      ____

   b. 베드로와 요한과 빌립은 사마리아에서 회개하라고 전파했다. 사도행전 8:22에 밑줄을 그어라.
   c. 바울은 아덴 사람들에게 회개하라고 전파했다.
      사도행전 17:30을 적어 보라. ______________________________

      ____

   d. 바울이 에베소 사람들에게 전파했을 때 그는 회개에 대한 유명한 구절을 증거했다. 사도행전 20:21에 줄을 치고, 쓰고 그리고 암기하라. ______________________________

      ____

      회개는 하나님께 그리고 믿음은 주 예수 그리스도를 향해 갖는 것임에 주목하라.

구원받기 위해서는 회개와 믿음이 둘 다 필요하다.

Note

e. 이스라엘과 이스라엘의 미래에 대해 바울이 가르친 것은 우리에게도 적용된다.

로마서 11:29를 적어 보라. ______________________________

____

f. 바울은 고린도후서 7:9–10에서 "하나님의 뜻대로 하는 근심"(Godly sorrow)에 대해 말했다. 바울은 "하나님의 뜻대로 하는 근심은 구원에 이르게 하는 회개를 이루는 것"이라 말했다. 단순히 슬퍼하는 것은 회개가 아니다. "하나님의 뜻대로 하는 근심"이란 하나님과의 관계에서 죄 때문에 느끼는 슬픔이다. 많은 사람들이 죄를 짓고서 법정으로부터 끔찍한 형벌을 받게 되고, 수치와 치욕을 느끼지만 그들은 자신들에게 닥친 그 사실로 인해 유감스러워 할 뿐이다. 그들에게 나타나는 슬픔은 "하나님의 뜻대로 하는 근심"이 아니다.

g. 위의 모든 성경구절을 통해 나타나는 위대한 주제는 "죄에서 떠나 구세주이신 주 예수께로 향하는 것"이다. 죄에 대해서 우리의 생각을 변화시키고 "하나님께 향한 회개와 우리 주 예수 그리스도를 믿는 믿음"을 나타내 보여야 한다는 것이다.

C. 회개의 증거

1. 회개의 완전한 예증

탕자의 비유는 주께서 가르쳐 주신 참 회개의 모습이다(눅 15:11–32).

탕자의 비유를 읽고 17, 18, 21절에 밑줄을 그어라.

2. (이 비유 속에서) 회개는 세 가지 방면 모두를 통해 증거된다.

- 지적인–마음의 변화– 스스로 돌이킴
- 감정적인–마음 속 깊이 변화– 내가 죄를 지었사오니
- 의지적인–의지의 변화– 내가 아버지께로 가리라

3. 그 밖의 사람들을 통해 보여 주는 회개의 증거

도마는 "나의 주님이시요 나의 하나님이시니"란 고백과 함께 자신의 믿음 없음을 회개했다(요 20:24–29). 요한복음 20:25, 27절에 밑줄을 그어라.

바울은 다메섹으로 가는 길에서 회개했다(행 9:1–18). 사도행전 9:3, 5절에 밑줄

을 그어라.

6절을 적어 보라. ____

____

빌립보의 간수는 바울과 실라가 도움을 청하는 그의 간구에 응해 주었을 때 그와 온 집안이 하나님을 믿었다(행 16:34). 사도행전 16:25–34에 완전한 내용이 기록되어 있다. 30절과 31절에 밑줄을 그어라.

D. 회개의 동기

1. 죄의 결과
   a. 죄는 멸망을 초래한다. 죄의 삯은 사망이다(롬 6:23). 영원한 멸망을 면하기 위해서는 오직 한 길 뿐이다.
   b. 예수님께서 "너희도 만일 회개하지 아니하면 다 이와 같이 망하리라"(눅 13:3)고 말씀하셨다.
2. 하나님의 인자하심
   a. 날마다 내리시는 축복을 통해 하나님의 인자하심이 나타난다. 로마서 2:4에서 바울은 "혹 네가 하나님의 인자하심이 너를 인도하여 회개하게 하심을 알지 못하여 그의 인자하심과 용납하심과 길이 참으심이 풍성함을 멸시하느냐?"라고 말했다. 날마다 하나님께서 그분의 인자하심을 우리에게 보여 주신다.
   b. 하나님의 인자하심은 그의 자비와 길이 참으심을 통해 나타난다. 왜 하나님께서 죄 많은 인생과 더불어 다투실까? 이에 대한 답이 베드로후서 3:9에 있다. 이 구절에 밑줄을 그어라.
   c. 하나님께서 그의 아들을 선물로 주신 것은 잃어버린 자를 사랑하시며 인류를 향한 그의 인자하심을 나타내 보이는 하나의 최상의 계시이다(요 3:16). 십자가를 통해 우리는 하나님의 인지하심을 알 수 있고 또한 십자가만이 인간의 마음을 꿰뚫어 그들로 하여금 회개케 할 수 있다.

복습

변화한다는 것은 "돌아선다"는 것이다. 사람이 변화할 때에 그는 어떤 것에서 떠나 또 다른 어떤 것으로 향하게 된다. 말하자면 죄에서 떠나 그리스도께로 향하게 된다. 죄에서 떠나는 것을 회개라 하고 그리스도께 나아가는 것을 믿음이라 한다. 이와 같이 회개와 믿음은 변화의 두

Note

단계다. 사도행전 20:21은 "하나님께 대한 회개와 우리 주 예수 그리스도께 대한 믿음"을 통해 바울은 이 사실을 분명히 진술해 준다.

- 구원받는다는 것은 변화한다는 것이다.
- 변화되기 위해서는 회개와 믿음이 필요하다.
- 이것은 인간에게 요구되는 인간자신의 변화이다.

사람이 그 자신의 자유 의지에 따라 죄를 자백하고 예수 그리스도를 믿는 믿음으로 하나님께 향하기만 한다면 그는 인간이 해야 할 역할을 다하게 된다(롬 10:9-10).

그 다음에 하나님께서 구원 즉, 중생을 주신다. 말하자면 그리스도 안에서 새 생명을 주신다. 그리스도인이 되기 위해서 성경지식이 요구되지 않는다. 일은 사람이 구원받은 후에 오는 법이다.

어떤 사람을 그리스도의 사람으로 변화시키기 위해 많은 성경지식이 필요한 것은 아니다. 단지 몇몇 성경구절과 또 그 말씀이 어디 있는지만 알면 된다. 다음은 하나의 간단한 예이다.

로마서 3:23- 모든 사람이 죄를 범하였으매

로마서 6:23- 죄의 삯

데살로니가후서 1:9-그의 힘의 영광을 떠나 영원한 멸망의 형벌(영적인 죽음은 구원받지 못한 자의 죽음이다).

요한복음 3:16- 하나님이 … 이처럼 사랑하사…(한 구절로 나타난 복음).

요한복음 1:12- 영접하는 자 … (그리스도인의 삶을 살기 위한 능력과 힘).

예습

1. 신명기 32:20, 학개 2:4, 마태복음 6:20; 8:26; 14:31; 17:20, 누가복음 7:9; 17:5 18:8, 사도행전 3:16; 11:24; 20:21, 로마서 1:17; 3:28, 10:17, 고린도전서 12:8-9; 15:14, 고린도후서 1:24; 5:7, 갈 2:20; 3:11, 에베소서 2:8-9; 4:5, 빌립보서 1:25, 골로새서 1:23; 2:5, 디모데전서 1:5; 3:13; 4:1, 히브리서 11장; 12:2, 야고보서 2:14-18, 베드로전서 1:7, 베드로후서 1:1, 유다서 1:20, 요한계시록 14:12를 읽어 보라.
2. 회개에 대해 기록한 것을 복습하라. 다음 주의 주시는 "믿음"이다. 이번 주와 다음 주는 함께 병행되어야 한다. 왜냐하면 이들은 구원을 이룸에 있어서 인간이 해야 할 역

할이기 때문이다.

3. 새로운 진리를 배울 때마다 성경에 표시해 보라.

Week 20
믿음

Ⅰ. 서론

앞서 우리는 회심(conversion)의 첫 단계인 회개에 관해 배웠다(Week 19 참조). 회개는 죄에서 떠나게 되는 의지의 행동이다. 바울은 "하나님께 대한 회개"라고 말했다(행 20:21). 이제 변화의 두 번째 단계인 믿음에 대해 살펴보자.

사도행전 20:21의 말씀에서 바울은 "우리 주 예수 그리스도께 대한 믿음"을 말함으로써 이 구절을 끝맺는다. 주 예수를 믿는 믿음이 없다면 회개는 한탄에 그칠 뿐 그 결과는 무익한 것이다. "그 은혜에 의하여 믿음으로 말미암아 구원을 받았으니"라는 말씀을 통해 알 수 있듯이 구원은 주 예수 그리스도를 믿는 믿음을 통해 이루어진다(엡 2:8).

믿음은 회개하는 심령을 붙들어 매어 그 사람을 하나님께로 인도하여 용서를 받게 한다. 변화 그 자체에는 이중적인 의미가 있다. 옛 생활에서 떠나 주 예수 그리스도께 향하는 것이다. "떠나는 것"은 회개요 "향하는 것"은 믿음이다(살전 1:9). 회개는 마음속을 살피며, 믿음은 하늘을 바라보는 것이다. 회개는 우리의 비참한 모습을 보는 것이고 믿음은 우리의 구원자를 보는 것이다.

Ⅱ. 중요한 성경 구절

신명기 32:20, 하박국 2:4, 마태복음 6:20; 8:26; 14:31; 17:20, 누가복음 7:9; 17:5 18:8, 사도행전 3:16; 11:24; 20:21, 로마서 1:17; 3:28, 10:17, 고린도전서 12:8-9; 15:14, 고린도후서 1:24; 5:7, 갈 2:20; 3:11, 에베소서 2:8-9; 4:5, 빌립보서 1:25, 골로새서 1:23; 2:5, 디모데전서 1:5; 3:13; 4:1, 히브리서 11장; 12:2, 야고보서 2:14-18, 베드로전서 1:7, 베드로후서 1:1, 유다서 1:20, 요한계시록 14:12.

Ⅲ. 핵심 진리

죄의 뉘우침은 하나님의 지식을 아는 정도에서 비롯된다. 인간에게는 몸과 혼과 영으로 일컫는 세 가지 천성이 있다. 인간의 천성인 죄로 말미암아 인간의 영적인 부분은 예수님을 구주로 영접하기 전까지는 잠자는 상태이다. 그 잠자는 영혼은 인간으로 하여금 하나님 사랑의 메시지를 듣게 한다. 죄의 뉘우침은 성령의 능력을 통하여 시작된다.

믿음을 갖기 위해서 먼저 예수를 주로서 영접하는 구원의 능력에 대해 알아야 한다. 하나님의 말씀을 무시한 채로 믿음을 갖는다는 것은 불가능한 일이다. 바울은 "믿음은 들음에서 나며 들음은 그리스도의 말씀으로 말미암았느니라"고 말했다(롬 10:17). 사실상 사람은 믿음의 근원을 알므로써 믿음과 믿음의 능력을 깨닫게 된다.

우리는 예수 그리스도를 믿음으로 받아들여야 한다. 믿는다는 것은 구원하심을 신뢰한다는 것이다. 간결히 표현하자면 그리스도를 주와 구주로 믿게 하는 "믿음은 하나님의 말씀을 들음에서 온다"는 것이다. 예수님과 그의 구원의 능력을 완전히 신뢰하기 위해서는 영원한 구원을 이루시는 그분께 완전한 믿음을 드려야 한다. 우리의 믿음이 자랄 수 있도록 하나님의 말씀을 공부하라.

Ⅳ. 중요한 진리: 믿음

A. 믿음의 대상

1. 구원의 믿음은 예수 그리스도를 믿는 것이다.

"우리 주 예수 그리스도께 대한 믿음"은 바울이 사도행전 20:21에서 진술한 유명한 말이다. 어떤 다른 물건이나 사람 혹은 단체를 믿는 것은 구원을 이루는 믿음이 아니다. 믿음은 예수 그리스도께 두어야 한다.

지적으로 동의하는 것이 믿음이 아니다. 믿음은 그리스도 안에서 살아가는 믿는 자의 생활에 실제적인 변화를 일으키는 구속자를 믿는 것이다.

요한복음 11:25를 찾아 보라.

2. 구원을 얻기 위해 믿음은 절대적으로 필요하다.

내가 복음을 부끄러워하지 아니하노니 이 복음은 모든 믿는 자에게 구원을 주시는 하나님의 능력이 됨이라(롬 1:16).

바울은 복음 속에 있는 하나님의 능력을 선포했다. 그 다음 17절에서 바울은 16절의 복음을 의미하면서 "복음에는"(그속에는)이라고 진술한다.

Note

로마서 1:17을 적어 보라. ______________________________

____

로마서 3:22를 적어 보라. ______________________________

____

믿음의 대상은 예수 그리스도이다.

B. 믿음의 의미

1. 성경이 주는 정의

수 세기 동안 성경학자들은 믿음의 의미에 숱한 학설을 주장해 왔다. 믿음을 설명하는 가장 훌륭하고 유일한 "정의"는 성경에 있다.

히브리서 11:1에 믿음에 관한 설명이 있다.

성경이 주는 의미는 비록 증거가 눈에 보이지 않는다 할지라도 믿음을 가진 사람은 하나님과 하나님의 말씀을 의지하는 영적인 통찰력이 있다는 것이다. 이에 대한 설명이 고린도후서 4:18에 있다.

2. 믿음은 하나님의 말씀을 토대로 하나님을 받아들이는 것이다.

기도 생활에서 믿음은 "그를 향하여 우리가 가진 바 담대함이 이것이니 그의 뜻대로 무엇을 구하면 그는 우리의 기도를 들어주신다"(요일 5:14)는 것이다.

요한일서 5:15를 적어 보라. ______________________________

____

믿음은 하나님을 기쁘시게 한다. 믿음이 없이는 하나님을 기쁘시게 할 수가 없다.

히브리서 11:6을 적어 보라. ______________________________

____

이 절은 기도의 조건을 말해 준다.

C. 삼위일체의 선물

1. 믿음은 성부 하나님의 선물이다. 로마서 12:3을 적어 보라. ______________

____

2. 믿음은 성자 하나님의 선물이다.

히브리서 12:2를 적어 보라. ______________________________

3. 믿음은 성령 하나님의 선물이다.

갈라디아서 5:22를 적어 보라. ______________________________

____

D. 믿음의 정도(The Degrees of Faith)

1. 믿음의 분량

a. "작은 믿음"– 바다의 광풍을 인하여 제자들이 두려워할 때 바다를 잔잔케 하시면서 예수님께서 사용하신 말씀이다(마 8:26).

물 위로 걷던 베드로가 무서워하여 의심을 갖게 되었을 때 예수님께서 같은 말씀을 하셨다.

마태복음 14:31을 적어 보라. ______________________________

____

b. "연약한 믿음"– 바울은 교회를 향해 "믿음이 연약한 자"를 받으라고 가르쳤다. 교회는 성경에서 금한 일이 아닐 때는 개인이 누리는 자유의 문제에 대해 판단치 않아야 한다. 로마서 14:1–6을 읽고 14:1을 적어 보라. ______________________________

____

c. "헛된 믿음"– 그리스도께서 부활하신 진리를 믿는 믿음이 절대적으로 필요하다.

고린도전서 15:17을 적어 보라. ______________________________

____

고린도전서 15:14에 밑줄을 그어라.

d. "죽은 믿음"– 야고보는 살아 있는 믿음을 강조했다. 참된 믿음은 행함을 이룬다. 그러나 행함만으로는 믿음을 이루지 못한다. 야고보는 구약성경의 아브라함과 라합의 예를 들어 이 진리를 예증했다(약 2:21–26).

야고보서 2:20을 적어 보라. ______________________________

____

야고보서 2:17에 밑줄을 그어라.

e. 로마서 12:3에 언급되어 있는 "믿음의 분량"은 영적 예배를 위해 주어진 것이다. 그것은 그리스도의 몸 속에서 한 지체가 된 어떤 사람을 다른 사람보다 영적으로 뛰어나게 하시려고 주어진 것이 아니다. 지금까지 우리는 믿음의 보다 낮은 정도를 가리

키는 "작은, 연약한, 헛된, 죽은" 믿음에 대해 살펴보았다. 언급된 각각의 사항 중에 우리가 배워야 할 교훈이 있다. 지금까지 언급된 한 개 혹은 그 이상의 믿음의 종류에 우리가 속할 수도 있다. 이제, 승리한 믿음의 모습을 살펴보자.

Note

2. 믿음의 정도(The Proportion of Faith).

a. "큰 믿음"– 예수님께서는 로마의 관리(백부장)에게 "큰 믿음"이 있음을 아셨다. 그 백부장은 병이 들어 곧 죽어가는 하인을 예수님께서 고쳐 주실 것을 믿었다(눅 37:1–8).

누가복음 7:9를 적어 보라. ______________________________

____

b. "충만한 믿음"– 열두 명의 사도는 사람들에게 그들이 필요로 하는 것을 돌보아 줄 수 있도록 일곱 명의 사람을 선택했다. 스데반은 선택된 일곱 사람 중의 한 사람이다. 사도행전 6:5에 "그들은 믿음이 충만한 사람, 스데반을 선택했다"란 말이 있다. 8절에 똑같은 말이 다시 나온다.

사도행전 6:8을 적어 보라. ______________________________

____

c. "부요한 믿음"– 하나님이 세상에서 가난한 자를 택하사 믿음에 부요하게 하시고 또 자기를 사랑하는 자들에게 약속하신 나라를 상속으로 받게 하지 아니하셨느냐(약 2:5).

d. "살아있는 믿음"– 바울은 그리스도 안에서의 자신의 삶에 대해 유명한 말을 했다.

갈라디아서 2:20을 적어 보라. ______________________________

____

e. "굳센 믿음"– 베드로는 "너희 염려를 다 주께 맡기라. 이는 그가 너희를 돌보심이니라"는 아름다운 말씀을 우리에게 주었다(벧전 5:7). 그 다음 절에서는 우리를 집어 삼키려는 사탄에 대해 경고한다(벧전 5:8).

이제 베드로전서 5:9를 적어 보라. ______________________________

____

바울도 "굳센 믿음"에 대해 말했다(골 2:5).

f. "보배로운 믿음"– 베드로는 그리스도에 대한 믿음을 "보배로운"이라는 말

로 묘사했다.

베드로후서 1:1을 적어 보라. ______________________________

____

믿음은 그리스도인의 생활 토대이다. 베드로후서 1:5-7을 읽고 믿음에 첨가 되어야 할 속성에 밑줄을 그어라.

g. "거룩한 믿음"- 유다가 우리에게 주는 성경구절은 단 25절이다. 그 말씀 모두가 우리의 믿음에 도움되는 말씀이다.

유다서 1:20을 적어 보라. ______________________________

____

E. 기독교인과 믿음 생활

1. 믿음의 생활은 완전한 신뢰의 생활이다.

믿음은 "하나님을 사랑하는 자에게는 모든 것이 합력하여 선을 이루느니라"(롬 8:28)는 사실을 아는 것이다.

그리스도인은 믿음으로 행한다. 고린도후서 5:7을 적어 보라. ______________________________

____

그리스도인의 생활은 승리의 생활이다. 요한일서 5:4를 적어 보라. ______________________________

____

그리스도인은 선한 일을 한다. 디도서 3:8을 적어 보라. ______________________________

____

그리스도인은 믿음으로 산다. 갈라디아서 2:20을 적어 보라. ______________________________

____

2. 믿음은 생활의 추진력이 되어야 한다.

믿음으로 그리스도인은 눈에 보이는 증거가 없을지라도 하나님의 말씀이 요구하는 올바른 규준을 따라 살게 된다.

히브리 11장은 "믿음의 집합장"(Hall of Faith)이다. 구약성경에 나오는 성도들의 믿음이 우리의 용기를 북돋워 주고 또 믿음을 갖도록 가르쳐 준다.

- 아벨의 믿음(4절)
- 에녹의 믿음(5절)
- 노아의 믿음(7절)

Note

- 아브라함의 믿음(8-19절)
- 사라의 믿음(11절)
- 13절을 적어 보라. ______________________________

____

- 이삭의 믿음(20절)
- 야곱의 믿음(21절)
- 요셉의 믿음(22절)
- 모세의 믿음(23-29절)
- 여호수아와 이스라엘의 믿음(30절)
- 라합의 믿음(31절)
- 많은 믿음의 용사들(32-40절)

이들 모두에게는 믿음이 있었다. "무엇을 믿었느냐?"라고 누군가가 물었을 것이다. 창세기 3:15과 12:7에 나오는 하나님의 약속을 믿었다. 또 예수 그리스도의 약속을 믿었다. 구약의 선진들에게는 앞을 향해 십자가를 바라보는 믿음이 있었다.

오늘날 우리의 믿음은 뒤를 향해 십자가를 바라본다. 히브리서 11:1이 진실로 의미하는 바 "믿음은 바라는 것들의 실상이요, 보이지 않는 것들의 증거니"라고 여기 구약의 선진들이 우리에게 가르치고 있다. "실상"은 하나님께서 그분의 약속을 이루실 것을 믿는 확신이다. "증거"는 그들의 생활 속에서 나타나는 하나님의 충만한 표시이다.

복습

믿음은 세 가지가 함께 작용하는 것이다.

- 지각 속에서- 구속에 대한 확신
- 감정 속에서- 구원의 사랑 속에 거함
- 의지 속에서- 내 개인의 구주로서 그리스도께 헌신

믿음은 감정으로 이루어지는 것도, 자아가 고통함으로 오는 것도, 예수 그리스도를 제외한 사람을 의존함으로 오는 것도, 죄를 감추어 버림으로 생기는 것도 아니다. 믿음은 그리스도와의 개인적인 관계를 맺는 것이다. 믿음은 지금 여기에 계신 그리스도를 실제적으로 느끼는 것이다. "실상"과 "증거"는 하나님의 말씀 속에 있으므로 우리는 믿는다. "예수를 너희가 보지 못하였으나 사랑하는도다. 이제도 보지 못하나 믿고 말할 수 없는 영광스러운 즐거움으로 기뻐하니, 믿음의 결국 곧 영혼의 구원을 받음이라"(벧전 1:8-9).

예습

1. 요한복음 3:1-21, 로마서 8:7-8; 10:9-10, 에베소서 2:1-18; 4:24; 5:26, 골로새서 1:27, 디도서 3:5, 고린도후서 5:17, 베드로전서 1:23-25, 베드로후서 1:4, 요한일서 5:10-12를 읽어 보라.
2. 믿음에 대해 기록한 것을 복습하라.
3. 새로운 진리를 배울 때마다 성경에 표시해 보라.

Week 21
중생

Ⅰ. 서론

대부분의 성경연구에서 회개(conversion)와 중생은 동일한 경험으로 생각한다. 성경을 가르칠 때나 복음을 증거할 때에도 이 두 용어는 서로 대치 할 수 있는 단어로 흔히 사용된다. 두 개의 사건은 밀접한 관련이 있다. 그러나 이들 사이에는 현저한 교리상의 차이가 있다.

인간을 다루신 하나님의 모든 방법에는 신성적인 면(divine side)과 인성적인 면(human side)이 있다. 성경이 이를 제시한다. 베드로전서 1:21에 "예언은 언제든지 사람의 뜻으로 낸 것이 아니요 오직 성령의 감동하심을 받은 사람들이 하나님께 받아 말한 것임이라"는 말씀이 있다. 성경에 나타난 인성적인 면은 "하나님께 받아 말한 사람들"(holy men of God spake)이란 어구에 있다. 또 신성적인 면은 "성령의 감동하심을 받은 사람들"이란 표현을 통해 나타난다.

예수 그리스도에게도 신성적인 면과 인성적인 면이 있었다. 그분은 하나님이었으며 또한 사람이었다. 태초에 말씀(예수님)이 계시니라, 이 말씀(예수님)이 하나님과 함께 계셨으니, 이 말씀(예수님)은 곧 하나님이시니라(요 1:1). 이것은 우리 주님의 신성적인 면을 가리킨다. 말씀(예수님)이 육신이 되어 우리 가운데 거하시매…(요 1:14). 이것은 주님의 인성적인 면이다.

구원의 체험에도 신성과 인성적인 면이 있다. 인성적인 면을 우리는 회개라 부르고, 신성적인 면은 중생이라 부른다. 이 주에서는 회개와 중생의 차이를 공부할 것이다. 그러나 우리 연구의 핵심은 구원의 신성적인 면, 곧 중생이다.

Ⅱ. 중요한 성경 구절

요한복음 3:1-21, 로마서 8:7-8; 10:9-10, 에베소서 2:1-18; 4:24; 5:26, 골로새서 1:27, 디도서 3:5, 고린도후서 5:17, 베드로전서 1:23-25, 베드로후서 1:4, 요한일서 5:10-12.

Ⅲ. 핵심 진리

라틴어와 헬라어에서 유래된 중생이란 용어는 "다시 태어남"을 의미한다. 영접하는 자, 곧 그 이름을 믿는 자들에게는 하나님의 자녀가 되는 권세를 주셨으니, 이는 혈통으로나 육정으로나 사람의 뜻으로 나지 아니하고 오직 하나님께로부터 난 자들이니라(요 1:12-13).

"새로 태어나기"위해 사람은 "변화되어야 하고, 죄를 회개하여야 하며 주 예수 그리스도를 믿어야" 한다. 인간은 믿어야 하고 또 믿음으로 예수 그리스도를 받아 들여야 한다.

"너희가 그 은혜에 의하여 구원을 받았으니" 그러면 구원을 어떻게 받는다는 말인가? "믿음으로 말미암아"받게 된다(엡 2:8).

그 다음, 하나님께서 그분 자신의 일을 즉각 이루신다. 이 일이 중생, 곧 "새로 태어남"이다.

"다시 태어나다"란 최근 몇 년 동안 눈에 두드러지게 부각되는 용어다. 영어에 있어서도 그것은 새로운 단어가 아니다. 예수님께서 이미 그 말을 사용하셨다. 예수님께서 세상에서 사역을 하실 때 그 말을 대중적인 것으로 만드셨다.

Ⅳ. 중요한 진리: 중생

A. 중생의 의미

1. 중생은 다시 태어나는 것이다.

   a. 중생은 새로운 출생, 즉 두 번 째 출생이다. 그것은 "다시 태어난다"라는 것이다. 중생은 하나님께서 마음속에 이루어 주신다.

   요한복음 1:13을 적어 보라. ______________________________

   ____

   b. 예수님께서 거듭남에 대해 니고데모에게 말씀해 주셨다.

   요한복음 3:3을 적어 보라. ______________________________

   ____

2. 중생은 하나님의 자비하심에 의해 이루어진다.

   a. 중생은 하나님의 자비하심에 의한 것이다. 인간 자신을 구원시킬 수 있는 어떤 행위도 인간은 할 수가 없다.

   디도서 3:5를 적어 보라. ______________________________

   b. 이것은 중생이 인간과 관련하여 성경에 쓰인 유일한 경우이다(마 19:28에 이 말은 한 번

더 나오지만, 이 경우는 세상이 새롭게 된 상태를 말한다).

Note

c. 하나님의 사랑과 친절이 예수 그리스도를 통하여 풍성하게 주어졌다.
   디도서 3:4를 적어 보라. ______________________

   ____

   디도서 3:6을 적어 보라. ______________________

   ____

3. 새로운 출생은 순간적인 체험이다.

   a. 구원의 체험은 새롭게 태어나기 위해 고독한 체험이 될지도 모른다. 또한 새롭게 태어남을 깨닫는 것은 직접적인 일이 되지 아니할 수도 있다. 성령께서 마음속에 들어오시는 순간에 "새로운 탄생"을 체험케 된다.
   요한복음 3:6을 적어 보라. ______________________

   ____

   b. 육의 출생은 상당한 기간에 걸쳐 이루어진다. 그러나 우리의 육이 태어나는 실제적인 시간은 순간적이다. 아기가 태어나 최초의 숨을 쉬며 최초의 울음을 터뜨린다.
   이와 같이 영적인 출생도 마찬가지이다. 사람이 자신의 생활 속에서 죄의 고통을 겪게 될 때에, 바꾸어 말하자면 자신이 길을 잃고 지내는 모습과 하나님을 떠나 사는 모습을 보게 될 때에, 죄에서 돌아서야겠다는 필요를 느끼고 믿음으로 하나님께 나아가게 된다. 그때, 그는 "다시 태어나게"된다.

B. 새로 태어나야 할 필요성

1. 예수 그리스도께서 말씀하신 필요성

   a. 예수님께서 니고데모에게 거듭나야 할 필요성에 대해 세 번 말씀하셨다. 니고데모는 바리새인으로 "유대인의 지도자"였다(요 3:1). 그는 산헤드린의 일원이었다. 높이 교양을 쌓은 교육받은 사람이었다. 그러나 그에게는 하나님의 은혜가 없었다. 그는 길을 잃고 사는 사람이었다. 예수님께서 그에게 "네가 거듭 나야 한다"(요 3:7)라고 말씀하셨다.

2. 인간의 죄의 천성으로 인하여 오는 필요성

   a. 인간에게는 인간의 천성이 있다. 인간은 죄 속에서 태어난다. 시편 51:5를 적어 보라. ______________________

에베소서 2:3을 적어 보라.

b. 인간의 천성은 모두가 부패되어 있으므로 거듭나야 할 필요가 있다.

로마서 3:23을 적어 보라.

C. 중생의 성질

1. 중생, 즉 새 출생은 씻음받는 일이다.

a. 새 출생은 "물과 성령"으로 나는 것이다.

요한복음 3:5를 적어 보라.

b. "물로서 난다"는 것이 무슨 뜻일까? 성경에서 물은 하나님의 말씀을 뜻한다.

베드로전서 1:23을 적어 보라.

요한복음 15:3을 적어 보라.

디도서 3:5를 다시 읽으라. 에베소서 5:26을 적어 보라.

2. 중생은 하나님의 선물이며, 하나님의 일이다.

a. 새로 나게 됨은 하나님의 선물이다.

에베소서 2:8을 적어 보라.

b. 중생은 회개하는 마음속에서 하나님이 하시는 일이다.

에베소서 2:4–5를 적어 보라.

에베소서 2:1에 밑줄을 그어라.

또 에베소서 2:6–7에 밑줄을 그어라.

3. 중생은 하나님의 새로운 창조이다.

a. 새로운 출생은 개혁이 아니고 새롭게 창조된 것이다.

고린도후서 5:17을 적어 보라. ________________

b. 새 창조가 에베소서 1:10에 있다.

Note

D. 삼위의 연합

1. 새 출생은 성부하나님께로서 온다.

이는 혈통으로나 육정으로나 사람의 뜻으로 나지 아니하고 오직 하나님께로부터 난 자들이니라(요 1:13).

요한일서 3:1을 적어 보라. ________________

2. 인간을 구속하시기 위해 예수님께서 생명을 주셨다.

예수님께서 니고데모에게 "모세가 광야에서 뱀을 든 것같이 인자도 들려야 하리니 이는 그를 믿는 자마다 영생을 얻게 하려 하심이니라"(요 3:14, 15)고 말씀하셨다. 곧이어 축약된 복음의 메시지가 나온다(요 3:16).

요한복음 3:17을 적어 보라. ________________

요한복음 12:23-31을 읽고 적어 보라. ________________

예수님께서 말씀하신 죽음은 십자가의 죽음이다.

3. 중생은 성령의 활동을 통해 이루어진다.

a. 죄인임을 깨닫고 하나님의 아들 예수님의 영광을 나타나게 하시는 분이 성령이다. 성령은 모든 믿는 자 속에 거하신다(요 16:7-15).

b. 성령께서 죄를 씻어 주시고, 새롭게 하시고, 소생시켜 주신다(딛 3:5, 엡 2:1).

c. 예수님께서 니고데모에게 바람을 예로 들어 성령께서 하시는 일을 설명하셨다.

요한복음 3:8을 적어 보라. ________________

그러므로 아버지 하나님과 아들 예수와 성령의 사역을 통해 새로운 출생, 즉 중생이 이루어 진다. 중생은 인간이 할 수 있는 일이 아니라 삼위일체께서 하시는 일이다. 인간이 할 수 있는 일은 회개와 주 예수 그리스도를 믿는 것이다. 영원한 생명의 계획이 우리에게 주어져 있으므로 인간은 하나님께서 주시는 선물로 그 계획을 받아 드려야 한다.

E. 중생의 증거

1. 중생의 표적

a. 중생한 자는 자기 안에 증거가 있다.

요한일서 5:10을 적어 보라. ______________________

____

로마서 8:16에 밑줄을 그어라.

b. 중생한 자는 그리스도 안에 거한다.

요한일서 3:24를 적어 보라. ______________________

____

c. 중생한 자는 형제를 사랑한다.

요한일서 3:14를 적어 보라. ______________________

____

d. 중생한 자는 세상을 이긴다.

요한일서 5:4-5를 적어 보라. ______________________

____

e. 중생한 자는 성령의 인도하심을 받는다.

로마서 8:14를 적어 보라. ______________________

____

2. 중생은 인생을 변화시키는 하나의 경험이다.

a. 사람이 그리스도 안에서의 새 생명을 가져야겠다는 필요를 느끼고, 죄를 고백하고, 옛 생활을 떠나 그리스도께 향하므로써 믿음으로 그분을 영접할 때에 하나님께서 그의 마음을 새롭게 하신다. 이것을 계기로 사람의 성품과 사고와 행동은 변화된다. 베드로후서 1:4에 밑줄을 그어라.

b. 새 출생으로 인하여 사람은 "성도들과 동일한 시민이요, 하나님의 권속이다"(엡 2:19).

c. 그리스도 안에서는 새 생명을 얻게 된다.

요한일서 5:12를 적어 보라. ______________________

Note

d. 그리스도 안에서 새로운 피조물이 된다. 고린도후서 5:17에 밑줄을 그어라.

e. 그리스도 안에서 새 마음을 얻게 된다.
빌립보서 2:5를 적어 보라. ______________________________

f. 몸을 떠나 주와 함께 거하는 "축복된 소망"을 얻게 된다.
고린도후서 5:8을 적어 보라. ______________________________

고린도후서 5:6-7에 밑줄을 그어라.

복습

십자가의 죽음을 통해 제사장이신 그리스도께서 희생제물이 되셨으므로 죄인(구속받지 않은 자)은 죄의 용서를 받았다. 이 일로 인해 우리는 새롭게 되고(딛 3:5), 변화되고(고전 6:11), 허물로 죽은 우리가 그리스도와 함께 살게 되며(엡 2:5), 하나님께로부터 난 자가 된다(요일 5:1). 중생은 하나님의 구속에 이르는 진실한 출입구이다(딛 3:5).

하나님이신 예수님께서 그를 영접하는 모든 사람에게 자신의 생명을 나누어 주시기 위해 인간의 형상을 입으셨다. 이것은 비밀이며 이 비밀은 너희 안에 계신 그리스도시니, 곧 영광의 소망이니라(골 1:27). 오로지 중생함으로써 우리는 새 사람이 되고 또한 그의 몸의 지체가 된다(골 3:10).

인간의 구원문제에 있어 중생은 하나님께서 하시는 일이다. 변화에는 회개와 믿음, 두 가지가 있다. 인간구원에 있어 변화는 인간이 해야 하는 일이다.

새 출생은 영원한 생명을 유업으로 받기위해 필요한 일이다. 인간의 선한 의도에서 비롯된 개혁이 인간을 구원시키지는 못한다. 우리 주 예수의 피를 믿음으로써만 구원은 성취된다.

중생, 즉 새로운 출생은 쉽게 이해할 수 있다. 아이라도 이해하며 그 사실을 받아들일 수 있다. 그러나 학식이 많은 니고데모는 어리석은 질문을 했다. 예수님께서 니고데모에게 하신 놀라운 대답을 이해한다면 더 이상 야기될 질문은 없을 것이다(요 3장). 당신의 삶 속에도 중생의 표시가 있는가?

예습

1. 사도행전 13:37–39, 로마서 3:20, 24, 26; 4:1–8; 4:24–25; 5:1–13; 8:33, 고린도전서 6:11, 갈라디아서 2:16–17; 3:8, 11, 24, 에베소서 4:6, 디도서 3:7, 히브리서 11:7, 야고보서 2:21–24를 읽어 보라.
2. 중생에 대해 기록한 것을 복습하라.
3. 새로운 진리를 배울 때마다 성경에 표시해 보라.

Week 22
칭의

Ⅰ. 서론

칭의(justification)에 대한 교리가 하나님의 말씀 속에 흐르고 있다. 창세기 15:6 나오는 하나님과 아브라함의 관계를 통해 이 사실이 나타난다. 신약성경 속에는 의의 진리에 대한 충분한 가르침이 있다. 바울은 로마서에서 의의 진리를 독특하게 설명한다.

지나간 한때의 의에 대한 가르침은 거의 거짓된 가르침으로 말미암아 가려져 있었다. 종교는 형식과 의식과 예식으로 체계화 된 상태였다. 믿음으로 의에 이를 수 있음을 재발견함으로써 신교의 개혁운동이 일어났다.

마르틴 루터는 대리석으로 만든 28개의 계단(이 계단은 빌라도의 궁전에서 유래된 전통으로 예수님도 이 계단을 올라갔을 것으로 추정되며, 그리고 이것은 콘스탄티네의 어머니 헬레나 왕후에 의해 로마로 옮겨졌다)을 오르다 걸음을 멈추고 "의인은 믿음으로 말미암아 살리라"고 소리쳤다. 그리고 바로 이 말씀이 그를 변화시켰다. 이것이 종교개혁의 시작이었다. 마르틴 루터는 로마서 1:17과 갈라디아서 3:11에 담긴 참된 의미를 발견했던 것이다.

Ⅱ. 중요한 성경 구절

사도행전 13:37-39, 로마서 3:20, 24, 26; 4:1-8; 4:24-25; 5:1-13; 8:33, 고린도전서 6:11, 갈라디아서 2:16-17; 3:8, 11, 24, 에베소서 4:6, 디도서 3:7, 히브리서 11:7, 야고보서 2:21-24.

Ⅲ. 핵심 진리

중생은 그리스도를 믿는 믿음으로 말미암아 사람의 마음속에서 일어나는 변화이고, 의는 하나님 앞에서 믿는 자의 새로운 상태를 묘사해 주는 법률상의 용어이다. 칭의는 우리의 죄를 그리스도께 담당시키는 것이다(사 53:6).

예수님께서 그를 영접하는 모든 자의 죄를 담당하신다. 그는 우리의 대속자이시다(벧전 2:24). 범죄라는 하나의 사건(창 3장)으로 인간에게 죄의 천성이 남아 있듯이, 십자가라는 놀라운 사건(롬 5:18-19)을 통해 인간은 꼭 같은 방법으로 주 예수 그리스도에 의해 멸망에서 구원받는다.

의롭다 하시는 이가 누구인가? 바울은 로마서 8:33에서 "의롭다 하신 이는 하나님이시니"라고 대답한다. 아무도 자기 자신을 의롭다고 인정할 수 없다. 예수님께서 바리새인들에게 "너희는 사람 앞에서 스스로 옳다 하는 자들이나 너희 마음을 하나님께서 아시나니 사람 중에 높임을 받는 그것은 하나님 앞에 미움을 받는 것이니라"고 말씀하셨다(눅 16:15).

그리스도를 믿는 믿음이 없이는 아무도 자기 자신을 하나님 앞에서 의롭다 말할 수 없다.

Ⅳ. 중요한 진리: 칭의

A. 칭의의 의미

1. 칭의는 하나님의 은혜에서 시작된다.

   a. 의롭다 하는 것은 사람을 의로운 자로 만든다는 의미가 아니다. 하나님께서 그의 은혜로 말미암아 값없이 의롭다 하신 것이다.

   로마서 3:24를 적어 보라. ____________________

   ____

   b. 하나님의 은혜에 의해 하나님의 사랑이 구주 예수 그리스도를 통해 풍성히 부어졌다(딛 3:4-7).

   디도서 3:7을 적어 보라. ____________________

   ____

2. 칭의는 죄를 지은 죄인이 그리스도를 믿음으로써 올바르다고 선언받는 하나님께서 하시는 일이다.

   a. 옳다 인정받은 믿는 자는 하나님께서 의로운 자로 말씀해 주신 것이지, 하나님께서 그를 의로운 자가 되게 하신 것이 아니다. 하나님께서 정당한 방법으로 일을 다루셨다. 그리스도께서 믿는 자의 죄를 대신 담당해 주셨으며, 또 그 죄의 값을 충분히 치루셨다. 로마서 8:1과 8:31-32에 밑줄을 그어라.

   로마서 8:33을 적어 보라. ____________________

   ____

Note

b. 그리스도인은 용서받은 죄인이 아니라 그리스도 안에서 의로운 자라고 하나님께서 선언하셨다. 하나님께서는 그리스도인이 마치 죄를 범치 아니한 것처럼 대해 주신다.

사도행전 13:38-39를 적어 보라. ______________________

이 구절은 의롭다 인정받은 바를 기술해 주는 위대한 말씀 중의 하나이다. 여기에 밑줄을 그어라.

3. 칭의는 그리스도께서 완성하신 일에 토대를 둔다.

a. 그리스도의 구속사업은 십자가에서 치룬 죽음 이상의 것이다. 거기에는 예수님께서 부활하신 사건도 포함된다.

로마서 4:25를 적어 보라. ______________________

b. 따라서 의롭다하심은 그리스도인이 용서함을 받았을 뿐만 아니라 올바르다고 하나님께서 선언해 주시는 것이다. "예수는 우리가 범죄한(죄) 것 때문에 내줌이 되고"–말하자면 그는 우리 죄를 위하여 죽으셨다– "우리를 의롭다 하시기 위하여 살아나셨느니라."

십자가에서 이루신 예수 그리스도의 구속사업("값을 지불하여 구해 주는 것")이 죄인들의 죄 값을 갚아 주셨다. 그리스도의 부활을 통해서도 죄인은 의롭다고 선언된다. 그 후에 그는 용서받은 죄인이 아니라 의롭다 인정받은 성도로서 하나님 앞에 서게 되며 또한 그는 하나님 앞에서 단 하나의 죄도 범치 않은 것처럼 그리스도 안에 거하게 된다.

c. 믿는 자는 첫 번째로는 그리스도의 피로, 두 번째로는 그의 부활로 의롭다 인정함을 받는다.

로마서 5:9를 적어 보라. ______________________

B. 구약성경에서 의롭다 함을 받은 사람의 예

1. 성령의 감동을 받아 바울은 의에 대해 가르침

a. 바울은 로마서의 처음 세 장에서 하나님 앞에서 죄인인 모든 세상을 대표하는 세 종류의 죄인에 대해 기술한다. 첫째, 미개한 이교들이요(롬 1:18-23), 둘째, 스스로 의롭다 하는 이방인들(롬 2:1-3, 14)이요, 셋째, 바울 시대의 유대인들(롬 2:17)이다.

바울은 이들 모두가 하나님의 심판 아래 있는 자라고 경고한다. 모든 사람이 죄를 범하였으매 하나님의 영광에 이르지 못하더니(롬 3:23).

b. 구원은 오직 믿음으로만 가능하다고 바울은 말한다.

로마서 3:28을 적어 보라. ______________________________

____

2. 아브라함의 잘 알려진 예

a. 바울은 창세기 15장에 나오는 아브라함의 예를 선정했다. 이는 당시 사람들에게 아브라함은 잘 알려져 있었기 때문이다. 로마서 4장에 이와 같은 사실이 기술되어 있다. 1절에서 바울이 아브라함을 "육신으로 우리 조상인 아브라함"으로 부른 사실에 주목하라.

b. 바울은 로마서 4장에서 율법의 행위로 말미암은 것이 아니요 오직 믿음으로 얻게 된 의라고 설명한다.

창세기 15:1-6을 읽고 4절과 6절에 밑줄을 그어라.

로마서 4:3을 적어 보라. ______________________________

____

c. 하나님께서 아브라함에게 불가능한 일을 이루실 것이라고 말씀하셨다. 아브라함과 사라의 노년에(수태기간이 지남) 하나님께서 아들을 주려고 하신 것이다. 아브라함은 단순히 믿기만 했다. "그것이 그에게 의로 여겨진 바 되었느니라." 그는 오로지 하나님의 말씀을 믿었다. 그 이상 아무 것도 그에게 필요하지 않았다.

d. 로마서 4:13을 읽고 밑줄을 그어라. 아브라함에게 하신 약속은 율법으로 말미암은 것이 아니요 오직 믿음으로 말미암은 것이었다. 아브라함은 율법으로 의롭다 함을 받은 것이 아니다. 왜냐하면 그로부터 430년이 지나서 율법은 생겼기 때문이다.

갈라디아서 3:17을 적어 보라. ______________________________

____

17절에서 언급된 언약은 무엇인가? 그 다음 갈라디아서 3:18에 대답이 나온다.

e. 아브라함은 종교나 의식으로 구원받은 것이 아니다. 로마서 4:11-12에는 아브라함이 할례의 표를 받기 전에 이미 의로운 자로 인정받았다는 기록이 있다.

따라서 율법도 행위도 아브라함이 의로운 자로 인정받은 것과는 아무런 상관이 없다. 로마서 4:20–24에 밑줄을 그어라.

Note

3. 하나님은 약속을 어기지 않으셨다.
   a. 지금도 계속해서 구원은 모든 은혜 아래 있으므로, 우리 주 예수 그리스도를 통하여 하나님을 믿음으로 얻을 수 있다. 어떤 증거나 표적도 필요치 않다. 하나님의 말씀 속에 의인이 될 수 있는 충분한 메시지가 들어있다.
   b. 인간은 행위로 의롭다 함을 받지 아니한다.
   갈라디아서 3:11을 적어 보라. ______________________________

   ____

   ____

   로마서 4:5를 적어 보라. ______________________________

   ____

   c. 히브리서 11장, "믿음의 장"에 아브라함도 나온다. 히브리서 11:8–19를 읽으라. 이 부분에 나오는 "믿음으로"라는 말에 밑줄을 그어라. 13절에 밑줄을 그어라.

C. 의롭게 되는 방법

1. 사람은 믿음으로 의롭게 된다.
   a. 바울은 의롭다 하심을 얻는 것은 율법의 행위에 있지 않고 믿음으로 되는 것이라고 진술한다.
   로마서 3:28을 적어 보라. ______________________________

   ____

   b. 그리스도를 믿음으로써만 의롭게 된다.
   로마서 3:26을 적어 보라. ______________________________

   ____

2. 야고보는 사람은 행함으로 의롭게 된다고 말한다.
   a. 이것이 모순일까? 아니다! 바울과 야고보의 주장은 서로 모순되는 것이 아니다. 왜냐하면 두 사람 모두 성령의 감동을 받아 말씀을 기록했기 때문이다. 이를 이해치 못하는 것은 하나님의 말씀 때문이 아니라, 자신의 부족한 이해력 때문이다. 바울은 "그리스도 예수 안에 있는 속량으로 말미암아

하나님의 은혜로 값없이 의롭다 하심을 얻은 자 되었느니라"(롬 3:24)고 말한다. 로마서 3:28을 다시 읽으라.

b. 야고보는 "이로 보건대, 사람이 행함으로 의롭다 하심을 받고 믿음으로만은 아니니라"고 말한다(약 2:24).

이 말에 모순이 있는 것이 아니다. 바울과 야고보가 주장한 이론에 이상이 있지는 않다. 야고보서 2:21–26의 문맥을 읽어보면, 아브라함의 행함이 그의 믿음을 온전하게 했다는 사실이 나타난다. 아브라함의 행함은 믿음의 결과였다(22절). 라합에 대해서도 이와 동일한 사실이 나타난다(25절)

c. "행함이 없는 믿음은 죽은 것이니라"고 야고보는 말한다(약 2:26). 열매 맺지 아니하는 나무가 쓸모없는 것과 같이, 이것 또한 사실이다. 바울과 야고보가 주장한 문제에 대한 해명은 무엇인가? 야고보는 "내게 보이라, 나는 행함으로 네게 보이리라"(약 2:18)고 말한다. 예수님께서 "그들의 열매로 그들을 알리라"(마 7:20)고 말씀하셨다.

바울은 우리에게 어떻게 죄인이 하나님 앞에서 행함과는 상관없이 믿음으로 의롭다 함을 얻을 수 있는가에 대해 가르쳐준다. 야고보는 이미 믿음으로 의롭게 된 사람들과 또 이 사람들이 사람 앞에서 어떻게 하여야 의롭다 함을 얻을 수 있는가를 말해 준다. 따라서 이들 두 사람의 위대한 성경 저자가 말하는 바를 간단히 요약해보자.

- 하나님 앞에서, "믿음으로 의롭게 된다."
- 사람 앞에서, "행함으로 의롭게 된다."

3. 하나님은 중심을 보신다.

a. 사람의 믿음을 알기 위해서 하나님은 우리의 행함을 보시지 않으신다. 인간은 외모를 보지만 하나님은 중심을 보신다(삼상 16:7).

b. 사람은 어떤 사람의 생활과 행함 속에서 증거를 찾게 될 때 그 사람이 구원받았음을 알게 된다. 행함은 믿음의 증거이다. 하나님은 믿음을 보시지만 인간은 행함을 보고 그 사람의 행동과 태도에 변화를 보게 될 때에 그가 구원받았음을 믿으려 할 것이다.

c. 이 진리를 강조하기 위해 바울과 같이 야고보도 아브라함을 예로 들었다. 바울은 아브라함이 "하나님을 믿으매 그것이 그에게 의로 여겨진바 되었느니라"는 사실을 진술해 주는 창세기 15장을 예로 들고 있다.

야고보는 어떻게 사람이 행함으로 의롭게 되는지를 설명하기 위해 창세기 22장을 예로 들고 있다(약 2:21 참고). 아브라함의 생애를 통해 볼 때 야고보의 예증은 완전히 별개의 사건이다. 아브라함은 하나님을 믿는 증거로서 아들 이삭을 드렸다. 이것은 아브라함이 하나님 앞에서 믿음으로 의롭게 된 지 수 년 후의 일이다. 하나님께서 세상 모든 사람들에게 아브라함을 의롭게 한 것이 믿음임을 나타내 주셨다. 하나님은 아브라함의 믿음을 알고 계셨다. 그러나 사람들은 그 믿음을 볼 필요가 있었다. 야고보서 2:23-24를 읽으라.

4. 사랑을 행함으로 믿음이 나타난다.
   a. 바울은 "그리스도 예수 안에서는 할례나 무할례가 효력이 없으되 사랑으로써 역사하는 믿음뿐이니라"(갈 5:6)고 말한다.
   b. 세상 사람들은 사랑을 통해 나타나는 믿음을 참으로 보고 싶어 한다. 단순히 모여 예배를 드리거나 종교적인 단체를 만들어 마치 서로를 파멸시키려는 듯이 그리스도인끼리 서로 싸우고 논쟁하는 모습이 아니다.
   그들은 사랑과 친절과 온유와 실망 속에서도 잃지 않는 미소와 믿음으로 주는 권고와 돕는 손길을 필요로 한다. 우리는 "의롭게 된 자들"이므로 이 모두를 사랑 속에서 행해야 한다.

Note

복습

의롭다 함을 얻게 된 죄인은 하나님 앞에 선 피고인으로, 자유를 선포 받은 자이다(롬 8:33). 그 죄인은 용서 받았다. 용서받은 죄인은 하나님 앞에 선 빚 진 자로, 그가 진 빚을 탕감 받았다(엡 1:7; 4:32).

우리는 "그리스도 예수 안에 있는 속량으로 말미암아 하나님의 은혜로 값없이 의롭다 하심을 얻은 자"(롬 3:24)이다. 하나님은 그리스도 안에서, 마치 우리가 죄를 짓지 아니한 자처럼 대해 주신다.

당신의 생활 속에서 자신이 고백한 믿음을 나타내고 있는가? 우리는 하나님 앞에서 의롭게 된 사실만으로 만족해서는 안 된다. 세상 사람들이 우리의 의롭게 됨을 볼 수 있도록 사람들 앞에 우리의 믿음을 힘써 나타내 보여야 할 것이다.

예습

1. 여호수아 3:5; 7:13, 사무엘상 16:5, 예레미야 1:5, 요나 10:36; 17:17-19, 사도행전 20:32; 26:18, 로마서 15:16, 고린도전서 1:2, 30; 6:11, 에베소서 5:26, 데살로니가전서 5:23, 데

살로니가후서 2:13, 디모데전서 4:5, 디모데후서 2:21, 히브리서 2:11; 10:10, 14; 13:12, 베드로전서 3:15, 유다서 1:1을 읽어 보라.

2. 의에 대해 기록한 것을 읽으라.
3. 새로운 진리를 배울 때마다 성경에 표시해 보라.

Week 23
성화

Ⅰ. 서론

대다수의 성경공부 모임에서 성화의 진리와 교리와 가르침을 소홀히 여겨 왔다. 용어를 달리 사용하거나 혹은 그 주제를 달리 해석하는 사람들이 있으므로 많은 사람들이 성화에 대해 공부하는 일을 도외시 해왔다. 이와 동일한 현상이 그리스도의 두 번째 오심에 대해서도 언급된다.

성화는 하나님의 말씀 가운데 있는 위대한 진리이므로 우리는 성경이 그 주제에 대해 말하는 바를 배워야 한다. 성령께서 우리의 스승이 되셔서 결코 구구한 의견들로 나누게 하거나, 우리를 혼란시키지 아니함으로 우리는 성화에 대한 말씀을 이해함에 있어 성령의 인도하심을 간구해야 한다. 마음에 의혹이 생길 때마다 거듭난 사람들은 몇 번이고 반복하여 성경말씀을 펼칠 것이다.

성화에 대해 공부하기 전, 성화를 공부함에 있어 일어나는 차이점들이 대개 용어상의 문제라는 것을 말하고 싶다. 용어가 어떠하든 "성화된 사람", 즉 "거룩히 구별된 사람"이라면 다른 그리스도인이 사용하는 용어에 무례를 범하거나 비판적인 태도를 취하지는 아니할 것이다. "성령의 열매" 중에 첫 번째 열매로 지칭되는 사랑에 있어서도 그리스도인들의 의견은 다를 수가 있다(갈 5:22-23). 만일 여러분이 성경을 통해 이것을 공부한다면, 성화에 대한 문제를 이해하게 될 것이다.

Ⅱ. 중요한 성경 구절

여호수아 3:5; 7:13, 사무엘상 16:5, 예레미야 1:5, 요한복음 10:36; 17:17-19, 사도행전 20:32; 26:18, 로마서 15:16, 고린도전서 1:2, 30; 6:11, 에베소서 5:26, 데살로니가전서 5:23, 데살로니가후서 2:13, 디모데전서 4:5, 디모데후서 2:21, 히브리서 2:11; 10:10, 14; 13:12, 베드로전서 3:15, 유다서 1:1.

Ⅲ. 핵심 진리

성화(Sanctification)는 거듭난 체험을 함으로써 시작되어 계속적인 성장과 발달의 과정을 지나 우리의 영혼과 몸이 하나님의 아들의 형상과 같이 영광스러운 모습으로 변형되는 것다(요일 3:2, 롬 8:29).

Ⅳ. 중요한 진리: 성화

A. 성화의 의미

1. 두 거짓 가르침

a. 도덕율 폐기론적 견해– "도덕율 폐기론적"이란 용어는 "계율에 반(反)하여"란 뜻이다. 이 견해는 그리스도 안에서 얻게 된 용서는 성경이 금하는 일을 그리스도인이 하더라도 그것은 정당하다는 것이다. 바꾸어 말하자면 사람은 자신이 하고 싶은 대로 하면서 살 수 있다는 것이다. 사람이 죄를 범하면 범할수록 신령한 은혜를 더 많이 받게 된다는 것이다.

이 거짓 가르침에 대해 바울은 다음과 같이 말한다. 그런즉 우리가 무슨 말 하리요 은혜를 더하게 하려고 죄에 거하겠느냐 그럴 수 없느니라(롬 6:1–2). 이것은 진리를 왜곡시키는 견해이다.

b. 완전주의자의 견해– 이 이론이 가르치는 바는 사람은 자신의 생애를 통해 죄에서 완전히 자유할 수 있다는 것이다. 이른바 죄가 없이 완전하다는 것이다. 이 믿음을 뒷받침해 주는 아무런 근거도 성경에는 없다. 예수님을 제외하고는 어느 누구도 죄 없는 자로 일컬어지지 않는다. 바울이 한 주장도 결코 그러한 것이 아니다. 바울은 인간의 두 천성을 묘사하면서 이와 정반대의 견해를 말한다(롬 7:15–25). 죄 없는 자는 없다고 성경은 분명히 선언한다.

요일 1:8을 적어 보라. ______________________________

____

고든 박사(Dr. A. J. Gordon)는 다음과 같이 말했다. "죄가 없이 완전하다고 하는 교리를 이설(異說)이라고 하면, 죄로 가득차 있어 불완전하다고 하는 교리에 만족하는 것은 더 큰 이설(異說)이다. 세속적인 그리스도인이 완전한 그리스도인을 향하여 돌을 던지는 것을 본다는 것은 교훈적이지 못한다."

둘 중 어느 것도 위험한 가르침이며 또 성경적이지 못한다.

Note

2. 성화의 성경적인 의미

a. 성화란 "떨어져 있는 것" 즉, "분리"란 의미이다. 성결케 된다는 것은 목적, 즉 하나님의 목적을 이루기 위해 항상 따로 구별시켜 주신다는 것이다.

b. 영어 단어 "성화"(sanctification)가 유래된 어원에는 두 가지가 있다. 하나는 히브리어 구약성경에 있는 "카다쉬"(qadash)이고, 또 하나는 헬라어 신약성경에 나오는 "하기오스"(hagios)이다. 이 두 단어는 많은 수의 영어 단어의 어원을 이룬다.

예를들어, 히브리어 단어는 "성도, 성결케하다, 거룩한, 신성한, 신성하게 하다(hallow), 헌신하다"로 번역되고, 헬라어 단어는 "성도, 성화, 거룩, 신성, 헌신"으로 번역된다.

c. 일반적으로 말하자면, 구약성경에서 그 용어를 말할 때는 사물을 묘사하고, 신약성경에서는 사람을 나타낸다. 말씀에 비추어 볼 때, 사람도 사물도 모두가 하나님의 목적을 이루어 드리기 위하여 "거룩하게" 즉, "따로 구별된" 상태에 있어야 한다.

B. 믿는 자들을 위한 영원히 성결

1. 성화의 세 단계

a. 믿는 자의 체험(과거).

고린도전서 6:11을 적어 보라. ______________________________

____

우리는 그리스도를 믿는 순간부터 거룩하게 된다. 다음의 성경구절은 은혜의 두 번째 혹은 세 번째 일과는 관계없이 우리는 먼저 거룩하게 되고 다음에 의롭게 된다고 말해 준다. 고린도전서 1:2에 줄을 치고 두 개의 말이 꼭 같은 순서로 나열되어 있음에 주목하십시오.

데살로니가후서 2:13을 적어 보라. ______________________________

____

베드로전서 1:2에 밑줄을 그어라. 상기된 모든 말씀에 비추어 볼 때 성화는 가장 처음에 오는 단계이다. 하나님께서 우리의 위치를 그분과 "떨어진" 곳에 정하신다. 그러나 그분은 우리가 다른 사람들로부터 "떨어져" 나와 거짓

되게 그리고 경건한 척하는 태도를 보이는 것을 결코 원치 아니하신다. 이와같이, 구원의 체험에 비추어 볼 때 하나님께서 우리를 구원하심과 동시에 성결케 해 주셨다.

데살로니가전서 4:3-4를 적어 보라. ______________________________

____

b. 현재 믿는 자의 성장 상태. 사람은 구원을 얻음과 동시에 거룩하게 된다. 하나님께서 우리 속에서 그 일을 행하신다. 성화는 이미 그리스도께서 우리를 위하여 십자가 상에서 이루어 놓으셨다. 성화는 그분이 지금 우리 속에서 행하시는 일이다(성화는 우리의 거듭남과 함께 있었던 과거의 일이며 또한 현재도 계속하여 우리 속에서 이루어 주시는 하나님의 일이다).

믿는 자는 은혜 속에서 성장해야 한다. 성화는 그리스도께서 목적하시는바를 이루어 드리기 위해 매일 "구별된 위치에 머무는 것"(being set apart)이다. 성화는 성경 공부를 하면서, 기도하면서, 자신을 양보하면서, 자신을 깨끗게 하면서, 더욱 더 그리스도 닮기를 갈구하면서 성장하는 과정이다. 이 같은 성장이 우리의 생애동안 지속되어야 한다.

예수님께서 요한복음 17:19에서 하신 말씀을 적어 보라. ______________________

____

요한복음 17:14과 16에 밑줄을 그어라.

골로새서 1:10을 적어 보라. ______________________________

____

히브리서 2:11을 적어 보라. ______________________________

____

c. 믿는 자의 마지막 성화(미래)

마지막으로, 우리는 그리스도 안에서 완전하게 될 것이다. 이것이 우리의 구원의 목적, 즉 구속의 최종적인 목적이다. 우리가 주님을 만나게 될 때 우리도 그분처럼 죄 없는 자가 될 것이다. 바울은 교회(구원받은 자)에 대해 다음과 같이 말한다. **자기 앞에 영광스러운 교회로 세우사 티나 주름잡힌 것이나 이런 것들이 없이 거룩하고 흠이 없게 하려 하심이라**(엡 5:27).

신부는 온전히 거룩케 되어 혼인을 준비할 것이다.

데살로니가전서 5:23-24를 적어 보라. ______________________________

____

성화는 우리의 혼과 영 뿐만 아니라 우리의 몸과도 관계된다. 예수님께서 오시기 전에는 사실상 몸은 완전하고 충분하게 구속받을 수 없으므로 우리의 몸이 완전히 구속받기 전에는 우리는 완전히 성화될 수가 없다.

빌립보서 3:20을 적어 보라. ______

데살로니가전서 3:12-13에 밑줄을 그어라.

요한일서 3:2를 적어 보라. ______

C. 성화의 근원(The Source of Sanctication)

1. 성화는 인간으로부터 오지 않는다.
   a. 성화는 우리의 혼(soul)과 영(spirit)뿐만 아니라 우리의 몸과도 관계되어 있다. 그리스도가 오시기까지 몸은 사실상 완전히 구속받을 수 없으므로, 우리의 몸이 완전히 구속 받기 전에는 우리도 완전히 성화될 수가 없다.
   b. 우리가 구원받았다고 하여 우리의 옛 천성(옛 사람)이 소멸되지는 않는다. 만일 성화가 "완전히 죄가 없어지는 것"(sinless prefection)이라면 왜 우리는 성경 속에서 그것을 찾지 않는가? 예수님은 거룩하게 되셨고 또한 죄가 없으신(요 10:36), 유일한 분이시다. 육신을 입고 사는 그리스도인들도 거룩하게 되었다. 그렇지만 이 말은 죄의 천성이 없어졌다는 의미는 아니다(고전 3:1-3).
2. 성화는 하나님으로부터
   a. 하나님께서 거룩하게 해 주신다.
      유다서 1:1을 적어 보라. ______
   b. 우리의 마음에 그리스도를 주로 삼아 거룩하게 되어야 한다.
      베드로전서 3:15를 적어 보라. ______
3. 성화는 그리스도로부터

a. 그리스도를 주로 영접하는 일은 하나님을 위하여 "구별된 자가 됨"에 있어 필수적인 일이다. 우리를 거룩케 하시려고 예수님께서 죽으셨다.

히브리서 10:10을 적어 보라. ______________________________

____

b. 예수님께서 이루신 일은 완전하고도 영원하다.

히브리서 10:14를 적어 보라. ______________________________

____

고린도전서 6:11을 다시 읽으라.

4. 성화는 성령으로부터

a. 우리 속에서 역사하여 죄를 깨닫게 해 주는 성령은 성화의 적극적인 요인이다.

데살로니가후서 2:13을 적어 보라. ______________________________

____

b. 바울은 성령께서 이방인을 성화시키는 문제에 대해 말한다.

로마서 15:16을 적어 보라. ______________________________

____

베드로전서 1:2를 다시 읽으라.

5. 성화는 하나님의 말씀으로 이루어 진다.

a. 예수님께서 말씀으로 거룩하게 되는 사실을 선포하셨다.

요한복음 17:17을 적어 보라. ______________________________

____

b. 바울은 말씀으로 거룩케 됨을 가르치셨다.

에베소서 5:26을 적어 보라. ______________________________

____

D. 성화의 증거

1. 성도는 하나님을 섬겨야 한다.

a. 요한복음 17:19에서 예수님은 "또 그들을 위하여 내가 나를 거룩하게 하오니 이는 그들도 진리로 거룩함을 얻게 하려 함이니이다"라고 말씀하셨다. "내가 나를 거룩하게 하오니"란 예수님의 말씀은 무슨 뜻일까? 예수님은 완전하고, 거룩하고, 죄가 없으신 분이었다. 이에 대한 대답이 요한복음 17:18에 있다.

Note

예수님은 세상에 사는 동안 하나님을 섬기는 일에 대해 말씀하신다. 예수님께서 저희에게 주신 과제를 실행할 수 있도록 섬김에 대해 권위 있는 말씀을 주셨다. 그는 "자신을 떠나"(set Himself apart) 우리를 위하여 인간의 모습을 입으셨다. 그분은 거룩하신 하나님이었으며, 그리고 우리를 위하여 육신을 입으셨다.

b. "구원받은 자"(성도)는 역경 속에서도 하나님을 섬겨야 한다.
   베드로전서 1:6을 적어 보고, 7절에 밑줄을 그어라. ____________________

   ____

2. 성도는 성령의 열매를 나타내야 한다.

a. 성령의 열매가 믿는 자의 생활 속에 나타나야 한다.
   갈라디아서 5:22-23을 적어 보라. ____________________

   ____

b. 선한 일을 함으로 예수 그리스도를 즐겁게 해드려야 한다.
   히브리서 13:21에 밑줄을 그어라.

3. 성도는 하나님의 말씀에 순종해야 한다.

a. 그리스도인은 말씀으로 깨끗함을 받았다.
   요한복음 15:3을 적어 보라. ____________________

   ____

b. 말씀을 즐거워해야 한다.
   시편 1:2를 적어 보라. ____________________

   ____

4. 성도는 죄에서 떠나 하나님께 복종해야 한다.

a. "구원받은 자"는 마귀를 대적해야 한다.
   야고보서 4:7을 적어 보라. ____________________

   ____

b. 그리스도인은 하나님과 가까이 하면서 그분 앞에서 겸손해야 한다.
   야고보서 4:8, 10을 적어 보라. ____________________

   ____

c. 그리스도인은 대화를 나눌 때에도 "거룩", 즉 "구별"되어야 한다. 베드로전서 1:15에 밑줄을 그어라. 그분이 거룩하므로 우리도 거룩해야 한다(벧전 1:16).

복습

성화는 세 가지 시제, 과거와 현재와 미래로 나타난다. 모든 거듭난 신자들은 이미 거룩해졌으며 또 이것은 단 한 번에 모든 사람을 위해 이루어졌다. 우리는 이제 성령과 말씀을 통해 거룩함을 입고 있다. 우리가 예수님을 만나게 되는 날 우리는 마침내 완전히 거룩하게 될 것이다.

모든 그리스도인에게는 두 개의 천성 이를테면, 옛 아담의 육적인 천성과 새로운 영적 천성이 있다(고전 3:1–3). 날마다 자신을 바치고, 죄를 사함 받고(요일 1:9), 말씀을 공부하고, 마음으로 끊임없이 기도를 함으로써 우리는 영적으로 성장하게 된다. 우리의 성화도 점점 원숙해 진다. 그러나 이 땅 위에서 우리는 완전한 성화의 단계에 이르지 못한다. 모든 믿는 자는 하나님께 "구별 됨"을 받은 사람, 즉 "성도"이다. 그러므로 예수도 자기 피로써 백성을 거룩하게 하려고 성문 밖에서 고난을 받으셨느니라(히 13:12).

예습

1. 시편 49:8; 111:9, 누가복음 2:38; 21:28, 로마서 3:24; 5:1–21; 8:23, 갈라디아서 1:4; 3–4장, 에베소서 1:2, 골로새서 1:9–23, 히브리서 9–10장, 디도서 2:14, 베드로전서 1:18–19, 요한계시록 5:9를 읽어 보라.
2. 성화에 대하여 복습하라.
3. 새로운 진리를 배울 때마다 성경에 표시해 보라.

Week 24
구속

Ⅰ. 서론

구속(Redemption)과 속죄(Atonement)의 진리는 그리스도인의 믿음을 나타내는 두 가지의 주요한 교리이다. 이제 구속에 대해 공부하고자 한다. 그 다음 주에는 속죄를 공부할 것이다. 이 두 가지 진리는 그리스도께서 십자가에서 이루신 완성된 일의 결과이다. 구속과 속죄는 중생과 의롭게 됨과 성화와 화해와 그리고 모든 은혜의 교리를 기초로 한다. 구속은 하나님의 위대한 계획으로 그리스도를 통해 이루시는 하나님의 사역이다. 성경은 구속으로 가득 차 있다. 모든 성경의 주제는 예수 그리스도이고 또 성경의 메시지는 구속이다.

Ⅱ. 중요한 성경 구절

시편 49:8; 111:9, 누가복음 2:38; 21:28, 로마서 3:24; 5:1-21; 8:23, 갈라디아서 1:4; 3-4장, 에베소서 1:2, 골로새서 1:9-23, 히브리서 9-10장, 디도서 2:14, 베드로전서 1:18-19, 요한계시록 5:9.

Ⅲ. 핵심 진리

구속은 하나님의 아들이신, 우리 주 예수 그리스도를 통해서 이루어진다. 성경은 "그리스도의 피"에 의한 것이라고 말씀하고 있다. 즉, 구속은 그리스도의 피에 기초를 두고 있다(히 9:12). 피는 곧 생명을 의미한다. 예수 그리스도의 죽음으로 세상의 죄를 대신하여 하나님께 지불해야 할 값을 지불하셨다.

Ⅳ. 중요한 진리: 구속

A. 구속의 의미

1. 구약성경에서의 구속

a. 구속자를 주시겠다는 첫 번째의 약속이 창세기 3:15에 나온다. 하나님께서는 사탄을 패배시킬 한 사람을 보내시겠다고 약속해 주셨다.

창세기 3:15를 적어 보라. ______________________________

____

____

b. 약속된 구속자의 혈통이 즉시 이루어지지는 않았다. 아벨과 셋과 노아와 셈과 아브라함과 이삭과 야곱과 유다와 다윗의 경건한 혈통을 거쳐 임마누엘이신 그리스도가 오셨다. 그분이 약속된 구속자이시다.

c. 레위기 25장에는 "고엘"(goel) 즉 기업무를 자(kinsman–redeemer)에 대한 규례가 언급되어 있다. "고엘"은 히브리어로 기업무를 자이다. "고엘"에 대해 말해 주는 또 다른 구절이 민수기 35장과 신명기 19장, 25장에 나온다.

d. 기업무를 자에게 요구되는 세 가지 조건이 있었다.

(1) 그는 기꺼이 무를 수 있어야 한다(레 25:25).

(2) 그는 속량할 권리를 가진 친족이어야 한다(레 25:48–49).

(3) 그는 속량할 수 있는 힘, 즉 재력이 있어야 한다(레 25:52).

e. 룻과 보아스의 이야기(룻기 2장, 3장, 4장)는 기업무를 자에 대한 완전한 예증이다. 보아스는 창세기 3:15에서 약속된 기업무를 자(구속주)의 표상이다.

2. 구약성경 속 묘사

a. 우리는 구속이 하나님의 약속임을 안다.

b. 하나님의 율법 속에 구속이 기록되어 있다.

c. 이스라엘의 생활 속에 구속이 실제적으로 적용된다.

d. 구속은 우리에게 주는 메시지, 즉 교훈이다. 로마서 15:4를 통해 이 사실을 알 수 있다.

3. 구약성경에서의 구속 의미

a. 유사한 진리를 말해 주는 세 개의 단어가 히브리어에 있다. 간단히 말하자면, "구속" 혹은 "구속하다"란 말의 뜻은–"석방하는 것, 즉 가게 하는 것"이다. 신명기 21:8을 적

어 보라. ______________________________

____

"속박으로부터 구출." 출애굽기 14:30을 적어 보라. ______________

____

"속죄, 즉 회복하는 것." 출애굽기 6:6을 적어 보라. ______________

____

b. 구약성경에 나타난 구속의 진리를 통해 우리는 하나님의 마음을 알 수 있다. 구약성경에 나타난 구속의 의미는 "석방하는 것, 속죄하는 것, 구출하는 것, 회복하는 것, 해방시키는 것" 등이다.

c. 지금까지 언급된 것 중, 빠진 것이 하나 있다. 그것은 "피"이다. 출애굽기 8:23의 "구별"이란 히브리어에서 유래된 말로 "구속"을 의미한다. 이스라엘과 이방민족을 구별한 것은 피에 의해서였다. 흠 없는 양을 잡아 뿌린 피는 구속의 값이다(출 12:12-13). 이 두 구절에 밑줄을 그어라.

d. 구속은 종이나 과부 혹은 이스라엘 민족을 자유롭게 하기 위해 그 값을 지불하는 것이었다. 값의 지불은 룻기의 보아스처럼 속전의 값을 지불할 능력이 있고 또 기꺼이 그 값을 치루는 사람에 의해 이루어졌다. 출애굽기 12장에 나타나 있듯이, 피가 요구될 때에는 흠 없는 어린 양이 재물이 되었다. 이것이 구약성경이 주는 구속의 의미이다.

4. 신약성경에서의 구속의 의미

a. 지금까지 공부한 모든 사항이 우리의 진실한 구속자이신 그리스도를 가리킨다(고전 10:11).

b. 신약성경에 나타난 구속의 의미는
"값을 지불함." "속전을 치루어 해방시킴," "값을 지불하여 구출함" 등이다.
디도서 2:14를 적어 보라. ______________________

____

"구속은 그리스도의 피를 통해 이루어진다."
에베소서 1:7을 적어 보라. ______________________

____

"시장에서 물건을 산다는 것"은 구입하는 물품의 값을 비롯하여 판매 품목에서 제외된다는 의미도 동시에 포함된다.

Note

갈라디아서 3:13을 적어 보라. ______________________________

____

c. 신 · 구약성경이 주는 구속의 종합적인 의미는 가까운 친지가 "값을 주고 구제하는 것"이다. 그 값을 십자가에서 그리스도께서 치루어 주심으로써 구약성경이 예언한 구속의 의미가 성취되었다.

B. 구속을 이루는 사람

1. 기업무를 자에게 요구되는 조건

a. 앞서 구약성경에서 기업무를 자에게 요구되는 사항들을 살펴보았다. 이들은 신약성경에서 기업무를 자의 최상의 보기가 되어 주신 예수 그리스도의 예표이다.

(1) 그는 기꺼이 무를 수 있어야 한다. 예수님께서 기꺼운 마음으로 값을 치루셨다. 예수님을 영접하는 모든 이들을 구속하시기 위해 예수님께서 육신이 되셨다.

갈라디아서 4:4과 5절을 적어 보라. ______________________________

____

빌립보서 2:6–7에 줄을 치고 8절을 적어 보라. ______________________________

____

(2) 그는 친족이므로 속량할 권리가 있다. 기업무를 자이신 예수 그리스도께 그 권리가 있다.

히브리서 2:11을 적어 보라. ______________________________

____

(3) 그는 속량 할 수 있는 재력, 즉 힘이 있어야 한다. 예수님에게는 속량 할 재력, 즉 힘이 있다.

요한복음 10:11을 적어 보라. ______________________________

____

요한복음 10:18을 적어 보라. ______________________________

____

b. 그리스도는 우리의 구속자가 되기 위해 모든 조건을 다 구비하셨다. 십자가에서 그는 그 값을 치루셨다. 믿는 모든 자는 구속함을 얻게 된다.

C. 구속의 값

Note

1. 그리스도의 귀중한 피.

   a. 우리를 구속하신 그 값은 비싸다. 그 값은 예수 그리스도의 흠 없는 피의 대가이다.

   베드로전서 1:18-19를 적어 보라. ________________________

   ____

   b. 그리스도의 피는 소멸되지 않는다. 왜냐하면 그 피는 지금도 역사하고 있기 때문이다. 그 피는 무죄한 피였다(마 27:4). 오늘날도 사람들은 그리스도가 흘리신 무죄한 피로써 구속함을 입고 있다. 그 피의 위력은 결코 소멸되지 아니할 것이다.

2. 생명은 피 속에 있다.

   a. 육체의 생명은 피에 있음이라(레 17:11). 동맥과 정맥에 피가 흐르지 않는다면 인간은 살 수 없을 것이다.

   b. 인간의 피는 모두 한 혈통이다.

   사도행전 17:26을 적어 보라. ________________________

   ____

   성경은 인류를 민족과 종족과 언어와 국민으로 나눈다. 성경은 결코 인류를 많은 종족으로 나누지 않는다. 육의 출생으로 볼진대 인간은 단 하나의 인종이다. 이들은 국민과 민족과 종족과 언어로 각기 흩어져 있다. 우리는 모두 아담의 타락한 종족에 속한다. "이 사실에는 어떤 구별도 있을 수가 없다."

   성경을 통해 하나님께서 인정하시는 유일한 두 개의 종족은 아담의 타락한 종족과 주 예수의 구속함을 받은 종족이다. 출신이나 지리학적인 위치가 어떠하든 우리는 모두 한 혈통이다.

   c. 그리스도의 피가 구원받은 신자의 마음속에 흐른다.

   히브리서 10:22를 적어 보라. ________________________

   ____

   히브리서 10:14에 밑줄을 그어라.

   d. 그리스도께서 자신의 피로 교회, 즉 "그에게 나오는 모든 자"를 사셨다.

   사도행전 20:28을 적어 보라. ________________________

D. 구속의 완성

1. 구속되어질 기업

a. 그리스도께서 모두를 위해 죽으셨다. 그는 세상 사람들의 죄의 값을 충분히 갚아 주셨다. 그를 영접하는 사람만이 그의 피로 구속함을 받을 수 있다(벧전 1:18).

b. 장래의 구속사역에 대한 일도 말씀을 통해 나타난다. 에베소서 1:13에서 바울은 "그 안에서 너희도 진리의 말씀 곧 너희의 구원의 복음을 듣고 그 안에서 또한 믿어 약속의 성령으로 인치심을 받았으니"라고 말했다.

에베소서 1:14를 적어 보라. ______________________

14절의 "얻으신 것을 속량하시고"(하기까지; until)란 말에 주시하라. 무엇을 하기까지인가? 이에 대한 바울의 대답은 아직 구속해야 할 것이 있다는 것이다.

c. 피조물에게는 여전히 구속이 요구된다.

로마서 8:21을 적어 보라. ______________________

하나님께서 창조하신 땅의 기업을 아담이 상실한 결과 그것은 사탄의 소유가 되었다. 피조물을 위해 그리스도께서 그 값을 갚아 주셨으나 그러나 아직 그 구속의 완성은 장래에 있을 것으로 고대된다.

로마서 8:19-20과 22절에 밑줄을 그어라.

2. 몸의 구속

a. 믿는 자의 영혼은 이미 구속받았지만 아직 몸은 구속받지 못했다. 부활한 몸에 대해 우리가 이해하기란 쉬운 일이 아니다. 그리스도의 변형하신 모습을 통해 우리는 부활한 몸을 생각해 볼 수 있다. 뿐만 아니라 그의 부활하신 몸은 구속이 완성되는 날 우리도 그와 같은 모습이 될 것임을 생각하게 한다. 이 일에 대해 바울은 명백히 진술한다.

로마서 8:23을 적어 보라. ______________________

b. 구속이 완성되는 날 우리의 낮은 몸도 변화한다.

빌립보서 3:21을 적어 보라. ______________________

c. 고린도전서 15:35-50을 자세히 읽으라. 38, 39, 42-45, 49, 50절에 밑줄을 그어라.

d. 일단 그리스도의 피로 구속받은 자는 "구원의 날"까지 인치심을 받았다. 에베소서 4:30을 적어 보라. ____________________

____

Note

E. 구속의 축복

1. 그리스도 안에서 받는 현재의 축복

a. 우리는 우리 자신의 것이 아니다. 우리는 그리스도께 속한 것이다(고전 6:19-20).

b. 우리는…죄의 사함을 받는다(엡 1:7).

c. 그는 우리 죄를 사해 주신다(요일 1:9).

d. 그는 우리를 지켜 주신다(빌 4:7).

e. 하나님은 우리에게 능력(성령)과 사랑과 절제하는 마음을 주신다(딤후 1:7).

f. 하나님은 우리에게 두려워하는 마음을 주시지 않으신다(딤후 1:7). 구속받은 자에게 주시는 수백 가지의 축복이 있다. 현재 우리에게 주시는 하나님의 축복은 지금 우리들 삶의 적극적인 양상을 가리킨다. 우리가 구속받은 일들, 예를 들어 갈라디아서 4:5; 3:13, 디도서 2:14에 대해 생각해 보라.

2. 머리를 들라 … 너희 속량이 가까웠느니라(눅 21:28)

a. 예수님께서 감람산에서 설교하실 때에 이 말씀을 하셨다. 자신이 다시 오실 때의 징조에 대해 예수님께서 말씀하셨다.

b. 완전한 구속은 우리 주 예수 그리스도께서 오시는 그 날 이루어 질 것이다(고전 15:52).

c. 모든 시대에 걸쳐 구속함을 받은 자는 구속이 성취될 그날을 기다리면서 함께 탄식한다.

복습

그리스도인, 즉 구속받은 사람의 책임과 의무는 항상 하나님 아버지의 영광을 위해 살아야 한다는 것이다. 왜냐하면 우리는 이미 값으로 사신바 되었기 때문이다. 우리의 구속을 위해 지불된 값은 예수 그리스도의 흘리신 피이며 이 피, 즉 그리스도만

이 죄 많은 인간을 구속시킬 수 있다. 우리는 기꺼운 마음으로 그의 말씀을 전파해야 하고, 그의 구원의 은혜를 전해야 하고 또 구속받은 사람으로서의 삶을 살아야 한다. 머리를 들라 … 너의 구속이 가까왔느니라(눅 21:28).

복스러운 소망과 우리의 크신 하나님 구주 예수 그리스도의 영광이 나타나심을 기다리게 하셨으니(딛 1:13). 그는 어느 때나 오실 수 있다. 그분은 당신의 "복스러운 소망"이시며 주가 되시며 구주이신가?

예습

1. 창세기 3:15–21, 출애굽기 12장, 레위기 16–17장, 로마서 3–5장, 고린도후서 5:21, 디모데전서 2:5, 히브리서 9–10장, 베드로전서 1:13–19; 2:23을 읽어 보라.
2. 구속에 대해 기록한 것을 복습하라.
3. 새로운 진리를 배울 때마다 성경에 표시해 보라.

Week 25

속죄

Ⅰ. 서론

속죄는 인간의 마음으로 이해할 수 없는 신비한 것이다. 그러나 이것은 그리스도를 영접하는 모든 자들의 구원 문제에 대한 다른 교리들의 기초요 근본이 된다. 예수 그리스도의 피는 분명히 속죄를 위하여 치룬 대가이다. 그것은 성경의 중심 되는 교리이다. 그 단어가 구약에서 여러 번 사용되고 있지만 신약에는 오직 한 번 사용되고 있다(KJV). 속죄의 사실에 관한 기록은 사복음서와, 바울, 베드로, 그리고 요한의 서신들에도 나타난다.

속죄라는 단어는 신학적으로 그리스도의 희생사역 전체를 내포하는 단어이다. 구약에서는 속죄(atonement)라는 말이 "가리다. 덮개를 만들다"는 의미의 히브리어 "카파르"(Kaphar)를 번역한 말이다.

속죄에 대해 공부하기 전에, 몇몇 단어에 대해 생각해 보아야 한다. 우리는 이 단어들의 일부는 이미 공부했지만, 속죄에 대한 이 과를 공부하며 각 단어의 의미를 다시 생각해 보아야 하겠다.

- 화해–"사람이 하나님과의 교제를 회복함"
- 화목제물–"죄의 형벌에 대해 하나님의 거룩성이 공정하게 요구하시는 바를 만족시킴"
- 구속–"노예를 자유롭게 하기 위해, 그를 사는데 드는 속전, 가격"
- 칭의–"어떤 사람이 의롭다고 선포하는 것. 하나님께서는 그리스도의 흘린 피를 받아들인다는 바로 그 근거 위에서 인간을 의롭다 선포하셨다."
- 대속–"그리스도의 죽음은 우리를 대신한 대속의 죽음이었다. 왜냐하면, 그는 모든 사람을 위하여 죽음을 맛보셨기 때문이다."
- 희생–"하나님과 인간을 함께 하게 하는데 필요한 것을 제공하는 자, 그리스도는 우리를 위한 희생제물이 되셨다."
- 유형 혹은 그림자–"어떤 사람이나 사건에 대한 예언적 중요성을 나타내는 대상. 구약의

유형들은 신약에서의 성취에 대한 그림이었다. 곧 구약의 희생제사는 십자가의 그리스도의 속죄인 궁극적인 희생의 모형이었다.

II. 중요한 성경 구절

창세기 3:15-21, 출애굽기 12장, 레위기 16-17장, 로마서 3-5장, 고린도전서 5:21, 디모데전서 2:5, 히브리서 9-10장, 베드로전서 1:13-19; 2:23.

III. 핵심 진리

속죄란 그리스도의 화해 사역이다. 죄인을 위한 그리스도 자신의 희생을 통하여 하나님의 공평하고 거룩한 요구가 만족되어져 인간이 용서를 받을 수 있게 되었다. 하나님과 "하나가"되게 하기 위한 대가를 지불하신 분은 그리스도이다. 속죄는 하나님과 하나됨이다.

IV. 중요한 진리: 속죄

A. 구약의 희생은 그리스도의 속죄의 그림자

1. 속죄의 약속
   a. 십자가는 하나님께서 후에 생각해 내신 것이 아니다. 그것은 하나님의 영원한 계획과 목적으로부터 나온 하나님의 사역이다. 그것은 하나님의 약속의 성취였다. 성경은 이미 "창세로부터 죽임을 당한 어린양"(계 13:8)에 대하여 말하고 있다.
   b. 속죄의 약속은 창세기 3:15에 나온다. 그 약속은 뱀에 대한 하나님의 저주의 말씀에서 나타난다.
   창세기 3:15를 적어 보라. ______________________________

   ____
   c. 이것은 십자가의 승리에서 절정을 이루게 될 투쟁에 대한 예언이었다. 사탄은 "여자의 후손"에 의하여 멸망을 당할 것이었다. 그 후손은 예수 그리스도이다.
2. 속죄의 그림자
   a. 하나님께서 죄있는 인간의 벗은 것을 가리기 위해 가죽옷을 만드셨을 때, 하나님께서는 속죄를 예시하셨다(창 3:21).
   b. 유월절 양의 희생과 집 문설주에 피를 바르는 것은 갈보리의 희생을 가리킨다. 예수님께서는 그의 피를 흘리셨으며 우리의 유월절 양이 되셨다(고전 5:7).

Note

c. 하나님께서 제정하신 구약의 희생제사 속에는 속죄가 묘사되어 있다. 그 모든 시대 동안, 하나님께서는 사람들에게 하나의 큰 "실물 교육"을 주신 것이다. 동물의 피를 흘림으로 백성들은 피흘림이 없이는 그들의 죄를 속할 수 없다는 사실을 생각했을 것이다. 일 년 가운데 하루를 "속죄일"(레 16:29-30)로 분리해 놓았다. 레위기 16장을 읽으라. 그러면 당신은 속죄에 대한 장을 읽게 될 것이다. 그 장에는 속죄라는 말이 열여섯 번 언급되어 있는데 그 단어마다 밑줄을 그어 보라.

d. 동물 희생의 피는 십자가를 기다리는 가운데 단지 이스라엘의 죄를 "덮기만" 할 뿐이었다. 구약의 희생은 단지 인간의 죄를 "속하고" "덮기"위하여 하나님께서 정하신 일시적인 수단인 "제사"였다.

히브리서 10:4를 적어 보라. ______________________________

____

성막의 의미를 알기 위하여 히브리서 9:1-10을 읽으라.

구약의 모든 희생은 그리스도를 가리키는 "그림자"며 "모형"이었으며, 그것들은 그리스도 안에서 성취되었다.

B. 속죄를 담당하신 분

1. 속죄의 중심인물

a. 구약에서는 대제사장이 중심인물이다. 희생 제사를 드리고, 속죄의 피를 지성소에 뿌린 사람은 대제사장이었다.

b. 신약에서는 예수 그리스도가 대제사장이다. 그는 죄를 속하기 위해 희생제사를 드리셨을 뿐 아니라 그 자신이 희생제물이셨다. 그리스도의 피는 분명히 속죄에 필요한 대가이다. 히브리서 9:11에 밑줄을 그어라.

히브리서 9:12를 적어 보라. ______________________________

____

히브리서 9:26에 밑줄을 그어라. 예수님께서는 그의 속죄 사역에 단지 죄를 덮으신 것이 아니고 "죄를 가져가 버리셨다."

2. 죄가 없어야 한다.

a. 구약에서 대제사장은 속죄일에 자기 자신을 물로 씻고 깨끗한 의복을 입었다(레 16:4, 24). 그는 제사를 지내기 위해 자신을 깨끗케 해야 했다. 희생제

물은 흠이 없는 것이어야 했다(레 4:3).

b. 이것은 흠과 점이 없는 우리의 희생이 되시는 그리스도의 그림자였다. 그는 죄가 없었다.

히브리서 4:15를 적어 보라. ______________________________

____

우리의 죄를 속하시기 위하여, 예수님께서는 죄가 없으셔야 했다.

3. 그는 신령해야 한다.

a. 그 속죄는 그리스도의 신성에 기초하고 있다. 예수님께서는 자신의 신성을 주장하셨다. 요한복음 10:17을 적어 보라. ______________________________

____

요한복음 10:18, 28, 30에 밑줄을 그어 보라.

b. 그의 성품과 그의 형상은 그의 신성을 입증했다.

골로새서 1:15를 적어 보라. ______________________________

____

4. 그는 인간과 동일해야 했다.

a. 예수님께서는 육신을 입으시고 죄 없이 인간들 가운데 사셨다. 그는 하나님이자 인간이 되셨다(요 1:14).

b. 자비로운 대제사장이 되시고 화해를 이루시기 위해서 그는 인간과 동질성을 지니셔야 했다.

히브리서 2:17을 적어 보라. ______________________________

____

C. 속죄의 계획

1. 속죄는 구약시대 성도들의 죄를 없이 하였다.

a. 속죄일은 단지 구약시대 성도들의 죄만 가릴뿐이었다. 그리스도의 속죄사역은 "지나간" 모든 죄들을 없애 주었다.

로마서 3:25를 적어 보라. ______________________________

____

b. 그리스도의 희생은 새 언약을 세웠으며 옛 언약 아래에서의 죄악들을 구속하였다.

히브리서 9:15를 적어 보라. ______________________________

Note

2. 속죄는 하나님의 거룩한 계획이다.

a. 예수님의 성육신은 속죄를 위한 것이었다.

로마서 5:8을 적어 보라. ____________________

b. 속죄는 하나님과 인간을 서로 "하나"(at-one)가 되게 하는데 필요했다. 하나님의 사랑은 구속자로 하여금 우리의 죄를 "가리는" 것이 아니고 "없애게"하여 주셨다. "사죄"는 "쫓다, 보내 버리다"는 의미이다. 그리스도의 피 흘림인 속죄는 죄를 용서하는 사건이었다(마 26:28).

시편 103:12를 적어 보라. ____________________

D. 속죄의 목적

1. 속죄는 성경의 중심되는 교리이며, 십자가에서의 그리스도의 전사역을 포함한다.

a. 속죄는 "화해"를 내포한다.

로마서 5:10을 적어 보라. ____________________

고린도후서 5:19에 밑줄을 그어라.

b. 속죄는 "화목 제물"을 내포한다.

요한일서 2:2를 적어 보라. ____________________

c. 속죄는 "구속"을 내포한다.

골로새서 1:14를 적어 보라. ____________________

고린도전서 1:30에 밑줄을 그어라.

d. 속죄는 "칭의"를 내포한다.

로마서 3:28을 적어 보라. ____________________

e. 속죄는 "대속"을 내포한다.

베드로전서 2:24를 적어 보라. ____________________

고린도후서 5:21을 적어 보라. ____________________

f. 속죄는 "희생"을 내포한다.

고린도전서 5:7을 적어 보라. ____________________

히브리서 10:12를 적어 보라. ____________________

2. 속죄의 영역은 무제한적이다.

a. 그리스도의 죽음은 세상의 모든 죄를 위함이었다.

마태복음 20:28을 적어 보라. ____________________

b. 하나님께서는 세상을 구하시기 위하여 그의 아들을 보내셨다.

요한복음 3:17을 적어 보라. ____________________

c. 하나님의 선물은 영생이다.

로마서 6:23을 적어 보라. ____________________

E. 속죄의 능력

1. 그리스도의 속죄는 죄를 정복했다.

a. 오직 한 번의 속죄가 필요했다.

히브리서 9:28을 적어 보라. ____________________

b. 예수님께서는 죄에서 구원하시기 위해 오셨다.

마태 1:21을 적어 보라. ____________________

2. 속죄는 깨끗케 해준다.

a. 그리스도의 피는 우리를 깨끗케 해준다.

요한일서 1:7을 적어 보라. ____________________

Note

b. 속죄는 삶을 변화시킨다. 로마서 12:2에 밑줄을 그어라.

복습

속죄는 모든 그리스도인들에게 몇 가지의 의무를 부과한다. 우리는 죄를 미워해야 한다. 예수님께서 십자가에 못 박힌 것은 우리의 죄 때문이었다. 그는 우리가 "그리스도 안에서 새로운 피조물"이 될 수 있도록 하기 위하여 피를 흘리셨다. 그의 십자가의 죽음은 우리의 구원을 위해 그가 치뤄야 했던 값이었다.

우리는 전 존재를 다하여 주님을 사랑해야 한다. 그가 우리를 살리시려고 천국의 보좌를 버리시고, 우리와 같이 육체를 입으시고, 십자가에서 자기를 내어 놓으시고 죽으셨으니, 우리도 그를 위하여 살아야 하고, 필요하다면 그를 위해 죽기 까지 해야 할 것이다.

우리는 세상에서 주님을 증거해야 한다. 그분은 우리의 구세주이시다. 그분은 우리의 화평이시다. 우리의 소망이시며, 기쁨이시며, 우리의 사랑이시며, 빛이시며, 중보자이시며, 쉼이시며, 영생에 대한 확신이시다. 당신은 그리스도와 "하나"(at-one) 되어 있는가?

예습

1. 스가랴 4:7, 요한복음 1:14-17, 사도행전 4:33; 11:23; 14:3, 로마서 3:21-26; 4:4-5; 4:24-25; 5:2, 20, 고린도후서 12:9, 에베소서 2:1-9, 디도서 3:5-7, 야고보서 4:6, 베드로후서 3:18을 읽어 보라.
2. 속죄에 대한 당신의 기록을 복습하라.
3. 새로운 진리를 배울 때마다 성경에 표시해 보라.

Week 26
은혜

Ⅰ. 서론

대부분 은혜에 대한 성경공부는 좀처럼 하지 않는다. 사람들은 은혜의 의미를 알고 있어서 설명할 필요가 없는 것으로 인식하기 때문이다. 이 주제의 중요성을 간과하는 것은 하나님의 성품을 간과하는 것과 같다.

"은혜" 그리고 "자비로운"이라는 단어는 성경에서 200번 가량 발견되고 있다. 그 단어는 "카리스"(charis)라는 헬라어에서 왔으며, 헬라인들은 그 단어를 좋아했다. 그것은 어떤 사람에게 마음 깊이 끌리는 것을 의미한다. 헬라인들은 다른 사람으로부터 보상이나 호의를 기대하지 않는 관용을 표현하기 위해 그 단어를 사용했다. 그리스도인들은 "선물"이라는 의미를 타나내기 위하여 그 단어를 극히 높였으며, 그것은 곧 "구원의 선물"-"우리를 용서하시고 구원하시는 하나님의 친절과 사랑"을 의미하게 되었다.

오늘날에는 "매력적이고 끌리는 인격-인격을 가진 사람"을 의미하는 뜻으로 어떤 사람이 "카리스마"를 가졌다고 말하곤 한다.

Ⅱ. 중요한 성경 구절

스가랴 4:7, 요한복음 1:14-17, 사도행전 4:33; 11:23; 14:3, 로마서 3:21-26; 4:4-5; 4:24-25; 5:2, 20, 고린도후서 12:9, 에베소서 2:1-9, 디도서 3:5-7, 야고보서 4:6, 베드로후서 3:18.

Ⅲ. 핵심 진리

아마, 이 중요한 성경 용어의 가장 잘 알려진 의미는 그 은혜에 보답하기에는 전적으로 무능한 자들에게 베풀어진 "노력 없이 얻은 사랑" 혹은 "하나님의 사랑"일 것이다. 은혜는 공력이 없는 자들을 위한 하나님의 자유로운 행위이다. 은혜는 하나님의 진노를 받아야 할 자들에 대한 하나님의 선하심을 나타낸다. 그리스도께서 대신 죽으신 사실을 기초로 하여, 하나님의 은혜는 하나님께서 범죄한 죄인들에게 영생이라는 값없는 선물을 주시는 길을 제시해 준다. 우리는 형벌을 받아야 마땅하다. 하나님의 은혜는 형벌을 없이 하고 우리에게 우리가 받을 자격이 없는 구원을 주신다. 그것은 진실로 "아무 노력 없이 얻은 사랑"이다.

Note

Ⅳ. 중요한 진리: 은혜

A. 은혜에 대한 성경적 의미

1. 주님의 은혜로운 말씀들
   a. 은혜의 중요성에 대해서는 예수님께서 책을 펴시고 선지자의 글을 읽으실 때에 언급되어졌다. 나사렛의 회당에서는 예수님이 "요셉의 아들"로 알려졌다. 예수님께서 말씀하실 때에 "그들은 그 입으로 나오는 바 은혜로운 말을 놀랍게"(눅 4:22) 여겼다.
   b. 주님은 그의 말씀을 사모하는 자들에게 은혜를 주신다.
   베드로전서 2:2-3을 적어 보라. ______

2. 은혜에 대한 성경적 정의
   a. 대부분의 학자들은 디도서 3:4-5를 은혜에 대한 성경적 정의로 받아들이다. 더 의미 깊은 다른 성경도 있다. 그러나 이것을 기초적인 정의로 받아들인다.
   디도서 3:4-5를 적어 보라. ______
   b. 은혜는 사랑스럽지 못한 자들에 대한 하나님의 사랑을 나타낸다. 우리가 죄로 죽었을 때에 나타난 하나님의 크신 자비와 사랑이 은혜이다.
   에베소서 2:4-5를 적어 보라. ______

c. 은혜는 긍휼보다 더 앞서는 것이다. 은혜는 하나님 사랑의 표현이다. 바울은 대부분의 그의 서신에서 그 순서를 쓰고 있다. 하나님 아버지와 그리스도 예수 우리 주께로부터 은혜와 긍휼과 평강이 네게 있을지어다(딤전 1:2; 딤후 1:2).

B. 은혜의 통로

1. 은혜는 하나님 아버지로부터 우리에게 임한다.
   a. 은혜는 하나님의 성품을 특징짓는다.
   베드로전서 5:10을 적어 보라. ______________________________

   ____

   야고보서 4:6을 적어 보라. ______________________________

   ____

   b. 은혜는 하나님의 속성이다.
   디모데후서 1:9를 적어 보라. ______________________________

   ____

2. 은혜는 그리스도 예수로부터 우리에게 임한다.
   a. 하나님의 아들이 "은혜와 진리"가 충만하여 우리에게 오셨다.
   요한복음 1:14를 적어 보라. ______________________________

   ____

   b. 요한은 예수 그리스도에 의해서 은혜가 주어졌다고 증거한다(요 1:17).

3. 은혜의 영은 성령을 통하여 임한다.
   a. 은혜의 영에 대한 약속은 스가랴 12:10에 주어져 있다. 그 성경에 밑줄을 그어라.
   b. 은혜에 대한 성경의 정의는 디도서 3:4–5에 나와 있다. 6, 7절을 읽어 보라. 우리는 "우리 구세주이신 예수 그리스도를 통하여 우리에게 풍성하게 내려진 성령에 의하여 새로워졌고 그의 은혜에 의하여 의로워졌다." 이것은 아버지와, 성령과, 예수 그리스도와 은혜에 대한 총괄적인 언급이다. 디도서 3:6–7에 밑줄을 그어 보라.

C. 은혜로 주어지는 구원

1. 은혜는 행동으로 나타난 하나님의 사랑과 긍휼이다.
   a. 하나님께서는 그의 아들을 십자가에 죽게 하심으로 사랑과 긍휼을 보여 주셨다.
   요한복음 3:16을 적어 보라. ______________________________

Note

b. 각 행의 첫 글자를 합하면 은혜가 된다.

God's(하나님)

Riches(부요)

At

Christ's(그리스도)

Expense(희생)

모든 믿는 자들은 그리스도께서 모든 값을 다 지불하셨기 때문에 하나님의 부요를 소유하게 되었다.

2. 우리는 하나님의 은혜에 의하여 의롭다하심을 얻었다.

   a. 인간으로 하여금 의롭다하심을 입고 하나님과 화평을 누리게 하기 위해 하나님께서는 인간을 은혜로 대하셨다(딛 3:7).

   로마서 3:24를 적어 보라. ____________________

   ____

   b. 죄 용서하심은 그의 은혜에 의한 것이다.

   에베소서 1:7을 적어 보라. ____________________

   ____

   에베소서 1:8에 밑줄을 그어 보라.

3. 우리는 은혜로 구원받았다.

   a. 우리를 향한 하나님의 친절은 은혜이다.

   에베소서 2:7을 적어 보라. ____________________

   ____

   에베소서 2:4-5에 밑줄을 그어라.

   b. 에베소서 2:8-9은 은혜와 신앙에 대한 중요한 성구이다.

   그 성구를 적어 보라. ____________________

   ____

   이제 이 두 구절을 암기하라.

4. 하나님의 은혜는 충분한다.

   a. "육체에 가시 곧 사탄의 사자"(고후 12:7-8)는 바울로 하여금 너무 자고하지 않게 했다.

b. 주님의 대답은 모든 그리스도인들에게 매우 충격적인 것이다.

고린도후서 12:9를 적어 보라. ______________________________

____

D. 하나님 은혜의 현현

1. 은혜는 풍성하다.

a. 주님은 우리가 약할 때에 강하게 하실 수 있다.

디모데전서 1:14를 적어 보라. ______________________________

____

b. 은혜는 인내를 가져 온다. 벧전 2:19–20에서 당신은 "부당하게 고난을 받아도 하나님을 생각함으로 슬픔을 참으면 이는 아름다우나"라는 말씀을 읽을 수 있다.

2. 은혜는 의를 다른 사람에게 돌리게 된다.

a. 하나님의 은혜의 의하여 하나님의 의가 그리스도를 영접하는 누구에게든지 주어진다.

로마서 4:4–5를 적어 보라. ______________________________

____

____

b. 예수 그리스도를 통하여 우리는 그의 은혜에 접근하게 된다.

로마서 5:2를 적어 보라. ______________________________

____

3. 은혜는 새 성품을 만들어낸다.

a. 우리가 구원 받을 때, 우리는 새 사람이 된다.

에베소서 2:10을 적어 보라. ______________________________

____

b. 우리는 마음이 새로워진다.

에베소서 4:24를 적어 보라. ______________________________

____

4. 은혜는 교훈을 준다.

a. 그리스도인은 영적인 일들을 배울 수 있다. 우리를 구원하는 은혜는 또한 우리에게 영적 진리를 가르치기도 한다.

디도서 2:11–12를 적어 보라. ______________________________

Note

b. 우리는 은혜로 말하게 된다.

에베소서 4:29를 적어 보라. ______

E. 은혜의 시대

1. 그리스도의 성육신 이전에도 은혜는 존재했다.
   a. 성경에서 은혜에 대해 처음 언급한 내용은 창세기 6:8에 있다. "노아는 여호와께 은혜를 입었더라"
   b. 모세는 주님 앞에서 은혜를 입었다(출 33:12).

      출애굽기 33:17을 적어 보라. ______

   c. 성경 전체를 통하여, 하나님의 은혜에 대한 언급이 있다.
2. 신약시대와 구약시대의 차이
   a. "두 시대 사이의 차이는 은혜가 있고, 없고의 차이가 아니다. 차라리 오늘날은 은혜가 지배하는 시대라고 볼 수 있다"(스코필드 주석).

      로마서 5:21을 적어 보라. ______

   b. 구약 아래에서는 양이 목자를 위해 죽었으나, 신약에서는 목자가 양을 위하여 죽었다(요 10:15).
   c. 바울은 "하나님의 은혜의 경륜"(엡 3:2)에 대해 말한다. 그는 옛 원리로부터 은혜의 원리로 바뀐 구원에 대해 말하는 것이다.

      로마서 6:14를 적어 보라. ______

   d. 이방인들에 대한 사역은 모두가 은혜였다.

      에베소서 3:8을 적어 보라. ______

F. 은혜와 그리도인의 성장

1. 구원은 은혜에 의한 것이며, 다음에 성장이 있다.

a. 구원은 은혜의 행위이다(행 15:11). 우리는 하나님과 더불어 은혜의 관계로 성장해 갈 수 없다. 공로가 은혜를 가져오지 못한다. 은혜는 하나님의 아들에 대한 우리의 믿음의 결과로 주어지는 하나님의 선물이다.

b. 우리가 은혜로 구원을 경험했으면, 은혜 안에서 자라가야 한다.
베드로후서 3:18을 적어 보라. ____________________

____

2. 은혜는 그리스도인의 성장의 기초이다.

a. 은혜의 표지가 그리스도인의 삶에서 분명하게 나타나야 한다. 은혜의 표지는 우리 속에 풍성히 거해야 할 하나님의 말씀을 공부하는 데서 오게 된다.
골로새서 3:16을 적어 보라.

b. 은혜는 우리의 언어를 변화시킨다.
에베소서 4:29를 적어 보라. ____________________

____

골로새서 4:6을 적어 보라. ____________________

____

c. 은혜는 우리로 담대히 기도하게 한다. 히브리서 4:16에 밑줄을 그어라.

d. 은혜는 주의 사역을 위해서 우리의 태도를 변화시킨다. 드리는 것(주는 것)은 은혜이다.
고린도후서 8:7을 적어 보라. ____________________

____

고린도후서 9:7–8에 밑줄을 그어라.

e. 은혜는 모든 필요에 대해 위로와, 소망과, 힘을 준다. 데살로니가후서 2:16–17에 밑줄을 그어라.

복습

은혜는 하나님의 것이다. 우리는 은혜를 만들 수도 없고, 은혜를 얻기 위하여 일할 수도 없다. 우리가 그리스도를 영접할 때에 "그 은혜에 의하여 믿음으로 말미암아 구원을 받았으니 이것은 너희에게서 난 것이 아니요 하나님의 선물이라"(엡 2:8–9)고 바울은 말한다. 은혜는 하나님께서 우리 심령 속에 역사하시는 것이며, 신앙은 우리 쪽에서의 반응이다. 구원은 은혜의 행위이다.

우리가 은혜 안에서 자라갈 때, 우리 자신의 자아와 자존심이 작아지기 마련이다. 우리는 "주 앞에서 겸손해야 한다. 그러면 그가 높여 주실 것"이다. 은혜는 생활 속에서 하나의 실재며, 힘이다. 우리는 그리스도인으로서, "그리스도의 희생으로 하나님의 부요"를 모두 가졌다는 것을 깨달아야 한다. 은혜는 우리에 대한 하나님의 사랑이다. 우리에 대한 하나님의 호의이다. 우리는 받을 만한 아무 가치가 없는 자들이다. 그는 용서와, 구원과, 영생을 그리스도를 구세주로 영접하는 모두에게 주신다. 오는 여러 세대에, 그리스도 예수 안에서 우리에게 자비하심으로써 그 은혜의 지극히 풍성함을 나타내실 것이다(엡 2:7). 성경의 마지막 구절은 "주 예수의 은혜가 모든 자들에게 있을지어다. 아멘"(계 22:21)이라고 기록되어 있다.

Note

예습

1. 출애굽기 20:1-26; 21:1-24:11; 24:12-31:18, 마태복음 5-7장, 요한복음 1:17, 사도행전 15:1-31, 로마서 3:21-31; 7:4; 10:3-10, 갈라디아서 2:19; 3:13-25; 5:16-18, 디모데전서 1:9-10을 읽어 보라.
2. 은혜에 대한 기록을 복습하라.
3. 새로운 진리를 배울 때마다 성경에 표시해 보라.

Week 27
율법과 은혜

Ⅰ. 서론

이 주제는 성경에 분명하게 언급되고 있다. 그런데도 이것은 그리스도인의 신앙 영역에 있어서 가장 많이 논의되고 오용되고 있는 문제 가운데 하나다. 어떤 사람들은 은혜가 더 풍성해지기 위해서는 죄가 더 넘쳐야 한다고 말한다. 이것은 사람들이 성경을 모르기 때문에 하는 말이다. 그리고, "율법주의"아래 사는 사람들이 있는데, 그것은 율법에 대한 "그들 자신의 해석"을 나타내는 또 다른 언어다.

두 견해 모두 잘못되었다. 성경은 우리가 살고 있는 시대, 은혜의 시대, 교회 시대에 대하여 분명하게 말하고 있다.

지난 주 "은혜"를 다루었다. 이 과에서 우리는 "율법과 은혜"를 둘 다 생각해 보겠다. 그 차이점은 무엇인가? 이 주제는 오늘날 교회 시대에 우리에게 어떤 영향을 미치는가? 율법이 주어진 이유는 무엇인가? 율법의 목적은 무엇인가? 성경이 그 해답을 준다.

Ⅱ. 중요한 성경 구절

출애굽기 20:1–26; 21:1–24:11; 24:12–31:18, 마태복음 5–7장, 요한복음 1:17, 사도행전 15:1–31, 로마서 3:21–31; 7:4; 10:3–10, 갈라디아서 2:19; 3:13–25; 5:16–18, 디모데전서 1:9–10.

Ⅲ. 핵심 진리

율법의 목적은 결코 구원에 있지 않았다. 율법은 우리를 "그리스도께로 인도하는 초등교사"(갈 3:24)였다. 율법은 인간의 죄악성과 부적합성을 드러내 준다. 율법은 인간이 자신을 도덕적으로나 영적으로 측정할 수 있는 완전한 기준을 제시했다. 율법에서 인간은 하나님의 완전하심과 인간의 불완전을 보게 된다.

Note

"초등교사"라는 말은("아이의 지도자"라는 헬라어 "파이다고고스")아이들을 돌볼 책임을 맡은 노예들에 대한 말이다. 아이들이 학교의 교사에게(디다스칼로스) 인계되는가를 보는 것이 그들의 책임이었다. 바울은 우리가 구원받도록, 가장 큰 교사이신 예수 그리스도에게로 우리를 데리고 가는 일에 대하여 "아이의 인도자", "학교 교사"(파이다고고스)와 동일한 비유적 표현을 쓰고 있다. 교사에게 인도된 이후에는(그리스도를 의미함) 더 이상 "아이의 인도자", "파이다고고스"가 필요 없다. 바울은 "믿음이 온 후로는 우리가 초등교사 아래에 있지 아니하도다"(갈 3:25)고 말했다.

Ⅳ. 중요한 진리: 율법과 은혜

A. 율법의 목적

1. 죄의 깨달음

 a. "율법으로는 죄를 깨닫게"(롬 3:20)되기 때문에, 율법은 인간이 죄가 무엇인지를 알 수 있도록 주어진 것이다.

 b. 바울은 "율법으로 말미암지 않고는 내가 죄를 알지 못하였으니"라고 했다. 로마서 7:7을 적어 보라. ______________________________

____

2. 죄의 선포

 a. 율법은 "모든 입을 막도록" 주어졌다.
 로마서 3:19를 적어 보라. ______________________________

____

 b. 하나님의 율법은 인간을 정죄한다. 다윗은 이것을 시 14:2–3에서 밝히고 있다. 성경에 밑줄을 그어라.
 로마서 3:10을 적어 보라. ______________________________

____

3. 드러나는 죄의 본성

 a. 바울은 율법의 영향에 대한 자신의 개인적인 간증을 하고 있다(롬 7:7–14). 바울은 회심했을 때, 율법에 대한 새로운 깨달음을 얻게 되었다.
 그는 "전에 율법을 깨닫지 못할 때에는 내가 살았더니 계명이 이르매 죄는 살아나고 나는 죽었도다"(롬 7:9)고 했다.

b. 율법은 하나님으로부터 온 것이며 거룩한 것이다.

로마서 7:12를 적어 보라. ____________________

____

c. 죄는 율법의 기준으로 볼 때에 극도로 죄악스러운 것이다.

로마서 7:13을 적어 보라. ____________________

____

B. 그런즉 율법은 무엇인가?

1. "왜 율법을 섬기는가?"

a. 갈라디아서 3:19에서는 "율법은 무엇이냐"라고 묻는다.

b. 율법은 "범법함으로 더하여진 것"이다. 무엇에 더한 것인가? "더하다"는 동사는 율법이 그 무엇에 더해졌다는 것을 가리키며, 바울은 그가 갈라디아서 3장의 첫 부분에서 말한 것 때문에 그에 대한 해답을 주고 있다.

c. 갈라디아서 3:6–8에서 바울은 구약 뿐 아니라 신약의 성도들 모두가 율법이 아닌 은혜로 구원받았다고 말하며, 아브라함도 하나님을 믿으매 그것이 그의 의로 여김을 받았다.

갈라디아서 3:7과 8절을 적어 보라. ____________________

____

2. 아브라함에게 하신 하나님의 언약과 약속이 처음의 것이었다.

a. 율법은 아브라함과의 언약에 더해졌다. 바울은 아브라함에게 주어졌던 언약과 약속은 율법보다 430년 앞섰다고 말했다. 하나님께서는 아브라함과 그 후손에게 율법이 주어지기 430년 전에 구원의 길을 주셨다.

갈라디아서 3:17을 적어 보라. ____________________

____

b. 하나님께서는 약속하셨고 그것을 지키셨다.

갈라디아서 3:18을 적어 보라. ____________________

c. 율법이 하나님의 언약과 약속에 "더해졌으며", 그것은 약속하신 자손이 "오시기까지" 있을 것이다(갈 3:19).

d. "약속하신 자손이 오시기까지"그 자손은 아브라함의 후손이신 그리스도이다.

갈라디아서 3:16을 적어 보라. ____________________

당신의 성경에도 밑줄을 그어라.

e. "하나님 앞에서 아무도 율법으로 말미암아 의롭게 되지 못할 것"이다. 바울은 이 사실을 갈라디아서 3:11에서 썼다. 이 사실을 실증하기 위해 그는 하박국 2:4를 인용한다. 곧 "의인은 믿음으로 말미암아 살리라"는 것이다. 갈라디아서 3:11에 밑줄을 그어라.

3. 왜 하나님께서는 율법을 주셨는가?

a. 율법은 우리가 얼마나 죄악스러운가를 볼 수 있게 하기 위해 주어졌다. 율법은 우리가 그리스도 없이는 우리의 삶이 얼마나 평탄할 수 없는지를 볼 수 있도록 해주는 하나의 다림줄이다. 다림줄은 어떤 것을 바르게 만들어 주지는 않지만 어떤 것이 굽었다는 사실은 밝혀 준다. 아모스 7:7-8, 이사야 28:17에 밑줄을 그어라.

율법은 우리가 우리의 죄악됨을 볼 수 있게 하기 위하여 우리의 범죄함을 인하여 주어졌다.

b. 두 번째로, 바울이 말하기를 율법의 기준에 의하여 죄인으로 발견된 우리 모두가 아브라함의 후손인 예수 그리스도 안에서 신앙을 통하여 구원을 받도록 율법이 우리에게 주어졌다고 했다. 율법은 인간의 마음속에 죄의식과, 구세주에 대한 필요를 심어주었다. 율법은 구원할 수 없었다(갈 3:21). 율법은 우리의 죄악성과 우리의 상실을 밝히 드러내준다.

c. 율법 안에서 우리는 예수 그리스도의 용서를 발견하게 된다. 버려진 상태에 대한 인식이 없이 우리는 용서도 구할 수 없고 구세주로서의 그리스도의 참 의미를 결코 알 수 없다.

C. 율법 아래 태어나신 예수님

1. 율법 아래서 태어나신 예수님은 율법에 온전히 복종하셨다.

a. 그는 율법 아래 태어나셨다.

갈라디아서 4:4를 적어 보라. ____________________

____

b. 그는 할례를 받으셨고, 유대의 성전에서 주 하나님께 보이셨다. 율법에 따라 비둘기로 희생을 드리셨다(눅 2:21-24).

Note

2. 예수님께서는 율법을 완성하러 오셨다. 율법을 파괴시키려고 오신 것이 아니다(마 5:17).

a. 그는 율법에 완전히 복종했다(마 3:17; 17:5, 눅 2:39).

b. 그는 율법 아래서 선조들에게 주어졌던 약속들을 견고히 했다(롬 15:8).

c. 그는 자신의 생애와 희생적인 죽음에 의하여 모든 형태의 율법을 완성시키셨다(히 9:11-26). 모든 성구들을 읽으라.

d. 그는 아브라함에게 하신 언약의 축복이 모든 믿는 자들에게 미칠 수 있게 하기 위하여 인간을 율법의 저주로부터 구원하셨다.

갈라디아서 3:13-14를 적어 보라. ______________________________

e. 그는 그의 피로 인하여 새 언약의 중보가 되셨다(히 8:6-13).

D. 율법 이전과 이후

1. 율법 이전

a. 율법이 있기 전에는 범죄함이 없었다. 존재하지 않는 것을 거역할 수는 없는 것이다. "범죄"(transgression)라는 단어는 "trans"라는 말과 "gresso"라는 단어가 합쳐져-그리하여 "지나쳐 가다"("to go beyond")라는 의미가 됨-나온 것이다. 성경은 이 점에 대하여 분명하게 언급한다.

로마서 4:15를 적어 보라. ______________________________

____

b. 이 점에 대하여 우리 모두의 마음속에는 의문점이 있다. "율법이 있기 전에는 죄악이 없었는가?"하는 질문이다. 죄가 있었다. 율법이 있은 후와 같이 사악하고 끔찍했다. 인간은 자기 죄의 심각성을 깨닫지 못했으며, 하나님께서는 죄의 심각성을 밝혀 주시기 위하여 율법을 주셨다. 항상 도덕적으로만 잘못되었던 죄가 이제는 법적으로도 잘못되게 된 것이다.

c. 율법은 죄가 하나님께 대하여 범죄하는 것이라는 사실을 밝히 드러내 주었으며, 죄인에게 자신의 구원의 필요성을 절감하게 했다. 바울은 "죄가 율법 있기 전에도 세상에 있었으나 율법이 없었을 때에는 죄를 죄로 여기지 아니하였느니라"(롬 5:13)고 했다. 죄는 율법 이전에도 세상에 있었다. 죄에 주어진 유일하고, 특수한 형벌은 일반적으로 죽음이라는 형벌이었다. 그것은 하나님께서 아담에게 "네가 그것을 먹는 날에는 반드시 죽으리라"고 하실 때 정해진 사실이다. 살인, 도둑질, 간음 등의 특정적인 죄들에 대한 율법은 없었다. 오직 사망이라는 형벌만이 선포되었다.

Note

2. 율법 이후

a. 율법이 세부적인 지시와 그에 따르는 특정적인 형벌로 하나님으로부터 주어졌다. 율법은 하나님께서 그것을 주시기 전에는 결코 알지 못했던 범죄의 속성을 밝히 드러내 주었다.

율법이 죄를 만들어 내는 것이 아니고 율법 자체가 죄도 아니다. 그것은 죄의 극악한 상황을 보여 주기 위해 주어진 것이다.

b. 율법은 죄의 참 속성을 보여 주었다. "율법이 들어온 것은 범죄를 더하게" 함이었다(롬 5:20).

c. 율법은 인간의 심령 속에 있는 죄를 선동시켰다.

로마서 7:5를 적어 보라. ______________________________

____

"역사"라는 단어에 유의해 보라.

바울은 율법이 죄로 역사하게 한다고 했다. 율법 이전에도 동일한 죄가 저질러졌지만, 그것들은 그 죄들을 정죄하고 밝히 드러내주는 율법에 의하여 선동된 것이 아니었다. 율법이 죄를 선동했다. 그리고 그 후 정죄되기 때문에 죄의식을 느끼게 되었다.

한 좋은 예를 들어 보자. 부모가 자녀에게 다락방에 들어가지 말라고 금지시킬 수 있다. 그때까지는 아이에게 다락방이 흥미의 대상이 아니었다. 그러나 이제는 부모가 아이의 호기심을 선동시킨 것이다. 곧 왜 그곳에 들어가서는 안 되는지 알고 싶어진 것이다. 부모는 아이가 전에는 생각해 본 적이 없는 어떤 것을 "역사하게"한 격이 된다. 그 지시는 잘못된 것이 아니다. 그러나, 그것은 유혹을 불러일으켰다. 이제 다시 로마서 7:5를 읽어 보라. 그것은 새로운 의미를 가지고 있다. 그렇지 않은가?

d. 율법은 구원받은 자들에게가 아니라(성도들) 죄인들에게 주어진 것이다. 바울은 분명하게 이 진리를 언급하고 있다. 디모데전서 1:5-8을 읽고 9절을 써 보라.

3. 그리스도인과 율법

a. 그리스도인은 율법 아래 있지 않다. 로마서 6:14를 찾아보고 밑줄을 그어라.

- 로마서 6:15

- 갈라디아서 5:18
- 고린도전서 9:20

b. 그리스도인은 구원받는 수단으로서 율법 아래에 있지 않다. 로마서 3:20에 밑줄을 그어라. "율법의 행위로 그의 앞에 의롭다 하심을 얻을 육체가 없나니"라고 말씀한다. 로마서 6:14과 갈라디아서 3:12를 다시 읽으라.
로마서 8:3-4에 밑줄을 그어라.
사도행전15:1-11을 읽으라.

c. 그리스도인은 율법으로부터 구원을 받았다.
로마서 10:4에 밑줄을 그어라.
고린도후서 3:6-18을 상세하게 읽으라. ______________________________

복습

- 율법은 금지한다- 은혜는 초대하고 준다.
- 율법은 죄인을 정죄한다- 은혜는 죄인을 구원한다.
- 율법은 "하라"고 말한다- 은혜는 "이미 이루어졌다"고 말한다.
- 율법은 정죄한다- 은혜는 축복한다.
- 율법은 가장 선한 사람에게 유죄를 선고한다- 은혜는 가장 악한 사람에게 구원을 선포한다.
- 율법은 죄를 드러내 준다- 은혜는 죄를 대속한다.
- 율법은 모세에 의해 주어졌다- 은혜와 진리는 예수 그리스도에 의하여 주어졌다.
- 율법은 복종을 명령한다- 은혜는 복종할 수 있는 능력을 준다.
- 율법은 돌비에 새겨졌다- 은혜는 심령에 새겨졌다.
- 율법은 그리스도 안에서 폐하여 졌다- 은혜는 영원히 존재한다.
- 율법은 "범죄하는 영혼은 정녕 죽으리라"고 말한다- 은혜는 "믿으면 살리라"고 말한다.

예습

Note

1. 로마서 3:21–28; 4:1–7; 8:3–4; 10:1–10, 고린도전서 1:29, 고린도후서 5:21, 빌립보서 3:7–9, 야고보서 2:23(더 많은 성구들이 있을 것이다. 그러나 먼저 위 성구들을 읽으라)을 읽어 보라.
2. 율법과 은혜에 대한 당신의 기록을 복습하라.
3. 새로운 진리를 배울 때마다 성경에 표시해 보라.

Week 28
의로움

Ⅰ. 서론

의로움은 예수 그리스도를 통한 하나님의 선물이다. 인간은 의로운 것과는 거리가 멀다. 성경은 인간의 죄악상과 하나님의 의에 대하여 선포한다.

따라서 "의"는 예수 그리스도를 통한 하나님의 구속사역으로 믿음을 통해서 모든 사람에게 주어지는 것이다. 구원의 계획에 응답함으로 인간은 하나님께 받아들여지고 인정되었다.

인간의 "선"에 대한 가르침은 단지 인간 심령의 죄악성을 지적해 줄 뿐이다. 성경은 "의인은 없나니 하나도 없다"고 말씀한다(롬 3:10).

의로움과 칭의는 성경에서 구별되지 않고 사용된다. 칭의는 그리스도의 구속사역을 통한 것이다. 그것은 공력에 의한 것이 아니고 믿음에 의한 것이며, 하나님께서 그것에 의하여 예수 그리스도를 믿는 사람을 의롭다고 정당하게 선포하실 수 있는 하나님의 공정한 행위다. 의로움과 진리는 그리스도인 삶에서 필수적으로 이해해야만 하는 중요한 개념이다.

Ⅱ. 중요한 성경 구절

로마서 3:21-28; 4:1-7; 8:3-4; 10:1-10, 고린도전서 1:29, 고린도후서 5:21, 빌립보서 3:7-9, 야고보서 2:23.

Ⅲ. 핵심 진리

하나님의 은혜 역사에 의하여 하나님의 의가 믿는 죄인에게 주어지고, 그의 것으로 여겨지고, 그에게 돌려졌다(모두 "전가되다"는 의미). 의는 그 성품이 올바른 것을 요구하다. 하나님께서는 결코 올바르지 못한 것을 요구하시지 않으며 우리에게 잘못된 것을 하도록 가르치시지 않는다(히 1:8-9). 하나님의 의는 오직 예수 그리스도를 구세주요, 주님으로 영접함으로써만 얻을 수 있는 것이다.

Note

Ⅳ. 중요한 진리: 의로움

A. 하나님의 의로우심

1. 하나님께서는 의를 사랑하시고 죄를 미워하신다.
   a. 하나님께서는 불의를 받아들이실 수도 없고 받아들이시지도 않는다.
   신명기 25:16을 적어 보라. ______________________________

   ____

   b. 하나님의 진노는 불의를 대적하여 나타난다.
   로마서 1:18을 적어 보라. ______________________________

   ____

2. 의와 불의는 함께 섞일 수가 없다.
   a. 둘 사이의 교제는 불가능하다.
   고린도후서 6:14를 적어 보라. ______________________________

   ____

   b. 하나님께서는 불의를 심판하신다. 불의는 하나님의 속성에 반대되는 것이다. 로마서 3:5-6에 밑줄을 그어라.
3. 하나님의 성품은 의로우시다.
   a. 하나님은 의의 근원이시다.
   로마서 1:17을 적어 보라. ______________________________

   ____

   b. 하나님은 모든 요구에 있어서 의로우시다.
   로마서 3:21을 적어 보라. ______________________________

B. 인간의 불의

1. 성경은 인간의 죄에 대하여 선포한다.
   a. 하나님께서 가장 의로우시다는 성경의 계시와 더불어, "우리의 의는 다 더러운 옷" 같다는 말씀이 있다.
   이사야 64:6을 적어 보라. ______________________________

b. "의인은 없나니 하나도 없도다." 로마서 3:9–18에서 바울은 인류의 죄악된 상태를 선포하다. 이 구절은 타락한 인간의 참 본성을 보여 준다.
로마서 3:10–11을 적어 보라. ______

2. 인간의 심령은 악하다.
a. 인간의 심령은 아주 악하다. 사탄은 인간의 심령이 "본래 선하다"는 거짓을 퍼뜨릴 수 있는 모든 계획을 고안해 냈다. 그러나 성경은 그 반대 사실을 말씀한다.
예레미야 17:9를 적어 보라. ______

b. 육체의 마음은 하나님을 대적한다. 로마서 8:5–8을 읽고, 7–8절을 적어 보라. ______

3. 자기 의는 구원을 가져올 수 없다.
a. 인간 편에서는 항상 "선해지고" 하나님께서 인정하실 수 있는 성품을 이루고자하는(율법 아래서와 같이) 많은 헛된 노력이 있어 왔다. 바울은 빌 3:4–8에서 그의 간증을 통해서 이 사실에 대한 확실한 예를 보여 준다.
8절을 적어 보라. ______

b. 인간들은 지금도 계속 "그들 자신의 의를 세우려고"하다. 인간들은 자기 자신의 의를 나타내기 위해서, 한 가지 "선한" 일에서 또 다른 선한 일로 바쁘게 전전하다. 그들은 존재에서 결핍된 것을 행함으로 메꾸려고 하다. 자기 의에 대한 중요한 성구 가운데 하나는 로마서 10:3이다.
로마서 10:3을 적어 보라. ______

c. "사람이 성내는 것이 하나님의 의를 이루지 못하다"(약 1:20).

C. 의의 기초

1. 하나님의 의는 그리스도 예수 안에 있다.
a. 우리는 의롭지 못하다. 하나님께서 인정하시고 요구하시는 모든 의는 그리스도 예수

그의 아들 안에서 발견된다. 그는 모든 요구를 충족시키셨고 그 의를 나타내셨다(롬 3:21).

Note

로마서 3:22를 적어 보라. ______

b. 예수 그리스도는 우리에게 의로움이 되셨다.

고린도전서 1:30을 적어 보라. ______

2. 의로움은 하나님의 선물이다.

a. 한 사람에 의하여 죄가 세상에 들어 왔듯이(첫 아담) 예수 그리스도 안에서(둘째 아담) 의의 값없는 선물이 왔다.

로마서 5:17을 적어 보라. ______

로마서 5:12, 15에 밑줄을 그어라.

b. 그리스도는 믿는 모든 자들에게 하나님의 의가 되신다.

로마서 10:4를 적어 보라. ______

로마서 10:9를 적어 보라. ______

3. 우리가 의로움을 입을 수 있게 하기 위하여 예수님께서 죄를 짊어 지셨다.

a. 고린도후서 5:14–15에 밑줄을 그어라. 죄를 모르셨던 예수님께서 우리를 위하여 죄인이 되셨다.

고린도후서 5:21을 적어 보라.

b. 예수님께서는 온 세상을 위한 속죄 제물이 되셨다. 우리가 그리스도를 영접할 때에 하나님께서는 그 사람을 그리스도와 함께 죽은 것으로 보신다.

로마서 6:6을 적어 보라. ______

c. 예수님께서는 우리를 위해 죽으셨다. 그는 모든 사람의 죽음을 맛보셨다.

히브리서 2:9를 적어 보라. ______

4. 하나님의 의가 모든 믿는 자들에게 주어졌다.

a. 그리스도 안에서 믿는 자는 그리스도의 몸의 지체가 된다.

고린도전서 12:13을 적어 보라. ______________________________

____

____

b. 하나님께서는 그의 아들 예수 그리스도를 통하여 성도를 보신다. 그리하여 죄의 용서가 정당화되었다. 그리스도는 그의 흘리신 피로 의로우신 하나님의 요구를 충족시키셨다. 예수님께서는 하나님께서 요구하신 만족한 상태인 "화목제물"이 되셨다. 화목제물은 하나님의 의를 만족시키고 하나님의 용서를 가능하게 해준다.

로마서 3:25를 적어 보라. ______________________________

____

c. 예수님께서는 성도들을 위한 의로우신 변호자이시다.

요한일서 2:1을 적어 보라.______________________________

____

요한일서 2:2를 적어 보라. ______________________________

____

d. 그리스도는 하나님의 의로움이시다. 그러므로 구원받은 자들은 하나님의 의가 되었으며, 그것은 공력에 의하여 증가되거나, 과오로 삭감되어지는 것이 아니다(고후 5:21).

e. 공력은 의를 이루지 못한다–오직 예수 그리스도에 대한 믿음만으로 가능하다.

로마서 4:5를 적어 보라. ______________________________

____

로마서 4:6에 밑줄을 그어라.

5. 그리스도인들은 그리스도 안에서 하나님의 의가 되었다.

a. 성도는 그리스도 안에서 완전하다. 바울은 그의 서신 전체에서 "그리스도 안에서"라는 말을 쓰고 있다.

골로새서 2:9–10을 적어 보라. ______________________________

____

b. 에베소서와 빌립보서에서 성도는 "그리스도 안에"있다고 말하는 구절에 밑줄을 그어라.

에베소서 1:1

1:3

1:4

2:6

2:10

2:13

2:21

2:22

3:6; 4:15

5:8; 6:10

빌립보서 1:1

1:3

1:14

2:5; 3:3

3:14; 4:1

c. 우리가 성경에서 보는 성도의 의로움은 "어떤 것"이 아니고 "어떤 분"이다.

Note

D. 그리스도 안에서의 발견되는 믿음에 의한 의로움

1. 하나님의 의는 그리스도 안에서의 믿음에 의해서 얻어진다.

a. 그리스도 안에서의 신앙은 자기 의를 제하여 버린다.

빌립보서 3:9를 적어 보라. ____________________

____

b. 복음은 구원과 하나님의 의에 이르게 하는 하나님의 능력을 가지고 있다.

로마서 1:16-17을 적어 보라. ____________________

____

c. 로마서 3:22에 밑줄을 그어라.

2. 아브라함은 좋은 본보기였다.

a. "아브라함이 하나님을 믿으매 그것이 그에게 의로 여겨진 바 되었느니라"(롬 4:3).

b. 아브라함의 신앙은 강했다.

로마서 4:13, 16, 19, 20에 밑줄을 그으시오.

E. 하나님의 의가 그리스도인의 삶에서 분명해야 하다.

1. 육보다 영이 우선되어야 하다.

a. 영과 육의 싸움은 우리의 삶 속에서 계속 일어나고 있다.

로마서 8:5를 적어 보라. ______________________________

____

b. 영적인 것은 사람들을 예수께로 이끄는 삶의 방법이어야 하다.

로마서 8:10을 적어 보라. ______________________________

____

2. 성령께서는 성령의 열매와 길을 만들어 주신다.

a. 성령의 열매는 그리스도인의 성품의 한 부분이고, 갈라디아서 5:22–23에서 말하는 은혜의 나타난다.

갈라디아서 5:22, 23을 적어 보라. ______________________________

____

b. 우리의 걸음은 성령 안에서 걷는 걸음이어야 하다.

갈라디아서 5:25–26을 적어 보라. ______________________________

____

3. 의로운 삶은 구원의 결과여야 한다.

a. 그리스도인은 그리스도를 영접함으로 의로와졌기 때문에 하나님의 은혜에 의하여 의롭게 살 수가 있다.

요한일서 3:7을 적어 보라. ______________________________

____

b. 우리는 첫째 것을 먼저 찾아야 한다.

마태복음 6:33을 적어 보라. ______________________________

____

이 구절을 암기하고 매일의 생활에서 적용하라.

복습

그리스도께서 십자가에서 돌아가셨을 때, 그것은 하나님의 의에 대한 가장 큰 증거였다. "지나간" 죄들은 지나가 버린 것이며, 하나님께서 그것들을 "눈감아 주시거나," "간과해" 버리신다. 그러나 십자가에서 그 모든 대가를 치루셨다. 오직 우리 구세주이신 그의 아들의 대속의 죽음에 의하여 의로우신 세상의 최고 창조주의 과거와 현재와 미래를 의롭다고 하실 수 있었다.

Note

하나님께서 십자가를 미리 아셨기 때문에 그리스도의 죽음 이전에 모든 과거를 "간과하실 수" 있었다(롬 3:25).

모든 미래의 용서도 십자가를 뒤돌아봄으로써만 의로울 수가 있다(롬 3:26).

모든 현재의 불의도 그의 씻어 주심으로 말미암아 의로워질 수 있다(요일 1:9).

과거, 현재, 미래가 십자가에서 만난다(롬 5:8). 하나님의 의는 예수 그리스도의 복음에 계시되어 진다(롬 1:17).

그러므로 우리들 가운데 어느 누구도 의롭지 못하다. 의는 하나님의 것이다. 만약 우리가 그의 아들을 영접했으면, 그때 하나님께서는 우리 속에서 "그리스도 안에 있는 하나님의 의"를 보신다.

예습

1. 요한복음 6:37; 10:27–28; 14:27; 16:33; 19:30; 20:19–31, 로마서 1:7; 5:1; 8:31–39; 16:20, 고린도전서 1:3, 고린도후서 6:10, 갈라디아서 5:22–23, 에베소서 2:12–17, 빌립보서 1:6; 4:7, 골로새서 1:20; 2:2, 13; 3:4, 데살로니가전서 1:5; 5:23, 디모데후서 1:12, 디도서 2:13, 히브리서 2:18; 3:6, 14; 6:11; 7:25; 10:22; 12:24; 13:5, 베드로전서 1:4, 5, 23, 베드로후서 1:4; 3:14; 요한일서, 유다서 1:24, 25를 읽어 보라.
2. "의로움"에 대한 당신의 기록을 복습하라.
3. 새로운 진리를 배울 때마다 성경에 표시해 보라.

Week 29

확신과 평화

Ⅰ. 서론

확신은 예수 그리스도에 대한 신앙을 통하여 얻어지는 하나님의 선물이다. 세상은 이 선물을 장래의 모든 것이 형통함을 의미하는 마음의 화평이라고 부른다. 심리학에서는 그것을 모든 갈등으로부터 자유로운 인격으로 규정한다. 성경은 이 확신의 선물을 하나님께 대한 개인의 인격적 관계에 관한 확실성, 지식, 확신으로 본다. 믿는 자에게는 확신을 정당하게 소유할 수 있는 권리가 있다. 그리고 하나님께서는 당신이 그것을 하나님으로부터의 선물로 소유하기를 원하신다.

확신은 당신과 하나님 사이에 올바른 관계가 존재하고 있다는데 대한 내적인 의식이며, 확신이다. 확신은 주관적인 경험이다. "성도의 안전"을 믿는 많은 사람들이 구원의 확신을 가지고 있지 못한다. 의심하고, 확신이 부족한 것은 하나님을 경외하지 못하는 일이다. 구원은 일시적이거나, 조건적인 것이 아니다(요일 5:12-13). 이사야는 "공의의 열매는 화평이요 공의의 결과는 영원한 평안과 안전이라"(사 32:17)고 했다.

여기서 간단한 예를 드는 것이 이해에 도움이 될 것 같다. 자동차 경주 선수가 차를 시험해 보면서 당신과 함께 달려 보기를 원한다. 좀 겁이 날 수도 있다. 그러나 그 차를 같이 탈 정도의 믿음을 가지게 되어 함께 차를 탔다. 그 차가 지닌 안전성은 그에게도 적용되지만 당신에게도 적용된다. 당신은 커브를 돌 때마다 두려워 떤다. 그러나 그는 그 경주를 즐길만큼 이해와, 지식과, 경험이 있다. 그에게는 확신이 있었다. 그러나 당신은 그렇지 않았다. 그러나 두 사람 모두 안전했다. 이제 이해할 수 있는가?

확신은 마음과 영혼의 평화를 가지는데 있어서 절대적으로 필요한 요소이다. 이것은 삶의 모든 영역에서 필요하다. 당신은 가족이나 친구들로부터의 사랑에 대해 확신을 가지게 될 것이다. 그리고 그러한 삶의 영역에 대해 평화를 누리게 될 것이다. 당신은 일할 수 있는 당신의 능력에 대해 어느 정도의 확신을 가지게 될 것이며 그것에 대한 마음의 평화를 누리게 될 것이다.

그리고 당신이 건강에 대해 확신을 가지게 될 때에(의사를 만나본 후에), 마음에 평화를 가지고 진찰실을 떠나게 될 것이다.

Note

하나님께서는 당신이 그리스도 안에서 행복해 하며, 그리스도 안에서 즐거워하기 원하신다. 하나님께서는 당신을 사랑하시며 당신에게 확신과 평화를 주신다. 그러므로 확신과 평화를 함께 다룬다. 확신이 없는 평화란 있을 수 없다.

II. 중요한 성경 구절

요한복음 6:37; 10:27–28; 14:27; 16:33; 19:30; 20:19–31, 로마서 1:7; 5:1; 8:31–39; 16:20, 고린도전서 1:3, 고린도후서 6:10, 갈라디아서 5:22–23, 에베소서 2:12–17, 빌립보서 1:6; 4:7, 골로새서 1:20; 2:2, 13; 3:4, 데살로니가전서 1:5; 5:23, 디모데후서 1:12, 디도서 2:13, 히브리서 2:18; 3:6, 14; 6:11; 7:25; 10:22; 12:24; 13:5, 베드로전서 1:4, 5, 23, 베드로후서 1:4; 3:14; 요한일서, 유다서 1:24–25.

III. 핵심 진리

성경은 모든 믿는 자에게 온전한 확신과 마음과 영혼의 평화를 가지라는 권고로 가득차 있다. 확신과 평화의 선물은 하나님께로부터 온 것이며, 그것들을 사랑하는 아버지로부터 받아들이기만 하면 모든 믿는 자에게 주어지는 선물이다. 우리가 하나님의 자녀라는 사실을 알 수 있는가? 바울은 "너희 안에서 착한 일을 시작하신 이가 그리스도 예수의 날까지 이루실 줄을 우리는 확신하노라"(빌 1:6)고 말한다.

우리는 영혼 깊이에 있는 평화를 알 수 있을까? 그렇다. "모든 지각에 뛰어난 하나님의 평강이 그리스도 예수 안에서 너희 마음과 생각을 지키시리라"(빌 4:7)고 했다. 확신은 마음의 평화를 위하여 필요한 것이다. 평화를 염원하는 세상에서는 개인의 평화가 먼저 존재해야 한다. 개인의 평화는 그것이 예수 그리스도에 대한 신앙에 기초했을 때에만 지속될 수 있다. 성경의 진리들 가운데, 하나님에 대한 신앙의 확신과 평화만큼 더 인격적이고 만족스러운 것도 없다.

IV. 중요한 진리: 확신과 평화

A. 하나님으로부터 오는 확신

1. 하나님 말씀의 증거는 우리에게 확신을 준다.

a. 하나님의 약속은 구약시대와 같이 오늘날도 살아있다. 하나님의 무조건적인 약속들은 인간의 어떤 것에도 의존되어 있지 않다. 확신에 대한 중요한 말씀들 가운데 하나가 로마서 8:28이다.

b. 그리스도의 복음을 통한 하나님의 영원한 약속에서, 하나님께서는 모든 믿는 자에게 자신의 사랑을 확신시켜 주신다. 로마서 8:31–39에 가장 중요한 성경 진리의 하나가 기록되어 있다.

로마서 8:31–32를 적어 보라. ______________________________

____

c. 로마서 8:33–34에 밑줄을 긋고, 35를 적어 보라. ______________________________

____

로마서 8:37을 적어 보라. ______________________________

____

로마서 8:38–39를 쓰고 암기하라.

2. 말씀 안에 계신 하나님은 확신을 주신다.

a. 하나님의 약속은 의심의 여지가 없다. 단순히 하나님을 붙잡으면 확신을 갖게 된다.

디모데후서1:12를 읽고 적어 보라. ______________________________

____

b. 성경은 믿는 자는 "그리스도 안"에 있다고 여러 번 선포하고 있다.

골로새서 2:6을 적어 보라. ______________________________

____

골로새서 2:7에 밑줄을 그어라.

골로새서 2:10을 적어 보라. ______________________________

____

골로새서 3:2–3을 적어 보라. ______________________________

____

바울은 그의 서신 전체를 통해 믿는 자는 "그리스도 안"에 있다는 사실을 언급하고 있다.

3. 하나님의 말씀은 확신을 주기에 충분하다.

a. 하나님께서는 예수 그리스도에 대한 믿음을 통하여 당신이 그의 자녀가 된 사실을 확신하기를 원하신다. 영접하는 자 곧 그 이름을 믿는 자들에게는 하나님의 자녀가 되는 권세를 주셨으니 이는 혈통으로나 육정으로나 사람의 뜻으로 나지 아니하고 오직 하나님께로부터

난 자들이니라(요 1:12–13).

b. 그리스도인들은 하나님의 능력으로 보존된다. 베드로전서 1:3–4에 밑줄을 그어라. 그리고 베드로전서 1:5를 적어 보라. ______________________

____

Note

B. 그리스도인의 사역을 통한 확신

1. 예수님의 완성된 사역은 복된 확신을 준다.

   a. 예수님께서 십자가에서 돌아가실 때, 그는 그에게 생명을 맡길 모든 사람들을 구할 수 있는 모든 대가를 치루셨다.
   요한복음 19:30을 적어 보라. ______________________

   ____

   b. 요한복음 17장의 주기도문에서 예수님께서는 일곱 번 씩이나, 믿는 자들은 아버지께서 자기에게 주신 자들이라고 말씀하셨다(요 17:2, 6절에 두 번, 9, 11, 12, 24).

   c. 예수님께서는 보내심을 받은 바, 구속사역을 완성하셨다.
   히브리서 10:10과 12에 밑줄을 그어라.
   히브리서 10:14를 적어 보라. ______________________

   ____

2. 우리의 대제사장으로서 그리스도께서 중보하신다.

   a. 예수님께서는 그의 자녀들의 중보가 되시는 우리의 대제사장이시기 때문에 하나님 아버지께로 가까이 나아가실 수 있다.
   히브리서 10:19–22; 7:26–27에 밑줄을 그어라.
   히브리서 7:25를 적어 보라. ______________________

   ____

   b. 그리스도인들은 "예수님의 이름으로" 기도한다. 왜 예수 이름으로 기도하는가?
   디모데전서 2:5를 적어 보라. ______________________

   ____

3. 지금 하늘에 계신, 우리의 변호사로서의 예수님께서는 우리에게 확신을 주신다.

   a. 결코 실패가 없는 예수님의 사역은 믿는 자들을 위한 그의 변호 사역이다.

그리스도인은 완전하지 않다. 그리고 사탄은 "우리 하나님 앞에서 밤낮 믿는 자들을 참소"(계 12:10)한다. 예수님께서는 우리를 위하여 하늘에 계신다.
히브리서 9:24를 적어 보라. ______________________________

____

b. 예수님의 현재의 사역은 그리스도인들에게 확신을 위한 명백한 증거를 준다. 예수님께서는 우리가 기도로 죄를 고백할 때에 항상 그의 백성들을 신실하게 옹호해 주신다.
요한일서 1:9를 적어 보라. ______________________________

____

요한일서 2:1을 적어 보라. ______________________________

____

위의 두 구절에 밑줄을 그어라.

C. 성령의 역사를 통한 확신

1. 성령의 말씀을 더 힘이 있게 해준다.
   a. 성령께서 말씀을 심령 속에 심어 주실 때, 말씀은 말씀 이상의 것이 된다.
   데살로니가전서 1:5를 적어 보라. ______________________________

   ____

   b. 베드로전서 1:22를 깊이 생각해 보고, 베드로전서 1:23을 적어 보라. ____________

   ____

2. 성령께서는 그리스도인들 속에 내주하신다.
   a. 성령께서 성도의 마음에 계속적으로 거하시기 때문에 확신은 그리스도인에게 속한다.
   고린도전서 3:16을 적어 보라. ______________________________

   ____

   b. 그리스도인은 자기 자신의 것이 아니며, 그리스도에게 속한 자들이다.
   고린도전서 6:19에 밑줄을 치고, 20을 적어 보라. ______________________________

   ____

   c. 그리스도인들은 성령의 인침을 받았다. 에베소서 4:30에 밑줄을 그어라. 이 모든 성구들과 더 많은 성구들이 "예수는 나의 구주라는 복된 확신"을 준다.

D. 지각에 뛰어난 평강

Note

1. 하나님과의 평화

a. 사람이 그리스도를 영접할 때, 그 사람은 믿음으로 그리스도의 사역에 동참하게 되는 것이다.

로마서 5:1을 적어 보라. ______________________________

____

b. 예수는 우리의 화평이시다.

에베소서 2:14를 적어 보라. ______________________________

____

15-17까지 밑줄을 그어라. "평안"이라는 말에 유의해 보라.

2. 하나님의 평강

a. 이것은 내적인 평화이다.

빌립보서 4:7을 적어 보라. ______________________________

____

b. 내적인 평화는 모든 근심들을 기도를 통해 하나님께 말씀드림으로부터 온다. 빌립보서 4:6에 밑줄을 그어라.

c. 예수님께서는 그의 백성들에게 그의 평화를 주셨다.

요한복음 14:27을 적어 보라. ______________________________

____

3. 하나님으로부터의 평화

a. 서신들에서 나오는 인사는 "하나님의 평강"에 대해 말한다. 바울은 로마서 1:7에서 그 말을 사용했다.

그리고 고린도전서 1:3에서도 그 말을 사용한다. 고린도후서 1:2, 갈라디아서 1:3, 에베소서 1:2, 빌립보서 1:2, 데살로니가전서 1:1, 데살로니가후서 1:2, 디모데전서1:2, 디모데후서 1:2, 디도서 1:4, 빌레몬서 1:3.

바울이 말한 이 모든 인사들은 "하나님의 평강"을 의미한다.

b. 요한은 요한이서 3장에서 그 구절을 사용했다.

c. "하나님으로부터의 평강"이라는 말의 이 모든 인사들은 우리의 일상생활에서 하나님의 평강이 있어야 함을 의미한다. 각 성구마다 그것은 "은혜와 긍휼"이라는 의미와 같이 쓰여진다. 그 의미는 "하나님으로부터의 평강"이 각

하나님의 자녀를 보호하고, 지켜주고, 축복해 줄 것이라는 뜻이다.

복습

그리스도인의 삶에서 확신의 결핍은 평강이 없는 상태인 의심과 갈등을 가져온다. 우리는 여기서 평강과 확신을 주는 말씀을 많이 배웠다. 이제, 확신에 대한 의심이 아직 남아 있다면 요한 일서를 읽어 보라. 그곳에서 당신은 "알다"라는 말을 38번이나 보게 된다. 이 서신은 "확신의 서신"이다. 이 책은 새로운 그리스도인들에게 추천하고 싶은 첫 번째 책이다. 만약 당신이 구원 받았다면 확신은 당신의 것이다. 사탄은 당신으로 하여금 매일 당신의 구원을 의심하도록 할 것이다. 사탄을 물리치는 유일한 길은 하나님의 말씀을 믿고 말씀에 머물며 끊임없이 기도하는 것이다.

평강은 하나님 아버지와 주 예수 그리스도에 의하여 우리에게 주어졌다. 예수님께서는 "나의 평안을 너희에게 주노라"(요 14:27)고 말씀하셨다. 당신은 이 말씀을 받아들일 수 있을까? 예수 그리스도와 우리의 관계에 대한 확신은 우리에게 "모든 지각에 뛰어난 하나님의 평강"을 준다(빌 4:7).

평안을 누리고 확신을 가지는 유일한 길은 하나님의 말씀에 거하며-그것을 공부하고, 끊임없이 기도하고, 성도들과 계속 교제하는 것이다.

이러한 현상들은 성경에 기초한 교회들에서 나타난다. 여러분은 하나님의 권속들과 함께 모일 필요가 있다.

예습

1. 레위기 4:1-4, 12, 16:21-22, 시편 22:1-26, 이사야 53:4-12, 마태복음 20:28, 누가복음 22:37, 로마서 4:25; 5:6-8, 고린도후서 5:14-21, 갈라디아서 1:4, 3:13, 히브리서 9:12, 22, 26, 28, 베드로전서 2:21-25를 읽어 보라.
2. 확신과 평화에 대한 당신의 기록을 복습하라.
3. 새로운 진리를 배울 때마다 성경에 표시해 보라.

Week 30

대속

Ⅰ. 서론

이 주의 주제는 교사나 설교자들이 자주 언급하는 것이다. 그러나 좀처럼 가르치거나 설명하고 있지는 않는다. 우리들도 자주 대속으로서의 그리스도의 죽음에 대해 언급한다. "대신하는"(vicarious)이라는 말과 "대속"(substitution)이라는 말은 동일한 의미를 가진 단어이다. 웹스터는 "대속"을 "다른 사람을 대신하는 사람"으로 규정한다. 즉 그는 "대신하는"(vicarious)이라는 말을 '다른 사람'을 위하여 고통을 받는 대속적인 희생으로 규정한다. 그러므로 두 단어는 동의어이다.

그러나 이것은 어떤 단체나 회중에게 자주 언급되어지지 않는 사실이다. 아담과 하와의 죄악 이후에, 하나님께서는 그들에게 말씀하셨던 "네가 먹는 날에는 반드시 죽으리라"(창 2:16-17) 는 형벌을 폐지하실 수가 없었다. 왜냐하면 하나님께서는 자신이 하신 말씀을 깨뜨릴 수가 없었기 때문이다. 만약 그 형벌이 그들에게 임하지 않는다 해도 그들을 대신하여 어느 누군가에게 임해야만 했다. 하나님께서 제공하신 대속은 예수 그리스도라는 인격으로 오신 하나님 자신이셨다. 예수님께서는 바로 육체로 나타나신 하나님 자신이셨다. 크도다. 경건의 비밀이여 그렇지 않다 하는 이 없도다. 그는 육신으로 나타난 바 되시고(예수) 영으로 의롭다 하심을 받으시고, 천사들에게 보이시고, 만국에서 전파되시고, 세상에서 믿은 바 되시고 영광 가운데서 올려지셨느니라(딤전 3:16).

대속은 다른 사람을 대신하여 행동하도록 정해진 대표적인 인물에 의하여 일어난다. 대속은 성경의 기본 교리들 가운데 하나이다. 성경은 그리스도의 죽음은 대신하는 죽음, 곧 그가 죄인 대신에 고통을 받으셨다는 의미의 죽음이라고 말한다. 그는 거룩하신 하나님을 만족시켜 드리기 위해 죄의 형벌을 지고 가는 대속물이셨다. 십자가의 대속인 그리스도의 죽음은 죄에 대한 하나님의 요구를 응답한 구속의 대가였으며, 한 번 그리스도를 구세주로 영접한 죄인에게 정죄로부터 자유를 얻게 해주는 사역이었다.

Ⅱ. 중요한 성경 구절

레위기 4:1–4, 12, 16:21–22, 시편 22:1–26, 이사야 53:4–12, 마태복음 20:28, 누가복음 22:37, 로마서 4:25; 5:6–8, 고린도후서 5:14–21, 갈라디아서 1:4, 3:13, 히브리서 9:12, 22, 26, 28, 베드로전서 2:21–25.

Ⅲ. 핵심 진리

예수님께서는 이미 하나님의 완전한 만족을 위하여 자기 자신을 죄인에 대한 하나님의 심판이 되게 하는 입장을 취하셨다. 죄인이 해야 할 일은 오직 한 가지인데 그것은 선택을 하는 일이다. 즉 대속자이신 예수님을 구세주로 영접할 것인가 아니면 죄 가운데 남아서 영원한 형벌을 받을 것인가의 선택이다. 그리스도의 죽음이 대속이었다고 언급하는 모든 성구에 "대신에", "대신하여"라는 의미의 단어가 사용되고 있음을 유의해 보라. 그가 모든 사람을 위하여 자기를 대속물로 주셨으니 기약이 이르러 주신 증거니라(딤전 2:6).

예수님께서는 그의 죽음을 통하여 사실상 죄있는 인간 대신에 죽으시는 대속물이 되셨다. 하나님께서는 인간에 대한 죄의 형벌을 면케 하기 위해서 예수님을 통한 정당한 대속의 길을 열어 놓으셨다. 그러기에 그리스도의 대속사역은 복음의 핵심인 것이다.

Ⅳ. 중요한 진리: 대속

A. 구약의 대속 의미

1. 대속은 하나님 아버지께서 베푸신 것이었다.
   a. 인간은 에덴동산에서 순종의 시험에 실패했다. 주 하나님께서는 가죽옷으로 아담과 이브에게 입히셨다. 그리스도의 그림자인 그 동물은 죄를 덮는 대속물이었다. 하나님께서 만들어 입히신 옷은 최초의 죄인들이 하나님 앞에 나가기에 합당하게 해주었다.
   창세기 3:21을 적어 보라. ______________________________

   ____
   b. 주 하나님께서는 대속자이신 예수님을 주시겠다고 약속하셨다.
   창세기 3:15를 적어 보라. ______________________________

   ____

2. 구약은 그리스도의 대속사역을 예시한다.

Note

a. 죄에 대한 희생은 항상 피흘림을 요구했다. 죄인은 그의 손을 희생제물의 머리 위에 얹음으로 자신을 그 죄와 제물과 동일시했다. 레위기 4장은 속죄의 희생제물에 대한 하나님의 말씀을 기록한다. 속죄의 희생제물은 의무적인 것이었다. 레위기 4:3, 4, 12, 13, 15, 21, 22, 24, 26, 27, 29, 31, 33에 밑줄을 그어라.

b. 레위기 4장에 나타난 속죄의 희생

- 무지의 죄(1–2절)
- 제사장들의 죄(3–12절)
- 회중의 죄(13–21절)
- 관원들의 죄(22–26절)
- 평민들의 죄(27–35절)

이 모든 속죄의 희생제물들은 대속물을 필요로 했고, 죄를 덮기 위한 피흘림을 필요로 했다.

c. 그 속죄의 희생제물은 그리스도의 대속사역을 받아들인 죄인들 앞에서 그 믿는 자의 죄를 옮기우는 예수 그리스도의 모형이며, 형상이며, 그림자이다. 그 속죄의 희생제물은 단 한 번에 영원한 제사를 드리신 하나님 아들의 지고한 희생을 바라보는 대속적인 것이었다.

d. 속죄의 희생제물은 구약의 저자들이 선포했던 것처럼 죄인을 위한 대속자로서의 그리스도의 죽음을 가리킨다. 그리스도에 대한 예언의 사실과 그가 어떻게 탄생하시고, 어떻게 사셨으며, 어떻게 죽으셨는가 하는 것은, 예수님의 모습과 레위기와 모세오경에 나타난 그의 대속사역을 확증해 준다.

e. 대속에 대한 구약의 개념은 이사야 53장에 나타나고 있다. 이것은 아마 성경에서 볼 수 있는, 대속자로서의 그리스도에 대한 가장 분명한 모습일 것이다.

- 우리의 질고를 지고 우리의 슬픔을 당하심(사 53:4).
- 그가 찔림은 우리의 허물 때문이요(사 53:5).
- 그가 상함은 우리의 죄악 때문이라(사 53:5).
- 그가 징계를 받으므로 우리는 평화를 누리고 그가 채찍에 맞으므로 우리는 나음을 받았도다(사 53:5).
- 여호와께서는 우리 모두의 죄악을 그에게 담당시키셨도다(사 53:6).

• … 그의 입을 열지 아니하였음이여 마치 도수장으로 끌려가는 어린양과 털 깎는 자 앞에서 잠잠한 양같이 그의 입을 열지 아니하였도다(사 53:7).

• 여호와께서 … 그의 영혼을 속건제물로 드리기에 이르면(사 53:10).

하나님의 은혜는 그로 하여금 독생자를 속죄제물로 드리게 하셨다.

f. 시편 22편은 십자가에서의 예수님의 대속사역을 예시하고 있다. 목자는 양을 위하여 (대신하여) 그의 목숨을 주셨다.

g. 그리스도의 대속사역의 유형은 창세기 22:2-13에서도 발견된다. 이삭은 독생자이신 예수님이 죽기까지 순종하셨던 것처럼 그리스도의 한 유형이다(창 22:9). 이삭 대신에 주어진 양에게서 그리스도의 예표를 발견할 수 있다-"아들을 대신하여"(창 22:13)라는 말에 유의하라. 아브라함의 신앙은 하나님께서 대속자를 준비해 주시리라는 그의 믿음에 잘 나타나 있다(창 22:8).

창세기 22:8을 적어 보라. ______________________________

____

"하나님이 자기를 위하여 친히 준비하시리라"는 말씀에 밑줄을 그어라.

B. 대속의 사건

1. 그리스도는 우리의 대속자이시다.

a. 성경은 "모든 것이 죄 아래"있다고 선포한다. 갈라디아서 3:22에 밑줄을 긋고 로마서 3:23을 적어 보라. ______________________________

____

b. 그러나 그리스도는 우리의 죄를 위해(대신하여) 죽으셨다.

베드로전서 3:18을 적어 보라. ______________________________

____

c. 그는 우리를 대신하여 죄를 삼으시게 되었다.

고린도후서 5:21을 적어 보라. ______________________________

____

2. 예수님께서는 죄인들을 위해 죽으시기 위하여 자원하여 오셨다.

a. 그는 많은 사람들을 위하여 생명을 주셨다.

마태복음 20:28을 적어 보라. ______________________________

____

Note

b. 예수님께서는 모든 사람들을 위하여 속전을 치루셨다.

디모데전서 2:6을 적어 보라. ______

c. 예수님께서는 우리를 구속하시기 위해 자신을 주셨다.

디도서 2:14를 적어 보라. ______

3. 예수님께서는 죄인들을 위한(대신한) 참된 대속자로서 죽으셨다.

a. 그는 양들을 위하여 자기 목숨을 주셨다.

요한복음 10:11을 적어 보라. ______

b. 그는 경건치 못한 자들을 위해 죽으셨다.

로마서 5:6을 적어 보라. ______

로마서 5:8을 적어 보라. ______

c. 그리스도는 우리를 대신하여 고통을 당하셨다.

베드로전서 2:21을 적어 보라. ______

베드로전서 2:24를 적어 보라. ______

4. 예수 그리스도는 우리를 대신하여 저주를 받으셨다.

a. 예수님께서는 율법의 저주를 감당하셨다.

갈라디아서 3:13을 적어 보라. ______

b. 믿는 자는 예수님에 의하여 율법으로부터 구속을 받게 된다. 갈라디아서 4:4-7을 밑줄을 그으시오.

C. 대속의 참 의미

1. 대속자로서의 그리스도 사역의 중요성

a. 예수님께서는 죄 있는 인간들을 구속하시기 위해 값을 치루셨다.

고린도전서 6:20을 적어 보라. ______________________________

____

고린도전서 7:23에 밑줄을 그어라.

b. 하나님께서는 죄 때문에 그 아들을 보내셨다.

요한일서 4:10을 적어 보라. ______________________________

____

c. 하나님께서는 그의 아들 안에 영생을 주셨다. 요한일서 5:11–12에 밑줄을 그어라.

요한일서 4:14를 적어 보라. ______________________________

____

d. 그는 우리 죄를 위하여 죽으셨다.

고린도전서 15:3을 적어 보라. ______________________________

____

e. "나를 위하여 자기 자신을 버리셨다"라고 기록되어 있다. 갈라디아서 2:20에 밑줄을 그어라.

2. 예수님께서는 십자가에서 죽으시기 위하여 육체로 오셨다.

a. 예수님께서는 육체로 오시기까지 낮아지셨고, 죽기까지 복종하셨다. 빌립보서 2:5–8에 밑줄을 그어라.

요한복음 1:14에도 밑줄을 그어라.

b. 예수님께서는 모든 믿는 자들을 위하여 기도하셨다.

요한복음 17:2를 적어 보라. ______________________________

____

요한복음 17:23에 밑줄을 그어라.

c. 예수님께서는 주의 만찬을 베푸셨을 때 그의 대속에 대해 가르치셨다.

마태복음 26:28을 적어 보라. ______________________________

____

예수님께서 "많은 사람을 위하여 흘리는 바 나의 피…"라고 하신 말씀을 유의하라.

d. 예수님께서는 육신으로 오셔야 했다. 그리하여 그는 우리의 대속자가 되시기 위해 하나님이시자 사람이 되셨다.

Note

D. 대속에 관한 과오들

1. 하나님께서는 어떻게 죄인들의 죄를 흠없는 희생제물 위에다 전가시키실 수 있었는가?

이것은 하나님을 거룩과 사랑이 없는 분으로 말하고자 하는 사람들에 의하여 제기되는 질문 가운데 하나이다. 성경은 언제나 옳기 때문에, 이 질문은 어떤 타당성도 갖지 못한다. 성경은 "하나님께서 그리스도 안에 계시사 세상을 자기와 화목하게 하시며"(고후 5:19)라고 말씀한다.

예수님께서 자발적으로 죄인들을 위한 대속자가 되셨으므로 그 질문에서는 취할 점이 없다. 그는 아버지의 뜻에 복종하셨다(요 13:1, 20, 히 10:7).

2. 죄의식은 양도할 수 없는 것인가?

죄의식은 죄를 지음으로 말미암아 생긴다. 죄는 하나님께 대한 반대이며, 그의 뜻은 거역을 당했다. 하나님께서는 그의 공의의 기초에 따라 용서하셨다. 그리스도 안에서 죄의식은 옮겨질 수 있다. 왜냐하면 그가 우리 죄인들을 위해(대신해) 죽으셨기 때문이다.

그리스도께서 자발적으로 죄인들을 위하여 죽으러 오셨기 때문에 그러한 죄의식의 전가는 부당한 것이 아니다(요 10:10, 18).

3. 그리스도께서 어떻게 죄인들의 대속자가 되실 수 있었는가?

이것은 논란을 일으키는 문제로서 우리가 다시 통찰해 보아야만 할 문제이다. 여기에서 우리는 모든 사람들이 결국에는 구원을 받게 될 것이라는 만인구원설(보편구제설)에 반대해야 할 것이다. 만약 당신이 그 질문을 이해한다면 해답은 쉽게 나올 것이다.

그 해답은 그리스도는 믿는 자의 대속자시라는 사실이다. 불신자가 그를 영접하기 전까지는 불신자의 대속자가 되실 수 없다.

복습

예수님께서는 모든 사람을 위해 죽음을 맛보셨다. 그는 우리 대신 죽으신 대속자이시다. 우리는 성경을 통해 예수님께서 십자가에서 죽으신 것과, 그가 죽으셨기에 우리는 살게된 것을 알 수 있다. 그가 죄의 형벌을 담당하셨기에 우리가 그것을 감당할 필요가 없게 된 것이다. 우리의 대속자로 죽으심으로 그는 하나님의 공의의 요구와 죄에 대한 하나님의 분노에 응답하셨다.

또한 우리에 대한 하나님의 무한한 사랑을 나타내셨다. 그의 죽음을 통하여 그는 우리를 하나님께 화해 시키셨다(고후 5:18-19). 대속의 진리, 그리스도의 대신하시는 속죄의 진리는 베드로전서 3:18에 요약되어 있다. "그리스도께서도 단번에 죄를 위하여 죽으사 의인으로서 불의한 자를 대신하셨으니 이는 우리를 하나님 앞으로 인도하려 하심이라."

예습

1. 로마서 5:1-11; 11:15, 고린도전서 7:11, 고린도후서 5:14-21, 에베소서 2:16, 골로새서 1:20-22, 히브리서 2:17을 읽어 보라.
2. 대속에 대한 당신의 기록을 복습하라.
3. 새로운 진리를 배울 때마다 성경에 표시해 보라.

Week 31

화해

Ⅰ. 서론

구약에서는 "화해"라는 말이 희생의 피에 의하여 죄를 "가리는 것"으로 하나님께서 속죄에 대해 언급할 때 사용된다. 흠정역에서 히브리어 "카파르"(kaphar)가 "화해시키다"로 번역되어 있는데, 다른 번역에는 동일한 단어를 "속죄하다"로 표현하고 있다. 구약에는 "화해하다"는 의미가 포함된 적절한 번역어가 없다. "카파르"는 흠정역(KJV)의 레위기 6:30; 8:15; 16:20, 사무엘상 29:4, 에스겔 45:15, 17, 20, 다니엘 9:24에 나와 있는데 항상 "속죄"나 "가리움"을 의미한다.

화해는 그리스도께서 십자가에서 죽으셨을 때 그리스도 안에서 이루신 하나님의 은혜로우신 사역의 한 국면으로, 신약의 교리이다. 그리스도의 죽음은 온 세상(요 3:16)을 위한 것이었으며 구원(딤전 2:6)과, 화해(고후 5:19)와, 모든 믿는 자들을 위한 화목제물(요일 2:2)을 베풀어 주셨다. 그리스도의 속죄의 죽음은 죄있는 인간에 대한 하나님의 변함없는 사랑을 보여주며, 인간에게 옛 생활을 버리고 하나님께 화해하도록 호소한다.

Ⅱ. 중요한 성경 구절

로마서 5:1–11; 11:15, 고린도전서 7:11, 고린도후서 5:14–21, 에베소서 2:16, 골로새서 1:20–22, 히브리서 2:17.

Ⅲ. 핵심 진리

화해는 신약의 구원 교리에 있어서 또 하나의 중요한 부분이다. 화해는 하나님께 대한 인간의 관계 개선을 말한다. 십자가에서의 그리스도의 죽음은 하나님의 진노를 만족시켰으며 인간을 하나님께 화해시켰다. 성경은 인간이 구원받지 않은 상태에서는 하나님의 대적이라고 말씀하고 있다(롬 5:10, 엡 2:12, 15). 인간은 그리스도의 죽음에 의하여 하나님께 대한 회개와 예수님에 대한 믿음으로 하나님께 화해되었다.

Ⅳ. 중요한 진리: 화해

A. 화해의 의미

1. 세상적 면에서의 인간에 대한 화해

   a. 웹스터는 "화해"라는 단어를 "교제와 조화와 친교를 회복하고, 차이점을 극복하고, 서로 복종케 하며, 서로 받아들이는 것"으로 규정한다.

   b. 개인들 사이에는 화해가 보통 타협을 의미한다. 서로 반대하는 두 편이 서로 반반씩 "양보"함으로 의견 일치에 이르게 되는 것을 말한다. 분리 상태가 일어나는 가정생활에서 이것을 볼 수 있다. 화해하고 새로운 관계를 가지기 위하여 남편과 아내는 양보해야 한다(고전 7:11).

2. 영적 수준에서의 화해

   a. 영적으로 화해는 십자가에서의 그리스도의 대속사역에 의하여 변화되고 하나님과 올바른 관계를 가지게 되는 일 곧, 죄인이 하나님과 교제하게 되는 일을 말한다. 아담에게서 깨어지고 잃어졌던 인간의 교제는 그리스도 안에서 회복된다. 이것은 로마서 5:10에서 바울에 의하여 명백하게 진술되고 있다.
   로마서 5:10을 적어 보라. ______________________________

   ____

   b. 화해는 그리스도 안에서 하나님의 구원역사의 한 부분이다. 우리가 그리스도를 영접할 때 영혼이 구원받게 되고 하나님과의 교제를 회복하게 된다. 이것은 인간 자신의 구원에 있어서 인간의 몫이며 "회개"라고 불린다. 하나님과의 관계에 있어서의 변화는 "화해"라고 불리운다. 그리스도와의 새로운 관계는 그리스도 안에서의 참 기쁨을 가져 온다. "옛 사람"이 하나님을 만나게 된 것이다.
   로마서 5:11을 적어 보라. ______________________________

   ____

   c. "화해"는 그리스도에 대한 믿음을 통하여 하나님과의 교제를 회복하게 되는 인간의 철저한 변화를 가져 온다는 의미이다.

B. 하나님 사역은 두 가지의 화해

Note

1. 하나님과 세상과의 관계가 변화되었다.

스코필트 박사는 다음과 같이 말했다.

> "그리스도의 죽음이 하나님을 변화시킨 것이 아니다. 왜냐하면 하나님께서는 항상 세상을 사랑해 오셨기 때문이다. 또한 세상이 변화된 것도 아니다. 왜냐하면 세상은 계속 하나님을 반역했기 때문이다. 그러나 그리스도의 죽음에 의하여 하나님과 세상의 관계가 변화되었다. 죄로 인한 장벽은 없어져 버렸다. 그리고 심판을 받아야 마땅한 곳에 하나님의 긍휼을 나타낼 수 있게 되었다."

"이 화해는 인간이 수고하지 않은 하나님 혼자만의 사역이다." 이것은 고린도후서 5:19에 분명하게 언급되어 있다. 이 성구를 적어 보라. ________________

____

2. 하나님께서 죄인 속에 화해를 이루셨다.

"십자가의 보혈"에 기초한 이 화해는 아버지에 의하여 이루어졌으며, 그것에 의하여 죄인은 하나님에 대한 자신의 반항적인 태도를 바꾸게 되었다. 그리하여, 인간은 이미 십자가에서 완성된 화해를 받아들일 준비가 된 것이다. 바울은 이것을 분명하고 단순한 말로 표현하고 있다.

골로새서 1:21-22를 적어 보라. ________________

____

____

아버지께서는 모든 충만으로 예수 안에 거하게 하시고(골 1:19). 아버지께서는 만물을 자기에게(하나님) 화목되게 하시려고 오직 그리스도의 사역 위에다 화해를 이루셨다.

골로새서 1:20을 적어 보라. ________________

C. 그리스도의 완성된 사역

1. 그리스도의 완성된 사역은 세상을 구속했다.

그리스도의 죽음은 온 세상을 위한 것이었다(요 3:16). 우리는 다음과 같은 말씀을 읽을 수 있다. 오직 우리가 천사들보다 잠시 동안 못하게 하심을 입은 자 곧 죽음의 고난 받으심으로 말미암아 영광과 존귀로 관을 쓰신 예수를 보니 이는 모든 사람을 위하여 죽음을 맛보려 하심이라(히 2:9).

그리스도의 죽음은 구원을 가져왔다. 그는 그의 흘리신 피로 구속의 댓가를 치루셨다.

로마서 3:24를 적어 보라. ____________________

____

2. 그리스도의 완성된 사역은 세상을 위해 화해를 이루었다.

화해의 대상은 인간이다. 전에 멀리 있던 너희가 그리스도 예수 안에서 그리스도의 피로 가까워졌느니라(엡 2:13).

화해의 방법은 십자가의 그리스도의 죽음이다(롬 5:10).

화해의 영역은 전 세계이다(골 1:20).

3. 그리스도의 완성된 사역은 세상을 위한 화목제물을 허락해 주었다.

"화목제물"은 좀처럼 설명되고 있지 않는 성경 용어이다. 그 단어는 그리스도의 죽음이 죄에 대한 하나님의 거룩하신 심판이 정당하게 요구하는 바를 "만족시켜" 주었다는 의미의 "만족"을 말한다. 그것은 어려운 진리인 것처럼 들린다.

그러나 그 단어가 "하나님의 만족"을 의미한다는 사실을 기억한다면 성경의 말씀이 매우 자명해질 것이다.

기억해야 할 중요한 진리는 인간은 화해하게 되었고 하나님 편에서는 화목하셨다는 사실이다. 성경은 결코 하나님께서 화목하게 되었다고 말하지 않았다.

그리스도는 죄에 대한 "화목제물"이 되기 위해 아버지에 의하여 보내심을 받았다.

요한일서 4:10을 적어 보라. ____________________

____

이 "화목제물"은 "온 세상 죄"를 포함한다.

요한일서 2:2를 적어 보라. ____________________

____

그리스도는 "그의 피로써 믿음으로 말미암는 화목제물"이 되신다.

로마서 3:25를 적어 보라. ____________________

____

구약에서 화목의 장소는 지성소 안에 있는 언약궤의 뚜껑인 시은좌이다. 시은좌는 대속죄일에 희생제물의 피가 뿌려졌다. 그리고 이곳은 하나님께서 인간을 만나는 장소가 되었다. 인간이 거역해 버린 율법은 그리스도께 죄를 속하기 위한 단 한번의 완전하고 영원한 희생제물로 죽으실 때까지 심판의 자리를 은혜의 자리로 바꾸어 줄 흠이 없는 피로 덮혔다.

Note

히브리서 9:5에 밑줄을 긋고 히브리서 9:12를 적어 보라. ________________

____

하나님께서 죄를 용서해 주실 수 있기 위하여서는 하나님의 공의가 만족되어야 했다. 하나님께서는 화목되셨고, 만족하셨다. 인간은 하나님과 화해되었다.

4. 세 가지 진리가 그리스도의 완성된 사역을 말해 준다.

이제 이 주에 공부한 세 가지 중요한 진리가 잃은 자를 구원하시는 그리스도의 완성된 사역을 나타내 준다.

죄있는 인간이 구원을 받았다—그리스도의 고귀한 피로 샀기 때문이다. 그 인간은 하나님께 화해되었다—십자가에서의 그리스도의 죽음에 의하여 옮기움을 받았기 때문이다.

하나님께서 화목되셨다—하나님께서는 "그의 피로써 믿음으로 말미암는 화목제물"이 되도록 보내신 그의 아들의 죽음에 아주 만족하셨다(화해의 충분한 뜻을 이해하기 위해서는 "화목제물"에 대한 문제도 다루어야 한다.)

D. 화해의 사역

1. 그 임무는 그리스도인들에게 주어졌다.

   a. 하나님께서 모든 성도들에게 주신 임무는 "화해의 사역"인데, 그것은 방황하는 영혼을 주 예수 그리스도께 화해하게 하는 즐거운 경험이다.

   고린도후서 5:18을 적어 보라. ________________

   ____

   b. 바울은 다음 구절에서 화해의 사역이 무엇인지를 말하고 있다. 곧(말하자면) **하나님께서 그리스도 안에 계시사 세상을 자기와 화목하게 하시며 그들의 죄를 그들에게 돌리지 아니하시고**(셈하지 아니하시고), **화목하게 하는 말씀을 우리에게 부탁하셨느니라**(우리 속에 두셨느니라)(고후 5:19).

2. 우리는 그리스도의 대사

   a. 믿는 자가 주 예수 그리스도를 믿는 믿음을 통하여 하나님과 화목되면 그 즉시 그리스도의 대사가 되는 것이다. 대사는 타인의 "상주하는 대표자이며, 공인된 사신"이다.

   고린도후서 5:20을 적어 보라. ________________

b. 믿는 자는 타인의 편에 서서 화해를 위하여 기도해야 한다. 고린도후서 5:20에서의 "간청"라는 단어는 "기도"라고 읽을 수도 있다.

복습

오늘날, 하나님 사역의 성경은 단순히 그리스도인인 우리 모두가 그리스도의 대사라는데 있다. 우리의 임무는 잃어진 영혼들에게 "하나님께 화목하라"고 말하는 것이다. 하나님께서는 구원받지 못한 자들을 구원하시기 위하여 인간이라는 도구를 사용하신다. 성경에 쓰여있는 "우리는 그리스도의 대사"라는 말씀은 모든 그리스도인들을 내포하고 있다. 대사는 "명예직"이라는 의미가 아니다. 그것은 모든 그리스도인들의 현재의 활동적 임무를 의미한다. 그리스도를 증거하는 일은 기쁨이며 축복이다. 당신은 당신 자신에 대한 다음과 같은 사실을 말해야 한다.

전에 악한 행실로 멀리 떠나 마음으로 원수가 되었던 너희를 이제는 그의 육체의 죽음으로 말미암아 화목하게 하사 너희를 거룩하고 흠 없고 책망할 것이 없는 자로 그 앞에 세우고자 하셨으니, 만일 너희가 믿음에 거하고 터 위에 굳게 서서(골 1:21-23).

화해를 통하여, 잃어진 영혼들이 하나님께서 의도하셨던 자리로 회복되어지는 것이다. 화해는 무제한적이다—그것은 모든 믿는 자의 것이다. 이것은 성경의 또 다른 "위대한 진리"이다.

예습

1. 창세기 48:4, 출애굽기 2:10, 에스더 2:7, 시편 91:1-11, 로마서 8:14-17, 23; 9:4-5, 고린도후서 6:18, 갈라디아서 3:25-26; 4:1-7, 에베소서 1:3-14, 히브리서 2:10-11; 12:23, 요한일서 3:1-2, 요한계시록 21:7을 읽어 보라.
2. 화해에 관해 당신이 기록한 내용을 복습하라.
3. 새로운 진리를 배울 때마다 성경에 표시해 보라.

Week 32
양자됨

Ⅰ. 서론

우리는 혈통으로 하나님의 가족이 된 것이 아니다. 죄로 말미암아 인간과 하나님 사이에는 멀어짐, 곧 분리가 있게 되었다. 그 죄는 에덴동산에서 시작되었으며, 그 죄에 대한 결과는 모든 인류에게 영향을 주게 되었다. 하나님께서는 미리 계획하신 대로 그리스도 안에서 구원의 길을 열어 놓으셨다. 우리가 두 번째 태어날 때 양자가 된다는 사실은 성경의 중요한 진리들 가운데 하나이다. 성경은 다음과 같이 말씀하고 있다.

자기 땅에 오매 자기 백성이 영접하지 아니하였으나 영접하는 자 곧 그 이름을 믿는 자들에게는 하나님의 자녀가 되는 권세(특권, 특전)를 주셨으니(요 1:11-12).

양자됨은 인간의 자유의지에 기초하고 있다. "영접하는 자"라는 말에는 선택의 의미가 내포되어 있다. 곧 어떤 사람들은 그리스도를 받아들이고 어떤 사람들은 받아들이지 않고, 또 않을 것이다. 한 사람이 그리스도를 구세주로 받아들일 때 그는 두 번째 태어나는 것이다. 하나님께서는 "아주 선한 사람"(그런 사람이 있다면)을 받아들이시듯이 "아주 악한 사람"도 받아들이신다. 인간의 자유의지를 발휘하여 그리스도를 선택한다면 그 사람은 "거듭 나게 되고", "그리스도 안에서 택한 자"가 되는 것이다(엡 1:3-4).

그러므로 "양자삼음은 그리스도를 받아들이고 하나님의 자녀가 되는 권세와 특권, 그리고 특전"을 받게 되는 사실에 기초하고 있다.

Ⅱ. 중요한 성경 구절

창세기 48:4, 출애굽기 2:10, 에스더 2:7, 시편 91:1-11, 로마서 8:14-17, 23; 9:4-5, 고린도후서 6:18, 갈라디아서 3:25-26; 4:1-7, 에베소서 1:3-14, 히브리서 2:10-11; 12:23, 요한일서 3:1-2, 요한계시록 21:7.

Ⅲ. 핵심 진리

오늘날의 양자개념은 성경에서 가르치고 있는 바와는 다르다. 인간의 기준에 의하면, 부부가 아이를 갖고자 하는 간절한 욕구에 의하여 한 아이가 입양되는 것이다. 부모가 되고자 하는 사람이 선택할 때에는, 아이가 건강한 신체를 가졌거나, 얼굴이 아름답거나, 다른 어떤 자질을 가졌기 때문에 선택되어 질 수 있다. 또 다른 아이들은 결함이 있거나 그들이 정신적으로나 육체적으로 뒤떨어졌기 때문에 선택을 받게 된다, 일단 입양되기만 하면, 그 아이는 마치 그들이 본래 부모였던 것처럼 양부모에게 속하게 된다. 그들은 그 아이에게 그들의 성(姓)을 주고, 그를 사랑해 주며, 그의 장래를 위해 계획을 세운다. 하지만 그들은 아이에게 그들이 가진 유전적인 자질이나 특성들은 결코 주지 못한다.

영적 입양은 다르다. 사람이 그리스도를 받아들일 때, 그들은 "그리스도 예수 안에서 새로운 피조물"이 된다. 그들은 새로운 성품, 곧 신의 성품을 갖게 되는 것이다. 기독교인은 그리스도에 대한 그들의 믿음 때문에 영적인 자질과 영적인 기질을 받게 된다. 양자가 된다는 것은 그리스도를 영접하는 자가 아들의 위치에 서게 된다는 일이다(갈 4:1-5).

한 가지 질문이 마음에 생겨날 수 있다. "만약 믿는 자가 하나님의 가족으로 중생된 하나님의 아들이라면, 어떻게 양자가 될 수 있을까?" 입양을 원하는 사람이 이 세상에 이미 태어난 아기만을 입양할 수 있듯이 하나님께서는 오직 거듭난 자만을 입양하실 수 있다. 탄생 후에, 그 아이는 아들이나 딸로서 가정에서 그 위치를 확립하게 되는 것이다. 이안 토마스 박사는 "중생은 아들이 되는 일이며, 양자삼음은 아들로서의 위치를 부여 받는 일이다"라고 말했다.

Ⅳ. 중요한 진리: 양자삼음

A. 구약에 나타난 양자삼음

1. 모세는 양자가 되었다.

애굽의 바로왕은 산파들에게 히브리인들에게서 나는 남자 아이는 모두 죽이라고 명령했 1:16). 산파들은 바로에게 복종하지 않았다. 그러므로 그는 남자 아기들을 나일강에 던져 모두 죽이도록 모든 백성들에게 지시했다.

그런 명령이 주어진 가운데서 모세의 어머니인 요게벳은 아기를 상자 속에 넣고 나일강에 띄웠다. 바로의 딸이 그 상자를 열고 아름다운 아기를 보았다. 하나님께서는 신비스러운 방법으로 일하셨다. 그 아기는 바로 자신의 어머니에 의해 양육되었다. 요게벳은 그 아기를 바로의 딸에게 데리고 갔으며 "그는 그녀의 아들이 되었고, 바로의 딸은 그를 모세라고 불렀다(출 2:2-10)."

Note

2. 하닷의 아들 그누밧은 양자가 되었다.

그누밧은 잘 알려지지 않은 인물로 솔로몬의 대적인 하닷의 아들이었다. 그누밧은 애굽에서 하닷과 바로의 처제 사이에서 태어났다. 이 이야기는 왕상 11:14-20사이에 기록되어 있다.

위의 성경 본문 중 20절 말씀을 기록하라.____________________

____

3. 에스더는 양녀가 되었다.

에스더는 베냐민 지파의 자손인 모르드개에 의하여 양녀가 되었다. 에스더는 모르드개의 삼촌인 아비하일의 딸이었다. 이 양녀됨에 관한 아름다운 이야기는 에스더 2장에 기록되어 있다. 에스더 2장 1절부터 7절까지 읽고 7절을 기록하라.

____

____

여기서 우리는 모르드개가 에스더를 자기 딸 같이 양육한 것을 보게 된다. 그러나, 달리 생각해 볼 수도 있다. 모르드개는 에스더를 양녀같이 양육함으로 인하여 에스더의 삶에 개입하게 된 것이다(구약에는 양자삼음에 관한 다른 제안과 생각들도 있다. 창 48:4-5; 16:1-3).

B. 양자삼음에 대한 신앙적 의미

1. 바울이 사용한 "양자됨"이란 말

"양자됨"이라는 말로 번역된 헬라어는 "놓다, 두다"는 의미의 "테시아"(thesia)와 "아들"이란 의미의 "휴이오스"(huios)로 이루어져 있다.

바울이 이 말을 사용할 때에 그는 로마법의 광범위한 배경으로부터 그것을 취했던 것이다. 로마법에서는 양자를 삼기 원하는 가정에 아이가 들어갈 때 그에 따르는 예식이 있었다. 아이를 입양한 그 부모는 그 양자에 대한 법적인 권리를 갖게 되었고, 실지 그들이 낳은 자녀들처럼 동일한 권리와 특권을 가지게 되었다. 새 가정에 들어간 아이는 그가 그 가정에 태어난 것과 같은 동일한 권리와 특권을 누렸다.

바울은 자녀는 하인이나 노예와는 다르다고 했다(갈 4:1). 아이가 약 12세 정도가 되는 해, 아버지가 선택한 어떤 날, 그 자녀의 나이가 알려지고 그는 특전과 자유를 부여받게 되었다. 그들은 더 이상 후견인과 청지기 아래 있지 않게 되었다(갈 4:2).

2. 아는 자가 모르는 자를 가르쳤다.

바울은 새 시대와 새 영역의 진리를 선포하기 위하여(갈 4:3) "세상의 초등 학문 아래에 있어서 종 노릇"한 배경을 사용했다(곧, 수많은 의식과 예식에 얽매어 있었던 상태).

바울이 말한 복된 진리는 아버지가 정하신 그 때를 의미한다. 곧 법적인 의식과 얽매임에 종지부를 찍고, 더 이상 우리를 단순히 어린아이로서가 아닌 아들로서 대하시는 때를 말한다.

갈라디아서 4:4를 적어 보라. ______________________________

____

바울은 그 당시의 관습을 들어 영적 진리를 가르쳤다. "때가 차매 하나님이 그 아들을…"아버지께서 때를 택하셨을 때 얽매어 있던 모든 종들이 율법 아래에서 속량되었다. 왜 하나님께서 그의 아들을 보내셨는가?

갈라디아서 4:5를 적어 보라. ______________________________

____

C. 믿는 자는 양자삼음에 의하여 아들이며 상속자가 된다.

1. 양자삼음의 확실한 증거는 성령의 인도하심이다.

"영접하는 자"–그 말은 인간의 자유의지를 암시하고 있다(롬 8:14).

로마서 8:14를 적어 보라. ______________________________

____

그것은 성령에 의하여 인도함 받는 모든 믿는 자들의 특징이다. 그러므로 그들은 "하나님의 아들들"이다.

믿는 자들은 사도행전 9:6, 16:30의 빌립보 감옥에서의 바울처럼 "다시는 무서워 하는 종의 영을 받지 아니 하였다." 모든 믿는 자들은 기독교인이 되기 이전 죄악의 노예가 된 상태를 회상할 수 있다. 바울은 믿는 자에게는 "이 두려움이 끝났다"고 말한다.

2. 양자의 영

하나님께서는 하나님의 자녀들 속에, 아버지에 대한 아이와 같은 사랑을 가지게 해주시는 양자의 영을 주신다. 양자의 영은 믿는 자들에게 하나님 안에서의 즐거움을 주고, 하나님을 아버지로 의지할 수 있게 해준다.

로마서 8:15를 적어 보라. ______________________________

____

Note

"부르짖느니라"는 15절의 말씀은 "기도한다"는 의미이다. 양자삼음은 우리가 하나님께 "아빠 아버지"라고 기도할 수 있는 뚜렷하고 친근한 관계를 성립시켜 준다. "아바"는 "아버지"란 말의 애정에 넘치는 아람어 표현이다. 그것은 "아빠"로 번역할 수 있다. 왜 15절에 "아바 아버지"라는 두 단어를 사용했을까? 예수님께서 마가복음 14:36에서 애정에 넘치는 이 표현을 사용하신 이유는 우리가 양자의 영을 받았기 때문이다(갈 4:6).

3. 성령께서 우리의 아들됨을 확증해 주신다.

성령께서 인을 치시고(엡 1:13), 양자됨을 보증하신다. 그리하며 믿는 자는 믿음으로 하나님의 가족이 되는 것이다.

그리스도를 믿는 자들은 그들의 영으로 더불어 "우리가 하나님의 자녀"라는 확신과, 화평과, 위로를 증거하는 성령을 소유하고 있다.

로마서 8:16절을 적어 보라. ______________________________

____

믿는 자의 심령 속에 계시는 성령은 하나님의 말씀의 영에 반대될 수 없다.

4. 기독교인의 유업

믿는 자는 하나님의 상속자요, 그리스도와 함께 유업을 이을자이다(롬 8:17). 하나님께서 가지신 모든 것이 우리 것이다. 그리고 상속자의 명예와 행복은 그 유업의 가치에 있다. 여호와는 나의 산업과 나의 잔의 소득이시니(시 16:5).

예수 그리스도는 만유의 상속자이시다(히 1:2). 모든 믿는 자들은 예수 그리스도와 함께 한 상속자이며, 모든 것을 물려받게 될 것이다(계 21:7). 기독교인이 되고, 세상에서 주의 형제가 되며, 그를 위해 고난을 받는 자는 장차 그의 영광에 참여하게 될 것이다(요 17:24). 그의 창조의 모든 부요가 지금 우리들의 것이다.

그러나 우리는 생명과, 건강, 일출이나 일몰의 아름다움, 그리고 식량을 위하여 씨를 뿌리는 일 등에 대하여 거의 감사를 드리지 않는다. 이러한 것들과 그 이상 수많은 일들을 하나님께서는 행하시며 그것들은 우리들의 것이다. 아들로서 우리는 그리스도와 함께 궁극적이고, 최종적인 상속에 참여하게 될 것이다(계 11:15; 21:3).

D. 양자됨의 측량할 수 없는 특권

1. 아들 신분이 갖는 은사

a. 한 사람이 그리스도를 영접할 때에 믿는 자에게 아들의 특권을 부여하는 구

속역사의 양자삼음이 있게 된다(갈 4:5, 7).

b. 우리가 하나님의 가족으로 양자가 될 때, 그리스도 안에서 아들 직분의 은사가 우리에게 주어진다. 양자삼음은 하나님께서 우리를 위하여 하시는 그 무엇이다. 하나님께서는 우리를 "종"의 신분으로부터 영광스러운 아들 직분의 특권으로 올려 주신다. 외아들 예수님께서 우리를 구원하러 오셨다(갈 4:4).

2. 성령의 인도하심

a. 양자가 된 사람은 성령에 의해 인도 받는 사람이다(롬 8:14, 16).

b. 성령께서는 옛 생명을 이길 수 있게 해준다(롬 8:2-4, 갈 5:16-18). 양자가 된 사람들은 성령께서 그들 속에 계시고, 그들은 새로운 성품을 가지게 되었기 때문에 하나님에 의해 인도 받는다.

3. 양자됨으로 인한 자유

a. 우리가 보았듯이, 양자됨은 우리를 후견인과 다스리는 자들, 그리고 의식들과 율법으로부터 자유롭게 해준다(갈 4:7).

b. 이 자유는 우리가 원하는 대로 행하라고 준 것이 아니다. 자유는 죄로부터 벗어나 그리스도 안에서 누리는 것이다(롬 8:5-9). 5, 6절에 밑줄을 그어라.

4. 초자연적인 하나님의 돌보심

a. 성령께서는 성도가 도덕적으로, 신체적으로, 감정적으로 연약할 때에 도우시기 위하여 성도 안에 거하신다. 하나님께 나아갈 때에 아무 말을 할 수가 없을 때가 자주 있다. 하나님께서는 그런 순간을 위하여 예비해 주셨다(롬 8:26).

b. 우리는 아무 말도 하지 못한다—"성령께서 하나님의 뜻대로 성도를 위하여 간구"하신다(롬 8:27).

5. 하나님을 아버지로 삼게 됨으로 인한 특권

a. 그는 하나님의 아들을 영접하는 자들에게만 아버지가 되신다. 그때에 그들은 "하나님의 아들들"이라고 불리워진다.

요한복음 1:12를 적어 보라. ______________________________

____

b. 하나님께서는 모든 믿는 자들이 하나님의 아들을 통하여 하나님으로 말미암아 "아들"과 "후사"가 될 수 있는 길을 열어 놓으셨다(갈 4:7).

6. 양자삼음은 하나님께서 기뻐하시는 일이다.

a. 우리를 양자 삼으신 그 시기는 헤아릴 수 없는 아득한 과거였다. 하나님께서는 "창세

Note

전에" 우리를 선택하셨다. 에베소서 1:4절을 적어 보라.

b. 하나님께서는 우리를(모든 믿는 자들) "그의 은혜의 영광을 찬송하게 하려고" 택하셨다.
에베소서 1:5를 적어 보라.

에베소서 1:6에 밑줄을 그어라.

복습

오늘날의 세상은 혼란과 죄악의 시대며 하나님에 관한 일에는 거의 관심이 없는 시대이다. 그럼에도 하나님께서는 여러분들을 개인적으로 알고 계신다. 만약 당신이 예수 그리스도를 영접했다면, 당신은 "창세전에 그리스도 안에서 택한 자"이다. 하나님께서는 당신에게 그의 아들을 영접하거나 그렇게 하지 않을 "자유의지"를 허락해 주신다. 그분은 당신에게 강요하시지 않는다. 당신이 그리스도를 받아들일 때 당신은 아들로 하나님의 가족에 속하게 되는 것이다. 양자삼음에 의하여 우리들은 그의 아들들이 되는 것이다. 먼저 탄생이 있고(중생) 다음에 양자됨이 있게 된다.

양자됨의 완전한 현현은 아직 미래의 일이다. 아들 직분의 완전한 계시는 부활과, 변화와, "몸의 속량"으로 알려져 있는 성도의 변형을 기다리고 있다(롬 8:23, 엡 1:14, 요일 3:2).

만약 당신이 양자가 되었다면–구원을 받았다면–당신은 예수 그리스도 안에서 행복한 현재와 영광스러운 미래를 소유하고 있는 것이다. 하나님의 가족에 속한 자들은 가족에게 수치나 슬픔을 안겨 주어서는 안 된다. 성도들은 우리의 주님과 그의 말씀에 친근한 관계를 가지고 있어야 한다.

예습

1. 요한복음 1:12, 13; 3:16; 5:40; 6:37; 15:16, 19, 사도행전 9:15, 로마서 8:28–34; 9:11–21; 10:13; 11:5–6, 에베소서 1:4, 5, 11; 2:3, 데살로니가전서 1:4–5, 데살로니가후서 2:13, 디모데후서 1:9, 베드로전서 1:2, 19, 20, 요한계시록 22:17을 읽어 보라.
2. 양자삼음에 대하여 당신이 기록한 내용을 복습해 보라.
3. 새로운 진리를 배울 때마다 성경에 표시해 보라.

Week 33
선택과 자유의지

Ⅰ. 서론

"선택과 자유의지"에 관한 진리, 혹은 교리를 성경이 가르치고 있다. 이미 우리가 앞과에서 공부 했듯이 구원에는 신적인 측면이 있다. 곧 "선택, 택함을 입은 자, 택함받은 자, 또는 부르심을 받은 자들"로 자주 불리워지는 하나님 편에서의 측면이다. 또한 구원에는 인간의 측면이 있다. 곧 성경에서 "인간의 뜻, 누구든지, 영접하는 자"등으로 말해지는 측면이다.

이 두 진리는 "선택"과 "자유의지"로 불리운다. 선택과 자유의지는 함께 공부해야 할 네 가지 주제들 가운데 두 가지이다. 그러므로 먼저 이 과에서는 두 가지 진리를 다루고 다음 과에서는 "예견"과 "예정"을 다루기로 한다. 네 가지 주제들 가운데 어떤 것들이 각 과에서 나오게 된다 하더라도 놀라지 말라. 왜냐하면 그것들을 하나의 주제로서 완전히 독립적으로 다룬다는 것은 어렵기 때문이다.

이 두 과를 공부할 때에 이 네 주제들에 관한 하나님의 진리를 성령께서 당신에게 보여 주시기를 기도하라. 그 문제들에 관하여서는 많은 혼돈이 일어나고 있으며, 평신도를 위하여 기록된 사실적인 지식도 거의 없다.

Ⅱ. 중요한 성경 구절

요한복음 1:12, 13; 3:16; 5:40; 6:37; 15:16, 19, 사도행전 9:15, 로마서 8:28-34; 9:11-21; 10:13; 11:5-6, 에베소서 1:4, 5, 11; 2:3, 데살로니가전서 1:4-5, 데살로니가후서 2:13, 디모데후서 1:9, 베드로전서 1:2, 19, 20, 요한계시록 22:17.

Ⅲ. 핵심 진리

이 두 가지 진리의 핵심은 위대한 학자 헨리 워드 비처에 의해 다음과 같이 간략하게 언급되어 있다. "선택받은 자들은 누구든지 원하는 자들이고, 선택받지 않은 자들은 누구든지 원하지 않는 자들이다." 바울은 세 부류의 사람들에 대하여 언급하고 있는데, 이것은 현대인들에게도 적용된다.

우리는 십자가에 못 박힌 그리스도를 전하니 유대인에게는 거리끼는 것이요 이방인에게는 미련한 것이로되 오직 부르심을 받은 자들에게는 유대인이나 헬라인이나 그리스도는 하나님의 능력이요 하나님의 지혜니라(고전 1:23-24).

유대인들은 종교와 의식에 의존하고 있었기 때문에 그들에게 있어 십자가는 걸림돌이었다. 또한 헬라인들은(이방인들) 철학과 인간의 지혜를 믿었기 때문에 그들에게 있어서도 십자가는 어리석은 것이었다. "부르심을 받은 자들"은 유대인들과 헬라인들의 무리에서 선택받은 자들인데 그것은 그들의 어떤 장점때문이 아니다. 그들에게는 십자가가 구원에 이르게하는 하나님의 능력이 된다. "부르심을 받은 자들" 곧 "택함을 받은 자들"은 하나님의 부르심을 들었으며 그에 응답한 자들이다. 우리는 이 세 번째 부류의 사람들에게서 "선택"과 "자유의지"를 찾게 된다.

Ⅳ. 중요한 진리들: 선택과 자유의지

A. 구약에서의 선택

1. 하나님께서 이스라엘을 택정하셨다.
   a. 세상이 타락했으므로 하나님께서는 세상을 홍수로 멸망시켜버리셨다. 홍수 후에도 인간은 다시 하나님으로부터 떠나 사악한 행위를 반복했다. 그러나 하나님의 구원 계획은 패할 수 없었다.

   하나님께서는 새로운 국가, 곧 특별한 백성의 조상이 되게 하시기 위하여 한 사람을 택하셨다. 주께서 아브라함에게 말씀하시기를 "내가 너로 큰 민족을 이루고"라고 하셨다.

   창세기 12:2를 적어 보라. ______________________________

   ____

   3절에 밑줄을 그어라.
   b. 하나님께서는 창세기에서 아브라함에게 주신 언약을 견고하게 해 주셨다(창 15:1-21; 17:4-8; 22:15-24; 26:1-5; 28:10-15).
   c. 한 국가를 선택하심에 있어서, 하나님께서는 그 국가와의 언약이 반복되어질 것이라는 사실을 확실히 하셨다.
2. 하나님께서는 그의 절대적인 목적을 위하여 이스라엘을 뽑으셨다.

Note

a. 이스라엘은 유일하시며, 참 신이신 하나님을 섬기는 축복을 세계에 증거하기 위하여 택하여지고 뽑혀진 민족이다(신 33:26-29).

b. 택함의 목적은 그들로 하여금 성경을 받아들이고, 보존하고, 전하도록 하기 위한 것이다(신 4:5-8). 이 말씀을 읽고 성경에 밑줄을 그어라.

로마서 3:1-2를 적어 보라. ______

______

______

위 말씀은 구약을 확실하게 해준다.

c. 아브라함의 자손이시며, 유다 지파의 한 사람이신 유대인 예수 그리스도를 이 땅에 보내시기 위하여(창 3:15, 사 7:14, 9:6)이스라엘은 택함을 받았다.

3. 하나님께서는 개인 개인을 택정하시고 선택하신다.

a. 아브라함은 구약에 나타난 하나님의 선택에 대한 큰 본보기다. 그는 갈대아 우르라는 이방 땅에 사는 이교도였다. 그는 그의 가족들 가운데 다른 사람들보다 더 나을 것이 없었던 사람이다. 그런데도 하나님께서는 그를 택하셨다.

창세기 12:1을 적어 보라. ______

______

택정하시고 뽑으시는 것은 하나님 편에서의 일이다.

히브리서 11:8을 적어 보라. ______

______

순종하는 것, 그것은 아브라함이 한 일이었다.

b. 이삭은 하나님의 선택에 대한 또 다른 예이다.

창세기 17:19를 적어 보라. ______

______

c. 야곱은 하나님에 의하여 택정되고 뽑힘을 받았다. 야곱의 생애는 하나님의 특별한 은총을 받을만한 그 어떤 것이 없었다. 그는 교활한 음모가였고, 그의 아버지에게 거짓말을 했으며, 어머니와 공모를 했고 그가 할 수 있는 모든 일을 행했다. 그런데도 하나님께서는 그를 택하셨다. 그리고는 그의 이름도 "이스라엘"로 바꾸어 주셨다.

창세기 32:28을 적어 보라. ______

이스라엘은 열두 아들을 낳았다. 그리하여 이스라엘 나라에는 열두 지파가 있는 것이다. 이제 로마서 9:8-12를 읽으시고 11절을 적어 보라. ____________________

____

B. 신약에서의 선택

1. 믿는 모든 자들에게는 택하심이 확실한 사실이다.

a. 우리가 복잡하게 혼돈을 일으키기 전에, 이 은혜의 시대에 대해 확실히 해두어야 할 한가지 중요한 사실은 모든 믿는 자들에게는 그가 믿는다는 그 사실로 인해 택하심이 확실한 것이 된다는 것이다.

데살로니가전서 1:4를 적어 보라. ____________________

____

b. 하나님께서는 세상의 어리석은 것들을 택하셨다.

고린도전서 1:26을 적어 보라. ____________________

____

2. 택하심은 창세전에 된 일이다.

a. 하나님께서는 그리스도 안에서, 그를 영접하는 모든 사람이 택함을 입도록 길을 열어 놓으셨다.

에베소서 1:4를 적어 보라. ____________________

____

b. 요한복음 15:16에서의 예수님의 말씀을 적어 보라. ____________________

____

3. 바울과 사도들은 택함을 받았다.

a. 바울의 회심은 우연히 일어난 것이 아니다.

사도행전 9:15를 적어 보라. ____________________

____

b. 사도행전 10:41에서는 모든 사도들에 대하여 언급한다. 당신의 성경에 밑줄을 그어라.

c. 아나니아는 바울이 택함을 받은 사실을 확증해 주었다.

사도행전 22:14를 적어 보라. ____________________

Note

4. 구원받은 사람들은 택함받은 사람들이며, 교회이며, 그리스도의 신부이다.
   a. 데살로니가후서 2:13을 적어 보라. ____________________

   ____

   데살로니가전서 1:4를 참고 하십시오.
   b. 디모데후서 2:10을 적어 보라. ____________________

   ____

   c. 디도서 1:1에 밑줄을 그어라.
5. 흩어진 성도들은 택함을 받은 사람들이었다.
   a. 그리스도의 몸은 세계 여러 곳에 흩어졌다. 그들은 예수 그리스도를 믿고 있었기 때문에 여전히 선택받고, 뽑힘을 받은 사람들인 것이다. 베드로전서 1:1에 밑줄을 긋고 1:2를 적어 보라. ____________________

   ____

   b. 1:5를 적어 보라. ____________________

   ____

   그리스도를 영접하는 일에 자유롭게 자유의지를 사용한 모든 사람들, 곧 그리스도를 받아들인 사람에게는 선택이 확실한 사실이 된다. 하나님께서는 그리스도 안에서 선택하는 일을 하시며 그것이 하나님의 책임이다. 사람은 하나님의 구원 계획을 받아들여야 한다. 회개하고 인간 자신의 의지로서 예수님을 영접해야 한다. 이것은 인간의 의무이다. 이제 우리는 인간의 자유의지(free will)에 대해 공부하겠다.

C. 인간의 자유의지

1. 인간은 스스로 선택해야 한다.
   a. 우리는 하나님의 선택 계획과 그가 우리에게 선택의 의지를 주셨음을 믿고 있다. 인간은 하나님의 구원 계획을 받아 들여야만 한다. 그것이 그리스도께서 죽으신 이유이다. 하나님의 계획에 대하여 말씀해 주는 다음의 성구는 아주 간단하여 아마도 당신이 외울 수 있을 것이다.
   요한복음 3:16을 적어 보라. ____________________

   ____

b. 예수님께서는 "수고하고 무거운 짐 진 자들아 다 내게로 오라 내가 너희를 쉬게 하리라"(마 11:28)고 하셨다. "오라"는 그 초청은 성경에서 642번이나 찾아 볼 수 있다. 그 말씀은 반응을 요구한다.

2. "누구든지" 예수를 따르는 자들은-자기를 부인해야 한다.

a. "누구든지"라는 말씀은 모두를 포함한 말씀이다. 곧 유대인이나 이방인이나, 부유한 자나 가난한 자, 선한 자나 악한 자나 관계없이 그리스도를 영접하는 모든 사람들을 포함하고 있다.

로마서 8:34를 적어 보라. ______________________________

____

3. 하나님께서 부르신다-각 사람은 이에 응답해야만 한다.

a. 예수님께서는 이 진리를 한 구절로 말씀하고 계신다. "아버지께서 내게 주시는 자는 다 내게로 올 것이요." 아버지께서는 성령님을 통하여 우리를 부르시고, 이끄시고, 확신을 주신다. 그것이 하나님의 사역이다. 동일한 내용의 성구가 있다-"아버지께서 내게 주시는 자는 다 내게로 올 것이요 내게 오는 자는 내가 결코 내쫓지 아니하리라"(요 6:37). 사람은 자기 자신의 "자유의지"로 반응해야 한다.

b. 위에서 예수님께서 말씀하신 좋은 실례를 아브라함에게서 찾아 볼 수 있다. 그는 이방 땅에 사는 이교도였다. 하나님께서는 그를 택정하셔서 뽑으셨다. 그것이 하나님께서 하실 일이었다.

히브리서 11:8을 적어 보라. ______________________________

____

"부르심" 그리고 "순종"이라는 두 말씀을 주의해 보라.

4. 선택받은 사람은 그 사실을 어떻게 알 수 있는가?

a. 단순히 하나님의 말씀에 순종함으로써 알 수 있다. 이 과의 앞에서, 믿음을 갖고 있다는 그 사실이 모든 믿는 자들에게 그가 선택받았다는 사실을 확실하게 해준다고 배운 것을 기억하라. 신약의 메시지는 "오라"이다. 예수님의 크신 명령은 "그러므로 너희는 가서…세례를 베풀고…가르쳐 지키게 하라"(마 28:19-20)는 것이다.

b. 하나님께서는 그의 아들을 영접할 모든 사람들을 택하셨다.

로마서 10:13을 적어 보라. ______________________________

____

c. 그리스도를 믿고, 영접하십시오. 그것이 인간이 해야 할 몫이다.

사도행전 16:31을 적어 보라. ______________________

____

Note

5. 얼마나 많은 사람이 선택을 받았는가?
   a. 그것은 어리석은 질문처럼 여겨진다. 그러나 성경은 여러 차례 그에 대한 답을 주고 있다.
      요한복음 1:12를 적어 보라. ______________________

      ____

   b. 요한복음 17:2에 있는 예수님의 말씀을 적어 보라. ______________________

      ____

      예수님께서는 기독교인들은 하나님께서 자기에게 주신 사람들이라고 일곱 번씩이나 말씀하셨다— 요한복음 17:2, 6(2회), 9, 11, 12, 24. 예수님은 하나님께서 이 세상에 주신 선물이다. 믿는 자들은 아버지께서 예수 그리스도께 주신 선물이다.
   c. 사도행전 13:48을 적어 보라. ______________________

      ____

   ("작정된"이라는 말은 "선택된"이라는 말이다).
   d. 로마서 8:14를 적어 보라. ______________________

      ____

      당신은 해답을 찾았는가? 그 해답은 "영접하는 자 누구든지"이다. 그것은 믿고, 받아들이고, 영접하고, 회개하고, 기도하는 일을 포함한다.
6. 성경에 기록된 마지막 초청
   a. 다윗의 뿌리며 자손이신 예수님께서는 말씀하셨다.
      성령과 신부가 말씀하시기를 오라 하시는도다 듣는 자도 오라 할 것이요 목마른 자도 올 것이요 또 원하는 자는 값없이 생명수를 받으라(계 22:16-17).
   b. 마태복음 7:13-14에 있는 예수님의 말씀을 적어 보라. ______________________

      ____

복습

이 위대하고 영광스러운 하나님의 은혜의 시대, 교회의 시대 동안에는 복음이 모든 사람에게 주어졌으며, 그를 믿는 모든 사람의 것이다. 예수님께서는 복음이 모든 민족에게 전파될 것이라고 말씀하셨다. 어떤 사람은 "내가 선택받은 사람들 가운데 하나라는 것을 어떻게 알겠는가?"라고 말할지도 모른다.

그 대답은 간단한다. 누구든지 저를 믿는자들 가운데 한 사람이 되라. 그러면 당신은 "택함을 받은" 사람이 될 것이다. 예수님께서 세상에 오신 까닭은 그를 영접하는 모든 사람들을 구원하시기 위함이다.

하나님이 그 아들을 세상에 보내신 것은 세상을 심판하려 하심이 아니요 그로 말미암아 세상이 구원을 받게 하려 하심이라(요 3:17).

그렇다. 하나님께서는 누가 그리스도께 올지 누가 오지 않을지 아신다. 당신의 결정이 어떻든지 간에, 그것이 하나님께 충격이 되지는 못한다(다음 과에서 공부하게 될 것이다). 이 과에서는 세계 각 곳에 있는 모든 사람에게 복음이 열려진 사실을 말해 준다.

로스앤젤레스에 있는 오픈도어교회의 전 목사였던 J. 버논 · 맥기 박사가 요약해 주는 이야기를 했다. 한 젊은이가 집사들로부터 자신의 구원받은 경험에 대해 질문을 받게 되었다. 집사들이 물었다. "당신은 어떻게 구원받았는가?" 그 젊은이는 대답했다. "하나님께서 그의 할 일을 하셨고 저는 제 할 일을 했습니다." "하나님의 일은 무엇이고 자네의 일은 무엇인가?" "하나님의 일은 구원하시는 일이고, 저의 일은 죄짓는 일이었습니다. 저는 제가 할 수 있는 한 빨리 그로부터 달아났습니다. 그러나 하나님께서는 저를 찾아 내시기까지 저를 따라 오셨습니다."

그것이 바로 하나님의 성품이며 인간의 본성이다. 아담이 동산에서 하나님으로부터 숨은 이후로, 인간은 숨고, 하나님은 찾는 일이 계속되고 있다. 만약 당신이 기독교인이 아니라면 예수님께로 "오라." 그가 당신을 구원하실 것이다. 당신은 하나님께서 "택하신" 자가 될 것이다.

예습

1. 요한복음 1:12, 13; 3:14–17, 로마서 8:14–39; 9:11–21; 10:1–17; 11:5–6, 고린도전서 2:7, 에베소서 1:3–11, 데살로니가전서 1:2–5, 디모데후서 1:9, 베드로전서 1:1–21을 읽어 보라.
2. 선택과 자유의지에 대해 기록한 내용을 복습하라.
3. 새로운 진리를 배울 때마다 성경에 표시해 보라.

Week 34
예견과 예정

Ⅰ. 서론

우리는 여기서 앞 주에서 계속되는 말씀의 두 가지 가르침을 공부할 것이다. “예견과 예정”에서 하나님의 마음을 완전히 이해한다는 것은 불가능한다. 우리는 이 진리들에 관하여 하나님의 말씀이 우리에게 무엇을 말해 주는지를 배울 수 있고 그것을 의심없이 받아들일 수 있다. 우리의 삶은 하나님께서 다스리시는 계획과 목적에 관련되어 있다. 우리는 하나님의 크신 신비를 완전히 이해하지는 못하지만 그래도 그것들은 하나님의 계획이다. 하나님의 신비와, 그가 우리에게 나타내 주시는 바를 우리는 받아들인다(신 29:29).

이와 같은 주제들에 관하여서는 신학적인 논쟁을 벌일 여지가 없다. 인간의 의견을 내세우기 위한 논쟁을 함으로써 말씀을 한 편에 제쳐두게 되는 일이 자주 있기 때문이다. 놀라운 일은, 하나님께서 그런 일들이 죄인들의 삶 속에서 일어날 것이라는 사실을 아셨다는 것이며, 하나님께서는 과거에도 지금도 충격을 받지 않으신다는 것이다. 이 공부는 평신도를 위한 것이다. “신학적인 학식”이 저자의 의도가 아니다. 우리는 하나님께서 성경 가운데 주신 “빛”을 취하게 될 것이며, 그것은 우리를 축복하기에 충분할 것이다. 왜냐하면 우리는 주 하나님의 예견과 예정의 한 부분이기 때문이다.

Ⅱ. 중요한 성경 구절

요한복음 1:12, 13; 3:14-17, 로마서 8:14-39; 9:11-21; 10:1-17; 11:5-6, 고린도전서 2:7, 에베소서 1:3-11, 데살로니가전서 1:2-5, 디모데후서 1:9, 베드로전서 1:1-21.

Ⅲ. 핵심 진리

바울은 에베소교회에 보내는 편지에서 우리가 하나님의 예견과 예정을 이해하는데 도움이 될 수 있는 세 단어를 사용한다.

첫째, "택하사"라는 말로서 그리스도를 영접하는 모든 사람에 대한 하나님의 선택에 관해 언급하고 있으며, 그것은 "영원한 과거"(창세전)의 시간과 관계된다. "창세전에 그리스도 안에서 우리를 택하사"(엡 1:4)라고 했다.

둘째, "예정"이라는 말은 모든 믿는 자들의 유업과 "영원한 미래"에 관계되는 것이다. "모든 일을 그의 뜻의 결정대로 일하시는 이의 계획을 따라 우리가 예정을 입어 그 안에서 기업이 되었으니"(엡 1:11).

셋째, "예비"라는 말로서 그리스도 예수 안에서의 우리의 사역에 대해, 그리고 "살아 있는 현재"에 대하여 말씀하고 있다.

> 우리는 그가 만드신 바라 그리스도 예수 안에서 선한 일을 위하여 지으심을 받은 자니 이 일은 하나님이 전에 예비하사 우리로 그 가운데서 행하게 하려 하심이니라(엡 2:10).

세 번째 진리는 믿는 자로 하여금 앞의 두 진리와 연결시켜 주며 구원의 과정 가운데서 하나님의 뜻과 인간의 뜻을 보여 준다. 예언을 포함한 모든 성경은 하나님의 예견에 기초하고 있다. 그러나 그것이 인간의 행위를 미리 결정하지는 않는다. 인간이 무엇을 할 것인지에 대한 하나님의 예견은 인간으로 하여금 그러한 일들을 행하도록 강요하지는 않는다.

하나님께서는 아담이 타락할 것과 유다가 예수님을 배반할 것을 아셨다. 그들이 어떤 행위를 선택할 것인지에 대한 하나님의 예견이 그들이 행했던 그 행동을 강요한 것이 아니다. 그들이 행한 일은 그들이 선택한 것이며 하나님은 그들에게 책임을 지게 하신 것이다. 개인에 대한 하나님의 선택이나 예정은 복음이 그들에게 제시되었을 때 그들이 어떻게 행동할 것인가에 대한 하나님의 예견에 기초하고 있다는 것은 분명하다. 그것은 강요된 선택이 아니며 인간의 자유의지와 갈등을 일으키지도 않는다. 이제 우리는 이 주제를 따로 공부하여 예견과 예정을 더 잘 이해하고자 한다.

Ⅳ. 중요한 진리: 예견과 예정

A. 하나님의 거룩한 명령

1. 이해해야 할 단어들

Note

a. 하나님께서 어떻게 일하시는가에 관하여 누가 옳고 그른지를 토의할 수 있다. 우리가 가지고 일해야 할 유일한 청사진은 하나님의 거룩하신 말씀이다. 그러므로 하나님의 말씀으로부터 우리는 이 사건의 순서를 배우게 된다.

- "예견"– 베드로전서 1:2에서 볼 수 있다.
- "택하심"– 베드로전서 1:2과 로마서 11:5–6에 있으며 모두 하나님의 은혜의 역사이다.
- "예정"– 로마서 8:29–30에 기록되어 있다.

b. 이 주제에 관하여 스코필드 박사는 스코필드 KJV에서 다음과 같이 간략한 형태로 논평하고 있다. "하나님께서 일하시는 순서는 예견, 택하심, 그리고 예정의 순서이다. 그 예견이 택하심 혹은 선택을 결정한다는 사실은 베드로전서 1:2에 분명히 나타나 있다. 그리고 예정은 선택이 이루어진 것이다. 예견은 선택보다 앞서고 예정은 장차 될 일을 바라본다."

2. 인간의 자유로운 도덕적 기능

a. 우리는 도덕적인 면에서 볼 때 책임적인 존재이다. 선택의 자유는 도덕적 책임을 수반한다. 또한 역사와 인류 위에는 하나님의 주권이 존재하고 있다. 하나님의 주권과 인간의 자유로운 도덕적 기능, 이 두 가지는 우리가 조화시킬 수 없는 사실들이다. 그것들은 오직 하나님께 속한 일이다.

b. 우리는 단지 그 두 가지 사실에 대하여 관찰할 수 있을 뿐이다. 찰스 스펄전은 한때 그 두 가지 사실에 대하여 다음과 같이 말했다. "나는 그 두 가지 사실을 조화시킬 수 는 없다. 그러나 당신이 그것들을 서로 모순되게 할 수도 없다."

생활과 역사에서 기초가 되는 사실은 하나님께서 존재하시고, 하나님께서 다스리시고, 하나님께서 절대적인 주권을 가지고 계신다는 사실이다. 하나님의 예견과 선택과 예정은 단지 하나님의 절대적인 뜻 가운데 일부분일 뿐이다.

B. 하나님의 예견

1. 하나님의 전지하심

a. 이 말은 "모든 지식," "모든 것을 안다"는 의미이다. 하나님의 지식은 완전

하기 때문에 모든 것을 아신다(욥 37:16).

b. 하나님께서는 세상과 자연에 대해 모든 것을 아신다. 그분이 그 모든 것을 만드셨다(사 40:12, 15, 28, 마 10:29).

시편 147:5를 적어 보라. ______________________________

____

c. 하나님께서는 인간에 대하여 모든 것을 아신다.

마태복음 10:30을 적어 보라. ______________________________

____

시편 94:11을 적어 보라. ______________________________

____

히브리서 4:13에 밑줄을 그어라.

d. 하나님께서는 과거, 현재, 미래에 관하여 모든 것을 아신다. 하나님께서는 영원한 현재만이 있을 뿐이다. 하나님께서는 모든 것을 아신다.

사도행전 15:18을 적어 보라. ______________________________

____

2. 하나님의 주권

a. 하나님께서는 절대적인 능력과 권위와 통제력을 가지고 계신다. 하나님께서는 전지하시다. 그렇지 않으면 절대적인 신이 될 수 없다. 시편 기자인 다윗은 하나님의 전지하심에 대해 시편 139:16에 기록했다.

시편 139:16을 적어 보라. ______________________________

____

b. 하나님은 영원하시다. 또한 시간을 초월하신 분이다. 하나님은 과거와 현재와 미래에 살아 계신다. 하나님께서는 시간과 사건이 있기 전에 계셨다. 하나님께서는 모든 것을 아신다. 그리고 영원하신 자리에서부터, 인류의 역사 속에 지나갈 모든 세세한 점들을 아시고 계셨다. 이사야 46:9-10에 밑줄을 그어라.

3. 하나님의 예견과 인간의 자유의지

a. 완전한 예견은 하나님께 속한 것이다. 그리고 그는 모든 사건들을 그것들이 일어나기 전부터 분명하고 완전하게 알고 계신다. 하나님께서는 처음부터 모든 것을 알고 계시기 때문에 누가 자신의 자유의지를 사용하여 구원에 대한 하나님의 계획을 받아들일 것인가도 아셨다. 그는 또한 자유의지를 사용하여 그의 구원 계획을 거부할 자가 누구

Note

인지도 아셨다. 그렇기 때문에 하나님의 믿을 자에 대한 "선택"과 믿지 않을 것을 아신 자들에 대한 불선택에는 어떤 이의도 있을 수 없다.

b. 베드로는 흩어진 성도들에 대한 그의 첫 서신에서 이 복된 진리에 관해 기록했다.

베드로전서 1:2에 대해 적어 보라. ______________________________

____

c. 구원의 세부적인 내용은 "창세전"에 계획되었다.

에베소서 1:4를 적어 보라. ______________________________

____

d. 예수 그리스도를 통하여 하나님께 나아 "오라"는 하나님의 초청은 모든 사람에게 주어진 것이다. 그러나 하나님께서는 모든 사람들이 다 나오지는 않을 것을 미리 아셨다. 이사야 55:1에 밑줄을 긋고 이사야 55:6을 적어 보라. ______________________________

____

예수님께서는 "수고하고 무거운 짐진 자들아 다 내게로 오라. 내가 너희를 쉬게 하리라"(마 11:28)고 하셨다.

e. 바울은 데살로니가에 채 한달도 있지 않았지만 그곳의 교인들에게 성경의 위대한 진리를 가르치셨다. "그리스도 안에서 갓난 아기들"은 그들이 "선택받은" 것을 깨달았다.

데살로니가전서 1:4를 적어 보라. ______________________________

____

본문 말씀은 그들이 예수 그리스도를 믿음으로 인하여 하나님께서 선택하셨다는 사실을 보여 준다.

f. 예견은 하나님의 속성이다. 하나님께서는 모든 것을 아시기 때문에 예견하실 수 있는 것이다. 우리는 추측으로 예언하고, 짐작하고, 의아해하기도 하지만–하나님께서는 모든 것을 아신다.

C. 예정(Predestination)

1. 예정은 성경 전체에 나타나 있다.

a. "예"(pre)라는 말은 "전에"(before)라는 뜻이며 "정"(destined)은 "운명"을 의미한

다. 곧 예정은 "개인과 사건의 영원한 운명을 "미리 정한다"라는 뜻이다.

b. 하나님의 목적에 대한 성취는 성경에 여러 번 언급되고 있다. "죽임을 당한 어린양"(계 13:8). "오직 흠 없고 점 없는 어린 양 같은 그리스도의 보배로운 피로 된 것이니라 그는 창세전부터 미리 알린 바 되신 이나 이 말세에 너희를 위하여 나타내신바 되었으니"(벧전 1:19-20). 구원 계획의 성취는 하나님께서 그의 아들 안에서 "미리 정하신"일이다.

c. 하나님께서는 아브라함과 사라에게 노년에 아들을 주셨다. 그들은 의심했지만 하나님께서는 아브라함의 "씨"를 예정하셨으며, 그들에게 주셨다(창 15:2-5; 21:1-3).

d. 하나님께서는 한 때를 위하여 모든 역사를 인도하시고 목적을 두셨다.

갈라디아서 4:4를 적어 보라. ____

____

"때가 차매…" "말씀이 육신이 되어 우리 가운데 거하시매…"(요 1:14).

e. 하나님의 계획의 절정은 십자가와 부활이다. 모든 것이 예언되었던 사실이며(시 16장, 시 22장, 사 53장) 하나님께서 예정하셨던 대로 진행되어야 했다(마 27, 요 19). 위의 말씀들은 성경에 기록된 예정에 대한 실례들 가운데 몇 가지에 불과하다. 하나님께서는 예정하셨으며, 결코, 놀라시지 않는다. 하나님께서는 인간이 할 행동에 대해 미리 모든 것을 아신다.

2. 하나님의 절대적인 목적

a. 성경에 나타난 예정은 이해하기 어렵지 않다. 이 주제에 관해 널리 알려져 있는 구절을 적어 보라. 로마서 8:29 ____

____

b. 먼저 "그가 미리 아시는 바." 하나님의 "예견"이라는 말씀은 "택하신, 뽑으신"-"누구든지 영접하는 자"와 관계된다는 사실에 유의하라. 우리는 그리스도 안에서의 하나님의 계획을 받아들였기 때문에 하나님의 자녀가 되도록 선택받은 사람들이다. 그리고 그것은 우리의 "자유의지"를 사용하는 것이다. 하나님께서는 그리스도를 영접할 모든 사람들을 아셨다.

c. "그가 미리 아신 자들…."

"그가 또한 미리 정하신…."

무엇을 위한 일인가? "그 아들의 형상을 본받게 하기 위하여"(롬 8:29). 예정은 우리의 영적 성장과 성품의 개발에 관계된다. 곧, 우리는 성숙해 갈수록 더욱 예수님을 닮아가야 하며, 결국에는 "우리가 그와 같아지는"(요일 3:2) 완전함을 이루게 될 것이다. 하나님께서는 "택함을 입은 자"(우리가 그리스도를 영접했기 때문에)들이 장차 어떤 형상을 이루게 될지 알고 계신다.

Note

d. 우리는 예수님을 더욱 더 닮아가도록 예정되었다. 이것은 하나의 고통스러운 과정이다. 성도들이 삶에서 가지는 모든 경험들은 우리로 하여금 그의 아들을 본받게 하시고자 하는 하나님의 계획을 이루시는 하나님의 방법이다. 당신의 성경 에베소서 1:3-4에 밑줄을 그어라.

에베소서 1:5를 적어 보라. ____________________

____

4절에 유의해 보라. "우리로 사랑 안에서 그 앞에 거룩하고 흠이 없게 하시려고" 그것이 예정이다. 다음 절에서는 "우리를 예정하사…"라고 했다.

e. 우리는 어떻게 "그 아들의 형상과 같아질 수" 있는가? 바울은 다음과 같이 말한다. 너희 안에서 행하시는 이는 하나님이시니 자기의 기쁘신 뜻을 위하여 너희에게 소원을 두고 행하게 하시나니(빌 2:13).

3. 하나님의 뜻을 따라 예정을 입음

a. 에베소서 1:11을 적어 보라. ____________________

____

b. 우리는 "그의 영광의 찬송이 되어야"한다(엡 1:12).

c. 성령은 예수님에 대한 우리의 영접을 인치시며, "우리 기업의 보증이 되사 그 얻으신 것을 속량하시고 그의 영광을 찬송하게"하신다(엡 1:13-14).

d. 빌립보서 3:21을 적어 보라. ____________________

____

그것이 바로 영화롭게하신다(우리는 선택과 칭의에 대해 공부했다) 8:30에 밑줄을 그어라.

복습

영적인 관점에서 보는 예정은 기독교인이란 "그리스도의 형상을 본받도록 정해진 사람들이란 의미이다. 이것은 성화의 과정이며(23과), 그리스도는 그 일에서 최고의 본보기이시다. 그리스도는 아버지의 표현된 형상이며, 그리스도인들은 그 아들의 형상을 닮도록 예정된 자들이다. 우리는 우리 스스로 그리스도를 닮을 수 없다. 우리 자신을 그리스도께 맡김으로써, 하나님께서 우리를 그리스도께 주시는 것이다

(요 17:3, 6, 9, 11, 20, 21, 24). 그리고 우리를 그에게 주심에 있어서 하나님께서는 우리를 그의 형상을 닮도록 예정하셨다. 하나님께서는 우리가 장차 갖게 될 그 형상을 보고 계신다. 하나님께서는 창세기 1:26–27을 돌아보신다. "우리가 그와 같을 줄을 아는 것은 그의 참모습 그대로 볼 것이기 때문이니"(요일 3:2)라고 했다.

예습

1. 창세기 1:26–27; 2:7, 21–23; 3:1–21, 마태복음 4:1–11, 로마서 5:12, 17; 7:7–24; 8:33–39, 고린도전서 15:22, 45–50, 데살로니가전서 5:23, 히브리서 4:12; 9:26, 요한일서 2:16.
2. 예견과 예정에 대해 당신이 기록한 내용을 복습하라.
3. 새로운 진리를 배울 때마다 성경에 표시해 보라.

Week 35
두 아담

Ⅰ. 서론

인류의 시조인 첫 아담은 인격과 지성과 감정과 의지를 가진 하나님의 형상대로 창조되었다. 그리하여 하나님과 인간 사이에는 교통과 교제가 있을 수 있었다. 하나님께서는 자기의 기쁘신 뜻을 위하여 만물을 지으셨다(계 4:11, 빌 2:13). 성경은 아담이 자기 자신의 길로 행하도록 속임을 받았다고 말씀한다. 하나님께 불순종하기를 선택함으로 아담은 하나님 중심이 되는 대신에 자기중심이 되었으며, 모든 생명의 근원되시는 하나님에 대하여 죽었고, 또한 허물과 죄로 말미암아 죽게 되었다. 이 타락한 상태에서 아담은 "자기의 모양 곧 자기의 형상과 같은(타락한) 아들을 낳았다"(창 5:3). 그리하여 아담은 허물과 죄로 가득 차고, 자기중심적이고 불경건한 후손을 생산하게 되었다.

아담이 타락한 이후로 하나님께서는 계속적으로 인간을 찾으셨다. 하나님의 위대한 구원계획은 사탄의 머리를 깨뜨리기 위하여 "여자의 후손"인 예수 그리스도를 필요로 했다. 때가 차서 정한 기한이 되었을 때 "하나님이 그 아들을 보내사 여자에게서 나게"(갈 4:4)하셨다. 그리스도 안에서 하나님의 형상은 그 죄없는 순결한 모습대로 살아있는 것이다. 예수님께서는 타락한 인류를 위한 구원의 계획을 베푸시기 위하여 "마지막 아담"이 되셨다. 우리의 자연적인 출생은 우리로 하여금 타락한 아담의 자녀가 되게 했다. 죄악에 찬 옛 사람에서 하나님의 사람으로 전환하는 그 변화를 "중생"이라고 한다.

Ⅱ. 중요한 성경 구절

창세기 1:26–27; 2:7, 21–23; 3:1–21, 마태복음 4:1–11, 로마서 5:12, 17; 7:7–24; 8:33–39, 고린도전서 15:22, 45–50, 데살로니가전서 5:23, 히브리서 4:12; 9:26, 요한일서 2:16.

Ⅲ. 핵심 진리

자녀는 그 아버지 어머니의 속성을 지니고 있다. 아담에게서 태어난 인간은 죄악스러운 아담의 속성을 가졌다. 아담이 가진 죄악스러운 속성의 "조상"은 사탄이다. 그러므로 우리 조상 아담의 속성은 사탄의 속성과 같으며, 그것은 우리 속성이 아담의 죄악스러운 속성과 같다는 것을 의미한다. 예수님께서는 요한복음 8:44에서 사탄의 속성을 다음과 같이 분명하게 말씀하셨다. 너희는 너희 아비 마귀에게서 났으니 너희 아비의 욕심대로 너희도 행하고자 하느니라. 그는 처음부터 살인한 자요 진리가 그 속에 없으므로 진리에 서지 못하고 거짓을 말할 때마다 제 것으로 말하나니 이는 그가 거짓말쟁이요 거짓의 아비가 되었음이라.

예수님께서는 사탄에 대하여 말씀하셨다. 그러나 당신은 이에 대해 예수님께서 바리새인들에게 하신 말씀이라고 말할 수도 있을 것이다. 그러나 그의 말씀은 요한일서 3:8–10에서 분명하게 말씀하셨듯이 바리새인들에게만 국한된 것은 아니었다. 만약 사탄이 육으로 난 구원받지 못한 자들의 조상이라면 우리는 하나님을 우리 아버지로 모시기 위하여 초자연적인 탄생을 경험해야 한다. 온 세상은 두 부류로 나눌 수 있다.

- 첫째 아담의 후손으로 남아 있는 자들
- 둘째 아담인 예수 그리스도를 영접함으로 하나님의 자녀가 된 사람들

Ⅳ. 중요한 진리: 두 아담

A. 첫째 아담

1. 하나님의 형상, 아담

   a. 첫 번째 인간인 아담은 하나님의 모양을 따라 하나님의 "형상대로" 창조되었다. 이 두 낱말은 인간이 하나님의 손에서 만들어질 때의 인간의 상태를 설명하고 있다. "형상"이라는 말은 "유사점"이라는 의미를 나타낸다. "모양"이라는 말은 "모델"이라는 의미이다. 당신의 성경 창세기 1:26에 밑줄을 그어라(26절에 나타난 삼위일체에 주의해 보라–"우리가" "우리의").

   창세기 1:27을 적어 보라. ______________________________

   ____

   b. 하나님께서는 영이시며, 아버지와 아들과 성령의 세 인격으로 이루어진 한 분 하나님이시기 때문에, "하나님의 형상"이라는 말은 인간이 육체와, 정신과 영혼으로 창조될

때에 하나님을 "닮게 만들어졌다"는 의미를 내포한다. 아담은 하나의 통일성을 지닌 삼중적인 존재로 창조되었다(창 1:26-27은 인간의 창조에 대한 사실을 말해 준다. 창 2:7의 기록은 인간 창조의 양식을 말씀해 준다).

Note

2. 육체와 혼과 영을 가진 존재

a. 인간의 삼위일체는 창조에 대한 기록에 나타나 있다. "여호와 하나님이 흙으로 사람을 지으시고(몸) 생기를 그 코에 불어 넣으시니(영) 사람이 생령이 되니라(혼)"(창 2:7).

b. 몸은 아담으로 하여금 물질적인 관계를 맺게 했다. 그는 보고, 냄새 맡고, 맛보고, 만지고, 들을 수 있었다. 그는 정상적인 인간 신체의 다섯 가지 감각을 가지고 있었다.

c. 혼(soul)은 아담으로 하여금 타인과 관계를 갖게 했다. 혼은 감정, 이성, 애정, 기억, 선악에 대한 양심의 자리이다. 정신은 인간의 영에 밀접하게 관계된 인간의 일부분이다.

히브리서 4:12를 적어 보라. ______________________________

____

당신은 오직 성령의 검인 하나님의 말씀만이 인간의 혼과 영을 나눌 수 있다는 사실을 알 수 있을 것이다.

b. 영은 아담으로 하여금 영적인 것에 관계를 갖게 했다. 하나님의 생기가 그를 생령이 되게 했다.

창세기 2:7을 적어 보라. ______________________________

____

첫째 아담은 영적 존재였다. 그는 그의 몸으로 외부 세상과 관계하고, 혼으로 타인과 관계했으며, 영으로 하나님께 가까이 했다.

- 몸은 세계에 대한 의식을
- 혼은 자기에 대한 의식을
- 영은 하나님에 대한 의식을 담당한다.

3. 첫 아담의 동반자

a. 하와는 남자에게서 "만들어"졌다(창 2:21-23). 그녀는 아담의 갈빗대로부터 만들어졌으며 그것은 남편과 아내로서의 그들의 관계가 "한 몸"이라는 사실을 보여 준다. 하나님께서는 즉시 결혼을 제정하셨다(창 2:23-24). 그들

은 서로가 반려자가 되었다.

b. 이 점에 있어서 아담과 하와는 마지막 아담과 그의 하와, 곧 교회와 그의 신부(엡 5:25-32)에 대한 하나의 표상이다.

4. 인간의 타락, 첫째 아담

a. 아담과 하와가 죄를 범했을 때에 하나님의 형상은 파괴되었다. 하나님께서는 "네가 먹는 날에는 반드시 죽으리라"(창 2:17)고 하셨다. 그 제한은 아담에게 주어졌다. 하나님께서 아담에게 주신 유일한 한계는 "선악을 알게 하는 나무"에 손을 대는 일이었다.

b. 사탄은 하와를 유혹했으며 그녀가 그 나무를 본즉 "먹음직도 하고 보암직도 하고 지혜롭게 할 만큼 탐스럽기도 한 나무인지라 여자가 그 열매를 따먹고 자기와 함께 있는 남편에게도 주매 그도 먹은지라"(창 3:6).

c. 주 하나님께서 그들을 찾으시고 그들의 벗은 몸을 가죽옷으로 입히셨다(창 3:8-11, 21).

d. 구원의 계획, 곧 구속자를 보내시겠다는 약속이 아담과 하와에게 주어졌다.

창세기 3:15를 적어 보라. ______________________________

____

e. 아담은 죄악의 길을 택하였으며 그렇게 함으로 인하여 "자기의 모양, 곧 자기의 형상과 같은(타락한)" 아들과 딸들을 낳았다(창 5:3-4).

B. 타락한 인류

1. 죄는 우주적인 것이 되어 온 인류에 영향을 미치게 되었다.

a. 우리의 자연적인 출생은 우리로 하여금 타락한, 죄 많은 아담의 후손이 되게 했다.

로마서 5:12를 적어 보라. ______________________________

____

b. "모든 사람이 죄를 범하였으매 하나님의 영광에 이르지 못하더니"(롬 3:23).

c. 우리는 아담과 같은 죄의 성품을 가진 부모에 의해 죄 가운데서 잉태되었다(시 51:5).

2. 인간은 아직도 삼위일체적인 존재이다.

a. 인간은 육체, 혼, 그리고 영을 가진 존재로 태어났다.

데살로니가전서 5:23을 적어 보라. ______________________________

____

히브리서 4:12를 다시 읽으라.

b. 그러면, 죄 가운데서 태어난 영적으로 죽은 "자연인"이 "하나님의 형상"으로 다시 회복

Note

될 수 있겠는가? 구약의 한 예가 이 주제에 밝은 빛을 던져 준다. 성막이 완성된 후에도 그 성막은 "하나님의 신"이 하강하시어 "지성소"에 임하실 때까지 하나님의 임재는 성막에 없었던 것이다. 그와 같이 인간은 몸과 혼과 영으로 구성되어 있으나 그의 영은 성령께서 임하시어 그의 영을 점령하시기 전까지는 휴지 상태에 있는 것이다. 하나님께서는 희생의 번제물이 베풀어지고 피가 뿌려진 후에야 "지성소"에 들어가셨다(출 40장).

3. 인간은 어떻게 하나님께 화해될 수 있는가?

그 전체적인 내용은 성경의 두 곳에 나타나 있다(창 3:15, 요 3:16). 곧, 사탄을 멸망시키기 위해 구속자를 보내 주신다는 약속과 구속자이신 예수 그리스도를 믿는 자는 누구에게나 영생을 주시겠다는 약속이다.

C. 둘째 아담, 마지막 아담

1. 마지막 아담이신 예수 그리스도께서 인간 속에 하나님의 형상을 회복시키셨다.

a. 하나님께서는 인간을 하나님의 형상으로 만드시는 하나님 자신의 목적을 아직도 수행하고 계신다. 비록 하나님의 본래의 목적은 동일하지만 그 목적을 위해 첫째 아담을 사용하시지는 않았다. 이제 모든 것이 마지막 아담이신 예수 그리스도께 집중되고 있다. 예수님께서는 아담 이후로, 하나님의 잃어버린 형상을 지니셨던 첫 번째 분이셨다.

골로새서 1:15를 적어 보라. ____________________

____

____

히브리서 1:3을 적어 보라. ____________________

____

____

b. 하나님께서는 인간 속에 하나님의 형상을 회복시키실 수 있는 유일한 분이셨다.

고린도후서 4:4, 6에 밑줄을 그어라.

고린도후서 3:18을 적어 보라. ____________________

____

2. 죄와 죽음에 대한 승리

a. 예수님께서는 광야에서 사탄에 의해 시험을 받으셨다. 세 가지 시험은 첫째 아담이 부딪혀서 실패했던 것과 같은 것이었다. 마태복음 4:1–11을 읽으라. 3, 6, 그리고 9절에 밑줄을 그어라.

b. 승리는 하나님의 말씀에 있었다. 마태복음 4:4, 7 그리고 10절을 보라.

c. 우리가 부딪히는 모든 시험들은 이브가 받은 시험과 예수님께서 받으신 세 가지 시험으로 요약할 수 있다. 그것들은 요한일서 2:16에 요약되어 있다.

- 육신의 정욕– 쾌락에 대한 욕구
- 안목의 정욕– 소유욕
- 이생의 자랑– 인상을 남기고자 하는 욕구

d. 예수님께서는 "모든 일에 우리와 똑같이 시험을 받으신 이로되 죄는 없으시다"(히 4:15).

e. 예수님께서는 우리로 하나님의 형상으로 회복시키기 위하여 돌아가시고 "죄를 담당하신 분"이 되셨다(벧전 2:24).

f. 예수님께서는 우리의 죄로 인하여 죽으시고, 장사지낸 바 되셨다가 삼 일 만에 부활하셨다. 고린도전서 15:3–4에 밑줄을 그어라.

3. 마지막 아담은 영생을 주신다.

a. 창세기 3:15에서의 "여자의 후손"에 대한 약속이 있은 이후로, 하나님의 말씀은 거듭 반복하여 인간의 죄와 메시야 되시는 구세주에 대한 예언을 알려 주고 있다. 주 예수는 "때가 차매" 인간의 모양을 입으시고 동정녀에게서 태어나 우리의 구속자요, 구세주요, 주님이 되셨다(갈 4:4, 빌 2:6–8).

b. 인간 속에 하나님의 형상을 회복하기 위해서는 새로운 창조가 필요했다. 하나님께서 아래로 임하셔서 첫째 아담의 코에 생기를 불어 넣으셨듯이, 다시 한 번 새 생명, 새 창조, 하나님 형상의 회복은 오직 거듭나지 못한 사람들에게 들어가시는 하나님의 성령에 의해서만 가능한 것이다. 그 때에야, 오직 그 때에야 인간은 새로운 피조물이 되는 것이다.

고린도후서 5:17을 적어 보라. ______________________________

____

c. 예수님께서 우리로 하여금 그의 신성한 성품에 참여하는 자가 되게 해주셨다(벧후 1:3–4).

D. 두 아담(대조)

Note

로마서 5:12-21	
첫째 아담	**마지막 아담-그리스도**
처음 창조의 시조	새로운 창조의 시조
• 십자가에 못박히신 • 선지자 • 고통하는 구세주 • 선한 목자 • 요한복음 10:11 • 십자가 • 시편 23편	• 하나님의 은혜와 은혜로 인한 은사 • 값없는 선물-의롭다 하심에 이름 • 예수 그리스도 안에서 은혜와 의가 통치한다. • 의의 한 행동으로 많은 사람이 의롭다 하심에 이름 • 한 사람의 순종으로 많은 사람이 의인이 됨 • 은혜가 예수 그리스도에 의하여 영생에 이르기까지 왕 노릇함
고린도전서 15:21, 22, 45-55	
• 사람으로 말미암아 사망이 옴(21) • 아담 안에서 모든 사람이 죽음(22) • 첫 아담은 생령이 되었다(45) • 첫 아담은 육 있는 자(46) • 첫 사람은 흙에 속한 자(47) • 흙에 속한 자는 흙에 속한 자들과 같다(48) • 우리는 흙에 속한 자의 형상을 입었었다(49) • 이 썩을 것-이 죽을 것(육체)(52-53) • 사망이 쏘는 것은 죄(54-55)	• 사람으로 말미암아 죽은 자의 부활이 옴 • 그리스도 안에서 모두가 삶을 얻음 • 마지막 아담은 살려주는 영이 됨 • 나중 아담은 신령한 자 • 두번째 사람은 하늘에서 오신 주님 • 하늘에 속한 자는 하늘에 속한 자와 같다. • 하늘에 속한 자의 형상을 입게 된다. • 썩지 아니할 것을 입겠고 죽지 아니할 것을 입게 된다. • 사망을 삼키고 이기리라

복습

행복한 삶의 비밀은 로마서 8:28-29를 알고 믿는 것이다. "그러나 그것은 지난 과에서 공부한 것이다"라고 당신은 말할지 모른다. 그러나 그것은 이 과의 요약이며 실제적인 성도의 삶에 있어서 핵심이 되는 진리이다. 고린도전서 15:49에서 바울은 큰 약속을 말하고 있다. "우리가 흙에 속한 자(아담)의 형상을 입은 것 같이 또한 하늘에 속한 이(그리스도)의 형상을 입으리라."

우리가 알거니와 하나님을 사랑하는 자 곧 그의 뜻대로 부르심을 입은 자들에게는 모든 것이 합력하여 선을 이루느니라. 하나님이 미리 아신 자들을 또한 그 아들의 형상을 본받게 하기 위하여 미리 정하셨으니 이는 그로 많은 형제 중에서 맏아들이 되게 하려 하심이니라(롬 8:28-29).

하나님께서 모든 것을 합력하여 이루시는 "선"은 우리로 하여금 그의 형상을 닮게 하는 원래의 목적을 회복시키는 일이다. 만약 우리가 그리스도에게 속해 있다면 우리는 사탄의 공격에도 불구하고 그리스도 안에서 쉴 수 있어야 한다. 우리는 욥처럼 일어나 그가 나를 죽이시더라도 나는 그를 의지하리라(욥 13:15). 우리 모두는 첫 아담의 성품을 가지고 태어났다. 그리스도를 구세주로 영접하므로 우리는 그리스도 예수 안에 있는 새로운 피조물"이 되고 둘째 아담이신 그리스도의 성품을 갖게 된다. 그가 나타나시면 우리가 그와 같을 줄을 아는 것은 그의 참모습 그대로 볼 것이기 때문이니(요일 3:2).

예습

1. 로마서 7:7-25; 8:5-14, 고린도전서 2:9-15, 갈라디아서 2:20; 4:19; 5:16; 6:14, 에베소서 2:10; 4:17-32, 골로새서 3:3, 4, 10, 히브리서 12:1을 읽어 보라.
2. 두 아담에 관하여 당신이 기록한 내용을 복습하라.
3. 새로운 진리를 배울 때마다 성경에 표시해 보라.

Week 36
두 성품

Ⅰ. 서론

중생하지 못한 사람, 구원받지 못한 사람은 오직 한 가지 성품을 가졌다. 중생한 사람, 거듭난 사람만이 두 가지 성품을 가졌는데 곧 자연적인 육체적 성품과 "성령으로 날" 때 주어진 새 성품이다. 바울은 "육체의 소욕은 성령을 거스르고 성령은 육체를 거스르나니 이 둘이 서로 대적함으로 너희가 원하는 것을 하지 못하게 하려 함이니라"(갈 5:17)고 말했다.

두 성품에 대한 지식이 없으므로 인하여 많은 새 신자들이 자신의 영적인 최고봉에서도 단지 옛 육체의 소욕과 생각이 죽지 않은 것만을 발견하게 된다. 옛 성품은 그대로 존재하고 있다. 그리고 어린 신자는 사탄에 의해 자신의 구원경험을 의심하도록 자주 기만당하게 된다. 사탄은 이 시점에서 전력을 다하여 그리스도 안에서 갓 태어난 자녀들로 하여금 자신들이 있었던 처음 자리로부터 결코 방향을 전환하지 않았다고 믿게 만든다. 새로 믿은 자가 그러한 전쟁은 그가 그리스도를 영접할 때부터 시작된다는 사실을 안다면 그 자신이 사탄의 공격에 대해 준비할 것이다. 예수님께서는 이렇게 말씀하셨다. 육으로 난 것은 육이요 영으로 난 것은 영이니(요 3:6).

여기서 예수님께서는 모든 믿는 자의 두 가지 성품, 곧 "육"과 "영"에 대하여 말씀하신다. 이 두 가지 성품은 바울에 의하여 "육체의 사람"과 "영적인 사람"으로 묘사되고 있다. 모든 믿는 자 속에는 "육적인"성품과 "영적인"성품이 있다. 예수님께서도 이것을 말씀하셨다(요 3:6).

Ⅱ. 중요한 성경 구절

로마서 7:7-25; 8:5-14, 고린도전서 2:9-15, 갈라디아서 2:20; 4:19; 5:16; 6:14, 에베소서 2:10; 4:17-32, 골로새서 3:3, 4, 10, 히브리서 12:1.

Ⅲ. 핵심 진리

하나님의 모든 자녀는 두 성품을 가졌기 때문에, 자신들이 육체 가운데 사는 동안에는 옛 성품이 결코 완전히 없어지지 않는다는 사실을 이해해야 한다. 그러므로 우리는 옛 사람과 새 사람 사이에서 계속적인 전쟁을 해야 한다. 건강한 새 생명의 탄생은 주 예수님께 대한 강한 사랑과 헌신으로 시작된다. 그러면서도 동시에 옛 사람 속에 남아있는 억압적인 현실을 느끼게 된다. 그것은 믿는 자를 세상과 자기중심과 죄악으로 다시 이끌고 간다. 이 옛 성품이 가진 압도적인 힘에 대한 경험은 영적 성장의 시초인 것을 알아야 한다. 그것은 그리스도 안의 "갓난아기"가 예수님을 구세주로서 뿐 아니라 생명의 주로서 바라볼 수 있도록 해주는 힘이 된다. **내게 사는 것이 그리스도니**(빌 1:21).

믿는 자는 옛 성품이 아직도 자신 속에 살아있어서 전쟁이 계속되고 있다는 것을 경험함으로 주 예수님을 자신의 생명으로 알게 될 것이다. 우리가 주님 안에서 자랄 수 있는 것은 예수님께서 우리의 생명이 되시기 때문이다. 이 영적 성장은 이 모임에서 저 모임으로 뛰어 다닌다거나, "선한 일"을 하기 위해 분주하다고 해서 되는 것이 아니다. 이것은 열심 있는 성경 공부반에 참여하고, 성경중심적인 교회에 출석하여 하나님의 말씀을 깊이 배움으로 가능하다. 새 사람이 주 안에서 자라고 성숙해 질 수 있도록 영의 양식을 사모하라.

Ⅳ. 중요한 진리: 두 성품

A. 자연인

1. 자연인이 가진 특성들

   a. 자연인은 육체적이고 탐욕적이며, 중생하지 못한 사람이다. 그는 우리 모두가 태어날 때 갖고 있는 아담의 속성을 그대로 가지고 있다. 우리는 죄 있는 부모에게서 태어났다. 아담 이후에 태어난 모든 사람은 아담의 성품을 가지고 있다. 우리는 "죄와 허물로 죽은"(엡 2:1) 상태로 태어났다.

   b. 자연인은 하나님 앞에서 전적으로 부패했다. 그는 육체의 일을 행한다.
   갈라디아서 5:19를 적어 보라. ______________________________
   ____
   갈라디아서 5:20-21에 밑줄을 그어라.

   c. 그는 "본질상 진노의 자녀"이다.

에베소서 2:3을 적어 보라. ___

Note

2. 옛 사람(자연인)에 대한 성경의 명칭들
   a. 육– "육으로 난 것은 육이요"(요 3:6)라고 예수님께서 말씀하셨다. 우리가 "육"이라고 말할 때에 그것은 신경조직과 신체의 여러 가지 부분들로 이루어진 몸을 의미하는 것이 아니다. "육"은 정욕적인 옛 성품을 말한다.
   로마서 8:8을 적어 보라. ___

   b. 육신의 생각– 육신의 생각은 하나님과 원수가 되나니 이는 하나님의 법에 굴복하지 아니할 뿐 아니라 할 수도 없음이라(롬 8:7).
   c. 육에 속한 사람(The natural man). 육에 속한 사람은 하나님의 진리를 깨닫거나 이해하지 못한다. 거듭나지 못한 옛 사람은 하나님의 일을 알지 못한다.
   고린도전서 2:14를 적어 보라. ___

   d. 세속에 속한 자(The sensual man)– 옛 성품은 육체의 정욕에서 자라게 된다. 육체는 만족을 얻어야만 한다.
   유다서 1:19를 적어 보라. ___

   야고보서 3:15를 적어 보라. ___

   에베소서 2:3을 다시 주의 깊게 보라.
   e. 심령의 어두워짐– 그들의 총명이 어두워지고 그들 가운데 있는 무지함과 그들의 마음이 굳어짐으로 말미암아 하나님의 생명에서 떠나 있도다(엡 4:18).

예수님께서는 죄의 논리적인 절차를 말씀하셨다.

- 사람의 마음에서 나오는 것– 인간의 본성
- 악한 생각–인간의 마음
- 음란, 도적질, 살인– 인간의 행위

마가복음 7:21–21에 나와 있는 이 부분에 밑줄을 그어라.

마가복음 7:23을 적어 보라. ___

f. 옛 사람– 에베소서 4:22를 적어 보라. ____________________

____

골로새서 3:9에 밑줄을 그어라.

g. 겉 사람– 겉사람은 낡아지나 우리의 속사람은 날로 새로워지도다(고후 4:16).

h. 죄인– 의인은 없나니 하나도 없으며(롬 3:10).

로마서 3:23을 적어 보라. ____________________

____

3. 육에 속한 사람의 마지막 결과

a. 영적인 죽음은 예수 그리스도를 주님으로 받아들이지 않는 모든 사람의 마지막 결과이다.

로마서 5:12를 적어 보라. ____________________

____

b. 영적인 죽음이 무엇인가? 바울은 살후 1:7–9에서 해답을 준다. 7, 8절에 밑줄을 그어라.

데살로니가후서 1:9를 적어 보라. ____________________

____

그것이 영적 죽음이다. 이 성구를 암기하라.

B. 영적인 사람

1. 영적인 사람의 특성들

a. 새로운 탄생은 새로운 성품을 형성한다. 예수님께서는 "영으로 난 것은 영이니라"(요 3:6)고 말씀하셨다.

b. 성령으로 태어난 새 성품을 가진 새로운 성도는 다음과 같은 사실을 알게 된다.

이제는 내가 사는 것이 아니요 오직 내 안에 그리스도께서 사시는 것이라 이제 내가 육체 가운데 사는 것은 나를 사랑하사 나를 위하여 자기 자신을 버리신 하나님의 아들을 믿는 믿음 안에서 사는 것이라(갈 2:20).

c. 거듭 난다는 것은 그리스도께서 그를 영접하는 모든 사람의 마음속에 계신다는 의미이다.

골로새서 1:27을 적어 보라. ____________________

____

d. 성도의 열매는 "성령의 열매"라고 불린다. 성도의 성품은 자신의 노력이 아닌 성령에 의해서 형성되어 진다.

갈라디아서 5:22-23을 적어 보라. ______________________

갈라디아서 5:24-25에 밑줄을 그어라.

e. 성도는 "말씀으로 깨끗하게"된 사람이며, 그리스도 안에 사는 사람이다.

요한복음 15:3-4를 적어 보라. ______________________

f. 믿는 자는 새로운 피조물이다. 그런즉 누구든지 그리스도 안에 있으면 새로운 피조물이라 이전 것은 지나갔으니 보라, 새것이 되었도다(고후 5:17).

g. "신의 성품"이 영에 속한 자에게 덧입혀 진다. 그의 신기한 능력으로 생명과 경건에 속한 모든 것을 우리에게 주셨으니 이는 자기의 영광과 덕으로써 우리를 부르신 이를 앎으로 말미암음이라. 이로써 그 보배롭고 지극히 큰 약속을 우리에게 주사 이 약속으로 말미암아 너희로 정욕 때문에 세상에서 썩어질 것을 피하여 신성한 성품에 참여하는 자가 되게 하려 하셨느니라(벧후 1:3-4).

2. 새 사람에게 주어진 성경적 명칭들

a. 그리스도인- 이 이름은 믿는 자는 그리스도에게 속하였다는 사실을 가르쳐 준다. 곧 "그리스도의 사람"이라는 뜻이다.

사도행전 11:26 마지막 부분을 적어 보라. ______________________

베드로전서 4:16을 적어 보라. ______________________

b. 새 사람- 에베소서 4:24를 적어 보라. ______________________

골로새서 3:10에 밑줄을 그어라.

c. 속 사람- … 속 사람은 날로새로워지도다(고후 4:16).

d. 성도- 에베소서 2:19를 적어 보라. ______________________

Note

로마서 8:27을 적어 보라. ______

이 두 성구를 깊이 생각해 보라.

e. 제사장– 너희도 산 돌 같이 신령한 집으로 세워지고 예수 그리스도로 말미암아 하나님이 기쁘게 받으실 신령한 제사를 드릴 거룩한 제사장이 될지니라(벧전 2:5).

요한계시록 1:6과 5:10에 밑줄을 그어라.

베드로전서 2:9를 적어 보라. ______

f. 대사– 고린도후서 5:20에 밑줄을 그어라.

g. 하나님의 자녀– 성령이 친히 우리의 영과 더불어 우리가 하나님의 자녀인 것을 증거하시나니(롬 8:16). 이것은 또한 17, 21절에도 언급되고 있으며 "한 자녀" "한 아이"란 의미이다.

h. 그리스도와 함께 한 하나님의 상속자. 로마서 8:17에 밑줄을 그어라.

i. 하나님의 성전– 고린도전서 3:16을 적어 보라. ______

17절에 밑줄을 그어라.

3. 영에 속한 자의 마지막 결과

a. 새 사람– 곧 거듭난 사람은 주님의 오심을 기대한다. 그는 교회라고 불리우는 구원받은 모든 자들 가운데 있게 될 것이다. 그리스도의 신부인 교회(요 3:29, 엡 5:23–29)는 그리스도를 만나도록 불리움을 받을 것이다. 공중에서 주를 영접하게 하시리니 그리하여 우리가 항상 주와 함께 있으리라(살전 4:13–18).

b. 그리스도 안에서 육체적으로 죽은 자들이 먼저 일어나고 그 후에 살아 남은 자들도 올림을 받아 예수님과 함께 있을 것이다(살전 4:16).

고린도전서 15:23, 51–53에 밑줄을 그어라.

c. 그리스도 안에서의 승리가 믿는 자의 마지막 결과이다.

고린도전서 15:57을 적어 보라. ______

복습

Note

모든 성도들은 옛 아담의 성품과 성령으로 거듭난 새 성품을 가지고 있다. 바울은 모든 성도들의 삶 속에는 이 두 성품의 전쟁이 계속된다고 말했다. 로마서 7:15-25에서도, 그는 자신 속에서 일어나는 육과 영의 싸움에 대한 사실을 증거하고 있다. 옛 성품은 없어진 것이 아니다. 그러므로 육신을 위해서는 어떤 일도 도모하지 말아야 한다(롬 13:14).

옛 성품은 하나님의 말씀으로 인하여 죽어져야 한다. 그리스도인이라 할지라도 옛 성품이 항상 존재한다는 사실을 받아들여야 한다. 성경은 육체를 죽이라고 말한다(골 3:5). 중요한 교훈은 이것이다. 즉 옛 생명이 그리스도 안에서 새 생명이 되었다는 것이다. 우리로 새 생명 가운데서 행하게 하려 함이라(롬 6:4).

새 생명은 씻어 깨끗하게 하시는 하나님의 말씀으로 양육을 받아야 한다(요 15:3, 17:17, 엡 5:26). 그리스도 안에서의 새 생명이란 새로운 피조물이 되었다는 것을 의미한다. 그러나 그리스도 안에서 갓난아기로 태어난 것이다. 당신의 삶이 "말씀의 젖"으로부터(벧전 2:2) "단단한 음식"(히 5:12, 14)을 먹기 까지 자랄 수 있도록 주님께 충분한 시간을 드리라. 영적인 음식은 옛 사람을 굶주리게 할 것이다.

당신이 죄를 범했을 때, 그것을 그리스도를 통하여 하나님께만 고백하라. 그리스도인의 "비누"를 하루에도 여러 번 사용하라. 그 "비누"는 요한일서 1:9에 나와 있다. 그 구절을 암기하라. 당신이 먼저 범죄 하면 고백하고 그것을 잊으라. 하나님께서는 "만일 우리가 우리 죄를 자백하면 … 우리 죄를 사하시며"라고 말씀하실 뿐 아니라 "우리를 모든 불의에서 깨끗하게 하실 것이요"라고 말씀하신다.

성령께서 당신의 삶을 인도하고 지시하시도록 하십시오. 그가 당신을 모든 진리 가운데로 인도하실 것이다(요 16:13).

예습

1. 마태복음 6:3-15; 7:7-11; 18:19, 마가복음 9:23, 누가복음 11:9, 요한복음 17장, 사도행전 7:59-60, 로마서 8:26, 에베소서 3:20, 빌립보서 4:19, 골로새서 4:2, 데살로니가전서 5:17, 히브리서 10:19-22, 야고보서 4:2-3, 요한계시록 22:20을 읽어 보라.

2. 두 성품에 대하여 당신이 기록한 내용을 복습하라.

3. 새로운 진리를 배울 때마다 성경에 표시해 보라.

Week 37
기도

Ⅰ. 서론

기도는 성도의 삶에서 가장 중요한 일이며 특권이다. 기도는 그리스도 안에 있는 새 생명이 하나님 아버지와 교제하기 원하는 즉각적인 심령의 욕구이다. 성령께서는 성도 속에 내재하시며 그 심령 속에 "기도의 영"을 심어 주신다. 대부분 기도는 구하고, 받는 행위라고 생각하기 쉽다. 물론 그러한 행위이기도 하지만 기도는 그 이상의 것이다.

기도는 하나님의 아들이며 우리의 구세주이신 그리스도를 통한 하나님과의 의 교제로써 그리스도인의 삶을 증명해 주는 것이다. 기도는 자기 자신에 대한 의지가 아니고 하나님께 대한 의존이다. 그것은 헌신하는 심령의 표현이며, 하나님의 사랑과 관심에 대한 감사이다. 기도에 있어서 말은 중요한 부분이 아니다. 하나님께서 보시고 아시는 것은 기도의 영이다.

기도는 성도의 삶에 있어서, 생명에 대한 호흡의 관계와도 같다. 기도하는 것은 성장하는 것이며, 기도는 하나의 특권이다. 기도는 이 세상에서 "종교적인 활동들"이 이룩한 모든 것들 보다도 더 많은 것을 성취했다.

Ⅱ. 중요한 성경 구절

마태복음 6:3-15; 7:7-11; 18:19, 마가복음 9:23, 누가복음 11:9, 요한복음 17장, 사도행전 7:59-60, 로마서 8:26, 에베소서 3:20, 빌립보서 4:19, 골로새서 4:2, 데살로니가전서 5:17, 히브리서 10:19-22, 야고보서 4:2-3, 요한계시록 22:20.

Ⅲ. 핵심 진리

기도의 말을 하는 것과 기도하는 것은 두 가지의 다른 일이다. 교만한 바리새인은 기도의 말을 하는 일에는 탁월했다. 그러나 거듭난 영혼만이 기도의 특권을 누릴 수 있다. 기도의 영은 그리스도 예수 안에서의 새 피조물이 지닌 영이다. 기도의 언어는 거듭난 생명, 곧 새 생명의 말이다. 육체의 생명으로 태어난 아기는 많은 어리석은 것들을 요구할 수 있다.

그러나 만약 생명을 가지지 않았다면 요구 할 수도 없을 것이다. 구할 수 있는 능력과 욕구는 생명을 가졌다는 증거이다. 다소의 사울(바울)이 그의 옛 생명에서 새 생명으로 옮겨갈 때에 주께서 그에 대하여 "그가 기도하는 중이니라"(행 9:11)고 말씀하셨다. "바리새인 중의 바리새인"이었던 바울은 "길게 기도"하여 왔을 것이 분명한다. 그러나 그가 예수님을 보고 그의 음성을 들었을 때, 그는 자신을 내던지며 "주여 나로 무엇을 하게 하시려 합니까?"(행 9:6, 역주–한국어 성경에는 달리 번역됨)라고 말했다.

예수님의 제자들은 예수님께 설교하는 법을 가르쳐 달라고 요청하지 않았다. 그들은 한 가지 큰일을 구했다. 우리에게 기도를 가르쳐 주옵소서(눅 11:1).

기도라는 선물은 하나님을 사랑하는 모든 자들을 위한 것이다. 예수님께서는 "항상 기도하고 낙심하지 말아야"한다고 말씀하셨다(눅 18:1). 기도의 사역을 감당하기 위해서는 특별한 부르심이 필요치 않다. 모든 성도들에게 맡겨진 가장 큰 능력은 기도의 능력이다.

Ⅳ. 중요한 진리: 기도

A. 기도의 모범

1. 기도에 관한 예수님의 법칙

   a. 주님께서는 제자들에게 "모범적인 기도"를 가르쳐 주시기 전에 몇 가지 일반적인 법칙을 주셨다. 기도에 관한 이 "부정적인" 교훈들은 마태복음 6:5–8에 기록되어 있다.

   b. 너희는 기도할 때에 외식하는 자와 같이 하지 말라(마 6:5). 예수님께서는 외식하는 자들은 공중 앞에서 기도하며 사람들이 보고 칭찬하는 것을 좋아한다고 말씀하셨다. 그들은 모든 사람들이 볼 수 있도록 서서 기도했다.

   마태복음 6:5에 밑줄을 그어라. ______________________________

   ____

   c. 예수님께서는 외식하는 자들의 "길게 기도하는 것"에 대해서도 경고하셨다.

   누가복음 20:47을 적어 보라. ______________________________

   ____

   d. 예수님께서는 "중언부언 하는 기도"에 대하여 경고하셨다.

   마태복음 6:7을 적어 보라. ______________________________

Note

여기서 우리는 우리 자신의 기도생활을 점검해 볼 필요가 있다. 우리가 거듭 사용하고 있는 구절이나 단어에 대해 다시 생각해 보라. 헛된 반복을 피하라. 그러면 기도의 시간이 반으로 단축될 것이다. 다시 7절을 보라. "그들은 말을 많이 하여야 들으실 줄 생각하느니라."

e. 예수님과 바울의 기도는 우리에게 기도하는 법을 가르쳐 준다. 두 분 모두 오랜 기간 동안 기도하셨다. 그러나 긴 기도를 찾아볼 수는 없다. 예수님의 기도 가운데 가장 긴 기도는 요한복음 17장에 나온다. 그 기도를 읽는 데는 약 3분이 걸린다. 그들은 은밀하게 기도하셨다. 예수님께서는 우리에게 은밀하게 기도하라고 말씀하셨다.
마태복음 6:6을 적어 보라. ______________________________

____

2. 기도의 요소들

a. 그러므로 너희는 이렇게 기도하라(마 6:9). 예수님께서 제자들에게 가르쳐 주신 기도는 모범적인 기도였다. 이 기도는 반복되는 부분이 없이, 기도의 참된 형식과 "적극적인" 의미를 가르쳐 주는 모범적인 기도였다.
예수님께서는 "너희는 이렇게 기도하라"고 말씀하셨다. 이 기도가 모든 기도의 기본 모형이 되도록 하라. 약 30초 동안 할 수 있는 이 기도에서 예수님께서는 영과 혼 그리고 육체에 있어서 우리의 필요의 영역을 가르쳐 주셨다.

b. 이 모범적인 기도에는 기도의 세 가지 요소가 들어 있다.
 • 하나님을 향하여– 하늘에 계신 우리 아버지여 이름이 거룩히 여김을 받으시오며 나라가 임하시오며 뜻이 하늘에서 이루어진 것 같이 땅에서도 이루어지다(마 6:9–10). 하나님을 향한 기도의 이 요소는 친교(Communion)라고 불린다.
 • 자신을 향하여– 오늘날 우리에게 일용할 양식을 주시옵고(마 6:11). 기도의 이 내적 요소는 간구(Petition)라고 불린다.
 • 타인을 향하여– 우리가 우리에게 죄 지은 자를 사하여 준 것 같이 우리 죄를 사하여 주시옵고(마 6:12). 기도의 이 외적인 요소는 중보라고 불린다.

c. 요약
 • 친교– 하나님을 향한 관심

• 간구– 자신을 향한 관심

• 중보– 타인을 향한 관심

3. 기도의 세 요소에 대한 설명

a. 친교는 하나님과 우리 자신의 모든 장애물을 제거해 주는 기도의 한 부분이다. 이것은 예배와 경배의 행위이다. 그리고 감사와 복종의 태도이다. 하나님과의 친교는 우리 자신에게 무엇인가를 하는 것이다.

b. 간구는 우리가 하나님의 뜻에 따라 무엇이든 구할 수 있고 하나님께서 그것을 우리에게 주시는 그러한 기도의 한 부분이다–만약 친교라는 첫 요소가 이루어졌다면, 간구에서는 우리가 우리 자신을 위해서 무엇인가를 하는 것이다.

c. 중보는 우리로 하여금 자아를 버리고 다른 사람에게 관심을 가지도록 해주는 기도의 한 부분이다. 중보기도는 우리를 통하여 무언가를 하도록 하는 것이다.

요한복음 15:7을 적어 보라. ____________________

____

d. 기도의 세 요소는 주님의 산상설교의 한 부분인 마태복음 6:9–13에 나오는 주기도문에서 요약한 것이다. 당신의 성경에 이 요소들을 표시해 두라.

B. 기도의 능력

1. 믿음으로 드리는 기도의 무한한 능력

a. "구하라, 찾으라, 두드리라" 아버지께서는 전능하시며 우리의 필요를 아신다. 성경은 하나님의 자녀인 우리가 기도할 때에 "구하고, 찾고, 두드리라"고 분명하게 말씀하신다. 육신의 아버지가 자기 자녀에게 좋은 선물을 주듯이 아버지 하나님께서는 그에게 구하는 자기 자녀에게 구하는 것을 주신다.

마태복음 7:7을 적어 보라. ____________________

____

마태복음 7:11을 적어 보라. ____________________

____

b. "오직 믿음으로 구하고 조금도 의심하지 말라." 믿음은 무한한 기도의 능력의 가장 본질적인 요소이다. 성경은 이 사실을 거듭 가르쳐 준다.

야고보서 1:6을 적어 보라. ____________________

____

Note

야고보서 1:7을 적어 보라. ______________________________

____

c. 예수님께서는 기도에 있어서의 믿음의 필요성을 가르치셨다. 마가복음 11:23에 밑줄을 그어라.

마가복음 11:24를 적어 보라. ______________________________

____

마가복음 9:23을 적어 보라. ______________________________

____

2. 그리스도 안에 있는 하나님의 풍성한 은혜

a. 기도의 능력은 "예수님의 이름으로" 구하는 것에 근거하고 있다.

요한복음 14:13–14를 적어 보라. ______________________________

____

b. "택하신"사람들, 곧 구원받은 사람들은 예수님의 이름으로 아버지께 구할 수 있다.

요한복음 15:16을 적어 보라. ______________________________

____

c. 우리는 "예수님의 이름으로 기도한다"라고 기도를 끝맺는다. 이유는 무엇인가? 예수님께서 우리에게 그의 이름으로 기도하라고 말씀하셨기 때문이다. 요한복음 16:23–24에 밑줄을 그어라.

d. 예수님께서는 예수 그리스도를 통하여 우리의 필요를 채워 주신다. 빌립보서 4:19를 적어 보라. ______________________________

____

e. 확신은 응답받은 기도를 통하여 온다. 요한일서 5:12–13을 읽으라.

요한일서 5:14를 적어 보라. ______________________________

____

15절에 밑줄을 그어라.

3. 기도는 예수님의 이름으로 말씀드리게 되는 내용이다.

a. 하나님께서는 우리 모두에게 말하고, 일하고, 일에 숙련될 수 있는 능력을 주셨다. 이것들은 하나님의 자비로운 선물이다. 그러나 그 영향력의 범위는 제한되어 있다.

b. 하지만, 그것이 기도로 옮겨질 때에 우리는 예수 그리스도를 통하여 하나님의 능력의 배출구로 들어갈 수가 있다. 우리의 기도는 오직 하나님의 뜻에 따라 예수님의 이름으로 기도함으로써 전능한 것이 될 수 있다. 기도는 산도 움직일 수 있다(마 17:20). 예수님의 이름으로 드리는 기도는 전능하다(우리 자신이 전능한 것이 아니고 기도가 그러한다).

c. 우리의 기도는 지금 즉시 온 세계에 이를 수 있다. 성도들의 기도는 전능하다(지금 어느 곳에서나). 우리는 중국, 아프리카, 이스라엘 혹은 세계 어느 곳에 있는 사람을 위해서도 하나님의 뜻을 위하여 기도할 수 있다. 만약 기도가 예수님의 이름으로 드리는 것이라면 그 기도는 거리적으로 제한되지 않는다(거듭 말하지만 기도하는 사람이 전능한 것이 아니고 기도가 전능하다). 에베소서 3:20에 밑줄을 그어라.

C. 기도의 장애물

1. 기도의 장애는 하나님이 아니고 인간에 의하여 생기게 된다.

   a. 우리는 확신이 부족하다.

   히브리서 11:6을 적어 보라. ______________________________

   ____

   b. 우리는 잘못 기도한다.

   야고보서 4:3을 적어 보라. ______________________________

   ____

   c. 우리는 지속적이지 못한다.

   쉬지 말고 기도하라(살전 5:17). 기도를 계속하고 기도에 감사함으로 깨어 있으라(골 4:2).

   d. 죄가 기도를 방해한다.

   시편 66:18을 적어 보라. ______________________________

   ____

2. 하나님께서는 우리 자신이 우리의 어떤 기도에 응답하기를 기대하신다.

   a. 하나님께서는 우리 자신의 능력으로 우리의 기도에 응답하기를 바라실 때는 기도에 응답하시지 않으신다. 우리는 가끔 불신자들을 위해 하나님께 기도만 할 수 있다. 그러나 사람은 매일 수많은 불신자들을 만나고 있거나 함께 일하고 있을 것이다. 그런데도 자신의 그리스도와의 관계에 대하여는 단 한마디도 하지 않는다. 그렇다면 우리의 신앙은 하나의 추상적인 신앙이 되고 말 것이다. 하나님께서는 항상 인간이라는 도구를 사용하신다.

b. 신앙과 일은 항상 병행한다. 야고보서 2:14-16에는 실제적인 신앙에 대해 충고하고 있다. 만약 한 사람이 가난 한 자를 도와주기를 거절하면서 가난 한 자를 위해 기도하는 것은 하나의 희극이다. 하나님께서는 우리가 기도할 뿐 아니라 행동하기를 기대하신다.

Note

D. 그리스도를 통하여 하나님께 가까이 감

1. 우리는 예수 그리스도를 통하여 하나님 앞에 나아갈 수 있다.
   a. 히브리서 10:19-22에 밑줄을 그어라.
   b. 우리가 하나님의 뜻에 따라 구하여 그 뜻에 맞았을 때 아버지께서 응답해 주실 것이라고 예수님께서 말씀하셨다. 마태복음 18:19에 밑줄을 그어라.
2. 성령께서 우리를 위해 중보하신다.
   a. 로마서 8:26을 읽고 밑줄을 그어라.
   b. 유다서 1:20, 21에 밑줄을 그어라.
3. 대제사장으로서의 예수님의 기도는 우리에게 확신을 준다.
   a. "주님의 기도"는 요한복음 17장에 기록되어 있다. 전 장을 읽고 그의 기도는 주 안에, 그리고 아버지 안에 있는 성도로서의 우리 존재를 확실하게 해준다는 사실을 깊이 생각해 보라. 우리는 그의 아들을 믿기 때문에 하나님께 가까이 나갈 수 있다.

복습

기도는 하나님의 마음을 바꾸려고 하는 것이 아니고 하나님의 뜻을 발견하려는 것이다. 기도는 우리가 필요로 하는 것이 기도에 대한 응답으로 우리에게 주어질 것이라는 절대적인 믿음으로 하나님께 가까이 나아가는 것이다. 성경은 우리의 기도가 하나님의 뜻에 맞아야 한다는 사실을 분명하게 가르쳐 준다(요일 5:14-15).

하나님께서는 항상 기도에 응답하신다. 믿음으로 드리는 기도, 곧 하나님의 영광을 위한 믿음의 기도는 항상 응답을 받았다. 우리에게 유익하지 못한 그 어떤 것을 구하는 기도는 "안 돼"라는 응답을 받는다. 어떤 일이나 어떤 사람에 대한 기도는 하나님께서 그 기도에 대한 응답이 선을 이루는 것이라는 사실을 알기까지 지연되기도 한다. 그러므로 기도에 대한 세 가지 응답은 다음과 같다.

- 허락- 기도가 하나님의 뜻 안에 있을 때이다.

• 거절– 기도에 응답하는 것이 유익이 되지 못할 경우이다.

• 지체– 하나님께서는 무엇이 최선의 것인지, 어떤 시점에서 우리가 하나님의 긍정적인 응답을 받아들일 수 있을지 아신다.

어떤 사람들은 마태복음 6:8에서 갈등을 느낀다. 만약 아버지께서 우리에게 필요한 것을 아신다면 왜 우리는 하나님께 기도하고 구해야 하는가? 하고 말이다. 하나님은 신이시기 때문에 우리가 그것들을 생각하기도 전에 모든 것을 아신다. 그는 우리의 아버지이시다. 그러나 그는 우리가 그에게 구하고, 그에게 기도하기를 원하신다. 마태복음 7:7–8을 다시 읽으라.

하나님과의 친교는 간구할 수 있는 길을 열어 주며, 간구는 타인에 대한 우리의 관심을 열어 주는데 그것은 중보기도이다. 기도가 하나의 외적인 행동인 것과 마찬가지로 하나의 태도이다. 거의 쉼없이 꾸준히 침묵 가운데 하나님과 친교를 나누는 사람은 기도의 비밀을 발견한 사람이다.

예습

1. 로마서 12–13장; 14:1–8, 고린도전서 6:19–20, 히브리서 13:1–17, 야고보서 1:1–25; 4:1–17, 베드로전서 2:1–20을 읽어 보라.
2. 기도에 관한 당신의 기록을 복습하라.
3. 새로운 진리를 배울 때마다 성경에 표시해 보라.

Week 38
그리스도인의 생활

Ⅰ. 서론

성도의 생활은 우리가 "사망에서 생명으로" 옮겨가게 되는 그 최초의 경험과 함께 시작된다. 그 시점으로부터 기독교란 생활해 나가야 할 하나의 삶이며, 그리스도 안에서 이루어지는 새 생명의 계속적인 성장인 것이다. 이 과에서 우리는 그리스도인의 삶을 그 시작과 지속과 성경의 명령, 그리고 그리스도인의 삶을 어떻게 영위해 나가고 발전시켜 나가야 할 것인지에 대해 공부할 것이다. 훈련과 제자 됨에 대해서 성경은 어떻게 가르치고 있는가에 대해서 세밀하게 연구된 일은 드물다. 그래서 성경이 가르치는 것을 반대하는 결과를 낳을 수도 있다.

예를 들면, 그리스도의 삶이란 고독한 장소로 들어가서 사는, 세상에서의 분리가 아니다. 그리스도인의 삶은 수많은 "하지 말라"로 이루어진 율법적인 것이 아니라, 세상으로 들어가 그곳에서 그리스도인의 삶의 표준을 보여 주는 것이다. 그것은 최상의 삶이며 함께 나누어야 할 기쁨의 생활이다. 우리의 행동과 행위에 나타난 본보기를 통하여 다른 사람들이 그리스도를 볼 수 있어야 한다. 그리스도인의 삶은 오직 하나의 윤리의 규범을 가지고 있는데 그것은 곧 하나님의 말씀이다. 그리스도인이 된다는 것은 "당신 안에 그리스도가 계시다"는 것을 의미한다.

Ⅱ. 중요한 성경 구절

로마서 12-13장; 14:1-8, 고린도전서 6:19-20, 히브리서 13:1-17, 야고보서 1:1-25; 4:1-17, 베드로전서 2:1-20.

Ⅲ. 핵심 진리

그리스도인이란 하나님을 위하여 분리되어진 사람이다. 성경은 그리스도인을 "성도로 부르심을 받은 자"(롬 1:7, 고전 1:2)라고 말한다. "성도"라는 단어는 거듭나고 구원받고 하나님을 위하여 분리된 모든 사람들을 의미한다. 하나님께서 자신을 위하여 사람들을 따로 구분해 두셨다.

기독교란, 지적으로 받아들이는 그 무엇이 아니고 마음을 변화시키는 그 무엇이다. 그것은 도덕과 성품과 행위에 강력한 영향력을 미친다. 또한 그것은 삶의 모든 면에 있어서 그리스도에 대한 적극적인 헌신이며 전 인격을 하나님께 자발적으로 의탁하는 것이다.

Ⅳ. 중요한 진리: 그리스도인의 생활

A. 그리스도인으로서의 삶의 시작

1. 그리스도에 대한 실제적인 헌신
   a. 그리스도인의 삶은 옛 생명으로부터 돌아서서 예수 그리스도를 구세주와 주님으로 믿음으로써 시작된다. 그것은 인간의 자유의지에 의하여 결정되는 "회개"(마 9:13, 눅 13:3-5)이다.
   b. 성도의 삶은 "거듭남"으로 시작된다. 이것은 회개가 일어나는 곳에 나타나는 하나님의 역사이다.
   c. 그리스도인의 삶은 옛 생명으로부터 돌아서는 것이며, 그리스도 안에 있는 새 생명을 향하여 돌아서는 것이다. 그리스도인의 생활은 내적인 은혜의 역사에 대한 외적인 표명이다. 믿음에 의하여 사람은 예수 그리스도를 영접하게 되고 하나님께서는 사람의 마음을 변화시키시며, 그는 그리스도께 살아있는 제물이 되는 것이다.
2. 새 생명은 숨겨질 수 없다.
   a. 사람이 그리스도를 영접할 때 최초의 욕구와, 최초의 자연적인 행동은 타인에게 예수 그리스도에 대해 이야기 하는 것이며 많은 사람들 앞에서 거듭남에 대하여 고백하는 것이다. 마태복음 10:32에 기록된 예수님의 말씀을 적어 보라. ______________________

      ____
   b. 구원받은 사람은 입으로 예수님을 시인한다. 이것은 갓난아기가 최초로 울음을 터뜨리는 것과 같이 자연스러운 일이다. 고백이 구원을 가져 오지는 않는다. 그러나 구원받은 신앙은 고백을 하게 되며, 결코 침묵하는 신앙이 아니다.
      로마서 10:9를 적어 보라. ______________________

      ____
   c. 마음은 믿고-입은 고백한다.
      로마서 10:10을 적어 보라. ______________________

Note

d. 믿는 자는 부끄러워하지 않아야 한다.
로마서 10:11을 적어 보라. ______________________________

대부분의 사람들이 공개적인 시인을 못한다.

e. 말로 하는 진술이나 지적인 동의는 그리스도나 바울이 제시한 기준을 만족시키지 못한다. 성도의 생활은 나타내는 것이어야 한다. 그것은 삶의 모든 분야에서 분명해야 한다.

B. 그리스도인의 삶의 지속성

1. 예수 그리스도는 그리스도인 생활의 기준이 되신다.

a. 그리스도와의 연합은 행동에 영향을 미친다.
빌립보서 1:27을 적어 보라. ______________________________

b. 표준은 그리스도이시다. 그리스도인은 그리스도처럼 생각해야 한다.
빌립보서 2:5를 적어 보라. ______________________________

c. 그리스도인은 그리스도와 함께 걸어야 한다.
요한일서 2:6을 적어 보라. ______________________________

베드로전서 2:21에 밑줄을 그어라.

2. 그리스도인의 생활은 하나의 표본이 되어야 한다.

a. 그리스도인은 하나의 표본이다.
디도서 2:7을 적어 보라. ______________________________

b. 그리스도인은 빛이다. 예수님께서 다음과 같이 말씀하셨다. **너희는 세상의 빛이라**(마 5:14).
마태복음 5:16을 적어 보라. ______________________________

요한복음 8:12과 에베소서 5:8에 밑줄을 그어라.

c. 그리스도인은 세상의 소금이다.

마태복음 5:13을 적어 보라. ________________

____

d. 그리스도인은 세상에 대하여 새롭고, 구별된 존재이다.

고린도후서 5:17을 적어 보라. ________________

____

e. 그리스도인은 시험과 시련을 통해서 인내를 배운다.

야고보서 1:3을 적어 보라. ________________

____

f. 그리스도인은 승리한다. 요한일서 5:4에 밑줄을 긋고 요한일서 5:5를 적어 보라. ____

____

____

g. 그리스도인은 주를 기뻐한다.

빌립보서 4:4를 적어 보라. ________________

____

C. 그리스도에 대한 온전한 헌신

1. 그리스도인은 변화되어야 한다.

a. 로마서 12:2에는 선택의 여지가 없다. 그것은 사실적인 진술이다. 너희는 이 세대를 본받지 말고 오직 마음을 새롭게 함으로 변화를 받아 하나님의 선하시고 기뻐하시고 온전하신 뜻이 무엇인지 분별하도록 하라(롬 12:2).

b. 하나님께 자신을 희생물로 드리는 자들에게는 변화가 쉽게 온다(희생물이란 "그리스도께 전적으로 헌신하는 자"라는 의미이다).

로마서 12:1을 적어 보라. ________________

____

3. 그리스도인은 분리되어야 하고 구별되어야만 한다.

a. 그리스도인은 세상의 일들과 분리되어야 하고 하나님을 향하여 분리되어져야 한다.

고린도후서 6:17을 적어 보라. ________________

____

b. 악으로부터의 분리는 욕구와 동기와 행위에 있어서의 분리를 의미한다. 분리는 세상

으로부터의 고립을 의미하는 것이 아니고 세상을 따라 가지 않는 것을 의미한다. 예수님께서는 믿는 자들을 위한 그의 중보 기도에서 이 진리를 말씀하셨다. 요한복음 17:14에 밑줄을 긋고 15절을 적어 보라. ________

____

요한복음 17:16-18에 밑줄을 그어라.

c. 그리스도인은 세상의 것을 사랑해서는 안 된다.
요한일서 2:15를 적어 보라. ________

____

____

d. 분리되어야 할 그 정도는 요한일서 2:16에 제시되어 있다. "세상에 있는 모든 것."
- 육신의 정욕
- 안목의 정욕
- 이생의 자랑

"다 아버지께로부터 온 것이 아니요 세상으로부터 온 것이라." 그리스도인에게 다가오는 모든 시험은 이 범주에 속한다. 예수님께서도 동일한 방법으로 광야에서 시험을 받으셨다(마 4:1-11).

e. 믿는 자는 "열매 없는 어둠의 일에 참여하지 말아야"(엡 5:11)한다.

f. 믿는 자는 "자기를 지켜 세속에 물들지 않도록"(약 1:27)해야 한다.

D. 그리스도인 생활의 목표

1. 성품이 그리스도를 닮는 것이다.

a. 세상으로부터의 분리와 그리스도에 대한 헌신의 목적은 믿는 자로 하여금 더욱 예수 그리스도를 닮게 하는데 있다. 믿는 자는 "하나님 우리 아버지 앞에서 거룩함에 흠이 없게 하시기" 위하여 구원받고 분리되었다(살전 3:13).

b. 그리스도인의 성품은 성령에 의하여 형성된다. 성령의 열매는 갈라디아서 5:22-23에서 언급된 은혜의 소유이며 표명이다.
갈라디아서 5:22-23을 적어 보라. ________

____

c. 이것은 이 세상에서의 완전한 무죄를 의미하지는 않는다. 그러나 예수님께

Note

서는 예수님 자신의 기준과 완전하심을 우리의 목표로 제시하셨다(마 5:48).

2. 봉사에 있어서 그리스도를 닮는 것이다.

a. 그리스도인은 열매를 맺어야 한다. 제자 됨의 목적은 열매를 맺는 가지가 되는데 있다. 왜냐하면 가지는 포도나무에 붙어 있기 때문이다.

요한복음 15:1-4를 읽고 5절을 적어 보라. ______________________________

____

b. 성도는 그리스도의 영광을 위하여 성령으로 봉사해야 한다. 봉사에 있어서 그리스도를 닮는다는 것은 오늘날 평범한 그리스도인들에게 있어서는 가장 어려운 속성 가운데 한 가지다. 예수님께서 말씀하신 것을 기억하라. 아버지께서 나를 보내신 것 같이 나도 너희를 보내노라(요 20:21).

c. 그리스도인은 주님의 크신 명령을 통해 무엇을 행해야 할지를 알게 된다.(마 28:19-20). 그 봉사에는 "가서 … 세례를 베풀고 … 지키게 하라"는 일이 포함되어 있다. 그 다음에는 "내가 세상 끝날까지 너희와 항상 함께 있으리라"는 약속이 있다.

E. 그리스도인의 삶을 어떻게 유지할 수 있을까?

1. 성경 공부와 기도에 의하여

a. 그리스도인을 성장시키시는 분은 주로 성령의 사역이다. 성령께서 그의 사역을 하실 수 있도록 하기 위해 그리스도인이 행해야 할 중요한 일들이 있다. 하나님께서는 모든 성도들이 생명력이 있고 성장할 수 있는 확실한 수단들을 성도들에게 주셨다. 하나님의 말씀은 적절한 성장을 위한 방식이 된다.

골로새서 1:10을 적어 보라. ______________________________

____

b. 하나님의 말씀은 그리스도인의 생명에 양분을 공급한다. 말씀이 없이는 연약해지고, 열매가 없게 되고, 주님의 사역에 무용한 존재가 된다. 씨 뿌리는 자의 비유에서 주님께서는 마음의 산만함에 대해 경고하셨다. 세상의 염려와 재물의 유혹과 기타 욕심이 들어와 말씀을 막아 결실하지 못하게 되는 자요(막 4:19).

예수님께서는 하나님 말씀의 중요성에 대하여 아셨으며, 자기의 자녀들이 거룩해지고 분리되고 말씀으로 거룩해지도록 기도하셨다.

요한복음 17:17을 적어 보라. ______________________________

____

c. 영적 생명과 기도와의 관계는 우리의 육체와 호흡과의 관계와도 같다. 영적 생명이 건강함과 깨끗함을 유지하는 것은 기도를 통해서이다. 기도는 하나님께 말씀 드리는 것이다. 기도는 경배며, 고백이며, 감사며, 간구며, 중보이다. 기도는 예수 그리스도를 통한 하나님과의 교제이다. 그는 자기 자녀에게 귀를 기울이시는 아버지시다.

야고보서 5:16을 적어 보라. ______________________

____

데살로니가전서 5:17과 빌립보서 4:6에 밑줄을 그어라.

2. 예배에 의하여

a. 하나님의 사람들과 더불어 드리는 예배는 그리스도인을 향한 하나님의 명령이다. 교회는 교제를 가르치는 예배의 장소가 되어야 한다. 개 교회들은 그리스도인의 발전에 있어서 중요한 역할을 한다.

b. 그리스도께서는 반석이신 그리스도 자신 위에 교회를 세우고 그 교회를 사랑하셨다(마 16:18).

c. 교회는 예배를 위하여 모이고 만나는 장소이다.

히브리서 10:25를 적어 보라. ______________________

____

3. 봉사를 통하여

a. 주님의 사역에 봉사할 수 있는 기회는 모든 그리스도인에게 주어져 있다. 성령께서는 모든 성도들에게 주님에게 봉사할 수 있는 한 가지나 그 이상의 은사를 주셨다. 성령께서는 우리에게 주신 그 직무에 우리로 하여금 적절한 인물이 되도록 하신다. 봉사하지 않는 것에 대한 변명이 있을 수 없다.

b. 골로새서 3:23-24를 적어 보라. ______________________

____

복습

그리스도인의 생활은 "너희 안에 그리스도가 계신"(골 1:27) 그 상태를 의미한다. 그리스도께서 우리 속에 계실 때 "받으실 만한 예배"(문자 그대로는 "합당한 봉사")가 산 제사로 드려지게 된다. 제사란 하나님께 전적으로 헌신된 것을 말한다. 성령께서는 마음을 새롭게 하시며 성도로 하여금 하나님의 선하시고 기뻐하시고 온전하신 뜻이

Note

무엇인지 분별하도록 하신다.

그리스도인의 생활이란 하나님, 그리고 그의 백성들과의 적극적인 교제의 생활이다. 죄의 쾌락 대신에 하나님의 일에 관심을 쏟는 생활이다. 주님으로서의 그리스도와, 성도 안에 내재하시는 성령과, 아버지로서의 하나님과의 교제로 이세상 일들은 희미해지게 된다. 그리스도인의 생활은 주님과의 적극적이고 즐거운 동행이 된다. 그것은 율법주의로 채워진 부정적인 신조가 아니다. 예수님께서는 "그러므로 아들이 너희를 자유롭게 하면 너희가 참으로 자유로우리라"(요 8:36)고 말씀하셨다.

예습

1. 창세기 8:20; 26:15, 출애굽기 19:6; 28:1, 히브리서 4:14–16; 5:1; 7:11–28; 8:1–5; 9:7–28; 10:1–25; 13:9–14, 베드로전서 2:1–10을 읽어 보라.
2. 그리스도인의 생활에 대한 당신의 기록을 복습하라.
3. 새로운 진리를 배운 곳에 표시를 하라.

Week 39
성도의 제사장 직분

Ⅰ. 서론

성경에 기록된 많은 중요한 진리들 가운데 한 가지는 주 예수 그리스도 안에 있는 모든 성도는 제사장이라는 진리이다. 제사장이란 다른 사람들을 위하여 하나님께 말씀드리는 자이다. 이 과에서 우리는 성도의 제사장 직분에 대한 성경적 교훈을 제시하고자 한다. 처음에 하나님께서는 가정의 남편이며 아버지가 가족의 제사장이 되도록 규정하셨다. 이러한 사실은 창세기 8:20; 26:25; 31:54과 그 외에도 성경의 많은 다른 곳에 나타나고 있다.

시내산에서 율법을 주실 때에 하나님께서는 이스라엘 백성에게 제사장의 왕국이자 거룩한 나라가 될 수 있는 기회를 주셨다. 백성들은 그 일에 동의하고 "여호와께서 명령하신 대로 우리가 다 행하리이다"(출 19:5-8)라고 말했다. 그러나 이스라엘은 실패했고 율법을 어겼다. 하나님께서는 그들이 제사장 나라가 되는 기회를 가져가 버리셨다. 대신에, 하나님께서는 레위 지파로 하여금 이스라엘을 섬기도록 지정해 주기 위하여 아론과 그의 가족을 선택하셨다. 제사장직의 대표자는 하나님에 의해 선출되었다(출 28:1).

이것은 우리 주님이 십자가에 못 박히실 때까지 지켜질 질서였고 행해질 일이었다. 주님께서 십자가에 못 박히실 때에 성전의 휘장이 위에서 아래로 두 조각이 나는 한 순간이 있었다(마 27:50-51). 그 휘장은 아래에서 위로 찢어진 것이 아니고 하나님께서 그 휘장을 위에서 아래로 찢으셨다는 사실에 유의하라. 바로 그 순간부터 선택된 제사장의 무리들이 필요하지 않았다. 예수님의 희생, 찢어진 휘장은 하나님 앞으로 직접 나아가는 지성소로의 길을 열어 주었던 것이다. 그 순간부터 모든 신자들은 하나님의 왕같은 제사장들 가운데 한 사람의 제사장이 되었다. 사람이 그리스도를 구세주로 영접할 때에 그는 제사장이 되며 제사장으로서 그는 우리의 대제사장이신 예수 그리스도를 통해 하나님의 보좌로 직접 나아갈 수 있는 특권을 가지게 되었다.

II. 중요한 성경 구절

창세기 8:20; 26:15, 출애굽기 19:6; 28:1, 히브리서 4:14-16; 5:1; 7:11-28; 8:1-5; 9:7-28; 10:1-25; 13:9-14, 베드로전서 2:1-10.

III. 핵심 진리

"그리스도인은 제사장이다." 이 말은 예수 그리스도의 이름으로 하나님께 나아가는 특권을 가지게 되었다는 것을 의미한다. 제사장직은 인간의 선함이나 교회의 결정에 의한 것이 아니고 대제사장이신 예수 그리스도를 영접하는 믿음에 달려 있다.

성도의 제사장 직분의 기능은 하나님에 대한 찬송을 "나타내는" 것이다. 속죄일에 하나님 앞에 피있는 희생 제물을 가지고 들어가서 백성과 하나님 사이의 중재 역할을 하는 옛날의 제사장 직분은 끝났다. 예수님께서 "한번에 영원히" 그 대가를 지불하신 이후로 모든 성도들은 그리스도를 통하여 하나님을 찬송하고, 감사하고 기도를 필요로 하는 사람들을 위하여 중보의 기도를 드릴 수 있도록 하나님께 가까이 갈 수 있게 되었다. 모든 성도들은 가르치고 증거하는 제사장으로서의 책임을 가지고 있다.

IV. 중요한 진리: 성도의 제사장 직분

A. 그리스도인 제사장 직분의 기초

1. 산 돌

a. 성도의 제사장 직분은 산 돌이신 예수 그리스도에 기초한다.
베드로전서 2:4를 적어 보라. ______________________________

____

b. 사도 베드로가 "산 돌"이라는 용어를 사용한 것은 충분한 이유가 있었다. 그는 예수 그리스도 안에서 자신의 신앙 고백을 표현한 사람이었다. 마태복음 16:13-16로 돌아가 본문을 읽으라.
마태복음 16:16을 적어 보라. ______________________________

____

c. 예수님께서는 베드로의 고백에 다음과 같이 말씀하셨다. 너는 베드로라 내가 이 반석 위에 내 교회를 세우리니 음부의 권세가 이기지 못하리라(마 16:18).

d. 하나님의 교회와 실제적인 기독교의 기초는 예수님과 베드로의 대화에서 발견된다. 그러므로 베드로는 그의 서신서에서 반석이신 예수님을 산 돌로 비유한다.

Note

2. 살아계신 하나님

a. 베드로는 그의 고백에서 "주는 그리스도시요 살아 계신 하나님의 아들이시니이다"라고 말했다. 그리스도인 제사장 직분의 기초는 견고한다. 그것은 살아계신 하나님 그리고 산돌 위에 세워졌기 때문이다.

b. 살아계신 하나님께서 그 기초를 견고하고 확실하게 하셨다. 하나님께서는 하나님 자신이 그 기초를 놓으시겠다고 하셨다.

이사야 28:16을 적어 보라. ______________________________

____

c. 동일한 언급이 베드로에 의하여 인용되고 있다(벧전 2:6). 하나님께서는 그 기초를 놓으셨으며, 그 기초는 산 돌이신 예수 그리스도이다.

3. 산 돌들

a. 살아계신 하나님의 아들이신 예수 그리스도의 생명은 그에게서부터 그를 믿고 영접하는 모든 사람에게로 흘러간다.

베드로전서 2:5를 적어 보라. ______________________________

____

b. 모든 성도들은 산 돌이신 그리스도 위에 세워졌으며, 또한 그들은 산 돌들이며 예수님의 부활하시고 승리하신 생명에의 참예자들이다.

c. 예수님은 산 돌이시다– 그리스도인은 산 돌들이다.

예수님은 보배로운 돌이다– 그리스도인은 보배로운 돌들이다.

그리스도는 버림받은 돌이다– 그리스도인들도 버림받은 돌들이며 모든 점에서 그리스도와 동일시된다.

d. 그리스도인 제사장 직분의 견고한 기초는 확실한 것이다– 곧 살아계신 하나님, 산 돌, 그리고 산 돌들이다. 하나님의 생명은 산 통로인 그리스도를 통하여 모든 믿는 자들에게로 흐른다.

e. 바울도 반석에 대해 말한다.

고린도전서 10:4를 적어 보라. ______________________________

____

에베소서 2:20을 적어 보라. ___________________________

____

____

B. 그리스도인 제사장 직분의 구조

1. 모든 성도들은 거룩한 제사장 직분의 한 부분이다.

a. 그리스도인들은 "산 돌들"일 뿐 아니라 "거룩한 제사장 직분과 영적인 집"의 한 부분이다.

베드로전서 2:5를 적어 보라. ___________________________

____

당신은 전에 이 성구를 쓴 적이 있다. 그러나 이제는 그 강조점이 "거룩한 제사장 직분"에 있음을 유의하라.

b. 그리스도인의 제사장 직분은 그리스도인으로서의 출생과 함께 얻게 되는 권리이다. 한 사람이 거듭날 때에, 그는 아론의 모든 후손이 제사장으로 태어나듯이 제사장으로서의 권리와 특권을 가진 제사장이 된다. 히브리서 5:1과 4절에 밑줄을 그어라.

c. 제사장의 주된 특권은 하나님과 가까이 할 수 있다는 것이다. 구약에서는 대제사장이 일 년에 한 번씩만 피 있는 희생물을 가지고 "지성소"에 들어갈 수 있었다.

히브리서 9:7을 적어 보라. ___________________________

____

("지성소"는 하나님께서 이스라엘 백성에게 주셨던 성막 속에 있는 가장 거룩한 장소였다. 성경의 설명은 출애굽기 25장에서 40장에 걸쳐 나타나 있다. 그것은 우리들을 위한 그리스도의 생애와 사역에 대한 묘사이다. 히브리서 9:8-10을 깊이 읽어 보고 밑줄을 그어라).

2. 제사장이 되기 위해서는 대제사장이 있어야 한다.

a. 베드로는 구약을 알았고 주님과 함께 지냈기 때문에 "거룩한 제사장 직분"이라는 용어를 사용했다. 성도의 제사장 직분은 대제사장이신 예수 그리스도를 기초로 하고 있다.

히브리서 9:11을 적어 보라. ___________________________

____

b. 대제사장으로 택함을 받아야 할 한사람이 필요했다. 예수님께서는 바로 오직 한 분의 대제사장이 되셨다.

히브리서 4:14를 적어 보라. ___________________________

Note

c. 구약에서는 제사장들이 희생물과 피흘림을 요구했다. 아론과 제사장들은 자기 자신들과 백성들의 죄를 속죄하기 위하여 동물들의 피를 드렸다. 예수님께서 세상 죄를 위해 한 번에 그리고 영원히 자기 자신의 피를 흘리심으로 그 제사의식을 폐지하셨다.

히브리서 9:14를 적어 보라. ______________________________

____

히브리서 9:15, 22에 밑줄을 그어라.

3. 대제사장이신 예수님으로 인하여 성도들은 하나님의 보좌 앞으로 나아간다.

a. 예수님께서는 우리들을 위하여 영광 가운데 계신다.

히브리서 9:24를 적어 보라. ______________________________

____

b. 예수님께서는 십자가 위에서 자기 자신의 희생으로 죄를 도말하셨다(히 9:26).

c. 성도들은 하나님 앞에 담대하게 나아갈 수 있는 권리와 특권을 가졌다.

히브리서 10:19과 20을 적어 보라. ______________________________

____

d. 예수님께서는 하나님의 집을 다스리시는 대제사장이시다(히 10:21).

e. 제사장으로서의 그리스도인들은 하나님께 가까이 갈 때에 확신을 가질 수 있다.

히브리서 10:22를 적어 보라. ______________________________

____

f. 제사장 직분의 특권은 노력으로 얻어지는 것이 아니다. 돈으로 살 수도 없다. 그것은 새로 태어날 때 얻어지는 선물이다. 그것은 그리스도인의 생득권이다. 그 권리를 주장하고, 받아들이되 결코 하나님을 의심하지 말라.

4. 제사장의 본질과 성격

a. 베드로는 "예수 그리스도로 말미암아 하나님이 기쁘게 받으실 신령한 제사를 드릴 거룩한 제사장이 될지니라"고 말했다(벧전 2:5).

b. 성도의 본질은 성도 자신이 하나님께 대한 "찬양"이 되어야 하는데 있다. 이것은 모든 일이 잘 되어 나갈 때에만 가끔씩 일어나는 일이어서는 안 된

다. 괴로움에 빠져 있을 때에도 찬양을 드려야 한다.

c. 제사장으로서의 성도의 특징은 그 내적인 성품에 의하여 구분되어야한다. 베드로가 말한 "신령한 제사를 드린다"는 의미는 성경에서 찾을 수 있다.

d. 제사장인 각 성도들은 하나님을 끊임없이 찬양해야 한다. 그의 입술의 열매는 찬양과 감사이다.

히브리서 13:15를 적어 보라. ______________________________

____

C. 그리스도인 제사장 직분의 상부 구조

1. 그리스도인 제사장은 택함을 입은 족속의 한 구성원이다.

a. "베드로는 이스라엘 백성에 대해 말하고 있는 것이 아닌가? 하는 질문이 먼저 떠오른다. 만약 당신이 베드로전서 1장과 2:1–3을 읽으면 당신은 그에 대한 해답을 얻게 될 것이다.

b. 베드로전서 2:9에서 베드로는 "너희는 택하신 족속이요"라고 말한다. 이것은 성도들이 선택받은 백성이라는 사실을 의미한다. 33과의 "선택과 자유의지"를 다시 참고하시기 바란다.

2. 제사장인 모든 성도는 왕같은 제사장 무리에 속한다.

a. 베드로는 베드로전서 2:9에서 말한다. "너희는 택하신 족속이요 왕 같은 제사장들이요 거룩한 나라요 그의 소유가 된 백성이니 이는 너희를 어두운 데서 불러내어 그의 기이한 빛에 들어가게 하신 이의 아름다운 덕을 선포하게 하려 하심이라"고 했다.

b. "거룩한 제사장들"로서 성도들은 하나님께 가까이 나아가며 찬미의 제사를 드려야 한다. "왕 같은 제사장들"로서 성도들은 삶의 모든 영역에서 그리스도의 덕과 은혜와 도덕적 성품들을 "선포하여야"한다. 성도의 삶의 모든 부분이 대제사장이신 예수 그리스도의 아름다우심을 나타내야 한다.

c. 사도는 "너희는 왕 같은 제사장"이 되어야 한다고 말하지 않았다. 그는 "너희는 왕 같은 제사장들이요"라고 말한다. 그리스도인은 왕 같은 제사장들의 지도자이신 예수 그리스도를 타나내도록 부르심을 입었다.

d. "거룩한 나라"라는 말은 헬라어로 "백성"이라는 의미이다. 성도들은 "거룩한 백성"이다.

e. "소유가 된 백성"은 단순히 "고귀한 백성"이라는 것을 의미한다. 그것은 사람이 그렇게 될 수 있고 소유할 수 있어서가 아니라, 그가 그리스도를 영접했고 하나님의 소유

가 되었기 때문이다.

Note

복습

이 주의 진리는 사도행전 16:19–34의 기사를 통한 실례로서 가장 잘 설명되어질 수 있다. 바울과 실라는 빌립보 감옥에 들어가게 되었다. 등에 상처를 입었던 그들이 한밤중에 무엇을 하고 있었다고 생각하는가? 그들은 불평하지도 않았고 자신에 대해 연연해하지도 않았다. 그 두 "산 돌들"– 두 "거룩한 제사장들"– 은 하나님께 찬송의 제사를 드리고 있었다. 성경에서는 "한밤중에 바울과 실라가 기도하고 하나님을 찬송하매 죄수들이 듣더라"(행 16:25)고 했다.

그들은 또한 그곳에 "왕 같은 제사장들"로 있었다. 왕 같은 제사장으로서의 덕은 그들의 행동에서 어떻게 나타나는가? 바울의 감동적인 말은 "네 몸을 상하지 말라 우리가 다 여기 있노라"(행 16:28)하는 것이다.

"거룩한 제사장들"의 목소리는 찬송의 제사를 드렸으며 하나님의 보좌에서 그 사역을 감당했고, "왕 같은 제사장들"의 말은 간수의 마음에 직접 닿아 그곳에서도 사역을 감당했다. 두 "산 돌들, 거룩한 제사장, 왕 같은 제사장들"은 하나님을 영화롭게 했고, 그러므로 간수와 그의 가족은 구원을 받게 되었다.

이것이 "성도의 제사장 직분"이다. 만약 당신이 그리스도인이라면 "하나님은 한 분이시요또 하나님과 사람 사이에 중보자도 한 분이시니 곧 사람이신 그리스도 예수라"(딤전 2:5)는 사실이 당신에게 진리가 되어야 할 것이다.

예습

1. 마태복음 28:18–20, 마가복음 4:28; 16:15–16, 히브리서 5:12; 6:1; 10:7–24; 13:1–16, 요한일서 4:17을 읽어 보라.
2. 성도의 제사장 직분에 관한 당신의 기록을 복습하라.
3. 새로운 진리를 배울 때마다 성경에 표시해 보라.

Week 40
제자됨의 가치

Ⅰ. 서론

예수님께서는 제자됨에 대하여 말씀하실 때 가장 분명하고 단호하게 말씀하셨다. 마태, 마가, 누가는 그의 말씀을 기록했다. 우리는 여기서 누가의 기사를 보겠다. 또 무리에게 이르시되 아무든지 나를 따라오려거든 자기를 부인하고 날마다 제 십자가를 지고 나를 따를 것이니라(눅 9:23). 누구든지 자기 십자가를 지고 나를 따르지 않는 자도 능히 내 제자가 되지 못하리라(눅 14:27).

그리스도인이라면 십자가를 지는 일을 시련으로 생각해서는 안된다. 사람들은 종종 "내 십자가"라고 한탄 한다. 어떤 사람들은 "자기 십자가"와 "주님의 십자가"를 혼동한다. 그들은 자기에 대한 연민에 빠져 "나는 내 십자가를 지고 주님을 위하여 견디어 내야겠어"라고 말한다. 이것은 잘못된 태도이다. 성도의 십자가는 갈보리의 십자가이다. 그것은 자아가 죽는 것을 의미한다. 주님의 십자가로 인하여 생명의 부활과 새로워짐이 있게 된다. 바울은 "내가 그리스도와 함께 십자가에 못박혔나니, 그런즉 이제는 내가 산 것이 아니요, 오직 내 안에 그리스도께서 사시는 것이라…"(갈 2:20)고 말했다.

자발적으로, 그리스도인은 "우리 주 예수 그리스도의 십자가를 자랑"(갈 6:14)해야 한다. 십자가는 옛 생명으로부터 우리를 자유하게 한다. 그것은 주님을 위한 고난 가운데서도 그리스도 안에서의 자유와 기쁨을 의미한다.

예수님께서는 결코 우리에게 "감당해야 할 다른 십자가"를 주시지 않는다. 그분은 우리에게 예수님 자신의 십자가와 생명, 그리고 세상과 나누어야 할 사역을 주신다. 만약 시련과 환난이 그 사역의 일부분이라면 주님께서는 그것을 극복할 수 있는 힘과 능력을 주신다.

II. 중요한 성경 구절

Note

마태복음 28:18–20, 마가복음 4:28; 16:15–16, 히브리서 5:12; 6:1; 10:7–24; 13:1–16, 요한일서 4:17.

III. 핵심 진리

제자됨과 그리스도인 성장의 원리는 "처음에는 싹이요, 다음에는 이삭이요, 그 다음에는 이삭에 충실한 곡식이라"(막 4:28)는 말씀에서 찾아 볼 수 있다. 대부분의 성도들이 아주 작은 싹에서 "충실한 곡식"으로 자라는 데는 긴 시간이 걸린다. 바삐 움직이는 활동으로 그리스도인으로서의 존경을 얻고자 하고, 맹목적인 모임에 참여하고, 옳게 보이는 일들을 하는 이러한 일들이 결코 예수님의 참된 제자로 만들어 주지는 못한다. 싹이 자라기 위해서는 하나님의 말씀으로부터 나오는 영적인 양식이 필요하다.

구원을 받기 위하여 예수님께로 나아가는 것과 봉사하기 위하여 주를 따르는 것 사이에는 큰 차이가 있다. 그리스도께 나아가는 것은 그 사람으로 신자가 되게 하고 그리스도의 뒤를 따라가는 것은 그 사람으로 하여금 제자를 만든다. 신자는 복음의 초청을 받아들인 사람이다. 제자는 헌신된 삶을 살아야 한다는 도전에 복종하는 사람이다. 구원은 아무 대가를 필요로 하지 않는다. 그러나 제자가 되는 일은 자아를 희생하는 대가를 지불해야 한다. "제자"라는 단어는 "배우는 사람"혹은 "가르침을 받는 사람"이라는 의미이다.

IV. 중요한 진리: 제자 됨의 가치

A. 제자 됨의 과정

1. 설교자와 교사는 성도의 위치로부터 제자가 된다.
   a. 히브리서는 아직도 "그리스도 안에서 갓난아기"인 사람들에게 쓴 글이다. 그들은 신자들이었다. 그러나 제자의 도리에 대하여서는 거의 알지 못했다.
   히브리서 5:12를 적어 보라. ______________________

   ____

그들은 갓난아이처럼 계속 젖을 먹고 있었다. 그들은 마땅히 교사가 되었어야 했다. 하지만 그들은 하나님 말씀의 초보를 다시 가르침을 받아야 했다. 이것은 현재 우리가 살고 있는 시대의 이야기와 비슷한 점이 많은 것 같다.

b. 그들은 단지 신자들일 뿐이었다. 그들은 성숙한 신자가 되고자 하는 욕구를 가지는 것이 마땅했다. 그렇기 때문에 그들은 성장해야 하고 배워야 한다는 말을 듣게 되었다.
히브리서 6:1을 적어 보라. ______________________________

____

"완전"이라는 단어는 "성숙"이라는 의미이다.

2. 예수님께서는 그의 대 위임 명령에서 지시를 하셨다.

a. 그리스도의 위임 명령은 권세를 지니고 있다. 예수님께서는 "하늘과 땅의 모든 권세를 내게 주셨으니"라고 말씀하셨다(마 28:18). 그의 다음 말씀은 "그러므로 너희는 가서"이다. 주님을 위한 봉사에도 동일한 권세가 주어진다. "그러므로"라는 말은 18절의 그 권세를 가리킨다. 그 권세는 영광 가운데로 승천하시기 전에 그의 마지막 메시지에서 말씀하신 바를 행하는 성도들에게 주어진다.

b. 예수님께서는 "가르치라"는 명령을 하신다. 19절의 "가르치다"라는 말은 "제자"를 의미한다.
마태복음 28:19를 적어 보라. ______________________________

____

제자를 삼기 위하여서 명령은 필요한 것이다. 제자들이란 "배우는 자들"이다.

c. 예수님께서는 복종을 강조하셨다. "내가 너희에게 분부한 모든 것을 가르쳐 지키게(복종하게)하라"고 하셨다(마 28:20).

d. 예수님께서는 자기의 지시를 수행하는 모든 사람들과 함께 하시겠다고 약속하셨다. 볼지어다 내가 세상 끝날까지 너희와 항상 함께 있으리라(마 28:20)고 말씀하셨다. 주님의 위임 명령에 밑줄을 그어라(마 28:18-20).

B. 제자의 위치

1. 그리스도인 신앙의 세 기둥(히 10:7-24).

a. 하나님의 뜻
히브리서 10장에서 우리는 율법 아래서의 희생은 부적합하다는 사실을 볼 수 있다. "율법은 장차 올 좋은 일의 그림자일 뿐이요 참 형상이 아니므로 해마다 늘 드리는 같은 제사로는 나아오는 자들을 언제나 온전하게 할 수 없느니라"(히 10:1). 2절에 밑줄을 그어라.

Note

율법은 죄를 사하기에 충분하지 않다. 히브리서 10:4-10에서 우리는 창세전의 하나님의 뜻에 대한 목적을 알 수 있다. 하나님의 뜻은 다음과 같은 목적을 위하여 자신의 아들을 보내 주실 것을 영원부터 계획하신 것이었다. 그 첫째 것을 폐하심은 둘째 것을 세우려 하심이라. 이 뜻을 따라 예수 그리스도의 몸을 단번에 드리심으로 말미암아 우리가 거룩함을 얻었노라(히 10:9-10).

예수님께서는 "보시옵소서 … 하나님의 뜻을 행하러 왔나이다"(7, 9절)라고 말씀하셨다.

히브리서 10:7을 적어 보라. ____________________

____

"두루마리 책에 나를 가리켜 기록한 것과 같이"라는 말씀에 유념하라.

시편 40:6-8을 읽고 밑줄을 그어라.

b. 그리스도의 사역

아버지의 뜻을 행하고 그의 사역을 완성시키는 일은 주 예수님의 기쁨이었다. 베들레헴으로부터 갈보리의 십자가에 이르기까지 예수님의 가장 큰 목적은 하나님을 영화롭게 하는 일이었다.

그리스도의 사역은 히브리서 10:10, 12, 14에 나타나 있다.

10절을 적어 보라. ____________________

____

예수님께서는 "두루마리 책에 기록된 것과 같이" 하나님의 구원 계획을 완성하신 후 지금은 하나님의 보좌 우편에 앉아 계신다. 그리스도의 사역은 완성되고 끝났다. 그의 피는 온 세상을 위하여 단번에 뿌려졌다(요 3:16). 구약의 제사장들과는 얼마나 큰 대조를 이루고 있는가? 히브리서 10:11을 읽고 그러한 차이를 레위 지파의 제사장 직분에서 살펴보라.

- 제사장마다
- 매일 서서 섬기며
- 자주 같은 제사를 드리되
- 같은 제사들
- 이 제사는 언제든지 죄를 없게 하지 못하거니와

위의 내용을 12절과 비교해 보라.

- 이 사람(예수님)
- 오직 한 제사를 드리시고
- 죄를 위한 영원한 제사를
- 하나님 우편에 앉으사

히브리서 10:14를 적어 보라. ______________________________

____

c. 성령의 증거

(1) 그리스도인의 위치에 있어서 기초가 되는 세 번째 기둥은 성령의 증거이다.

히브리서 10:15를 적어 보라. ______________________________

____

히브리서 10:16-18을 읽으라.

(2) 이제 우리는 그리스도인의 위치에 있어서 견고한 기초를 가지게 되었다. 삼위 일체 하나님께서 말씀하셨다. 하나님의 뜻, 그리스도의 사역, 성령의 증거-이 모두는 우리에게 우리의 신앙을 기초할 수 있는 기반을 제공한다.

2. 그리스도인은 그리스도 안에 있다.

a. 그리스도인의 위치(서 있는 곳)는 그리스도 안이다. 또한 "성문 밖에서 고난을 받으신" 그리스도와 함께(히 13:12)있는 것이다.

히브리서 13:13을 적어 보라. ______________________________

____

b. 그리스도인은 그리스도의 이름으로 불린다. 요한일서 4:17에는 "주께서 그러하심과 같이 우리도 이 세상에서 그러하니라"고 기록되어 있다. 우리는 주의 것이고, 주는 우리의 주님이다! 그리스도의 위치가 그리스도인의 위치를 규정한다.

C. 제자의 사역

1. 우리는 끊임없이 하나님을 찬양해야 한다.

a. 그리스도인에게는 할 일이 많다-때로는 너무 많기도 한다. 히브리서 13:15에서는 그리스도인이 행해야 할 중요한 일들 가운데 한 가지를 말씀하고 있다.

히브리서 13:15를 적어 보라. ______________________________

____

Note

b. 그리고 우리는 끊임없이 하나님을 찬양해야 한다. 활동을 좋아하기 때문에 찬양이 자주 잊혀지곤 한다. 찬양은 인간이 아닌 하나님을 영화롭게 한다. 주 안에서 항상 기뻐하라 내가 다시 말하노니 기뻐하라(빌 4:4).

c. "찬송의 제사"란 무엇을 의미한다? 우리는 대제사장이신 예수 그리스도로 말미암아 우리의 찬송의 제사를 하나님께 드려야 한다. 히브리서 13:15의 "예수로 말미암아"라는 말씀에 유의해 보라. 예수님께서는 아버지께 찬송의 제사를 드리라.

다음의 영적 제사에 대한 성구를 찾아 보라.

- 시편 51:17
- 시편 27:6
- 로마서 12:1

d. 예수로 말미암아 항상 찬송의 제사를 하나님께 드리자 이는 그 이름을 증언하는 입술의 열매니라(히 13:15). "입술의 열매"는 "찬송의 제사"이다. 우리가 말하는 것은(그리스도에 대한 우리의 신실함은 우리에게 어떤 대가를 요구한다) 희생을 요구할지도 모른다.

2. 우리는 선을 행하고 서로 나누어 주어야 한다.

a. 그리스도인이 행해야 할 두 번째 중요한 일은 다른 사람에게 선을 행하는 것이다.

히브리서 13:16을 적어 보라. ______________________________

____

"나눈다"는 말은 어떤 성경에는 "교통한다"는 말로 번역되어 있다.

b. 그리스도인은 그가 하는 일을 그리스도의 이름으로 행할 때, 하나님을 기쁘시게 한다. 그는 곤궁한 사람들을 도와주어야 한다. 그리스도인은 실제로 그리스도의 사랑을 나타내는 사람이 되어야 한다.

c. 오직 위의 두 가지 사실 뿐인가? 그것들은 행위에 있어서의 예수님의 큰 계명이기 때문에 가장 중요한다(마 22:37-39).

3. 제자에게 주어지는 실제적인 교훈

a. 말씀에는 실제적인 교훈이 있다. 우리가 공부한 위의 두 가지 교훈은 우리 그리스도인 생활의 모든 분야에 영향을 미칠 것이다. 이제 우리는 히브리서 13장을 통하여 제자에게 주는 실제적인 교훈에 대하여 살펴보자.

b. 주 안에서 성장하는 제자로서, 우리의 칭의와 성화를 위해 모든 것이 적절하게 공급되었기 때문에 그는 열매를 기대한다. 히브리서 13장을 살펴보자.

- 형제 사랑(1절)
- 환대– 손님 대접(2절)
- 동정심(3절)
- 개인적인 순결(4절)
- 만족(5절)
- 확신(6절)
- 중보(7절)
- 견실함(9절)

13장의 나머지 본문은 이번 주의 다른 부분에서 공부했다.

복습

한 사람의 그리스도인은 그가 배우기를 시작하면서 자라고, "충실한 곡식"이 될 때에 제자가 된다. 열 두 사람은 제자였고 사도가 되었다(마 10장). 제자는 "학습자"이며, 사도는 "보내심을 받은 자"이다. 참된 제자가 됨으로 치룬 대가는 주님께서 우리의 구원을 위하여 치룬 대가와 비교할 때 너무 작은 것이다.

제자로서의 우리의 위치와 지위는 하나님의 뜻과 그리스도의 사역과, 성령의 증거에 의하여 성립된다. 생각해 보라. 삼위일체 하나님께서 우리의 위치를 성립시켜 주셨다. 우리는 "그리스도 안에" 있고, 그리스도인으로 부르심을 입었다. 우리는 그리스도의 이름으로 일컬어진다. "주께서 그러하심과 같이 우리도 이 세상에서 그러하니라"(현재 시제임을 유의하라).

10, 20, 40년이 지나도 신앙에 있어서 계속 "갓난아이인"자들은 배우는 사람들이 아니다. 이 과의 메시지와, 히브리서의 메시지는 "완전한 데로 나아갈지니라"(히 6:1)는 것이다. 남을 가르칠 수 있는 자가 되고 배우는 자가 되라. 그러면 당신은 참으로 예수님의 제자가 될 수 있을 것이다.

제자가 된다는 것은 우리가 서로 사랑하고 서로 존경한다는 의미이다. 토론하고, 사색하고, 성경을 지나치게 세세하게 구분함으로써 이룰 수 있는 일은 매우 적다. 그러나 가르치고, 배우고, 돕고, 찬양하고, 하나님께 감사하는 생활은 그리스도를 위하여 많은 것을 이룰 수 있었다. 제자가 되는 과정은 삼위일체 하나님에 의하여 확립되었다. 제자가 되는 일에 대하여 어떤 가치를 두는가 하는 것은 당신의 결정에 달려 있다. 당신도 바울과 같이 "내게 사는 것이 그리스도니"(빌 1:21), "우리가 그를 힘입어 살며, 기동하며, 존재하느니라…"(행 17:28)고 말할 수 있다.

Note

예습

1. 요한복음 16:33, 로마서 5:3, 고린도후서 12:7-9, 디모데후서 2:12; 3:12, 히브리서 2:10, 18; 12:6-14, 야고보서 5:13-16, 베드로전서 3:14-15; 4:12-16을 읽어 보라.
2. 제자 됨의 가치에 대한 당신의 기록을 복습하라.
3. 새로운 진리를 배울 때마다 성경에 표시해 보라.

Week 41
그리스도인과 고난

Ⅰ. 서론

"왜 그리스도인들이 고난을 받는가?"라는 질문은 모든 시대마다 하나님의 백성들이 수없이 물어 왔던 질문이다. 만일 하나님께서 우리를 구원하시려고 독생자를 주시기까지 친절하시고 사랑이 많으신 분이라면 왜 그리스도인들은 계속 환난, 시련, 핍박, 질병과 같은 고통을 당해야 하는가? 성경은 그리스도인의 고통에 관하여 많은 이유들을 제시하고 있으며, 또한 고통은 주 예수 그리스도께서 만물을 회복하러 오실 때까지 계속될 것이다. 하나님께서 우리에게 고난과, 환난과, 고통을 통하여서만 배우게 하실 수 있는 교훈들이 있다. 만물이 그를 위하고 또한 그로 말미암은 이가 많은 아들들을 이끌어 영광에 들어가게 하시는 일에 그들의 구원의 창시자를 고난을 통하여 온전하게 하심이 합당하도다(히 2:10).

예수님께서는 "세상에서는 너희가 환난을 당하나"(요 16:33)라고 하셨다. 하나님께서 우리를 구원하실 때에, 하나님께서는 그 궁극적인 목적이 그 아들의 형상과 닮아가게 하는 역사를 시작하신다. 하나님께서는 너무나 우리를 사랑하시기 때문에 우리로 하여금 하나님을 위하여 고난받게 하시는 것이다. 우리는 시련과 시험을 통해서만 올 수 있는 교훈을 배우고 축복을 받게 된다.

기독교는 1세기 이후로 순교자들의 피로 물들여져 왔다. 바울은 다음과 같이 주님에 대한 열심과 사랑을 이야기했다. 내가 그리스도와 그 부활의 권능과 그 고난에 참여함을 알고자 하여 그의 죽으심을 본받아(빌 3:10).

예수님께서는 우리를 위하여 고난을 받으셨고 죽으셨다. 하나님은 그 아들을 우리의 죄를 위하여 죽게 하신 바로 그 아버지시다. 우리가 삶의 고통을 그리스도의 고통과 비교해 볼 때에 광범위한 차이를 볼 수 있다. 때문에 결코 불평해서는 안 된다. 이 주의 공부는 왜 그리스도인이 고난받는가를 우리에게 말해 준다.

II. 중요한 성경 구절

Note

요한복음 16:33, 로마서 5:3, 고린도후서 12:7–9, 디모데후서 2:12; 3:12, 히브리서 2:10, 18; 12:6–14, 야고보서 5:13–16, 베드로전서 3:14–15; 4:12–16.

III. 핵심 진리

기독교는 고난이나 시련, 환난에 반대하는 사상을 주입하는 종교가 아니다. 하나님께서는 그의 무한하신 지혜 가운데서 우리의 길에 장애물을 놓으셨는데 그것은 우리를 방해하거나 상처를 주기 위해서가 아니고 하나님께 대한 우리의 헌신을 시험하시기 위해서이다.

하나님은 우리의 아버지시다. 그분은 우리를 자녀로 대하신다. 하나님께서는 자기가 사랑하시고 또 자기에게 속한 자들만 징계하신다. 훈련과 성장은 고난을 수반한다. 이 점에 있어서 성경은 사실적이다. 그러므로 만약 당신이 그리스도인이라면 하나님께서는 당신을 사랑하시기 때문에 당신을 징계하실 것이다(히 12:6).

IV. 중요한 진리: 그리스도인과 고난

A. 그리스도인들이 고난을 받는 이유들

1. 그리스도인은 무지(Willful Ignorance)로 인하여 고난을 받았다.

   a. 하나님의 자녀가 고난을 받는 첫 번째 이유는 우리 자신의 이기심과 무지 때문이다. 우리는 고난이 사실상 우리의 실수로 당하는 고난임에도 불구하고 하나님을 비난하려고 한다.

   베드로전서 2:20을 적어 보라. ______________________________

   ____

   어떤 사람들은 자신이 믿음을 가졌다고 말할지도 모른다. 그런데도 그들은 계속 어두움 가운데서 살아가고 있다.

   요한일서 1:6을 적어 보라. ______________________________

   ____

2. 그리스도인들은 의를 옹호할 때 고난을 당한다.

   a. 하나님의 자녀가 고난을 받는 두 번째 이유는 그들이 의와 그리스도를 위

하여 살기 때문이다.

베드로전서 3:14를 적어 보라. ______________________________

____

b. 베드로는 말한다. 만약 당신이 옳다는 것을 안다면 "소동치 말라"고 한다. 두려워하지 말고 기뻐하라. 그 다음에는 증거에 대해 말씀하고 있다.

베드로전서 3:15를 적어 보라. ______________________________

____

이 구절을 암송하도록 하라.

3. 그리스도인은 고백하지 않은 죄로 인하여 고난을 받는다.

a. 하나님의 자녀가 고난을 받는 세 번째 이유는 우리의 고백하지 않은 죄 때문이다. 만약 그리스도인이 죄를 짓고 그 죄를 가지고 살 수 있는가? 안 된다!

고린도전서 11:31을 적어 보라. ______________________________

____

b. 자기 자신을 심판하는 일이 가장 가혹하고도 심한 심판일 때가 많다. 비록 잠시 동안이라도 죄가 자기를 다스리게 내버려 두는 일은 자기 정죄다. 하나님께서는 그 죄를 고백하고 그것을 바르게 할 수 있는 기회를 주셨다.

고린도전서 11:32에 밑줄을 그어라.

c. 요한일서 1:9를 암송하라(그 구절에서 중요한 말은 "만일"이다). 그리고 적어 보라. ______

____

____

4. 그리스도인은 과거의 죄로 인하여 고난을 받는다.

a. 그리스도인이 고난을 받는 네 번째 이유는 과거의 죄 때문이다. 당신은 아마 "내가 그리스도께로 올 때에 모든 죄가 사해지지 않았단 말인가?"하고 물을 것이다. 아니다! 모든 죄는 사해졌다. 그리고 하나님께서는 전혀 그 죄를 기억하시지 않는다.

그리스도인은 죄의 결과, 곧 죄의 나중 영향력으로 인하여 고난을 받는다. 바울은 회개하는 그 순간부터, 그가 구원받기 이전에 하나님의 백성을 핍박했던 그 일로 인하여 고난을 받았다.

사도행전 9:1–19에 기록된 바울의 회개에 대해 읽으라.

사도행전 9:23을 적어 보라. ______________________________

____

Note

b. 우리의 과거 죄악은 용서 되었다. 그러나 그것이 과거 죄악의 영향력을 없애 주지는 않는다. 하나의 실례를 들고자 한다.

알콜 중독자였던 한 사람이 구원을 받는다. 그는 죄 사함을 받았으며, 그는 구원의 즐거움을 안다. 그러나 그는 아직도 위장과 간장이 알코올로 인하여 손상된 그대로이다. 그는 과거 죄악의 영향력과 더불어 살아야 한다. 그는 점차적으로 건강한 사람이 되어갈 것이다. 그러나 그 영향력과 더불어 싸워야 하고 자신을 돌봐야 한다.

우리는 과거의 죄악이 가족과, 자녀와, 가정, 그리고 교회에 미친 영향을 나누어 볼 수 있을 것이다.

갈라디아서 6:7을 적어 보라. ______________________________

____

5. 그리스도인은 하나님의 영광을 위하여 고난을 받는다.

a. 그리스도인이 고난을 받는 다섯 번째 이유는 하나님께서 고난을 명하셨기 때문이다. 욥을 예로 들어 보라. 그는 사탄이 욥과 하나님에 반대하여 고소를 했기 때문에 고난을 받았다. 욥기 1:1-10을 읽으라.

욥기 1:11을 적어 보라. ______________________________

____

12절에 하나님께서 욥이 시험 당하는 것을 허락하신 사실을 보라.

b. 하나님께서는 바울에 대한 거룩한 하나님의 계획을 가지고 계셨다. 그는 이방인들에게 그리스도의 메시지를 전해야했고 주님의 이름으로 고난을 받아야 했다. 사도행전 9:15에 밑줄을 그어라.

사도행전 9:16을 적어 보라. ______________________________

____

6. 그리스도인은 그들의 신앙 때문에 고난을 받는다.

a. 그리스도인이 고난 받는 여섯 번째 이유는 주님에 대한 그들의 신앙 때문이다. 야고보는 순교를 당했다(행 12:2). 베드로는 옥에 갇혔다(행 12:4). 그리고 후에 순교했다(벧후 1:14, 요 21:18-19).

b. 히브리서 11장은 두 부류의 사람들에 대하여 기록하고 있다.

• 히브리서 11:33-35에는 신앙으로 하나님을 위해 큰 승리를 거둔 사람들이 나온다.

• 히브리서 11:35–38에는 순교자의 그룹이 나와 있다.

이 역설을 어떻게 설명하겠는가? 그 해답은 하나님께 있다. 하나님께서 고난받도록 허용하시는 사람들이 있다. 그들은 야고보, 베드로, 그리고 바울과 같이 하나님을 영화롭게 할 준비가 된 사람들이다. 또 어떤 사람들은 고난을 받지 않는데 그것은 하나님께서 그들이 그 고난을 받을 수 없다는 것을 아시기 때문이다.

7. 그리스도인은 훈련 받기 위해 고난을 받는다.
   a. 그리스도인이 고난 받는 일곱 번째 이유는 하나님의 손에서 훈련 받는 것을 배우기 위함이다. 이것은 우리가 하나님께 속했다는 사실을 증명해 주기 때문에 영광스러운 고난이다.

      히브리서 12:6을 적어 보라. ______________________________

      ____

      ____

      "징계"라는 단어는 "자녀 훈련"혹은 "훈련"이라는 의미다.
   b. 하나님께서는 그의 백성들을 자녀처럼 대하신다. 인간 사회에서도 오직 아버지로서만 자기 자녀를 훈련시킬 수 있듯이 하나님 아버지께서도 마찬가지이다. 히브리서 12:7에 밑줄을 그어라.

B. 그리스도를 위한 고난의 결과

1. 하나님께서는 자기 자녀들의 고난을 대적들로 입을 다물게 하는데 사용하신다.
   a. 어떤 고난의 목적은 하나님의 신실하심을 나타내는데 있다. 이것은 세상의 그 어떤 것보다 사탄을 따르는 추종자들의 입을 막는다.
   b. 욥이 바로 그런 사람이었다. 욥기 1:21에 밑줄을 그어라. 가장 위대한 증거와, 기도와, 미소와, 격려는 바로 그 고난 받는 그리스도인들의 입으로부터 나온다. 이때 고난받는 자들은 기도의 용사들이 되며 사탄도 그들을 넘어뜨릴 수 없다.
2. 하나님께서는 우리가 하나님을 영화롭게 하도록 고난을 사용하신다.
   a. 예수님께서는 나사로가 병들어 죽는 것을 허용하셨다. 예수님께서는 "이 병은 죽을 병이 아니라, 하나님의 영광을 위함이요, 하나님의 아들이 이로 말미암아 영광을 받게 하려함이라"(요 11:4)고 하셨다.
   b. 예수님께서 무덤에서 나사로를 일으키시고 마르다에게 말씀하셨다. 네가 믿으면 하나님의 영광을 보리라 하지 아니하였느냐(요 11:40). 요한복음 11:41–44를 읽으라.

Note

3. 하나님께서는 우리로 하여금 더욱 더 주 예수님을 닮도록 고난을 사용하신다.

a. 하나님께서는 우리를 부르신 궁극적인 목적을 이루시기 위하여 고난과, 시험과, 시련을 사용하신다. 그 목적은 로마서 8:29에 나타나 있다. "하나님이 미리 아신 자들을 또한 그 아들의 형상을 본받게 하기 위하여…"

b. 만약 그것이 그리스도인들에 대한 하나님의 목적이라면, 그리스도께서 고난과, 고통, 슬픔을 겪으셨기 때문에 이런 것들이 그리스도인에게도 있어야 한다. 바울은 이것을 완벽하게 설명하고 있다.

빌립보서 3:10을 적어 보라. ________________________________

____

4. 하나님께서는 우리로 하여금 하나님을 의지하는 것을 가르치시기 위해 고난을 사용하신다.

a. 우리 모두는 우리 자신이 우리 가정에서나 사업에서 꼭 필요한 존재라는 사실을 믿고 살아간다. 그러나 주님께서는 질병이나 다른 이유로 우리가 일을 못하게 되었을 때에, 가족과 사업은 우리 없이도 잘 진행되도록 하신다. 우리는 결코 견디어낼 수 없으리라고 생각했던 그 경험들을 통하여 하나님께서는 우리를 인도하실 수 있다는 사실을 배우게 된다. 우리는 "하나님은 우리의 피난처시요 힘이시니 환난 중에 만날 큰 도움이시라"(시 46:1)는 사실을 배우게 된다.

b. 하나님께서는 우리의 이해를 넘어서 우리를 위하여 대신 일해 주실 수 있다는 사실을 배우게 되는 귀한 교훈을 가르치신다.

스가랴 4:6을 적어 보라. ________________________________

____

5. 하나님께서는 우리의 신앙을 강하게 하시기 위하여 고난을 사용하신다.

a. 고난으로 인해 우리는 물질적인 것뿐 아니라 시련, 환난, 그리고 사건들에 대하여 깊이 생각하게 된다. 하나님께서는 이 사건들을 우리의 신앙을 강하게 하는데 사용하신다. 훈련만이 힘을 길러 준다. 훈련되지 않은 신앙은 성장할 수 없는 신앙이다. 단련되지 않는 신앙은 강하지 못한다(히 12:11). 히브리서 11:1에 밑줄을 그어라.

b. 가장 괴로운 경험 가운데 하나는 하나님께서 우리로 하여금 조용히 앉아 있게 하는 것이다. 너희는 가만히 있어 내가 하나님 됨을 알지어다(시 46:10).

6. 하나님은 우리에게 인내를 가르치시기 위해 고난을 사용하신다.

   a. 인내는 오직 참음으로써만 얻어질 수 있다. 무엇이 인내를 가져오게 하는가? 바울은 말한다. 이는 환난은 인내를, 인내는 연단을, 연단은 소망을 이루는 줄 앎이로다. 소망이 우리를 부끄럽게 하지 아니함은 우리에게 주신 성령으로 말미암아 하나님의 사랑이 우리 마음에 부은 바 됨이니(롬 5:3–5).

   b. 인내는 거듭남으로 하여 얻어지는 것이 아니다. 그것은 환난과 고난의 경험을 통하여 배워지는 것이다. 그때에 "하나님의 사랑이 우리 마음에 부은바" 된다(롬 5:5).

7. 하나님께서는 우리로 하여금 동정적인 사람이 되도록 고난을 사용하신다.

   a. 바울은 고린도후서에서 고난과 환난에 대한 중요한 이야기를 하고 있다. 고린도후서 1:3–6에 밑줄을 그어라.

   b. 우리가 환난 가운데서 위로를 받은 것처럼 우리도 동일한 어려움 가운데 있는 다른 사람들을 위로할 수 있다. 진정으로 위로할 수 있는 사람은 개인적인 그러한 일에 대해 경험한 사람이다. 그들은 대개 말은 적게 한다. 그러나 더 깊이 위로하고 동정할 수 있는 사람들이다.

8. 하나님께서는 우리로 더 겸손하게 하기 위해서 고난을 사용하신다.

   a. 하나님께서는 겸손한 자를 높이신다. 그는 교만을 싫어하신다. 하나님께서는 우리가 "자아"를 깨뜨리고, 겸손을 배울 수 있도록 우리의 길에 충분한 시련을 두신다.
   베드로전서 5:6을 적어 보라. ______________________________

   ____

   ____

   b. 바울은 겸손의 완전한 본보기이다. 주님은 바울이 자고하지 않도록 "육체에 가시"를 그에게 주셨다.
   고린도후서 12:7–10을 읽으라.
   성경에 기록된 것보다 더 많은 환난과 고난의 결과들이 있다. 그러나 성경에 기록된 소수의 결과들은 하나님께서는 우리로 "더욱 주님을 닮도록" 어떻게 이 사건들을 사용하실 지를 우리에게 가르쳐 줄 것이다.

C. 그리스도인으로서의 고난의 축복

- 참된 신자는 하나님께서 그 사랑하시는 자를 징계하신다는 사실을 알게 된다(히 12:5–8).
- 그리스도인은 하나님께 대한 순종의 축복을 알게 된다(히 12:9).

- 믿는 자는 하나님의 징계를 통하여 그의 거룩하심에 참여하게 된다(히 12:10).
- 그리스도인은 고난을 통하여 의의 평강의 열매를 맺게 된다(히 12:11).
- 참 그리스도인이라는 사실을 확신하게 된다(히 12:8).
- 그리스도인은 환난을 통하여 성장하게 되고 풍요하게 된다(히 12:12-13).

Note

복습

주님의 징계-시련, 그리고 환난-에 대한 당신의 반응은 어떠한가? 히브리서 12:5은 말한다. "주의 징계하심을 경히 여기지 말며." 어떻게 그것을 경히 여기게 되는가? 하나님께서 당신에게 그 무언가를 가르치시고자 하시는 사실을 무시해 버림으로써 경히 여기게 된다. 당신이 하나님의 훈련에 반응하는 또 다른 방법은 자기 연민을 하게 되는 길이다. "왜 하나님께서는 이 일이 나에게 일어나게 했는가?"하는 질문에 성경은 말씀한다. 그에게 꾸지람을 받을 때에 낙심하지 말라(히 12:5).

그 고난 혹은 문제는 그 모든 것을 통하여 그를 의지하도록 하는 도전으로서 당신에게 주어진 것이다. 아주 신앙심 깊은 태도의 사람들도 있다. 그들은 자신이 생각하기에 이해가 되지 않을 때에도 "이것은 나의 십자가니 내가 지겠다"고 말할 것이다. "무릇 징계가 당시에는 즐거워 보이지 않고 슬퍼 보이나 후에 그로 말미암아 연단 받은 자들은 의와 평강의 열매를 맺느니라"(히 12:11)라고 했다.

마지막으로, 우리는 징계를-고난을-견디어야 한다(히 12:7). 가장 어려운 공부는 길게 계속되는 것을 견디어 내는 것이다. 당신은 문제가 생길 때에 당신의 삶에 있어서 귀한 것을 얻은 경험이 있는가? 욥은 말했다. "그가 나를 단련하신 후에는 내가 순금 같이 되어 나오리라"(욥 23:10). "하나님을 가까이하라 그리하면 너희를 가까이하시리라"(약 4:8).

예습

1. 이사야 66:8, 예레미야 30:4-7, 에스겔 20:37; 22:17-22, 스가랴 12:10-11; 13:1, 마태복음 25:31-46, 요한복음 5:24; 12:31, 로마서 8:1-2; 5:9, 고린도전서 3:12-15; 6:3; 9:25-27; 11:31-32, 고린도후서 5:10, 21, 데살로니가전서 2:19-20; 4:13-18, 디모데후서 4:8, 히브리서 10:17, 야고보서 1:12, 베드로전서 5:2-4, 요한일서 2:1, 유다서 1:6, 요한계시

록 20:10-15를 읽어 보라.

2. "왜 그리스도인들이 고난을 받는가?"에 대한 당신의 기록을 복습하라.

3. 새로운 진리를 배울 때마다 성경에 표시해 보라.

Week 42
일곱 가지 큰 심판

Ⅰ. 서론

성경은 한 가지의 일반적 심판을 말하고 있지 않다. 신학에서는 많은 사람이 이 이론을 고수하고 있다. 그러나 성경적 근거가 없다. 성경은 하나님께 대하여 "공의로 세계를 심판하심이여 정직으로 만인에게 판결을 내리시리로다"(시 9:8)라고 말하고 있다. 하나님께서 "심판을 다 아들에게 맡기셨으니 이는 모든 사람으로 아버지를 공경하는 것 같이 아들을 공경하게 하려 하심이라"(요 5:22–23)고 말씀하신다.

성경에는 많은 심판이 있다. 어떤 것들은 지나갔고, 많은 것이 미래에 있을 심판이다. 구약을 통해 볼 때, 하나님께서는 사람들과 국가들을 심판하셨다. 구약과 신약에는 심판에 대한 예언적인 말씀들이 기록되어 있다. 이 주에 우리는 일곱 가지의 큰 심판들을 보겠다–한 가지는 과거의 것이고, 한 가지는 현재, 그리고 다섯 가지는 미래의 것이다.

Ⅱ. 중요한 성경 구절

이사야 66:8, 예레미야 30:4–7, 에스겔 20:37; 22:17–22, 스가랴 12:10–11; 13:1, 마태복음 25:31–46, 요한복음 5:24; 12:31, 로마서 8:1–2; 5:9, 고린도전서 3:12–15; 6:3; 9:25–27; 11:31–32, 고린도후서 5:10, 21, 데살로니가전서 2:19–20; 4:13–18, 디모데후서 4:8, 히브리서 10:17, 야고보서 1:12, 베드로전서 5:2–4, 요한일서 2:1, 유다서 1:6, 요한계시록 20:10–15.

Ⅲ. 핵심 진리

하나님께서는 공의로우시고 거룩하시기 때문에 그의 심판은 완전한 공의의 표현이다. 만약 죄악으로 인한 인간과 국가들에 대한 심판이 없다면 하나님께서 그의 말씀으로 말씀하신 것은 거짓된다. 하나님은 사랑의 하나님이다. 그러나 그분은 또한 심판의 하나님이시다. 모든 심판은 자비로 경감되고 있다. 하나님의 모든 심판은 공의롭다. 아들을 통한 구원 계획을 거부하는 모든 사람들에게 심판의 날이 올 것이다. 그리스도를 영접한 사람들에게는, 죄악에 대한 하나님의 심판이 그들을 구원했다. 그리스도를 영접하지 않은 사람들에게는 하나님의 심판이 아직 미래에 있을 것이며 하나님의 공의를 입증할 것이다.

Ⅳ. 중요한 진리: 일곱 가지 큰 심판

A. 십자가에 달리신 예수 그리스도에 의한 죄의 심판

1. 이 심판은 모든 믿는 자들을 위한 것이다.
   a. 이 심판의 결과는 주 예수 그리스도의 죽음과 모든 믿는 자들에게 의롭다고 하신 것이다. 당신은 요한복음 3:16을 알 것이다. 요한복음 3:17에 밑줄을 긋고 3:18을 적어 보라. ______________________________

   ____

   b. 그리스도를 영접한 사람은 "영생을 얻었고 심판에 이르지 아니하나니 사망에서 생명으로 옮겼느니라"고 했다(요 5:24).
   c. 예수님께서는 믿는 자가 단번에, 그리고 영원히 의롭다 하심을 입고 정죄를 받지 않도록 죽으신 것이다.
   로마서 8:1을 적어 보라. ______________________________

   ____

   d. 예수님께서는 육신의 죄를 씻어주셨다. 로마서 8:3에 밑줄을 그어라.
   e. 예수님께서는 우리를 대신하여 죄인이 되셨다.
   고린도후서 5:21을 적어 보라. ______________________________

   ____

2. 그리스도께서 희생 제물로 죽으심은 단번에 된 것이며, 영원한 것이었다.
   a. 하나님 아들의 그 한 번의 희생은 그를 믿는 모든 자들을 거룩하게 하고, 분리시키고, 구원하는 데 충분했다(히 10:10).
   b. 그 희생은 영원한 것이었다.
   히브리서 10:14를 적어 보라. ______________________________

   ____

c. 죄를 고백하기만 하면, 하나님께서는 용서하시고 다시 기억하시지 않으신다.

히브리서 10:17을 적어 보라. ______________________________

____

믿는 자들은 죄를 용서하시고, 기억치 아니하시는 하나님의 능력에 대하여 의심해서는 안 된다. 동일한 죄를 가지고 하나님 앞에 거듭 나와서는 안 된다. 성경이 진실이라면 하나님께서는 그 죄를 더 이상 기억하시지 않는다. 시편 103:12에 밑줄을 그어라.

Note

B. 믿는 자에 대한 심판

1. 그리스도인에 대한 심판은 그리스도의 심판 자리에서 행해진다.

a. 이 심판은 그리스도인에게만 있는 것이다. 그것은 우리가 구원받을지 아니면 잃은 자가 될 지를 결정하는 심판이 아니다. 그것은 우리가 그리스도를 영접할 때에 결정되었다.

고린도후서 5:10을 적어 보라. ______________________________

____

로마서 14:10에 밑줄을 그어라.

b. 그리스도의 심판의 보좌는 주님의 영광을 위해 믿는 자들이 행한 일들을 심판할 자리이다. 바울은 남아 있게 될 공적과 불타 버리게 될 사역에 대해 이야기한다. 고린도전서 3:11-15에 대해 주의 깊게 생각해 보라.

- 그 기초가 그리스도임(11절)
- 금, 은, 보석들로 세워짐(12절)
- 나무, 짚, 풀로 세워짐(12절)
- 모든 사람의 공적이 드러날 것임(13절)
- 불이 모든 사람의 공적을 시험할 것임(13절)
- 그 사람의 공적이 남아 있으면(14절)
- 그는 상급을 받게 될 것임(14절)
- 만약 그 사람의 공적이 불에 타면 그는 해를 받게 될 것임(15절)
- 그러나 그 자신은 구원을 받을 것인데 불 가운데서 구원을 받은 것 같음(15절)

c. 그리스도인에 대한 심판은 그리스도의 심판 보좌에서 행해진다. 그 심판은 상급의 유무에 관계된 것이지 구원 문제에 관계된 것이 아니다.

d. 그 심판은 교회를 공중에서 주님과 만나도록 부르실 그때에 행해진다.

데살로니가전서 4:17을 적어 보라. ______________________________

____

2. 이 심판에서 주어지는 다섯 가지 상급의 면류관

a. "생명의 면류관"(계 2:10, 약 1:12)

- 순교자의 면류관, 혹은 상급

b. "영광의 면류관"(벧전 5:4)

- 목회자와 교사의 면류관, 혹은 상급

c. "기쁨의 면류관"(살전 2:19-20)

- 영혼을 구원하는 자의 면류관이나 상급

d. "의의 면류관"(딤후 4:8)

- 그리스도의 오심을 갈망하는 자들에 대한 면류관이나 상급

e. "썩지 아니할 면류관"(고전 9:25-27)

- 승리하는 삶을 산 사람에게 주어지는 면류관이나 상급(이것들은 그리스도인의 봉사에 있어서 동기가 되며, 또한 그리스도인의 삶을 크게 변화시킬 것이다)

C. 믿는 자의 자기 판단

1. 자기 판단은 성도의 삶에 있어서 죄에 대한 인식을 말한다.

a. 그리스도인은 그의 삶에서 자기의 죄를 인정한 사람이다. 이것은 가장 어려운 판단일 때가 많다. 왜냐하면 사람은 죄를 인정하고 자신을 용서하는 일을 어려워 하기 때문이다. 그러나 "사람이 자기를 살피고"(고전 11:28)라고 성경은 말한다.

b. 우리는 그리스도인으로서 자신을 살펴야 한다.

고린도전서 11:31을 적어 보라. ______________________________

____

2. 자기 판단은 주의 징계를 피할 수 있게 해 준다.

a. 성도의 판단은 어느 때든지 있을 수 있다. 곧 어느 때든지 죄를 깨달아 죄를 고백하고 사하심을 얻게 되는 것이다.

b. 만약 자기 판단을 하지 않으면 주께서 징계하신다. 그러나 정죄하시지는 않는다.

고린도전서 11:32를 적어 보라. ______

Note

c. 자기 판단의 비밀은 죄를 고백하는 것이다. 모든 성도들은 그의 새 생명 속에 싸워야 할 "옛 사람"을 아직도 가지고 있다. 그리고 성도들은 그의 생명 속에 죄가 존재하고 있다는 사실을 인식해야 한다.

요한일서 1:8을 적어 보라. ______

요한일서 1:9를 적어 보라. ______

D. 이스라엘의 심판

1. 이스라엘이 심판받는 날은 야곱의 환난 때이다.
   a. 유대인들은 하나님께서 그들을 모든 나라들로부터 다시 모으신 이후에 심판을 받게 될 것이다(겔 20:34).
   b. 이스라엘은 메시야를 영접하지 않는 사람들을 제하여 버리기 위하여 "막대기"아래에 놓이게 될 것이다.

   에스겔 20:37을 적어 보라. ______

   c. 이 심판은 환난 중에 일어나는데 그것은 "야곱의 환난의 때"라고 불린다(렘 30:7).
2. 이스라엘에 대한 심판의 결과
   a. 그들은 찔림받은 메시야를 깨닫게 될 것이다(슥 12:10).
   b. 그들은 그들이 그리스도를 배척한 일로 인하여 애통하게 될 것이다(슥 12:10).

   스가랴 12:10을 적어 보라. ______

   c. 막대기 아래를 지난 사람들은 구원을 받게 될 것이다. 그리스도를 영접한 사람 외에는 그리스도의 왕국에 들어갈 수가 없다. 모두가 같은 방법으로 구원을 받는다. 예레미야 30장과 31:1-11을 읽으라.
   d. 하루 만에 세워지는 나라가 있을 것이다(사 66:8).

로마서 11:26을 적어 보라. ____________________

____

E. 이방 나라들에 대한 심판

1. 이 심판의 때
   a. 이 심판은 "하나님의 아들이 자기 영광으로 오실 때"에(마 25:31) 일어난다.
   b. 이것은 환난 후의 그리스도의 재림이다.
   c. 이 심판을 받을 주체는 "모든 나라들"이다. 곧 땅 위의 모든 이방나라들이다. 세 부류의 사람들이 명명된다.
      - 양– 구원 받은 이방인들
      - 염소들– 구원받지 않은 이방인들
      - 형제들– 이스라엘 백성
2. 심판의 근거
   a. 이 심판의 근거는 "내 형제"라고 불리는 유대인들에 대해 어떻게 대우했는가 하는 것이다(마 25:40).
   b. "양"인 이방인들은 주님의 "오른편"에 있다. 그들은 환난 중에 구원을 받는다(마 25:34).
   c. "염소"들은 같은 시기에 구원받지 못한다. 이들은 이스라엘을 존경하지도 친절로 대해 주지도 않은 사람들이다(마 25:41). 마태복음 25:31–33, 40절에 밑줄을 그어라.

F. 타락한 천사들에 대한 심판

1. 사탄이 심판 받을 때에 심판이 있을 것이다.
   a. 타락한 천사들은 사탄, 곧 마귀의 군대들이다. 그의 운명은 요한계시록 20:10에 나와 있다. 사탄이 불 못에 던지게 되는 것이 사탄에 대한 마지막 심판이다. 요한계시록 20:10에 밑줄을 그어라. 이것은 사탄이 천년 동안 묶임을 당했다가 잠깐 놓임을 받은 후에 일어난다(계 20:2–3).
   b. "큰 날의 심판"은 타락한 천사들에 대한 심판의 날과 같은 날이다.
      유다서 1:6을 적어 보라. ____________________

      ____

      베드로후서 2:4에 밑줄을 그어라.
2. 그리스도인은 그리스도와 함께 그 심판을 하게 될 것이다.

Note

a. 그리스도인인 우리들은 세상과 타락한 천사들을 심판하는 일에 그리스도와 함께 다스리게 될 것이다.

고린도전서 6:3을 적어 보라. ______________________________

____

b. 예수님께서는 마태복음 25:41에서 그들의 운명에 대해 말씀하셨다. 밑줄을 그어라.

G. 악하게 죽은 자들에 대한 심판

1. 이것은 크고 흰 보좌의 심판이다.
   a. 이것은 하나님의 심판 가운데 가장 두려운 최종적인 심판이다. 그것은 악한 자들–그리스도를 영접하지 않고 죽은 자들에 대한 심판이다(계 20:11–12).
   b. 이 심판은 "첫 부활"은 1,000년 후에 일어난다(계 20:4–5).
   c. 그들은 그들의 행위에 따라 심판을 받는다(계 20:12–13).
2. 생명책과 책들
   a. 그들에게 대적하는 두 증거는 책과 책들이다(계 20:12).
   b. 그 책은 "생명책"이다.

      요한계시록 20:15를 적어 보라. ______________________________

      ____
   c. 책들은 행위를 기록한 책들이다.
   d. 이것은 "둘째 사망"이다(계 20:14). 이것은 불 못에서의 영원한 운명을 말한다. 그 심판은 하나님으로 부터의 영원한 분리이다(살후 1:9).

복습

이 공부의 주된 진리는 사람이 불신앙 가운데 죽음으로 인하여 임하게 되는 영원한 저주의 운명과 비교해 볼 때 그리스도인에게 주어지는 축복과 기쁨이 얼마나 큰가 하는 데에 있다. 만약 이 공부가 당신에게 그리스도인 삶의 "상급"에 대해 가르쳐주었다면 또, 당신이 당신을 판단하여 죄를 고백하면 용서 받을 수 있으며, 예수님께서 당신의 과거 죄에 관계없이 당신을 위해 죽으셨다는 사실을 깨닫게 되었다면–이 공부의 목적은 달성된 것이다.

심판하시는 하나님은 당신을 구원하시기 위해 그의 아들을 주신 바로 그 하나님이시다. 우리는 하나님의 말씀에 의문을 가질 권리나 권위가 없다. 하나님의 심판들을 받아들이라. 그러면 당신은 그의 아들을 영접하게 될 것이다. 당신이 그의 아들을 영접할 때에 당신은 하나님께서 당신을 두신 그 장소에서 봉사할 수 있는 당신의 "은사"를 받아들이게 될 것이다(고전 4:5를 지금 읽으라).

예습

1. 창세기 1:28-29; 3:14-19; 9:1-17; 12:1-3; 13:14-17; 15:1-8; 17:1-14; 22:15-24; 26:1-5; 28:10-15, 출애굽기 19:5-7; 34:10, 신명기 5:1-4; 7:6-11; 30:1-20, 사무엘하 7:12-16, 히브리서 8:6-13을 읽어보라.
2. 하나님의 일곱 가지 큰 심판에 대한 당신의 기록을 읽으라.
3. 새로운 진리를 배울 때마다 성경에 표시해 보라.

Week 43

여덟 가지 큰 언약

Ⅰ. 서론

광범위한 하나님의 말씀을 이해하기 위해서는 알아야 할 성경의 개념들이 있다. 성경의 이러한 개념 중의 하나가 "언약"이라는 단어이다. 웹스터는 말하기를 언약이란 "공식적인 일치에 이르게 되는 개인이나 단체 사이의 의견 일치"라고 정의하고 있다. 성경에는 그 언약에 가담하는 사람들을 묶는 매우 많은 의견일치와 언약이 있다. 예를 들면, 두 사람이 결혼을 할 때 그 결혼은 하나의 언약이 된다. 요나단과 다윗에 대한 또 다른 실례가 나와 있다. 요나단은 다윗을 자기 생명 같이 사랑하여 더불어 언약을 맺었으며(삼상 18:3).

하나님께서 하신 여덟 가지의 언약이 있는데, 그것들은 세상에서의 우리들을 향하신 하나님의 목적을 나타내 준다. 모든 성경은 하나님의 이 여덟 가지 언약을 구체화 하고 있다. 모든 성경은 이 언약들의 성취이다.

Ⅱ. 중요한 성경 구절

창세기 1:28-29; 3:14-19; 9:1-17; 12:1-3; 13:14-17; 15:1-8; 17:1-14; 22:15-24; 26:1-5; 28:10-15, 출애굽기 19:5-7; 34:10, 신명기 5:1-4; 7:6-11; 30:1-20, 사무엘하 7:12-16, 히브리서 8:6-13.

Ⅲ. 핵심 진리

이 진리의 핵심은 하나님께서는 언약을 하시는 분이시며, 그 언약을 지키시는 분이라는 사실이다. 하나님께서는 개인으로서가 아니라, 전체로서 언약을 세우셨다. 하나님께서는 자신이 하신 모든 언약을 지키셨으며, 또 지키실 것이다. 성경에는 두 가지 종류의 언약이 있다.

첫째, 무조건적인 언약-하나님께서 "내가 하겠노라"고 말씀하셨다.

둘째, 조건적인 언약—하나님께서 "네가 행하면 내가 하리라"하셨다.

우리가 공부할 여덟 가지 하나님의 큰 언약 가운데 여섯 가지는 무조건 적인 것이며—즉, 하나님으로부터 말미암은 것—두 가지는 조건적인 것이다. 곧 에덴동산에서의 언약과 모세와의 언약이다. 이것은 놀라운 일이다. 하나님께서는 두 가지를 제외한 모든 언약에 있어서 인간의 행위에 상관없이 언약을 하시고 그것을 지키신다.

Ⅳ. 중요한 진리: 여덟 가지 큰 언약

A. 에덴동산에서의 언약(창 1:26-31; 2:16-17)

1. 언약의 요소
   a. 하나님께서 첫 사람 아담에게 인류를 생육하고 번성하며 땅을 지배하고, 모든 생물들을 다스릴 책임을 주셨다. 그는 선악을 알게 하는 나무의 실과는 먹지 말아야 했다(창 1:28–30; 2:16–17).
   b. 하나님의 계획은 아담과 이브의 불복종으로 인하여 실패로 돌아갔다(창 3:1–13).
2. 에덴동산의 언약은 조건적인 것이다.
   a. 모든 인류가—우리 세대를 포함한—아담 안에 있기 때문에 이것은 전 세계적인 것이다.
   b. 하나님께서는 아담의 믿음을 요구하는 조건적인 언약을 맺으셨다.

B. 아담과의 언약(창 3:14-19)

1. 언약의 요소
   a. 사탄의 도구인 뱀은 저주를 받는다(창 3:14).
   b. 하나님께서는 여자의 후손(예수)과 뱀의 후손(사탄)이 서로 원수가 되게 했다.
   창세기 3:15를 적어 보라. ____________________

   ____
   c. 이것은 성경에서 예수 그리스도에 대해 예언한 최초의 직접적인 예언이다. 여기서 구속자를 보내 주시겠다는 약속 곧, 하나님의 위대한 구원 계획이 시작된다.
   d. 이 언약에서 하나님께서는 여자에게 자녀를 생산하는 고통을 주셨다(창 3:16).
   e. 이 언약에서 하나님께서는 가장에서 남편과 아내의 합당한 위치를 정해 주셨다. 하나님은 질서의 하나님이시다. 하나님께서는 이미 그들에게 "한 몸"(창 2:24)이 되도록 선포하셨다. 그러한 관계가 선포된 이후(창 3:16) 하나님께서는 "그들의 이름을 사람이

라"일컬으셨다(창 5:2).

Note

f. 이 언약에서 하나님께서는 인간 때문에 땅을 저주하셨다(창 3:17–18).

g. 이 언약에서 하나님께서는 인간에게 육체적 노동을 주셨다. "네가 얼굴에 땀을 흘려야 먹을 것을 먹으리니"(창 3:19).

h. 이 언약에서 하나님께서는 육체의 죽음에 대해 말씀하셨다. "너는 흙이니 흙으로 돌아갈 것이니라"(창 3:19).

2. 아담에게 하신 언약은 무조건적인 언약이다.

a. 하나님께서는 아담과의 언약의 모든 조건들을 채우실 것이다. 그것은 무조건적인 것이며, 인간에 의해 변경되는 것이 아니다.

b. 창세기 3:15에 있는 구속자에 대한 약속은 그리스도 안에서 성취되었다. 여자의 후손은 그리스도이다.

갈라디아서 4:4를 적어 보라. ______________________________

____

c. 예수 그리스도 안에 있는 하나님 은혜의 양상은 하나님께서 아담과 이브의 벗은 몸을 위하여 입혀 주셨던 "가죽 옷"에서 볼 수 있다(창 3:21).

d. 광범위하게 보면, 인간은 아담의 언약 아래 있다.

- 우리는 아담과 같은 본성을 가지고 태어났다.
- 우리는 저주받은 가시와 엉겅퀴의 땅에서 수고한다.
- 여자는 수고와 슬픔 가운데서 잉태하고 출산한다.
- 우리는 육체적으로 죽으며, 흙으로 돌아간다.

e. 그리스도의 희생을 통하여 믿는 자는 그리스도의 의로 옷 입고 영적 성품을 소유하게 된다.

C. 노아와의 언약(창 8:20-9:27)

1. 언약의 요소

a. 하나님께서는 홍수에 따르는 자연법의 안정성을 보장해 주셨다(창 8:20–22).

b. 하나님께서는 인간이 먹을 식품에 육류를 더하여 주셨다(창 9:2–3).

c. 하나님께서는 이 언약에 생명의 고귀함을 언급하셨다(창 9:5–6).

d. 하나님께서는 다시는 홍수로 세상을 심판하시지 않겠다고 선포하셨다(창 9:11).

e. 하나님께서는 구름 속의 무지개로 확신을 주셨다. 이것이 "하나님의 언약

의 증거"였다(창 9:12-16).

f. 이 언약은 모든 세대에서 굳게 지켜지고 있다. 그것은 "영원한 언약"이다(창 9:16).

g. 노아, 세 아들의 후손에 대한 예언이 언급되어 있다(창 9:25-27). 셈을 통하여 예수님께서 오시게 될 것이다. 모든 거룩한 계시는 셈족을 통하여(히브리인, 유대인) 주어졌다. 창세기 11:10-30에는 셈의 계보가 아브라함에게로 이르게 된다("노아와 그의 아들들"에 대해서 더 자세히 알기를 원한다면 "인물별 성경연구"를 보라).

2. 노아와의 언약은 무조건적인 언약이다

a. 하나님께서는 그 언약을 구체적으로 성취시키실 것이다. 인간은 이 언약에 대한 약속을 지키는 일에는 어떤 관계도 없다. 하나님께서 그것을 선포하셨다. 하나님께서 그가 말씀하신 모든 것을 행하실 것이다.

b. 우리는 하나님께서 지키시는 언약의 증거로 사계절과, 낮과 밤 속에서 살게 되었다.

c. 무지개는 하나님께서 노아에게 언약하신 그 말씀을 우리가 상기할 수 있도록 모든 세대의 사람들에게 보여 지고 있다. 그것은 하나님과 영원한 인간 세대 가운데 세워진 "영원한 언약"이다. 무지개는 하나님 자신과 우리에게 하나님께서 노아와 맺으셨던 언약을 상기시키기 위해 구름 속에 두었던 "증거"(표적, 상징)이다(창 9:16-17).

D. 아브라함과의 언약(창 12:1-4; 13:14-17; 15:1-7; 17:1-8)

1. 언약의 요소

a. 이 언약에서 하나님께서는 아브라함에게 큰 민족을 약속하셨다. 내가 너로 큰 민족을 이루고(창 12:2). 이 약속은 그 땅을 영원히 소유하기로 약속되었던 야곱의 후손인 이스라엘에 대한 약속이다(창 17:8). 아브라함은 많은 민족들의 조상이 될 것이었다(창 17:5). 그리고 이것은 이스마엘과 에서를 통하여 성취되었다.

b. 하나님께서는 아브라함에게 개인적인 축복을 약속하셨으며, 그의 이름은 창대해질 것이었다. 아브라함은 복의 근원이 될 축복을 받았다.
창세기 12:2를 적어 보라. ____

____

c. 하나님께서는 모든 민족들이 아브라함과 그의 후손을(이스라엘) 축복하고 존경한다면 그들에게 복을 줄 것을 약속하셨다(창 12:3). 또한 하나님께서는 아브라함과 그의 후손을 저주 하는 민족들에게는 저주를 내리실 것을 약속하셨다(창 12:3).

d. 땅의 모든 족속이 너로 말미암아 복을 얻을 것이라(창 12:3). 이것은 아브라함의 자손인 예수

그리스도를 통한 큰 축복의 약속이다(갈 3:14-16).

요한복음 8:56-58에 밑줄을 그어라. ______________________________

____

2. 아브라함의 언약은 무조건적인 언약이다.
   a. 아브라함의 언약에서 하나님의 목적은 그로 하여금 한 국민과 영토를 가진 국가로서의 이스라엘의 시조가 되게 하는 것이었다.
   b. 하나님의 목적은 구속자 예수 그리스도를 보내심으로 이스라엘을 통하여 구원을 베푸는 것이었다.
   c. 이스라엘의 많은 실패에도 불구하고, 아브라함의 언약에서 세밀하게 언급된 하나님의 절대적인 목적은 이루어졌으며, 또 이루어지고 있다. 이것은 무조건적인 언약이다. 그리고 하나님께서는 인간들과 민족들의 행위에 상관없이 그것을 행하신다.

      갈라디아서 3:14를 적어 보라. ______________________________

      ____

E. 모세와의 언약(출 20:1-31:18)

1. 언약의 요소
   a. 이 언약에서 하나님께서는 모세에게 이스라엘의 자녀들에 대한 하나님의 관계를 지배하게 될 율법을 주셨다.
      - 명령- 도덕생활에 관계(출 19-20)
      - 규례- 사회생활에 관계(출 21-23)
      - 율례- 종교생활에 관계(출 24-31)
   b. 언약의 기초는 이스라엘을 애굽으로부터 구원해 내는 것이었다(출 19:4). 그것은 하나님의 아브라함과의 언약의 결과였다(출 19:5).
   c. 이 언약은 하나님의 거룩하심과 인간의 죄악 됨을 보여 주었다(신 4장, 롬 3:19; 7:13).
   d. 율법은 구원할 수가 없었다. 하나님께서는 430년 전에 아브라함과 언약을 맺으셨으며, 그것은 약속의 언약이었다(출 19:5, 갈 3:24).
   e. 율법은 그리스도께로 인도하는 "초등선생"이다(갈 3:24).
2. 모세와의 언약은 조건적인 언약이다

Note

a. 조건적인 언약은 주님께 복종하는 사람에게 달려 있다. 이 조건적인 언약의 기초는 출애굽기 19:8에서 확인할 수 있다.

b. 그 언약은 죄가 관영한 상태를 증거하면서 깨어졌다(출 32장). 만약 사람이 복종하면 주님께서 축복하실 것이다. 만약 그들이 순종하지 않으면 주님께서 연단시키실 것이다. 이 사실에 관한 훌륭한 언급이 신명기 28:15-68에 나와 있다.

c. 율법에 대한 그리스도의 관계는 어떠한가? 예수님께서는 율법 아래서 태어나셨다(갈 4:4). 그분은 율법을 완성하시고, 지키셨다(마 5:17-19). 또한 우리들을 위하여 율법의 저주를 담당하셨다.(갈 3:13-14).

d. 여자의 후손(예수)이 오기까지, 죄로 인하여 율법이 아브라함의 언약에 더해졌다. 갈라디아서 3:19를 적어 보라. ____

____

갈라디아서 3:16-18을 읽으라.

e. 율법은 정죄한다-믿음은 구원을 이룬다. 로마서 3:20-22에 밑줄을 그어라.

F. 이스라엘과의 언약(팔레스타인 언약)(신 30:1-20)

1. 언약의 요소

a. 언약의 목적은 약속의 땅을 소유할 수 있는 조건들을 제시하기 위한 것이었다. 이 언약은 그들이 가나안으로 들어가는 요단강을 건너기 바로 전에 주어졌다. 그들은 모압 땅에 있었다(신 29:1).

b. 이 언약에서 하나님은 이스라엘이 온 세계에 흩어질 것을 예견하고 있다(신 30:1).

c. 하나님께서는 이스라엘의 회개를 예견하신다(신 30:2).

d. 하나님께서는 그 땅으로 이스라엘이 다시 모여 오게 될 것을 미리 보셨다(신 30:3, 5).

e. 하나님께서는 회복된 이스라엘의 회개를 예견하신다(신 30:6).

f. 하나님께서는 이스라엘의 압제자들에 대한 심판을 미리 알고 계신다(신 30:7).

g. 하나님께서는 이스라엘의 번영을 미리 알고 계신다(신 30:9).

2. 이스라엘과의 언약은 무조건적인 언약이다.

a. 하나님께서 이 언약의 완성을 이루실 것이다. 그것은 유대인, 혹은 이방인들에게 달려 있지 않다-그것은 무조건적인 것이다.

b. 이스라엘은 애굽에 있었다. 그러나 약속의 땅으로 돌아왔다.

c. 죄악으로 인하여 그들은 앗수르인과 바벨론인들에게 포로로 잡혀 갔다. 그러나 남은

Note

자는 약속의 땅으로 돌아 왔다.

d. 기원후 70년, 예수살렘은 멸망 했고, 그들은 다시 흩어질 것이나, 안녕과 축복으로 돌아 올 것이다(겔 39:25–29).

G. 다윗과의 언약(삼하 7:4-16)

1. 언약의 요소
   - a. 하나님께서는 다윗에게 이스라엘의 왕위를 견고히 해주실 것을 약속하셨다(삼하 7:13).
   - b. 하나님께서는 다윗 혈통의 통치가 지속될 것을 약속하셨다. 그리고 다윗에게 세 가지 일이 확실하게 약속되었다.
     - 집– 혹은 번영(11, 13절).
     - 왕위(throne)– 혹은 왕권(13절).
     - 나라– 혹은 통치 영역(13절)과 모든 것이 영원히 보존될 것이다(16절).
   - c. 시편 89편은 다윗과의 언약을 확증하신 것이다.
   - d. 선지자들은 다윗의 후손 예수 그리스도에 대하여 말했다(사 11:1, 렘 23:5, 겔 37:25).
2. 다윗과의 언약은 무조건적인 것이다.
   - a. 하나님의 아들이시며, 다윗의 후손인 예수님께서 그 언약을 성취시키실 것이기 때문에 그것은 무조건적인 언약인 것이다. 예수님께서 그의 왕국을 세우시고 다윗의 위를 영원히 다스릴 것이다(사 11:1–10, 9:6–7).
   - b. 천사 가브리엘은 그리스도가 태어나시기 전에 이 사실을 마리아에게 확증해 주셨다(눅 1:31–33).

H. 새 언약(렘 31:31-33, 히 8:7-13)

1. 언약의 요소
   - a. 그것은 예수 그리스도의 희생 위에 세워졌다(롬 8:2–4).
   - b. 이스라엘은 새 언약 가운데로 인도될 것이다(히 8:8, 렘 31:31–33).
   - c. 그것은 믿는 모든 자들에게 아브라함과의 언약 아래서 영원한 축복을 보장한다(갈 3:13–29).
   - d. 새 언약은 유대인과 이방인들을 위한 것이다. 하나님께서 “내가 이스라엘

집과 유다 집과 더불어 새 언약을 맺으리라"고 말씀하셨다(히 8:8).

2. 새 언약은 무조건적인 언약이다.
   a. 하나님께서는 그를 의지하는 사람들을 위해 그가 하실 일을 무조건적으로 선포하셨다(요 5:24; 6:37; 10:28).
   b. 예수님을 믿는 일 이외에 어떤 책임도 인간에게 부과되지 않는다. 그것은 최종적이며 무조건적이다. 하나님께서 이 언약의 모든 부분을 이루셨고, 또 이루실 것이다.

복습

이 모든 것은 오늘날 우리에게 무엇을 의미하고 있는가? 이 언약들을 하나님께서 하셨다는 사실에 그 중요성이 있다. 이 모든 언약들은 그리스도 안에서 이루어진다.

• 에덴동산의 언약에서 구속자의 필요성이 충족되었다.

• 아담과의 언약에서는, 예수님께서 여자의 후손이 되셨다.

• 노아와의 언약에서는 모든 하나님의 계시가 셈의 혈통, 곧 혈통으로 셈의 후손이신 그리스도를 통하여 주어진다.

• 아브라함과의 언약에서, 예수님께서는 아브라함의 후손이 되신다.

• 모세와의 언약에서는 예수님께서는 우리를 대신하여 모세 율법의 저주를 짊어지셨다.

• 팔레스타인 언약에서는, 예수님께서 그 땅에서 한 사람의 유대인으로 사셨다.

• 다윗과의 언약에서는 예수님께서 위대한 다윗의 자손이셨다. 그는 장차 오실 왕이다.

• 새 언약에서, 예수님께서는 유대인과 이방인을 위한 기초이며, 희생이 되신다. 새 언약은 주님의 희생에 의하여 인 쳐졌다.

최종적으로, 성경의 언약은 하나님께서 하나님 자신과, 인간, 인류, 국가, 그리고 특별한 가족 사이에 책임적 관계를 성립시키시는 하나님의 절대적인 의사 표시이다.

예습

1. 마태복음 13:11, 로마서 11:25, 고린도전서 15:23, 51, 52, 에베소서 1:9-10; 3:1-11; 5:22-33, 골로새서 1:26-27; 2:1-2, 데살로니가후서 2:1-12, 디모데전서 3:16, 요한계시록 1:20; 17:5-7을 읽어 보라.
2. 하나님의 여덟 가지 언약에 대해 복습하라.
3. 새로운 진리를 배울 때마다 성경에 표시해 보라.

Week 44
열두 가지 큰 비밀(Ⅰ)

Ⅰ. 서론

고대 헬라어로 "미스테리온"(KJV에는 비밀로 번역)은 회원이 된 사람들에게만 알려 주는 어떤 것이었다. 그 당시 어떤 조직체들은 "비밀 명령"을 갖고 있었다. 그래서 그들은 비밀, 혹은 신비를 이미 받아들이고 그 조직에 가입된 사람들에게만 그것을 알려 주었다. 헬라인들은 이 단어를 수백 년 동안 그런 식으로 사용해 왔다. 영어에서 우리는 그 단어를 "수수께끼, 난제, 이야기, 혹은 소설"의 의미로 사용하고 있다. 그러나 신약성경에서는 비밀이란 자연 현상의 영역을 벗어난 것으로서 하나님의 계시에 의해서만 알 수 있고 하나님께서 정하신 방법과 시간에만 알 수 있는 것이란 의미이다.

Ⅱ. 중요한 성경 구절

마태복음 13:11, 로마서 11:25, 고린도전서 15:23, 51, 52, 에베소서 1:9-10; 3:1-11; 5:22-33, 골로새서 1:26-27; 2:1-2, 데살로니가후서 2:1-12, 디모데전서 3:16, 요한계시록 1:20; 17:5-7.

Ⅲ. 핵심 진리

성경의 신비한 진리는 하나님께서 그것을 인간에게 계시해 주시기까지는 하나님의 마음속에 감추어져 있던 신비였다. 그것은 인간의 이성이 파악해낼 수 없는 어떤 것이다. 그것은 하나님으로부터 온 것이다. 오직 은밀한 가운데 있는 하나님의 지혜를 말하는 것으로서 곧 감추어졌던 것인데 하나님이 우리의 영광을 위하여 만세 전에 미리 정하신 것이라 … 오직 하나님이 성령으로 이것을 우리에게 보이셨으니 성령은 모든 것 곧 하나님의 깊은 것까지도 통달하시느니라(고전 2:7, 10절).

성경에는 열두 가지의 큰 비밀이 있다. 물론 더 많은 비밀이 있다. 그러나 이 주에서 공부할 열두 가지의 비밀은 우리가 사는 이 시대에 아주 중요한 의미를 지니고 있다. 한 가지의 비밀은 그리스도에 의해 계시되었고 아홉 가지는 바울에 의해, 두 가지는 사도 요한에 의해 계시되어졌다.

Ⅳ. 중요한 진리: 열두 가지 큰 비밀

A. 천국의 비밀

1. 예수님께서 그 비밀을 말씀하심
   a. 예수님께서는 천국에 대하여 비유로 말씀하셨다. 마태복음 13장에는 그런 비유가 일곱 가지나 나와 있다. 제자들이 물었다. 어찌하여 그들에게 비유로 말씀하시나이까?(마 13:10)
   b. 예수님께서 대답해 주셨다.
   마태복음 13:11을 적어 보라. ______________________________

   ____
   c. 마태복음 13:16-17에 밑줄을 그어라. 구약의 선지자들은 하나의 환상 가운데서 왕으로서의 예수님께서 배척당하시고 십자가에 못 박히신 것과, 메시아시며, 다윗의 자손이신 분으로서의 영광을 보았다(렘 33:15-17).
2. 그 비밀은 해석되었다.
   a. 하나님 나라가 "가까이 왔다고" 세례 요한이 알렸다(마 3:1-2).
   b. 천국이 "가까이 왔다"고 예수님께서 말씀하셨다(마 4:17).
   c. 열두 제자들은 그들이 가르침 받은대로 천국이 "가까이 왔다"고 알렸다(마 10:7).
   d. 천국이 "가까이 왔다"고 70명의 제자들은 알렸다(눅 10:9).
   e. 천국이 전파되었으며 예수님께서 오셨다. 그 나라의 왕으로서 예수님께서는 배척당하셨다. 예수님께서 "하나님의 어린양 … 고난당하는 종"으로 오셨을 때 선지자들의 말을 성취시키신 것이다. 그는 예루살렘에 "이스라엘의 왕"으로 입성하셨다(요 12:13, 15, 슥 9:9).
   f. 예수님께서 마태복음 10:7에서 말씀하신 비밀은 이것이다. 예수님께서 두 번 이 땅에 오셨다. 첫 번째는 세상 죄를 지고 가시기 위해 하나님의 어린양으로 오셨다. 두 번째는 온 우주의 왕이요, 주로서 오실 것이다. 비밀은 그리스도의 초림과 재림 사이의 중간기이다. 그 왕은 배척당하시고 죽임을 당하셨다. 이 중간기 동안의 그의 왕국은

비유에 의한 비밀스러운 형태로 서술되고 있다. 선지자들은 교회시대라고 불리는 이 중간기를 보지 못했다. 그것은 그들 누구에게도 보여지 지 않았다(마 13:17). 그것은 하나의 비밀로서 하나님의 마음으로부터 계시되었다.

Note

B. 이스라엘의 일부가 눈먼 것에 대한 비밀

1. 바울이 말한 비밀
   a. 바울은 자신을 이스라엘 사람으로(롬 11:1) 자칭했으며, 예수님을 메시아로 믿는 남은 자들 가운데 한 사람으로 말했다(롬 11:5). 하나님께서는 그의 백성 이스라엘을 모두 내어 쫓지 아니하셨다.
   b. 어떤 사람들은 "택하심"을 받아들였고(그들은 바울처럼 메시아를 영접했음), "남은 자들은 우둔하여졌다"(롬 11:7).
   c. 로마서 11:25의 비밀을 적어 보라. ______________________________

   ____

2. 그 비밀은 해석되었다.
   a. "이방인의 충만한 수가 들어오기까지 이스라엘의 더러는 우둔하게 된 것이라"(롬 11:25). 이 기간 동안 이스라엘의 일부가 우둔해졌다. 그러나 이스라엘의 한 국민으로서의 존재는 없어지지 않았다.
   b. "이스라엘의 일부가 우둔해지는" 일이 이 세상에 교회가 존재하는 한 계속될 것이다. 이스라엘의 우둔해짐으로 말미암아 구원이 이방인에게 임했다(롬 11:11). 돌감람나무가 참감람나무에 접붙임을 받았다(롬 11:17, 23, 24). 감람나무는 아브라함을 뿌리로 하는 이스라엘을 말한다.
   c. 그 비밀은 이것이다: 하나님께서 이스라엘을 물리치신 것이 아니다. 이스라엘은 더러 완악해졌다. 그것은 "이방인의 충만한 수가 들어오기까지"였다. 하나님께서 이방인들에게 시간을 주셨다. 그 시간은 고넬료의 집에서 일어나는 사도행전 10:34-48의 사건에서 시작되었으며 예루살렘 총회에서 확증되었다(행 15:14). 그러한 기간은 이방인들 가운데서 하나님의 이름을 위한 백성들을 불러내시는 하나님의 목적이 완성될 때까지 계속될 것이다. "이방인의 충만한 수"는 그리스도의 몸이 완성될 때 끝나게 된다. 이것은 이스라엘의 일부가 완악해진 것과 같이 비밀의 한 부분이다. 그때가 되면 이스라엘의 완악함은 끝날 것이고, 이스라엘은 메시아시며, 구원자이

신 예수님을 영접하게 될 것이다(롬 11:26). 이스라엘의 궁극적인 구원은 선지자들에 의하여 언급되었다(사 35:1, 5; 59:20, 겔 36:24–26, 슥 12:10). 그들은 "이방인의 충만한 수"를–교회 시대–보지 못했다.

C. 살아 있는, 그리고 죽은 성도들의 변화에 대한 비밀

1. 바울이 말한 비밀
   a. 그 비밀은 교회를 불러내신 것과 그리스도 안에서 죽은 자가 부활하는 것이다. 고린도전서 15:51–52를 적어 보라. ______________________________

   ____

   ____

   b. "보라 내가 비밀 된 일을 보이리니," 비밀은 인간의 이성으로는 결코 알 수 없었던 하나님의 마음속에 있던 것이다. 그러나 하늘의 하나님에 의하여 우리에게 계시되어졌다(신 29:29).
2. 그 비밀은 해석되었다.
   a. 이 비밀은 데살로니가전서 4:13–18에 상세하게 설명되고 있다. 살아 있는 성도들이 변화되고 그리스도 안에서 죽은 자들이 부활하는 것은 인간의 이성으로는 알 수 없는 그 무엇이었다. 그 비밀은 하나님 안에 감추었다가 바울에게 계시되어졌다. 우리는 이 비밀들을 하나님 말씀의 계시로 인하여 알 수 있게 되었다.
   b. 교회는 그리스도를 만나도록 부르심을 입었다. 우리 살아 있는 자들은 "그리스도 안에서 죽은 자들"을 따라갈 것이다. "그리하여 우리가 항상 주와 함께" 있을 것이다(살전 4:15–17). 대부분의 복음주의자들은 이것을 "교회의 환희"라고 부른다.
   c. 빌립보서 3:21을 적어 보라. ______________________________

   ____

D. 하나님의 거룩하신 뜻의 비밀

1. 바울이 말한 비밀
   a. 에베소서 1:9–10을 적어 보라. ______________________________

   ____

   b. 로마서 8:21–23에 밑줄을 그어라.
2. 그 비밀은 해석되어졌다.

Note

a. 그 비밀은 죄로 인해 된 일들을 원상태로 돌리고 그리스도 안에서 모든 일들을 인간의 타락 이전으로 회복시키기 위한 것, 곧 그리스도 안에서의 만물의 회복이다.

b. 언제 이 일이 일어났을까? 하나님께서 정하신 기한이 차야한다. 그것은 그리스도께서 그 나라에서 왕으로 천 년간 통치하시게 될 "하늘나라"의 때이다. 구약에는 이 시기에 대한 많은 언급이 있다(삼하 7:8-17, 사 65:18-25, 슥 14).

c. 가브리엘 천사가 마리아에게 그리스도의 나라에 대해 말했다(눅 1:30-33).

E. 교회의 비밀

1. 바울이 말한 비밀

   a. 구약에는 교회가 나타나지 않는다. 그것은 비밀이었다.
   에베소서 3:3을 적어 보라. ______________________________

   ____

   b. 에베소서 3:5, 6, 9에 밑줄을 그어라.

   c. 에베소서 3:10을 적어 보라. ______________________________

   ____

2. 그 비밀은 해석되었다.

   a. 유대인과 이방인 사이의 분리의 벽은 그리스도 안에서 한 몸, 곧 교회를 이루기 위하여 무너졌다(엡 2:14-18).

   b. 이 교회의 "비밀"에 대한 계시는 그리스도에 의하여 미리 말씀되었지만 설명되지는 않았다(마 16:18).

   c. 교회는 그 몸에 수많은 지체를 가진 그리스도의 몸이다(고전 12:12).
   고린도전서 12:13을 적어 보라. ______________________________

   ____

   d. 그 교회는 이스라엘이 아니다(갈 3:27-29).

   e. 그 교회는 하나의 유기체적인 통일체이다. 한 지체가 아플 때, 온 몸이 고통을 받는다(고전 12:25-27).

   f. 예수님은 교회의 머리이시다(엡 1:22-23).

   g. 교회는 성령을 통하여 하나님께서 거하시는 성전이다(엡 2:19-22).

22절을 적어 보라. ____

____

F. 그리스도 신부로서의 교회의 비밀

1. 바울이 말한 비밀
   a. 에베소서 5:23-33을 읽어 보라.
   b. 그 비밀은 32절에서 발견할 수 있다.
2. 비밀의 해석
   a. 에베소서 5:30에서 바울은 "우리는 그 몸의 지체임이라"고 말한다. 그리고 창세기 2:24를 인용하여 에베소서 5:31에서 말한다.
   b. 바울은 무엇을 말하고 있는가? 그는 주님께서 아담으로 깊이 잠들게 했다고 말하고 있다. 아담이 잠든 동안, 하나님께서 그의 옆구리에서 갈비뼈를 취하여 여자를 만드셨다. 하나님께서 그녀를 아담에게로 이끌어 오셨을 때 아담은 "이는 내 뼈 중의 뼈요, 살 중의 살이라 이것을 남자에게서 취하였은즉 여자라 부르리라 하니라"(창 2:23)고 했다. 그리하여 바울은 말한다. 이 비밀이 크도다 나는 그리스도와 교회에 대하여 말하노라(엡 5:32).
   c. 하와가 아담의 옆구리에서 취하여졌듯이 교회도 우리 주님의 창에 찔린 옆구리에서부터 탄생되었다. 교회는 그의 피, 그의 고난, 그의 십자가로부터 탄생되었다.
   d. 그리스도는 교회의 머리이시다. 그리고 교회는 그에게 복종해야 한다(엡 5:23-24).
   e. 그리스도께서 교회를 사랑하시고 그 교회를 위하여 자신을 주심 같이 하라(엡 5:25). 그것은 과거의 사랑의 수고였다.
   f. 이는 곧 물로 씻어 말씀으로 깨끗하게 하사 거룩하게 하시고(엡 5:26). 이것은 현재의 사랑의 역사이다.
   g. 자기 앞에 영광스러운 교회로 세우사 티나 주름 잡힌 것이나 이런 것들이 없이 거룩하고 흠이 없게 하려 하심이라(엡 5:27). 이것은 주님의 희생에 대한 미래의 상급이다.
   h. 첫 아담에게는 신부가 있었다. 둘째 아담에게도 신부가 있었는데, 곧 교회이다. 그러므로여섯 번째의 비밀은 그리스도 신부로서의 교회의 비밀이다. 인간의 이성은 그러한 일을 꿈도 꾸지 못했을 것이다. 그것은 하나님 안에 감추어졌던 진리였는데 "거룩한 사도들과 선지자들에게 성령으로"(엡 3:5) 나타나게 되었다.

   우리는 열두 가지 비밀 가운데 여섯 가지를 공부했다. 다음 주에는 나머지 비밀에 대해 공부하겠다.

Note

복습

성경에 나타나 있는 비밀은 우리가 생각하는 일반적인 비밀과는 다르다. 우리는 비밀을 "해결해야 할 그 무엇", 이야기나 수수께끼로 생각한다. 성경에서의 비밀은 하나님에 의해 계시된 숨겨진 진리를 말한다. 그것은 인간의 이성, 인간의 마음이 결코 생각할 수 없는 그 무엇이다. 그러므로 우리가 성경에서 "비밀"이라는 말을 읽을 때에 그것을 우리가 잠시 멈추고 하나님께서 이 단락에서 무엇을 계시하고 계시는지를 깊이 생각해야 한다는 신호로 알아야 한다.

예습

1. 44주에서 소개된 모든 성경을 읽어 보라. 또한 마태복음 13장과 데살로니가후서 전부를 읽어 보라.
2. 하나님의 큰 비밀에 관한 당신의 기록을 복습하라.
3. 새로운 진리를 배울 때마다 성경에 표시해 보라.

Week 45

열두 가지 큰 비밀(Ⅱ)

Ⅰ. 서론

하나님의 비밀에 대한 연구는 우리에게 매우 놀라운 일이다. 그것들은 "비밀"이라고 불리기 때문에 보통 사람들은 그 뒤의 숨은 사상을 생각하게 된다. 그러나 본질적으로, 하나님의 비밀은 우리에게 중요한 진리의 일부를 가르쳐 주는 것이다. "비밀이란 자연적인 인식의 영역 밖의 것이고, 하나님의 계시에 의해서만 알려지며, 하나님께서 정하신 시간과 그 방식에 따라 알려진다." 만약 그 정의가 사실이라면, 왜 우리는 하나님의 비밀을 더 자주 공부하지 않는가? 이 점에 있어서, 대부분의 교회의 지도자들에게 과오가 있다는 사실을 인정해야 한다.

이것들은 우리 모두가 함께 배울 수 있는 진리이다. 이 두 주의 공부가 당신의 모든 질문에 해답을 주지는 못할 것이다. 그러나 당신으로 하여금 하나님의 비밀에 대한 연구에 몰두할 수 있게 해줄 것이다. 우리는 신약시대에 살고 있으며, 이 비밀들은 우리가 공부할 수 있도록 성경에 기록되어 있다. 구약의 선지자들은 이 비밀들을 결코 보지 못했다.

Ⅱ. 중요한 성경 구절

44주에서 소개된 모든 성경을 읽어 보라. 또한 마태복음 13장과 데살로니가후서 전부를 읽어 보라.

Ⅲ. 핵심 진리

지난 주에 공부한 핵심이 이 과에도 적용된다. 한 가지 비밀이 그리스도에 의하여, 아홉 가지가 바울에 의하여, 두 가지가 사도요한에 의하여 밝혀졌다는 사실을 기억하라. 이 주에서는 마지막 여섯 가지 비밀을 공부할 것이다.

Ⅳ. 중요한 진리: 열두 가지 큰 비밀(Ⅱ)

Note

G. 내재하시는 그리스도의 비밀

1. 바울이 말한 비밀

a. 골로새서 1:25-26에서 바울은 "내가 교회의 일꾼 된 것은 하나님이 너희를 위하여 내게 주신 직분을 따라 하나님의 말씀을 이루려 함이니라. 이 비밀은 만세와 만대로부터 감추어졌던 것인데 이제는 그의 성도들에게 나타났고"라고 말했다.

b. 바울은 비밀에 대해 말하고 있다.

골로새서 1:27을 적어 보라. ____________________

____

c. 그 비밀은, "너희 안에 계신 그리스도시니, 곧 영광의 소망이니라"고 했다.

2. 그 비밀은 해석되었다.

a. 그것은 하나님의 성품이 우리의 성품과 연합된 것이다. 그것은 중생이다. 우리는 그리스도의 몸의 지체로서 그리스도의 한 부분이다(고전 12:12-13).

b. 만약 그리스도께서 우리 안에 계신다면, 우리는 하나님의 성품에 참여하게 되는 새로운 피조물이 된다.

베드로후서 1:4를 적어 보라. ____________________

____

c. 새 사람은 곧 믿는 자 안에 사시는 그리스도이다.

갈라디아서 2:20을 적어 보라. ____________________

____

d. 고린도후서 5:17과 요한일서 4:12-13에 밑줄을 그어라.

e. 바울이 "그리스도 안에서"라는 용어를 몇 번 사용하고 있는지 주의해 보라. 에베소서 1:1, 3, 4; 2:6, 10, 13; 3:6, 17, 20; 4:6; 6:10.

f. 예수님은 그의 기도에서 동일한 진리를 언급하신다. 요한복음 17:21, 23절에 밑줄을 그어라.

g. "영광의 소망"은 "너희 마음속에 있는 그리스도"로 인한 것이다. 우리는 그 "복스러운 소망을 가지고 있다(딛 2:13).

베드로전서 3:15를 적어 보라. ____________________

____

H. 그리스도의 신성의 비밀

1. 바울이 말한 비밀
   a. 골로새서 2:2에서 바울은 말한다. "이는 그들로 마음에 위안을 받고, 사랑 안에서 연합하여 확실한 이해의 모든 풍성함과 하나님의 비밀인 그리스도를 깨닫게 하려 함이니"
   b. 바울은 그리스도께서 육체로 계실 때 아버지 하나님, 아들, 그리고 성령께서 그리스도 안에 성육신으로 충만히 거하신 사실에 대해 말하고 있다.
   c. 골로새서 2:3을 적어 보라. ____________________

   ____

   d. 그 비밀은 "하나님의 비밀인 그리스도시며, 그 안에는 지혜와 지식의 모든 보화가 감추어져 있느니라"고 했다. 그리스도는 성육신한 삼위일체 하나님이시다.
2. 그 비밀은 해석되었다.
   a. 이 비밀을 매우 명백하게 해주는 많은 성구들이 있다.
   고린도전서 2:7을 적어 보라. ____________________

   ____

   b. 골로새서 1:15를 적어 보라. ____________________

   ____

   골로새서 1:16-18에 밑줄을 그어라.
   c. 골로새서 1:19를 적어 보라. ____________________

   ____

   하나님 아버지께서 그리스도 안에 계셨다(요 17:21-23). 성령 하나님께서 그리스도 안에 충만히 거하셨다(요 3:34-35).
   d. 골로새서 2:9를 적어 보라. ____________________

   ____

   e. 고린도전서 1:24, 30절에 밑줄을 그어라. 믿는 자는 모든 지식과 지혜의 그 궁극적인 의미를 그리스도 예수님 안에서 발견하게 된다. 어느 누구도 그것이 성령에 의해 계시될 때까지는 알 수 없다. 성육신 하신 그리스도 안에 하나님 아버지와 아들과 성령이 함께 존재한다는 사실은 결코 인간적으로는 받아들여질 수 없는 일이다. 그러나 이 비

밀은 하나님 안에서 가능하다.

Note

Ⅰ. 경건의 비밀

1. 바울이 말한 비밀

a. 디모데전서 3:16을 적어 보라. ______________________________

____

b. 비밀은 인간에게 경건이 회복되는 성육신의 사건이다.

2. 그 비밀은 설명되었다.

a. 경건의 비밀은 인간이 거듭날 수 있는 그 과정으로(딤전 3:16의 여섯 가지 일) 설명될 수 있다. 디모데전서 3:16의 여섯 가지 일들을 깊이 생각해 보라.

b. "하나님께서 육신으로 나타난 바" 되셨다. 이것이 그의 아들 안에 육신으로 나타나신 바 된 하나님의 성육신이다.

요한복음 1:14를 적어 보라. ______________________________

____

c. "영으로 의롭다 하심을 받으시고" 그는 성령에 의해 부활하셨다(롬 8:11). 그는 우리를 의롭다 하시기 위하여 부활하셨다(롬 4:25).

d. "천사들에게 보이시고" 천사들이 그를 경배했다.

히브리서 1:6을 적어 보라. ______________________________

____

e. "만국에서 전파되시고"(이방인들) 사도행전 13:38, 47, 48에 밑줄을 그어라.

f. "세상에서 믿은바 되시고" 세상이 그리스도를 영접한 일에 대해서는 기독교가 급속도로 받아들여진 초대교회 사건이 기록된 사도행전에서 가장 잘 찾아 볼 수 있다.

- 사도행전 1:14-15- 다락방의 120명
- 사도행전 2:41- 3000명이 더해짐
- 사도행전 4:4- 남자 5000명과 여자와 아이들
- 사도행전 5:14- 다수가 늘어남
- 사도행전 6:7- 크게 증가함
- 예수님께서는 세상에서 믿은바 되심

g. "영광 가운데서 올려지셨느니라"- 누가복음 24:51, 사도행전 1:9-11에

밑줄을 그어라. 이 "경건한 비밀"은 인간에게 경건이 회복될 수 있는 그리스도의 성육신이다. 쉽게 말하자면, 그것은 하나님의 구원 계획이다. 그것은 "그리스도 예수님 안에서 새로운 피조물"이 되게 하는 일이다. 그것은 거듭남의 역사이다. 이것이 "경건의 비밀"이다.

J. 불법의 비밀

1. 바울이 말한 비밀
   a. "불법의 비밀이 이미 활동하였으나 지금은 그것을 막는 자가 있어 그 중에서 옮겨질 때까지 하리라 그 때에 불법한 자가 나타나리니…"(살후 2:7, 8).
   b. "악한 자의 나타남은 사탄의 활동을 따라 모든 능력과 표적과 거짓 기적과"(살후 2:9).
   c. 바울은 "경건의 비밀"—곧 하나님께서 육체로 나타나신 그리스도를—을 밝히 말했다. 이 성경에서 바울은 "불법의 비밀"인 적그리스도에 대해 말한다. "불법의 비밀"은 육체로 나타나는 사탄일 것이다.
2. 그 비밀은 해석되었다.
   a. 바울이 하는 설명은 분명하고 이해할 수 있는 것이다. 데살로니가후서 2:1에서 바울은 "우리 주 예수님 그리스도의 강림하심과 우리가 그 앞에 모임에 관하여" 언급하고 있다. 그 배경은 "주님의 강림"이다.
   b. "그날"에 대한 설명은 데살로니가후서 2:3에 나와 있다.
      - "그날"(주의 날)
      - "먼저 배교하는 일이 있고, 저 불법의 사람 곧 멸망의 아들이 나타나기 전에는 그날이 이르지 아니하리니"—배도하는 일과 거짓 교훈이 있을 것이다. 고의적으로, 계시된 하나님 말씀의 진리를 거부하는 그리스도인들의 여러 가지 행위가 있을 것이다(딤후 3:1–8).
      - "저 불법의 사람, 곧 멸망의 아들이 나타나기 전에는" 이것은 적그리스도에 대한 언급이다.
   c. 적그리스도의 일과 그에 대한 묘사(살후 2:4).
   - "그는 대적하는 자라 신이라고 불리는 모든 것과 숭배함을 받는 것에 대항하여 그 위에 자기를 높이고 하나님의 성전에 앉아 자기를 하나님이라고 내세우느니라." 그는 하나님을 대적한다.
   - "하나님의 성전에 앉아 자기를 하나님이라고 내세우느니라…" 그는 예루살렘에 재건

된 성전에서 자신을 하나님으로 선포할 것이다.

d. 적그리스도인 사탄은 그를 막는 힘이 제거될 때에 그의 모든 세력을 갖게 될 것이다. 데살로가후서 2:6을 읽어 보라.

e. "너희는 지금 그로 하여금 그의 때에 나타나게 하려 하여 막는 것이 있는 것을 아나니…지금은 그것을 막는 자가(성령) 있어 그 중에서 옮겨질 때까지 하리라" 여기에서는 단순한 설명이 필요하다. 사탄이 모든 세력을 갖게 되는 것을 제지하는 유일한 길은 오직 세상의 믿는 자들인 그리스도의 몸의 현존이다. 오늘날 성령은 어디에 계신가? 그리스도의 몸인 믿는 자의 마음 속에 계시다. 우리들은 "옮기워야"할 자들이다. 그리고나서 그리스도의 몸을 통한 성령의 억제하는 사역은 끝나게 될 것이다.

f. 오직 "그 때에 불법한 자가 나타날"것이다. 적그리스도는 "불법한 자"(8절) "불법의 사람"(3절), "멸망의 아들"(3절), "불법의 비밀)"(7절) 이라고 불리고 있다. 이 모든 이름들이 살후 2:3–8에 나와 있다.

g. 사탄의 역사에 대한 설명이 데살로니가후서 2:9–12에 나와 있다.

h. "불법의 비밀"은 육체로 나타난 사탄이다. 예수님께서는 육체로 임하신 하나님이셨다. 이것은 창세기 3:15를 다시 생각하게 한다. 하나님께서 뱀에게(사탄) "내가 너로 여자와 와 원수가 되게 하고 네 후손도 여자의 후손과 원수가 되게 하리니" 여자의 후손은 그리스도였다. 뱀의 후손은 적 그리스도이다. 전쟁은 지금도 계속되고 있다. 그러나 우리는 누가 승리할 지를 안다. "불법의 비밀", 곧 적그리스도의 종말이 요한계시록 19:20에 나와 있다.

K. 일곱 별과 일곱 촛대의 비밀

1. 사도 요한이 말한 비밀

   a. 요한계시록 1:20을 적어 보라. ______________________________

   ____

   b. 두 비밀은 "일곱 별" 그리고 "일곱 촛대"로 명명되고 있다.

2. 그 비밀은 해석되었다.

   a. 전체의 장이 전체적인 해답을 준다. 그 장은 요한계시록 1:9에서 시작하여 20절까지 계속된다.

Note

b. 예수님께서는 말씀하시는 분이다(계 1:1–2). 주의 깊게 보라.

- 하나님이 그에게(예수님) 주사
- 예수님께서 천사들에게
- 그의 종 요한에게

c. 요한이 기록하는 것은 하나님으로부터 받은 것이다. 그는 일곱 개의 금 촛대를 보았다(계 1:12–13). 일곱 금 촛대 가운데는 "인자 같은 이가"(예수님) 있었다.

d. 그 다음에 요한은 예수님에 대해 묘사하고 있다(계 1:13–16). 예수님의 오른편에서 요한은 "일곱 별"을(16절) 보았다. 일곱 촛대와 일곱 별은 무엇인가?

e. 그 해답은 요한계시록 1:20에 나와 있다. "네가 본 것은 내 오른손의 일곱 별의 비밀과 일곱 금 촛대라." 일곱 별은 일곱 교회의 천사들(사자들, 목양자들)이며, 일곱 촛대는 일곱 교회이다. 그리하여, 요한은 그가 영감받은 것을 썼으며, 그것을 아시아의 일곱 교회들에게 보냈다(계 1:11). 그 일곱 서신에 하나님께서는 역사의 모든 세대 가운데 존재하는 모든 교회에 대하여 기록하셨다.

L. 바벨론의 비밀

1. 사도 요한을 통하여 말한 비밀

a. 요한계시록 17:5를 적어 보라. ______________________________

____

b. 그 비밀은 1절의 "큰 음녀"인 여자이다.

2. 비밀의 해석

a. "비밀이라, 큰 바벨론이라, 땅의 음녀들과 가증한 것들의 어미라"하였는데 그것은 교회의 바벨론(계 17:1–7)이며, 정치적인 바벨론에 의하여 멸망되었다(계 17:15–18).

b. 천사는 그가 요한에게 "비밀을 이르리라"고 말한다(계 17:7). 8절로부터는 적그리스도의 지배와, 기독교를 배교한 교회의 바벨론이 가진 세력에 대한 서술이다.

c. 요한계시록 17장은 하나의 체제에 대한 묘사이다. 요한계시록 18장은 상업하는 바벨론에 대한 하나님의 심판에 대한 묘사이다.

복습

하나님의 비밀은 그리스도 예수님의 구원의 생명에 "들어 온" 모든 사람들을 위해 성경에 기록되어져 있다. 그리스도 예수님은 마태복음 13:11에서 그의 제자들에게 말씀하셨다. "천국의 비밀을 아는 것이 너희에게는 허락되었으나 그들에게는 아니되었나니." 하나님께서는 이 세대를 위해 그의 말씀 가운데 이 비밀들을 나타내셨다. 하나님이 자기를 사랑하는 자들을 위하여 예비하신 모든 것은 눈으로 보지 못하고 귀로 듣지 못하고 사람의 마음으로 생각하지도 못하였다 함과 같으니라. 오직 하나님이 성령으로 이것을 우리에게 보이셨으니(고전 2:9-10). 고린도전서 2장을 상세하게 읽어 보라. 우리는 이 시대에 하나님의 비밀을 알 수 있다.

Note

예습

1. 마태복음 13; 18:21-35; 20:1-16; 22:2-14; 25:1-13; 25:14-30, 고린도전서 15:24를 읽어 보라.
2. 44주, 45주의 하나님의 열두 가지 비밀에 대한 당신의 기록을 복습하라.
3. 새로운 진리를 배울 때마다 성경에 표시해 보라.

천국의 비밀

Ⅰ. 서론

이 과는 신학자들을 위해서가 아니고 평신도와 젊은이들을 위해 기록되었다. 우리는 "비밀"을 다룰 것이다. 그러나 이해할 수 있는 형식으로 취급할 것이다. 먼저, 그 나라는 어떠한가? 하나님의 나라(Kingdom of God)라는 말과 천국(Kingdom of Heaven)이라는 말이 있다. 그 차이점은 무엇인가?

'하나님의 나라'는 온 우주에 대한 하나님의 통치를 말한다. 그것은 시간과 영원을 포함하며 그것은 하늘과 땅을 포함한다. 그것은 주님께서 누가복음 17:20-21에서 말씀하신 것처럼 영적인 것이다. "하나님의 나라는 볼 수 있게 임하는 것이 아니요…하나님의 나라는 너희들 가운데(midst) 있느니라" (KJV에는 "하나님의 나라가 너희 안에 있느니라"고 되어 있다). 곧 그리스도께서 바리새인들 가운데(midst) 계셨지만 그들 안에는 하나님의 나라가 없었던 것이다(역주- 한국어 성경에는 "너희 안에"로 번역 되어 있음). 하나님의 나라는 인간의 육의 눈으로 볼 수 있는 그러한 것이 아니다.

바울은 로마서 14:17에서 말한다. "하나님의 나라는 먹는 것과 마시는 것이 아니요, 오직 성령 안에 있는 의와 평강과 희락이라." 그것은 눈에 보이지 않는 나라며 새로이 태어남으로 들어갈 수 있는 나라이다. 사람이 거듭나지 아니하면 하나님의 나라를 볼 수 없느니라(요 3:3).

천국(Kingdomof Heaven)은 마태복음에서만도 32번이나 다른 경우에 쓰이고 있는 신약의 용어다. 마태는 예수님을 왕으로 기록했다. 그래서 그의 복음서 속에 천국이라는 말이 나오게 되는 것이다. 천국은 시간과 공간에 있어서 제한되어 있다. 천국이 내포하는 시간은 그리스도의 초림으로부터 그 나라의 마지막까지이다. 그 영역은 모든 기독교인 전체이다. 이 모두를 분류해 보자.

천국이 "가까이 왔다"고 세례 요한이 선포했다(마 3:1-2). 예수님께서 천국이 "가까이 왔다"고

Note

선포하셨다(마 4:17). 열두 사도가 또한 그렇게 알렸다(마 10:7). 70명의 문도들도 동일하게 전파했다(눅 10:9). 구약의 선지자들이 예언했듯이, 예수님께서는 나라를 다스리시기 위해 오셨다. 나라와 왕은 상징적인 것이 아닌 말 그대로의 실제적인 것이어야 한다. 그것은 이사야 2:1-4; 9:6-7; 11:1-10, 예레미야 23:5, 8, 다니엘 7:13-14, 스가랴 14:9 그리고 또 다른 곳에도 기록되어 있다. 그리스도께서 오셨을 때, 유대인들은 왕이신 그를 배척했다. 그분은 왕으로 오셨다(요 1:49; 12:12-16; 18:33, 37; 19:19-22).

예수님께서는 왕이시나 죽으셨다. 곧 배척당하신 왕, 십자가에 못 박히신 왕, 장사지 낸 바 되었다가 부활하신 왕이셨다. 천국 건설은 연기되었으며 왕은 영광 중에 올라가셨다. 그는 하늘에 계시며 잠시 떠나 계신다. 그의 승천하심과 재림 사이의 기간이 이 중간기이다. 곧 하나님께서 그 마음에 비밀히 간직해 놓으신 "미스테스리온"으로 알려진 그 때이다. 예수님께서는 "천국의 비밀"을 우리가 이해할 수 있도록 비유로 말씀하셨다. 천국에 대한 열두 비밀의 비유가 이 주의 주요한 내용이 될 것이다.

II. 중요한 성경 구절

마태복음 13; 18:21-35; 20:1-16; 22:2-14; 25:1-13; 25:14-30, 고린도전서 15:24.

III. 핵심 진리

사도행전 1:6에서 제자들은 예수님께 물었다. "주께서 이스라엘 나라를 회복하심이 이 때이니까?" 예수님의 대답은 사도행전 1:7에 나와 있다. 그는 교회의 왕으로서가 아니라 만유의 왕으로서 다시 오실 것이다. 그는 교회의 머리이시다. 그는 그 나라의 왕이 되실 것이다. 그리고 교회인 우리들도 그와 함께 다스릴 것이다(딤후 2:12, 계 1:6, 5:10).

열두 비유에서 묘사된 천국의 비밀은 세상의 양태와, 복음 전파와, 예수님의 초림과 재림 사이의 모습을 보여 준다. 만약 당신이 주님께서 이 땅에 계시지 않을 동안 무엇을 바라보아야 할지를 안다면 이 비유들의 비밀을 이해할 수 있을 것이다. 천국은 세상이 어떻게 하나님의 말씀에 반응하는가에 대한 세상의 양상이다. 그것은 선과 악, 알곡과 가라지가 섞여있는 곳이다. 성령께서 하나님의 말씀을 공부할 때에 우리의 교사가 되어 주실 것이다.

Ⅳ. 중요한 진리: 천국의 비밀

A. 씨 뿌리는 자의 비유

1. 이 비유의 비밀(마 13:3-9)
   a. 그리스도께서 비유로 말씀하셨다는 사실이 비밀이다. 비유는 "신령한 의미를 지닌 지상의 이야기이다." 예수님께서는 비유를 말씀하시고, 그 다음에 의미를 설명하신다.
   b. 이 비유에는 씨 뿌리는 자, 씨, 그리고 흙이 언급되고 있다(마 13:3-9).
2. 비유의 해석
   a. 예수님께서는 비유 가운데 두 가지만 해석하셨다. 이 비유는 그 가운데 한 가지이다. 예수님의 비유 형태는 열두 가지 비유에 모두 적용되어야 한다.
   b. 마태복음 13:18-23에 그 해석이 나와 있다. 씨는 하나님의 말씀이다. 씨 뿌리는 사람은 인자이다. 밭은 세상이다(37-38절). 뿌려진 씨들은 부분적인 반응을 보인다. 어떤 사람들은 말씀을 순간적으로 받는다. 그리고 그들은 곧 넘어진다(20-21절). 또한 세상 재리에 대한 유혹에 의하여 말씀을 빼앗기는 자들도 있다(22절). 그러나 어떤 사람들은 받고 반응하여 열매를 맺는다(23절).
   c. 이 비유는 세상 사람 모두가 전적으로 하나님께 돌아 서지는 않을 것이며, 항상 부분적인 반응만 있을 것이라는 사실을 말해 준다. 지금은 씨 뿌릴 때이다. 가축들과 새들이(악마에 대한 상징) 씨의 일부를 삼켜 버릴 것이다. 그러나 우리는 계속 하나님의 말씀의 씨를 뿌려야만 한다.

B. 좋은 씨와 가라지 비유

1. 이 비유의 비밀(마 13:24-30)
   a. 가라지가 좋은 씨들 가운데 뿌려졌다. 이 두 가지가 모두 추수할 때까지 자란다.
   b. 누가 가라지를 뿌리는가?
2. 비유의 해석(마 13:36-43)
   a. 씨 뿌리는 자는 주님이시다. 사탄은 좋은 씨들 가운데 가라지를 뿌리는 적이다. 가라지는 사탄의 자녀들이다. 좋은 씨는 말씀으로 태어나는 천국의 자녀들이다. 좋은 씨와 가라지는 오늘날도 함께 자란다. 그리스도의 몸인 참된 신자들과, 어둠의 자식들이 함께 자라고 있다. 마지막 때에 추수가 시작될 것이다(39절).

b. 마태복음 13:37–39, 43에 밑줄을 그어라.

Note

C. 겨자씨의 비유

1. 이 비유의 비밀(마 13:31–32)
   a. 씨 가진 초본류가 나무로 자랄 수 있을까? 결코 그럴 수 없다. 창세기 1:11–12를 읽어 보라.
   b. 겨자씨는 작은 관목 정도로 자라는 것이 아니라, 특이하게도 큰 나무로 자라난다. 구약에서의 나무는 다니엘이 해석했던 느부갓네살의 환상에서와 같이 땅 위의 나라를 의미한다(단 4:20–22).
   c. 이 기이한 나무는 믿는 자의 숫적 성장을 의미하지 않는다. 이 나무의 뿌리는 세상에 있다.
2. 비유의 해석
   a. 첫 비유에서 그 씨를 먹어 버린 새는 "악한 자", 곧 사탄과 그의 부하들이다.
   b. 동일한 진리가 이 비유에도 적용된다. 악마는 기독교계 내에서 활동적으로 일한다(복음이 전파되는 어느 곳에서나). "종교의" 비본질적인 외적 성장도 겨자씨와 같이 자란 나무이다.
   c. 그 나무는 크고 공중의 새들은 가지에 깃들이다. 악은 방대한 체제로 자라난 "종교의" 갖가지 형태를 취하고 있다.

D. 누룩비유

1. 이 비유의 비밀(마 13:33–35)
   a. 누룩은 어떤 사람들이 말하듯이 복음을 의미하지 않는다. 이 단어는 성경에 98번이나 사용되고 있으며, 항상 나쁜 의미로 사용되고 있다. 그것은 결코 희생과 연관된 의미로 쓰이지 않았다(출 34:25, 레 2:11; 10:12).
   b. 누룩은 악을 의미한다. 그리스도께서도 그런 의미로 마태복음 16:6, 마가복음 8:15에서 이 단어를 사용하셨다. 바울은 그것이 악을 의미한다는 사실을 알았다. 고린도전서 5:6–8, 갈라디아서 5:9를 읽어 보라.
2. 이 비유의 해석
   a. 나무로 자라는 겨자씨가 천국의 비밀이듯이 누룩 또한 그러하다.
   b. 누룩은 천국 전체에 스며든다. 그것은 때때로 약해지기도 하고 죄악으로 가

득 찰 수도 있다. 그 모든 것이 그리스도의 이름으로 존재하고 있다.

c. 누룩은 "가루 서 말 속에"(33절) 들어 있다. 가루는 복음이다. 곧, 하나님의 말씀인 씨앗으로부터 만들어진 것이다. 그래서 누룩은 말씀이 가르쳐지거나 전파될 때에 말씀 속에 숨겨져 있다.

d. 이것은 하늘나라(기독교)가 많은 양의 누룩에 의해 부패되었고, 또 부패되어지고 있다는 것을 의미한다. 누룩은 부패를 가져 온다. 예수님께서는 복음이 전파되는 곳에 죄가 침입한다는 사실을 우리에게 가르치시고자 그 단어를 사용하셨다. 마태복음 13:33에 밑줄을 그어라.

E. 감추인 보화의 비유

1. 이 비유의 비밀(마 13:44)
   a. 이 비유를 읽으면 이 비밀이 무엇인지를 명백히 알게 될 것이다.
2. 이 비유의 해석
   a. 밭은 세상이다(38절). 밭에 감추인 보화는 이스라엘이다.
   출애굽기 19:5를 적어 보라. ______________________________

   ____

   시편 135:4에 밑줄을 그어라.

   b. 이스라엘은 세상 나라들 가운데 숨겨져 있다. 로마서 11:26-29이 현실화 될 때까지 그럴 것이다(이곳에 밑줄을 그어라). 비유 속의 "사람"은 "구원자"이신 예수님 그리스도이시다.

F. 값진 진주 비유

1. 이 비유의 비밀(마 13:45-46)
   a. 이 비밀도 읽는 가운데 밝혀질 것이다. 예수님께서 이 비밀들을 처음으로 보여 주시고 계시다는 사실을 기억하라. 그는 비유로 말씀하시는 분이시다.
2. 비유의 해석
   a. "값진 진주"는 교회이다. 그 진주를 사는 사람은 예수님 그리스도시다. 그는 자기의 보혈로 구속의 대가를 지불하셨다(행 20:28).
   b. 그 당시, 천국의 비밀은, 곧 교회의 비밀이 되었다(엡 3:3-10).
   c. 그 나라는 교회가 아니다. 이 비밀들(한 성령에 의해 한 몸으로 세례받음)이 성취되는 동안에

그 나라의 참된 자녀들은 값진 진주인 교회를 이루게 된다(고전 12:12-13). 교회는 천국(Kingdom of Heaven)에 속한 것이다. 그러나 그 나라는(Kingdom) 말씀이 선포되는 모든 곳이다. 그러나 어떤 곳에서도 세계의 어떤 지역이 전적으로 회개하고 돌아선 곳이 없다.

d. 값진 진주는 예수님께서 사시는 그 무엇이다. 너희는 너희의 것이 아니라 값으로 산 것이 되었으니(고전 6:19-20).

Note

G. 그물 비유

1. 이 비유의 비밀(마 13:47-51)
   a. 비밀은 천국과 같은 그물이다. 그물이 인간의 바다에 던져질 때, 그것은 선인과 악인을 모은다.
   b. 분리가 있어야 한다. 그물은 교회가 아니다.
2. 비유의 해석
   a. 예수님께서는 49, 50절에서 그 구절은 "세상 끝"에 관계된 것으로 언급하신다. 세상 끝에 어떤 사람들은 잃어버림을 당할 것이며 어떤 사람들은 구원을 받을 것이다. 그물에는 선인과 악인이 섞여 있다.
   b. 예수님께서는 "천사들이 와서 의인 중에서 악인을 갈라내어 풀무 불에 던져 넣으리니 거기서 울며 이를 갈리라"(마 13:49-50)고 하셨다. 이것은 온 세상이 다 구원 받지 않으리라는 사실을 말해 준다.

H. 완악한 종의 비유

1. 이 비유의 비밀(마 18:21-35)
   a. 용서의 중요성을 가르치시기 위하여, 주님께서는 그의 종을 용서한 왕과, 다른 빚진 사람을 용서하지 아니한 그 종에 대한 예화를 드셨다.
   b. 예수님께서는 일곱 번을 일흔 번까지라도 용서하라고 말씀하셨다(22절).
2. 비유의 해석
   a. "천국은 …같으니…"(23절). 예수님께서는 베드로에게 490번 용서하라고, 말씀하신 후에, 용서를 천국에 연관시켜 말씀하셨다(22, 23절).
   b. 우리는 항상 서로를 용서해야 하겠다.

c. 마태복음 18:35를 적어 보라. ______________________________

I. 포도원 품꾼의 비유

1. 이 비유의 비밀(마 20:1–16)

   a. 어떤 품꾼들은 다른 사람들보다 더 오래 일했다. 그러나 동일한 품삯을 받았다. 이것은 하나님께서 우리에게 주신 일에 대한 관계에 있어서 하나님의 비밀을 계시하고 있는 비유이다.

   b. 그 비유는 정당하지 못한 것처럼 여겨진다. 그러나 그것은 하나님의 진리를 가르쳐 준다.

2. 비유의 해석

   a. 하나님께서는 당신이 봉사할 시간의 양이나, 지위의 고귀함에 의해서가 아니라, 하나님께서 주신 일에 대한 충성정도에 따라 상급을 주실 것이다.

   b. 당신은 이제 마태복음 20:16을 이해할 수 있을 것이다.
   마태복음 20:16을 적어 보라. ______________________________

   ____

J. 혼인 잔치 비유

1. 이 비유의 비밀(마 22:1–14)

   a. 누가 왕이며 아들인가? 이것은 무엇을 의미하는가?

   b. 혼인 잔치는 무엇을 의미하는가?

2. 비유의 해석

   a. 왕은 아버지 하나님이시다. 아들은 예수님이시다. 초청은 유대 나라에 주어졌다(3절).

   b. 유대 나라는 그것을 경히 여기고 그들의 길로 갔다(5절).

   c. 그 도시의 멸망이 이르렀다(기원후 70년).

   d. 초청은 누구에게나 주어진다. 이것이 우리 주님의 초청이다. 혼인 잔치에 입는 예복은 그리스도의 의의 옷이다(11절). 예복을 입지 않은 자는 유구무언이었다(12절). 초청은 당신에게도 주어졌다. 그러나 당신은 하나님께서 원하시는 조건을 갖추고 가야 한다.

K. 열 처녀 비유

1. 이 비유의 비밀(마 25:1–13)

Note

a. 열 처녀는 누구이며, 두 그룹의 의미는 무엇인가?

b. 기름, 슬기있는 자, 그리고 미련한 자의 의미는 무엇인가?

2. 비유의 해석

a. 열 처녀들–두 부류로 나누어진–은 슬기있는 자와 미련한 자가 섞여 있었다. 이 비유는 주님의 재림의 신앙을 시험하는 것이다. 우리는 이 땅에서의 삶에서 재림의 신앙을 판단할 수 없다. 그러나 그것은 그리스도를 소유한 자와 그리스도를 고백하는 자의 모습이다. 다섯 처녀는 거짓된 신앙을 가졌다. 다섯 처녀는 진실된 믿음을 가졌다.

b. 기름은 항상 성령에 대한 상징이다.

c. 여기에서의 천국은 마태복음 13장에서와 같이 고백의 영역이다. 모두가 등을 가졌다. 그러나 어리석은 처녀들은 기름(성령)이 없었다. 예수님께서는 그들에게. "내가 너희를 알지 못하노라"하셨다.

로마서 8:9를 적어 보라. ______________________________

____

d. 우리는 누가 그리스도에 대한 진실된 고백자이며, 거짓된 고백자인지를 구분할 수 없다. 이것도 역시 "알곡과 가라지"와 같은 상황이다. 그것들은 함께 자란다. 그리고 주님께서 그것들을 나누신다.

L. 달란트 비유

1. 이 비유의 비밀(마 25:14-30)

a. 다른 사람들 보다 더 많이 받은 자들의 의미는 무엇인가?

b. 이것이 우리에게도 적용되는가?

2. 이 비유의 해석

a. 주님께서는 성도의 봉사를 시험하신다. 모든 성도는 일정한 달란트를 받았으며, 그것을 적절하게 사용하라는 명령을 받았다. 어떤 사람은 그것을 땅에 묻었고, 어떤 사람은 사용했다.

b. 두 달란트 받은 자에게나(23절) 다섯 달란트 받은 자에게(21절) 동일한 칭찬이 주어진다. 주님은 봉사에 있어서 그 신실함, 곧 충성을 보신다. 우리가 사용하지 않는다면 잃어버리게 될 것이다. 이것은 우리의 하나님께 대한 시간과 재능의 청지기 직분에 관한 비유이다.

복습

제자들이 예수님께 왜 비유로 말씀하시는 지를 물었을 때 예수님께서는 "천국의 비밀을 아는 것이 너희에게는 허락되었으나 그들에게는 아니되었나니"(마 13:11)라고 하셨다. 이 비유는 이 세대, 곧 예수님의 초림과 재림 사이에 전파된 이 세상에서의 복음의 결과를 서술하고 있다. 많은 선지자와 의인이 너희가 보는 것들을 보고자 하여도 보지 못하였고 너희가 듣는 것들을 듣고자 하여도 듣지 못하였느니라(마 13:17).

예수님께서 비유를 사용하시는 이유를 설명하신다. 우리는 예수님께서 비유로 말씀하시는 것을 깨닫기 위하여 거듭나야 한다. 그것들은 우리를 위한 것이다. 간략하게 천국에 대하여 언급하고자 한다.

- 그리스도인은 구원받을 때에 그 나라의 상속자가 된다.
- 예수님께서 그의 나라를 세우실 때 온 세계의 참된 그리스도의 몸인 우리들은 그리스도와 함께 다스릴 것이다.
- 그 나라의 마지막에 그리스도께서 모든 대적들을 그 발 아래 두시고 "나라를 아버지 하나님께 바칠" 것이다(고전 15:24).
- 그리고 나면, 하나님의 나라가 영원히 지속될 것이다.
- 교회는 그 나라가 아니다. 교회는 그 나라의 상속자이다.

이 열두 비유들은 이 시대에 예수님 그리스도에 의하여 우리에게 계시된다. 당신이 이 한 주의 공부로 모든 것을 이해하지는 못할 것이다. 그러나 만약 이 공부가 당신으로 하여금 말씀을 깊이 연구하게 한다면, 그것이 "천국의 비밀"에 대해 새로운 진리를 배울 때에 당신의 영혼을 밝혀줄 것이다.

예습

1. 마태복음 16:17–19, 고린도전서 10:32; 12:12–13; 15:52, 에베소서 1:22–23; 3:1–12; 5:22–33, 골로새서 1:18, 24, 히브리서 12:23을 읽어 보라
2. 천국의 비밀에 관한 당신의 기록을 복습하라.
3. 새로운 진리를 배울 때마다 성경에 표시해 보라.

Note

Week 47
교회, 그리스도의 몸

Ⅰ. 서론

세상에는 많은 교회들이 있다. 그러나 오직 하나의 참 교회만이 있을 뿐이다. 그것은 성경에서 여러 가지 이름으로 불리고 있다. "그리스도의 몸, 그리스도의 신부, 하나님의 집, 하나님의 성전, 그리스도의 백성, 소유된 백성, 택하신 나라, 왕 같은 제사장, 값으로 사신 소유, 세상의 소금, 세상의 빛"으로 불리고 있다. 교회에 대한 또 다른 많은 이름들이 있다.

성경은 교회라는 말을 두 가지 의미나 적용으로 사용하고 있다. 첫째, 교회라는 말은 믿는 자들이 지방을 따라 모인 모임인 개 교회에 적용되고 있다. 성경은 "고린도교회, 에베소교회 등" 각 다른 지방에서의 모임을 지칭하는 이름과 같이 개 교회에 대해 말씀하고 있다.

두 번째로, 교회라는 말은 주 예수님그리스도를 믿는 모든 성도들을 일컫는데 사용되고 있다. 즉, "한 몸"이라고 불린다. 다 한 성령으로 세례를 받아 한 몸이 되었고(고전 12:13-14). 몸이 하나요 성령도 한 분이시니…(엡 4:4-6).

이 과는 "한 몸"이라는 두 번째 의미에 중점을 두겠다. 다음 주는 지역적인 모임인 개 교회에 대한 것을 다루겠다.

Ⅱ. 중요한 성경 구절

마태복음 16:17-19, 고린도전서 10:32; 12:12-13; 15:52, 에베소서 1:22-23; 3:1-12; 5:22-33, 골로새서 1:18-24, 히브리서 12:23.

Ⅲ. 핵심 진리

"그리스도의 한 몸"이 있다. 그것은 교회 이름과 그 동맹 관계에 상관없이 모든 믿는 자들로 이루어져 있다. 그것은 한 신조를 가진 모든 민족, 모든 인종들로 이루어져 있다. 그것은 눈에 보이는 것과 보이지 않는 것으로 되어 있다. 눈에 보이는 것은 다른 사람들이 볼 수 있다. 눈에 보이지 않는 것이란 그리스도 안에서 죽은 자들이다. 그들은 "그리스도의 몸"의 살아 있는 한 부분이다. 모든 살아 있는, 그리고 죽었으나(육체적으로) 구원 받은 자들은 교회의 머리이신 예수님 그리스도께는 눈에 보이는 자들이다.

Note

Ⅳ. 중요한 진리: 교회, 그리스도의 몸

A. "교회"라는 말의 의미

1. 교회는 하나의 유기체이다.
   a. 교회는 생명의 생동적인 표적들을 지닌 하나의 유기체이다. 교회는 단순히 하나의 조직이 아니다. 우리는 자주 "조직적인 교회"라는 말을 듣는다. 그것은 교회의 구조와 행정에 대한 언급이다.
   b. 교회는 그리스도를 개인적인 구세주로 거듭난 사람들로 이루어져 있다. 그들은 살아있는 그리스도의 몸의 일부분이다.
2. 언어적 의미
   a. 그리스도께서 승천하신 후 삼백년 동안은 교회를 "에클레시아"라고 불렀다. 콘스탄틴 대제가 주님께로 돌아서서 화려한 성전을 지은 후에 "에클레시아"는 "주님의 전"을 의미하는 "쿠리아코스"로 바뀌게 되었다. 그 말은 "쿠리아코스, 키르쿠스, 키르크(스코틀랜드어)"에서 영어 "Church"로 바뀌게 되었다.
   b. 성경에는 "에클레시아"로 나와 있다. "Church"는 해석이지 번역은 아니다.

B. 교회의 본질

1. 교회는 "불러내심을 받은 자들"의 모임이다.
   a. 교회에 대한 신약의 단어는 "불러내심을 받았다"는 의미인 "에클레시아"이다. 그 단어는 그리스도인에게만 제한된 것이 아니다. 원래, 그것은 헬라인들에게 있어서는 협의를 목적으로 구성된 모임을 의미했다. 그리스도인의 교회에 대해 사용할 때에는 "불러내심을 받은"자들의 모임이라는 의미이다. 그들은 그리스도와, 다른 성도들과 교제하도록 세상으로부터 불러내심을 받았다.

b. 이스라엘의 백성들은 애굽으로부터 불러내심을 받은 무리들이다. 그러나 그들은 그리스도의 몸의 한 부분은 아니었다. "교회"라는 말은 "불러내심을 받은" 무리라는 의미로서 그들을 묘사하는데 사용된다. 더 나은 번역은 "회중"이 될 것이다. 사도행전 7:38에 밑줄을 그어라.

2. 교회는 거룩한 기관이다.

a. 교회는 주 예수님을 믿는 자들의 단체이다. 교회는 하나님께서 그 의미를 계시하실 때까지 하나님 속에 감추어졌던 비밀이었다. 하나님께서 그 의미를 계시하셨다. 그리스도는 교회의 머리이시다. 하나님께서 그를 그러한 위치까지 높이셨다.
에베소서 1:22-23을 적어 보라. ____________________

____

b. 그리스도께서 마태복음 16:18에서 먼저 교회에 대해 말씀하셨다. 예수님께서 베드로와 제자들에게 교회에 대해 계시해 주셨다. 교회는 미래에도 계속 있을 것이다. 예수님께서는 "이 반석 위에 내 교회를 세우리니"라고 말씀하셨다. 그는 "내가 계속 세우리라"고 하신 것이 아니고, "내가 세우리라"고 하셨다.

c. 교회는 오순절에 그 외형적인 형태를 갖추게 되었다. 그 비밀(우리가 지난 과에서 공부한 것)은 더 이상 비밀이 아니다. 에베소서 3:9, 10을 읽고 밑줄을 그어라.

C. 교회의 기초

1. 그 기초는 예수님 그리스도이시다.

a. 많은 학생들과 교사들이 마태복음 16:13-18에 대해 토론하는 일에 많은 시간을 바쳐 왔다. 예수님께서 베드로에게 "너는 베드로라" 내가 이 반석 위에("Rock"-참조) 내 교회를 세우리니 음부의 권세가 이기지 못하리라"고 말씀하셨을 때 예수님은 무엇을 의미하는가?

b. 우리는 성경으로 그 의미를 살펴보고자 한다. 고린도전서 3:9-10절에 밑줄을 긋고 11절을 적어 보라. ____________________

____

2. 예수님 그리스도는 반석이시다.

a. 마태복음 16:18에서의 의미를 분명하게 해야 한다. 주님께서 말씀하신 베드로(Peter)라는 이름은 헬라어로 "페트로스"(PETROS)이며 "작은 바위"를 의미한다. "바위"로 번역된 단어는 헬라어로 "페트라"(PETRA)이며 "큰 바위"를 의미한다. 그러므로 예수님

께서는 "너는 작은 바위라, 그러나 내가 이 큰 바위 위에 내 교회를 세우리니"라고 말씀하신 것이다.

b. 성경은 이 점에서 명백하게 말씀하고 있다.
고린도전서 10:4를 적어 보라. ______________________________

____

그리스도는 구약에서 반석으로 표현된다. 그는 그 위에 교회가 세워질 반석이시다. 그는 출애굽기 17:6에 나타나고 있는데, 예수님의 이러한 모습은 하나님의 현현(theophany)라고 할 수 있다(a pre-incarnate appearance). 요한복음 4:14에 밑줄을 그어라.

3. 베드로의 증거

a. 작은 돌인 베드로는 교회는 예수님 그리스도 위에 세워진다고 증거했다.
베드로전서 2:3-4를 적어 보라. ______________________________

____

____

여기서 베드로는 예수님을 산 돌이라고 부른다. "돌"의 헬라어는 큰 돌(단수)을 의미하는 "리쏜"(LITHON)이다.

b. 베드로는 자기가 자기 위에 교회가 세워지게 될 반석이라고 결코 주장하지 않았다. 그러나 그는 교회라는 큰 구조 안에서 하나의 작은 돌이라는 사실을 인정한 제일 첫 사람이었다.
베드로전서 2:5를 적어 보라. ______________________________

____

여기서 돌들(복수)로 번역된 단어는 많은 돌을 가리키는 "리쏘이"(LITHOI)이며, 베드로에 의하면 그리스도는 유일한 기초인 반석 "리쏜"(Lithon)이다. 우리들은 유일한 기초인 예수님 그리스도 위에 세워지는 "돌들"(리쏘이, lithoi)이다.

D. 교회는 그리스도의 몸이다.

1. 교회는 유기체적 통일체인 하나의 몸이다.

a. 고린도전서 12:12를 적어 보라. ______________________________

____

Note

몸은 많은 지체들로 구성된 하나의 유기체이다. 모두가 다 동일한 기능을 가진 것이 아니다. 마지막에 "그리스도도 그러하니라"에 유의하라.

b. 고린도전서 12:13을 적어 보라. ____________________

____

믿는 자들은 한 성령에 의하여 그의 몸의 지체들이 되었다. 이것이 성령 하나님께서 심령 속에 이루시는 거듭남의 역사이다. 우리는 성령의 역사에 의하여 그리스도의 몸의 지체가 되었다.

c. 거듭남은 "아이로 만드는 것"이며 양자됨은 "아들의 위치에 두는 것"이다.
고린도전서 12:18을 적어 보라. ____________________

____

고린도전서 12:27을 적어 보라. ____________________

____

하나님께서는 지체들을 그리스도의 몸에 두셨다. 우리 자신이 스스로를 그곳에 두는 것이 아니다. 몸의 한 부분으로서 각 성도들은 다른 몸의 부분들을 필요로 한다. 한 부분이 아프거나, 없어지거나, 기능을 잃어버리게 되면, 전체 몸이 고통을 받게 된다. 고린도전서 12:15–27에서 강조하는 점은 각 부분이 적절하게 기능을 다해야 할 필요성에 대한 것이다. 우리는 하나님에 의하여 그리스도의 몸에 붙어있게 되었다. 우리에게는 그 위치를 변경시킬 권리가 없다.

2. 하나님의 섭리 가운데서 주님은 교회의 완성을 아셨다.

a. 우리는 "섭리와 예정" 뿐 아니라 "자유의지와 선택"에 대해 공부했다. 여기서 하나님의 예견에 대해 더 설명할 필요가 없다. 하나님께서는 그 몸이 완성된 것을 보셨다. 그는 그 몸의 각 지체를 영원부터 보셨다. 에베소서 1:3–6에 밑줄을 그어라.
에베소서 1:4를 적어 보라. ____________________

____

b. 하나님께서는 종파와 인간의 불화가 있기 훨씬 전부터 그 몸인 교회를 결정하셨다. 참된 교회는 물질적인 건물이 아니고, 머릿돌인 예수님 그리스도 위에 세워지는 구원받은 백성들인 "산 돌들"의 무리이다.

3. 예수님 그리스도는 교회의 권위이다.

a. 참 교회는 예수님 그리스도라는 하나의 머리가 있을 뿐이다. 그리스도는 교회의 머리시며, 유일한 머리이시다.

골로새서 1:17-18을 적어 보라. ______________________________

____

b. 예수님은 교회의 기초시며, 머리이시다. 그 위치는 인간이나 천사가 주장할 수 없다. 기초가 되시어서, 그는 우리에게 확신을 주신다. 그것은 안전하고 확실하여 결코 흔들리지 아니할 것이다. 몸의 머리로서 주님은 지시하시고 인도하신다. 만약 우리가 다른 어떤 곳으로부터 지시와 인도를 받는다면 우리는 방황하게 될 것이다.

4. 예수님 그리스도는 건물의 모퉁이 돌이시다.

a. 교회는 구원 받은 자들인 "성도"들로 이루어진 "하나님의 권속"이다.

에베소서 2:19를 적어 보라. ______________________________

____

b. 교회는 선지자들과 사도들의 확실한 기초 위에 세워졌다. 그들은 하나님께 대하여 말해 주는 하나님의 말씀을 우리에게 주었다. 예수님께서는 "모퉁잇돌"이시다.

에베소서 2:20을 적어 보라. ______________________________

____

c. 교회는 성전이다.

에베소서 2:21을 적어 보라. ______________________________

____

교회는 "주 안에 있는 거룩한 성전"이다. 맨 첫 번째의 성전에서는 모든 물질들이 미리 만들어져서 성전에 옮겨져 왔다. 그처럼, 교회는 창세전에 미리 선택되었다. 그 돌들은 하나님의 권속들 가운데 각기 특별한 자리에 놓도록 하나님의 마음속에 예정되어 있었다. 모든 성도가 전체 몸의 한 부분으로서 중요하다.

d. 각 성도마다 하나님 성전의 한 부분이다.

고린도전서 3:16을 적어 보라. ______________________________

____

Note

E. 교회는 그리스도의 신부이다.

1. 신부는 그리스도께서 사신 것이다.

a. 그리스도와 그의 교회 사이의 아름다운 친근의 관계는 바울에 의해 밝혀졌다.

에베소서 5:25를 적어 보라. ______________________________

____

b. 결혼은 하나님께 대하여 열매를 맺는 것이다.

로마서 7:4를 적어 보라. ______________________________

____

2. 신부는 하나님 말씀의 씻어 주심으로 인하여 깨끗해졌다.

a. 예수님께서는 그의 신부를 위해 죽으셨다. 그는 하나님의 말씀으로 그의 신부(교회)를 계속 깨끗하게 지키신다.

에베소서 5:26을 적어 보라. ______________________________

____

b. 요한복음 15:3에 밑줄을 그어라.

3. 교회의 장래

a. 우리의 구속자이신 예수님께서는 그의 신부를 위한 장래 계획을 갖고 계신다. 그리스도는 교회를 자기 앞에 세우시기 위해 교회를 사랑하시고, 양육하신다.

에베소서 5:27을 적어 보라. ______________________________

____

b. 성도들은 그의 몸, 그의 살, 그의 뼈의 지체들이다(엡 5:30).

c. 교회는 하나님의 마지막 초청의 일부이다. 성령과 신부가 말씀하시기를 오라 하시는도다 듣는 자도 오라 할 것이요 목마른 자도 올 것이요 또 원하는 자는 값없이 생명수를 받으라 하시더라(계 22:17).

복습

많은 지체들로 이루어진 그리스도의 온 몸인 교회는 외적인 점에서는 다를지 모른다. 하지만, 모든 지체들이 참된 성도의 동일한 표시를 가지고 있다. 그들은 큰 성이나 천막에서 예배를 드릴 수도 있고, 의식적인 예배 형태를 취할 수도 있고, 간단한 예배 형태를 취할 수도 있다.

이것들은 어떤 차이를 가져오지 않는다. 차이를 가져 오는 것은 그들의 예수님 그리스도에 대한 구원의 믿음이다. 그들은 모두 그리스도의 완성하신 사역을 믿는다. 곧 그의 신성, 그의 동정녀 탄생, 그의 대속의 죽음, 부활, 그리고 그의 재림에 대한 것이다. 그들은 기도와 예배를 믿는다. 그들의 교파적인 문제는 그리스도의 몸의 한 부분이 되는 것과 관계가 없다. 그들을 지

구상의 모든 영역과 수많은 다른 이름의 교회들에서 찾아볼 수 있다. 그들은 모두 하나님을 경배하고 그들의 규율과 이념을 하나님의 말씀에서 찾는다. 어떤 사람들이 조용하고 엄숙한 때에, 또 어떤 사람들은 노래하고, 행복을 느끼며, 감정적이 되기도 할 것이다. 그러나 모두가 주님을 사랑하고 그를 예배한다. 만약 우리가 예수님을 주요, 구세주로 영접했다면 우리는 그의 몸인 참 교회의 한 부분이 되는 것이다.

Note

예습

1. 사도행전 2, 10, 15장, 고린도전서 10:32; 12:13, 고린도후서 8:1–15; 9:1–8, 에베소서 2:15, 디모데전서 3:1–13; 5:1–2, 베드로전서 5:1–4를 읽어 보라.
2. "교회–그리스도의 몸"에 대한 당신의 기록을 복습하라.
3. 새로운 진리를 배울 때마다 성경에 표시해 보라.

Week 48
교회, 지역을 중심한 믿음의 회중

Ⅰ. 서론

믿음으로 그리스도를 영접한 모든 사람은 그리스도의 몸의 일부분이다. 그러나 당신이 참 교회의 한 지체가 되는 순간 당신은 즉시 그리스도 몸의 다른 지체들과의 교제를 열망하고 추구하게 된다. 개신교, 그리고 그 지역의 모임이 당신 삶의 한 부분이 되어야 한다는 이유가 이러한 점에 있다.

비록 개 교회들이 불완전하다 할지라도(알곡 가운데는 항상 가라지가 있기 때문에) 참된 그리스도인은 다른 성도들과의 교제를 원하게 될 것이다. 모든 성도들은 신앙 안에서 자신을 확립하고 성경을 믿는 개 교회의 교제에 참여해야 한다. 그곳에서 당신은 말씀을 공부할 기회를 찾아 그로 인하여 은혜 안에서 자라 가야 한다. 그리고 교회의 목적과, 주님을 증거하는 법과 예배하는 법에 대해 배워야 한다. 만약 당신이 구원받았다면, 당신은 당신의 증거가 개 교회라는 큰 공동체의 한 부분이 되도록 해야 한다. 교회는 작을 수 있다. 그리고 클 수도 있다. 그러나 크기나 명성이 개인적인 성장과는 관계가 없다. 예수님께서 말씀하셨다. 두세 사람이 내 이름으로 모인 곳에는 나도 그들 중에 있느니라(마 18:20).

Ⅱ. 중요한 성경 구절

사도행전 2, 10, 15장, 고린도전서 10:32; 12:13, 고린도후서 8:1-15; 9:1-8, 에베소서 2:15, 디모데전서 3:1-13; 5:1-2, 베드로전서 5:1-4.

Note

Ⅲ. 핵심 진리

성경에는 "교회"에 대한 일반적인 개념이 나와 있다. 우리가 "국가", "가정", "학교"라고 말할 때에 우리는 일반적인 개념을 사용하고 있는 것이다. 신약에도 구원받은 사람들에 대하여 사용하던 단어가 있다. 히브리서 12:23에서 당신은 그러한 사상을 발견할 수 있다. "하늘에 기록된 장자들의 모임과 교회와…" 이것은 구원받은 자들의 큰 모임이며, 그리스도가 머리되시는 그리스도의 모임이다(엡 1:22-23). 이것은 우리가 지난 과에서 공부한 교회이다.

그러나 성경에서 거듭 거듭 언급하고 있는 교회는 개 교회이다. 신약에서 우리가 읽게 되는 교회와, 우리의 삶에 관계되는 교회는 항상 개 교회의 회중을 말한다. 신약은 유대교회(복수) 갈라디아교회(복수), 마게도냐교회(복수)에 대해 말한다. 바울은 가는 곳마다 개 교회들을 세웠다. 요한은 요한계시록에서 아시아의 일곱 교회에 대하여 말씀하셨으며, 그 교회들에 이름을 붙였다. 개 교회의 모임은 교회인 그리스도의 몸이 증거되는, 눈에 보이는 신체적인 몸과 같다.

Ⅳ. 중요한 진리: 교회, 지역을 중심한 믿음의 회중

A. "예수님께서 행하시고 가르치신 모든 것"

1. 주 예수님 그리스도의 행하심

a. 우리 성경에는 신약의 다섯 번째 책이 "사도행전"이라고 명명되고 있다. 더 오래된 사본들 가운데는 "행전"이라고 명명된 것이 있다. 이 이름은 "사도행전"과 "성령행전"을 포함한다. 더 자세하게 말하자면 그것은 예수님께서 땅에서부터 하늘까지 그의 사역을 지시하시는 일에 있어서 예수님께서 행하시는 "주 예수님 그리스도의 행전"이다.

b. 누가는 "데오빌로여 내가 먼저 쓴 글에는(누가복음) 무릇 예수님께서 행하시며 가르치시기를 시작하심부터"(행 1:1)로 글을 시작한다.

c. 누가는 주 예수님께서 육체로 계실 동안의 사역에 대하여 세 번째 복음서인 누가복음에 기록했다. 사도행전은 예수님께서 땅 위에서 시작하셨던 일이 승천하신 후에도 지속되고 있다는 사실을 증명한다.

d. 사도행전 2장에서, 베드로가 설교한 후 3,000명의 영혼이 더 늘어나게 되

었다. 어디에서인가? 교회이다. 주님께서 그들을 더하셨으며, 지금도 교회에 더하고 계신다.

사도행전 2:47을 적어 보라. ______________________________

____

e. 사도행전에는 형식적인 종결이 없다. 주님의 사역은 교회 안에서, 그리고 교회를 통하여 계속되고 있기 때문에 종결이 없다. 누가는 성령께서 그에게 쓰라고 하신 것 안에서 종결을 지었을 뿐이다.

f. "예수님께서 행하시고 가르치기 시작하신 모든 것"은 "이방인의 충만한 수가 들어오기까지"(롬 11:25) 계속 될 것이다. 주님께서 말씀하신 가장 놀라운 일들 가운데 하나가 요한복음 14:12에 기록되어 있다.

"불러내심을 받은 무리들"은 주 예수님께서 행하시고 가르치시던 일보다 더 큰 일을 하게 될 것이다.

2. 주님이 교회에 주신 사역에 대한 개요

a. 사도행전에서 우리는 주님께서 주신 개요를 볼 수 있다(행 1:8). 그가 행하신 모든 것이 질서 정연하며 적절하다.

b. 누가는 행전을 기록할 때 그 개요를 따라 기록했다. 복음은 전파되어야 한다.

- 예루살렘에서(행 2:1)
- 유대와 사마리아에서(행 8:1, 5)
- 세계의 가장 먼 지역까지(행 8:26, 10:1)

B. 성령의 약속

1. 하나님 아버지의 약속

a. 성경에는 3000번 이상의 약속이 나와 있는데 "아버지의 약속"이라는 말은 꼭 한번 나온다.

b. 예수님께서는 "아버지의 약속"에 대해 말씀하셨다.

사도행전 1:4를 적어 보라. ______________________________

____

누가복음 24:49에 밑줄을 그어라.

c. 요한복음 14:26을 적어 보라. ______________________________

____

Note

이 성경 말씀들은 성령께서 주 예수님의 이름으로 주어지며, 그의 사역을 할 때 위로와 도움을 베푸신다고 말씀하고 있다.

2. 성령께서 권능으로 임하셨다.
   a. 예수님으로부터 "아버지께서 약속하신 것"을 기다리라는 말씀을 들었던 무리들은 또한 "성령이 너희에게 임하시면 너희가 권능을 받고 예루살렘과 온 유대와 사마리아와 땅끝까지 이르러 내 증인이 되리라"는(행 1:8) 말씀도 들었다.
   b. 성령은 주 예수님의 이름으로 임했다(요 14:26). 사도행전 2:1, 4에 밑줄을 그어라.
   c. 이것이 예수님께서 약속하셨던 권능이었다. 예수님께서 훈련시키셨던(기본적으로 열 두 사도) 그 작은 무리가 교회의 기초가 될 것이었다. 교회는 오순절날에 가시적으로 형성되었다(행 1:15의 120 형제들).
   d. 베드로가 그 날 설교하였고 3000명이 구원을 받았다(행 2:41). "더 하더라"는 단어에 유의하라.

C. 교회에 주신 주님의 명령

1. 교회에 주신 예수님의 위탁(마 28:19-20)
   a. 우리는 온 세계로 가야하며
      - 제자로, 학생으로, 주를 따르는 자들로 만들어야 한다. 성경은 "모든 민족을 제자로 삼아"라고 말한다.
      - "아버지와 아들과 성령의 이름(단수)으로 세례를 베풀고"
      - "내가 너희에게 분부한 모든 것을 가르쳐 지키게 하라"(예수님께서는 가르친다는 의미인 "디다스코"(didasko)라는 단어를 사용하셨다.
2. 예수님께서는 이 큰 약속과 함께 승천하셨다.
   a. 마태복음에서 예수님께서는 "볼지어다 내가 세상 끝날까지 너희와 항상 함께 있으리라"고(마 28:20) 말씀하셨다.
   b. 누가복음에서 그는 "또 그의 이름으로 죄 사함을 받게 하는 회개가 예루살렘에서 시작하여 모든 족속에게 전파 될 것이 기록되었으니"(눅 24:47)라고 말씀하셨다. 그리고나서 예수님께서는 성령을 보내실 것을 약속하시고 하늘로 올라 가셨다(눅 24:49-51).

c. 사도행전에서 예수님께서는 온 세계에 복음을 전파할 수 있게 하시는 성령의 권능에 대해 약속하시고 "올려져 가시니 구름이 그를 가리어 보이지 않게 하더라"고(행 1:8-9) 했다.

3. 이것이 개 교회에 대한 것인가?

a. 예수님께서 하늘로 올라가실 때 어떤 새 언약도, 교훈의 글도 없었다. 오직 "아버지의 약속인" 성령을 기다리는 제자들 뿐이었다. 예수님께서는 이 교회에 성찬식과, 훈련과, 명령을 주셨던 것이다.

b. 예수님께서 권능을 주신 무리는 가시적인 개체 그룹인 교회였다. 사람들은 그들을 볼 수 있었고, 들을 수 있었고, 그들에게 가담할 수 있었다. 개 교회 발달의 역사는 사도행전 1, 2장의 무리와 함께 시작된다.

c. 사도행전과 서신들의 나머지 부분들은 주로 개 교회를 위해 쓰인 것이다.

d. 사도 요한은 요한계시록에서 일곱 개의 교회 가운데 예수님께서 계신 것을 보았다고 기록한다(계 2, 3장).

D. 개 교회는 하나의 교제의 모임이다.

1. 교제의 중심은 예수님 그리스도이시다.

a. 사도행전에는 교회들이 그리스도를 살아 있는 중심점으로한 교제를 즐기고 있다. 하나의 친교 모임으로서의 교회는 내부로부터 형성되어 진다. 그리스도께서 머리이시며, 교회가 몸이다. 그들은 "그리스도인"이라는 이름 아래 사실상으로나, 명목상으로 하나이다.

b. 문자 그대로, 그것은 "예수님 그리스도의 교제"이다.
고린도전서 1:9를 적어 보라. ______________________________

____

2. 개 교회는 믿는 자들의 교제 모임이다.

a. 신약은 그들 가운데 있는 교회에 소속하지 않는 그리스도인들에 대해서는 언급하지 않는다. 사실상, 형제와의 교제는 제자도리의 시금석이다.
요한일서 3:14를 적어 보라. ______________________________

____

요한일서 3:16에 밑줄을 그어라.

b. 그것은 예수님 그리스도를 위한 상호적인 사랑에 기초한 귀중한 교제이다. 우리는 "성

령이 하나 되게 하신 것을 힘써 지키라"(엡 4:3)한다.

c. 우리는 교제에서 화평을 누려야하며 주님께서 교회 안에 두신 지도자들을 존중해야 한다.

데살로니가전서 5:13을 적어 보라. ______________________________

____

데살로니가전서 5:12에 밑줄을 그어라.

d. 우리는 주 예수님 그리스도의 빛 가운데로 걸어야 한다.

요한일서 1:7을 적어 보라. ______________________________

____

3. 교회의 교제는 성도들을 양육시켜 준다.

a. 신약은 그리스도인은 서로서로 위로해야 한다고 가르치고 있다(살전 4:18).

b. 그리스도인은 서로 사랑해야 한다(벧전 1:22).

c. 교회는 하나님의 말씀을 가르치고 그를 찬송해야 한다.

골로새서 3:16을 적어 보라. ______________________________

____

교회의 교제는 영적 성장에 있어서 필수적인 것이다.

4. 교회의 교제를 통해서 사람들을 그리스도께로 인도해야 한다.

a. 개 교회는 보이지 않는 그리스도를 볼 수 있게 현현하는 것이다. 교회는 예수님 그리스도의 현현인 그리스도인들, 곧 "영적인 돌들"로 이루어져 있다. 증거하는 것은 결코 건물도 아니고, 조직도 아니다. 그의 믿음을 나누는 것은 항상 사람이다(벧전 3:15).

b. 개 교회는 가정에서나 전 세계적으로 선교 사역을 감당해야 한다. 로마서 10:14-15에 밑줄을 그어라. 개 교회는 선교사로 부름 받은 젊은 사람들을 격려해야 하고 기도와 물질로 그들을 후원해야 한다.

Note

E. 신약의 개 교회들

1. 신약은 개 교회에 대하여 약 100번 언급한다.

a. 예수님께서는 마태복음 18:17에서 개 교회에 대해 말씀하셨다.

b. 베드로는 오순절날 설교하였으며 3,000명의 믿는 자가 더하여졌다(행 2:41-42). 이것이 바로 예루살렘교회였다.

c. "주께서 구원 받는 사람을 날마다 더하게 하시니라"(행 2:47).

d. "믿고 주께로 나아오는 자가 더 많으니 남녀의 큰 무리더라"(행 5:14, 42).

e. "예루살렘에 있는 제자의 수가 더 심히 더 많아지고"(행 6:7).

f. "그날에 예루살렘에 있는 교회에 큰 박해가 있어"(행 8:1, 3).

2. 바울은 회개하여 "이방을 위하여 택한 그릇"이 되었다(여기서 가능한 범위 내에서 개 교회에 대하여 간추려 보자).

a. 사도행전에 기록된 바울과, 개 교회에 대한 그의 언급

- 사도행전 9:31– 교회들이 더 이상 바울을 두려워하지 않음
- 사도행전 11:19–26– 안디옥 교회에서의 바울(수리아)
- 사도행전 14:23– 바울은 사도행전 13, 14장에서 교회 지도자들을 정함
- 사도행전 14:27– 수리아의 안디옥 교회에 다시 돌아온 바울
- 사도행전 15:41– 바울은 교회를 확신있게 든든히 해주면서 수리아와 길리기아를 방문
- 사도행전 16:5, 6– 이 구절들에 밑줄을 그어라.
- 사도행전 16:11–40– 빌립보교회의 시작
- 사도행전 17:1–4– 데살로니가교회의 시작
- 사도행전 18:2– 고린도교회
- 사도행전 19:8–10– 에베소교회
- 사도행전 20:7, 17– 드로아교회
- 사도행전 28:17–31– 로마에 전파된 복음.

b. 바울은 개 교회들에게 개 교회에 관하여 편지를 썼다.

- 로마서 1:7–8
- 고린도전서 1:2
- 고린도전서 4:17
- 고린도전서 7:17
- 고린도전서 16:19
- 고린도후서 1:1
- 고린도후서 8:1
- 고린도후서 12:28
- 갈라디아서 1:2, 22

Note

- 빌립보서 1:1
- 골로새서 1:2
- 골로새서 4:15-16
- 데살로니가전서 1:1
- 데살로니가후서 1:1
- 디모데전서 3:15
- 빌레몬서 1:2

c. 개 교회에 대한 그 밖의 언급(바울이 말한 것이 아님).

- 야고보서 5:14
- 요한삼서 1:6, 10
- 요한계시록 1:4, 11, 20
- 요한계시록 2:1, 8, 12, 18
- 요한계시록 3:1, 7, 14
- 요한계시록 22:16

우리는 개 교회에 관한 많은 기록들을 생략했다. 우리는 단지 48가지의 언급을 열거했는데, 이것들은 개 교회의 중요성을 인식시키기에 충분한다.

이 진리는 오늘날 우리에게 무엇을 가르치고 있는가?

당신은 교회가 없는 이 세상을 상상해 본적이 있는가? 개 교회는 완전하지 못한다. 훨씬 그에 못 미치기도 한다. 그러나 그것은 예수님 그리스도의 복음을 전파하는 하나님의 도구이다. 큰 뜻을 가진 많은 그리스도인 단체가 있다. 그러나, 그것들은 개 교회를 대신하지는 못한다. 만일 그리스도인 단체들이 개 교회의 그리스도인들을 후원하지 않는다면 곧 없어지게 될 것이다.

예수님께서는 교회를 사랑하셨고, 그것을 위해 자신을 주셨다. 주님은, 가르치고 전파하는 일에 있어서 하나님의 말씀에 진실 된 교회를 축복하신다. 바울은 "그리스도께서 교회를 사랑하시고 그 교회를 위하여 자신을 주심 같이 하라. 이는 곧 물로 씻어 말씀으로 깨끗하게 하사 거룩하게 하시고"(엡 5:25-26)라고 했다. "씻어"에 사용된 단어는 "놋대야"(laver)에 사용된 용어와 동일하다. 헬라어로는 "로우트론"(loutron)이라고 하며 히브리어로는 "키욜"(kiyor)이라고 한다. 성막이나 성전에는 제사장이 하나님의 성소에 들어가기 전에 손을 씻는 놋대야가 있었다. 그것이 바로 바울이 사용하고 있는 말씀의 놋대야라는 단어다. 우리 주님께서 말씀의 놋대야로 그의 교회를 씻으신다.

예습

1. 마태복음 24:24, 마가복음 13:22, 데살로니가후서 2:1–12, 요한일서 2:18, 요한계시록 6:2; 12:12; 13:1–18; 14:9–10; 17:15를 읽어 보라.
2. 교회, 지역을 중심한 믿음의 회중에 대한 당신의 기록을 복습하라.
3. 새로운 진리를 배울 때마다 성경에 표시해 보라.

Week 49
적그리스도와 거짓 선지자

Ⅰ. 서론

성경은 사탄이 지배하게 될 사람에 대하여 말씀하며, 그가 세상을 일정한 시간 동안 다스리게 될 것이라고 한다. 최근에 많은 영화와 책들이 이 주제에 관하여 다루고 있다. 세상은 이 세대의 종말에 관한 일들에 접하고 있다. 교회는 이 주제에 관한 성경적 해답을 주지 않고 있다. 적그리스도와 거짓 선지자들에 관한 주제는 "하나님의 권고하심" 가운데 한 부분, 곧 말씀의 한 부분이다. 교회는 어떤 성경의 주제에 관하여서건 젊은이들과 어른들에게 진리의 근원이 되어야 한다. 이 과에서는 세상에 나타날 현저한 두 인물에 대해 다루고자 한다.

Ⅱ. 중요한 성경 구절

마태복음 24:24, 마가복음 13:22, 데살로니가후서 2:1-12, 요한일서 2:18, 요한계시록 6:2; 12:12; 13:1-18; 14:9-10; 17:15.

Ⅲ. 핵심 진리

사탄은 육체 속에 거하거나 임시로 머무른다. 성령은 모든 구원 받은 자들 안에 거하신다. 그리스도께서는 영광의 소망인 우리 안에 거하신다. 그래서 사탄은 그가 거하는 인격과 육체를 사용한다. 그는 과거에 창세기 3장에서 뱀 속에 나타났고, 마태복음 16:23에서 시몬 베드로 속에 나타났다. 그는 하늘에서 떨어질 때 예수님 그리스도께서 보셨던(눅 10:18) 바로 그 자이다. 예수님께서는 영원한 과거로부터 그를 아셨다. 사탄은 "공중의 권세 잡은 자"(엡 2:2)이며, "우리 형제들을 참소하던 자"로서 지금도 우리 하나님 앞에서 참소한다(계 12:10). 장차 심판과 환난의 때가 이르면 하나님 앞에서의 사탄의 참소는 없어질 것이다(계 12:7-12). 그는 하나님 앞에서 쫓겨날 것이다. 그는 단지 땅에서 참소하게 될 것이다. 요한계시록 12:7-12를 읽고 밑줄을 그어라. 10절을 깊이 생각해 보라. "우리 형제들을 참소하던 자, 곧 우리 하나님 앞에서 밤낮 참소하던 자가 쫓겨났고."

그는 그리스도 안에 있는 성도들을 밤낮으로 참소한다. 그러나 11절에 보면 "어린양의 피"만이 사탄을 이길 수 있다. 이 진리의 핵심은 이러한 점에서의 사탄의 활동에 관한 것이다. 우리는 구약을 살펴보고 사탄이 적그리스도라는 인간의 옷을 입고 나타나는 미래의 활동에 관해 주로 다루겠다.

Ⅳ. 중요한 진리: 적그리스도와 거짓 선지자

A. 성경에 나타난 적그리스도의 명칭

1. 구약에서의 명칭
   a. 작은 뿔(단 7:8)
   b. 또 하나가 일어나리니…그가 장차 지극히 높으신 이를 말로 대적하며(단 7:24-25)
   c. 한 왕(단 9:26)
   d. 황폐하게 하는 자(단 9:27)
   e. 뻔뻔한 얼굴의 왕(단 8:23-25)- 여기서 다니엘은 적그리스도를 예시하기 위해 안티오쿠스 에피파네스의 칭호를 사용했다.
2. 신약에서의 명칭
   a. 멸망의 가증한 것, 황폐하게 하는 자의 이름은 다니엘서를 참고한 예수님의 말씀이었다.
      마태복음 24:15를 적어 보라. ________________________________
      ____
   b. 불법의 사람(살후 2:3)
   c. 멸망의 아들(살후 2:3)
   d. 불법한 자(살후 2:8)
   e. 적그리스도
      요한일서 2:18을 적어 보라. ________________________________
      ____

Note

요한일서 2:22; 4:3, 요한이서 1:7에 밑줄을 그어라.

f. 흰 말을 탄 자(계 6:2)– 그는 하나님의 심판이 시작될 때에 처음 나타나게 될 자이다. 그리스도께서 처음 심판의 인을 떼실 때에 적그리스도가 보인다.

g. 큰 붉은 용(계 12:3–4, 9)

h. 옛 뱀(계 12:9)

i. 마귀(계 12:9, 12)

j. 사탄(계 12:9)

k. 바다에서 나오는 한 짐승(계 13:1)

B. 바다에서 나온 짐승

1. 이 사람에 대한 묘사

a. 환난과 심판의 기간 동안에, 사탄은 세상을 지배할 뿐만 아니라 적그리스도라고 알려진 사람을 다스리게 될 것이다. 우리는 요한계시록 6:1에서 첫 인이 떼어지는 것을 본다. 그는 심판이 시작될 때에 나타난다.

b. 적그리스도는 환난의 중간에 이스라엘과의 약속을 깨뜨릴 것이며(단 9:27), 하나님의 백성 이스라엘을 뒤엎을 것이다. 그것은 요한계시록 12장에 서술되어 있다. 사탄은 그의 모든 능력을 적그리스도에게 주며 그 안에 내재한다(계 13:4).

c. 그가 세상을 지배할 시기는 짧다(계 12:12). 요한계시록 13:5에 그 시기는 42달로 제한되어 있다. 동일한 기간이 "한 때와 두 때와 반 때로 알려져" 있다(계 12:14).

동일한 기간이 또한 1,260일로 알려져 있다(계 11:3, 12:6).

2. 세상의 정치 지도자

a. 요한계시록 13:1–10에 묘사된 자는 세상의 정치 지도자일 것이다. 요한은 환상 가운데 한 짐승, 괴물이 바다에서 나오는 것을 보았다. 왜 바다에서 나오는가? 요한은 요한계시록 17:15에서 그 형상에 대해 설명한다.

이사야 57:20을 적어 보라. ______________________________

____

그래서 그 짐승은 혼란스러운 세상의 혼돈으로부터 일어난다.

b. 짐승에 대한 요한의 묘사는 요한계시록 13:1–2의 환상 가운데 나오고 있

다. 그는 큰 권위를 가지게 됐다. 이것은 이 땅의 마지막 정치 지도자에 대한 묘사이다. 그가 요한계시록 19장에서 멸망되었을 때 그 뒤를 잇는 자가 아무도 없었다.

c. 요한의 환상은 또한 다니엘서에 대해 언급한다. 그 환상의 해석을 위하여 다니엘 7:15–28을 읽어 보라.

d. 한 사람이 다스리는 하나의 세계 정부가 있을 것이다.
요한계시록 17:13을 적어 보라. ______________________________

____

당신이 이것이 상징주의인지 의아해 할 것이다. 그것은 적그리스도에 대한 언어의 그림이다. 요한계시록 12:3에서 "하늘에 또 다른 이적(징조, 상징)이 보이니"라는 글을 읽을 수 있을 것이다. 그 징조, 상징은 요한계시록 13장에 계속 묘사된 육체를 입은 사탄의 모습이다. "이적"(징조)이라는 단어가 요한계시록에 7번이나 나온다–12:1, 3; 13:13, 14(기적은 한계 상황에서의 징조이다. 15:1; 16:14; 19:29).

C. 인간의 모습

1. 특별한 사람

a. 요한계시록 13:1–10에서 당신은 그 사람에 대한 하나님의 묘사를 읽게 된다. 왕이 없는 왕국, 황제가 없는 제국이 없다. 이 사람은 마지막 세상 정부의 지도자이다.

b. 바울은 그를 "저 불법의 사람"이라고 부르고 있다.
데살로니가후서 2:3을 적어 보라. ______________________________

____

2. 개인적 매력

a. 그는 음모를 꾸미는 사람일 것이다. 그는 가장 매력 있는 사람가운데 하나일 것이다. 우리는 이것을 요한계시록 13:3의 "온 땅이 놀랍게 여겨 짐승을 따르고"에서 알 수 있다.

b. 요한계시록 13:4 "짐승에게 경배하여 이르되 누가 이 짐승과 같으냐 누가 능히 이와 더불어 싸우리요"라는 말씀에서 가리킨대로, 그는 찬양받고 경배를 받게 될 것이다.

c. 이 사람을 세상 지도자들이 기쁨으로 영접하며 "누가 능히 이 짐승과 같으뇨"할 것이다.

3. 기적적인 능력

a. 사람들은 요한계시록 13:3에서 일어나는 기적적인 일 후에 그를 경배할 것이다.

Note

b. 요한계시록 13:3을 적어 보라. ______________________________

____

c. 그의 권세는 3년, 곧 42달 동안으로 제한되어 있다(계 13:5). 이것이 환난의 마지막 절반이다.

d. 그는 "각 족속과 백성과 방언과 나라를" 다스리는 권세를 받게 될 것이다. 그는 그 기간 동안 하나님을 저주하고 주를 믿는 자들과 전쟁을 할 것이다(계 13:6–7). 마침내 성도가 승리할 것이다. 요한계시록 15:2에 밑줄을 그어라.

4. 생명책

a. 죽임을 당한 어린양의 생명책에 창세 이후로 이름이 기록되지 못하고 이 땅에 사는 자들은 다 짐승에게 경배하리라(계 13:8).

b. 그것은 "창세로부터 죽임을 당하신 어린양 예수님 그리스도의 책"이다. 당신은 생명책에 그 이름이 기록된 자들에 대한 짐승의 분노를 상상할 수 있겠는가?

5. 하나님의 격려

a. 요한계시록 13:9의 말씀은 요한계시록 2, 3장의 말씀과 비슷하다. 하지만 무엇인가가 빠져 있다. 빠져 있는 것은 "성령이 교회들에게 하시는 말씀을"이다. 왜 그 구절이 빠져 있을까? 그때에는 교회가 없기 때문이다. 그러나 그 무서운 시기에 하나님께로 돌아서는 자들에게 주님은 "누구든지 귀가 있거든 들을지어다"라고 말씀하신다.

b. 하나님은 그를 위해 고난당하는 자들을 잊어버리시지 않는다. 요한계시록 13:10은 "성도들의 인내와 믿음이 여기 있느니라"고 말씀하고 있다.
요한계시록 14:12를 적어 보라. ______________________________

____

c. 요한계시록 13:10에 의하면, 이미 나타났던, 그리고 장차 나타날 모든 적그리스도는 단지 하나님께서 허용하시는 뜻 안에서만 존재하게 될 것이다. 10절의 전반절에 밑줄을 그어라.

D. 거짓 선지자

1. 땅에서 나온 짐승

a. 거짓 선지자에 대하여는 요한계시록 13:11–18에 기록되어 있다. 11절에

보면 그는 "양 같이 두 뿔을"가지고 있다. 그러나 그는 양이 아니다. 그가 말할 때에, 그는 마치 용과(사탄) 같은 소리를 낸다.

b. 그는 요한계시록 16:13; 19:20; 20:10에서 거짓 선지자로 불리고 있다. 이 구절들에 밑줄을 그어라.

2. 거짓 선지자는 종교 지도자이다.

a. 처음 짐승, 곧 적그리스도는 정치적이다. 이 사람은 땅에서 올라오는 종교 지도자이다.

b. 이 짐승은 "양과 같고" 처음 짐승, 곧 적그리스도가 준 권위와 거짓된 경건을 받아들여 온 세상을 속이기 위해 그의 권세를 사용한다(계 13:12). 역사의 놀라운 사실들 가운데 하나는 어떤 "종교적인" 헌신이 없이는 세상을 지배하는 것이 불가능했다는 사실이다. 여기서 "종교적"이라는 것은 크리스천을 의미하는 것이 아니다. 거짓 선지자는 적그리스도를 후원해 준다.

3. 거짓 선지자의 권위와 권세

a. 그는 종교적인 사람처럼 보이기 때문에 위험한 존재이다. 종교적인 인물과 정치적인 인물 중에 종교적인 인물이 더 위험하다. 인간의 마음과 심령과 영혼을 인도하고 명령하려고 의도하는 자는 그 권세에 있어서 인간의 상상을 초월하는 권위를 가지고 있다.

b. 그는 기적을 행할 수 있다(계 13:13-14).

c. 그는 사람들에게 적그리스도의 형상을 만들어 주고자 한다. 그는 우상숭배를 퍼뜨린다. 짐승에게 경배하지 않는 자는 죽임을 당할 것이다(계 13:14-15).

최초의 세계적 대제국도 동일한 죄를 저질렀다. 느부갓네살은 금신상을 만들었다(단 3:1). 우리가 마지막 세대에 이를 때, 인간은 동일한 연약성을 되풀이 할 것이다.

d. 요한계시록 13:14-17은 거짓 선지자의 끔찍한 명령을 기록하고 있다. 만약 복종하지 않는 자는 죽임을 당할 것이다.

4. 놀라운 숫자, 짐승의 표

a. 요한계시록 13:16을 적어 보라. ______________________________

____

거짓 선지자가 권세와 통치권을 갖게 될 것이다.

b. 그 표가 없이는 누구도 매매를 할 수 없을 것이다(계 13:17).

c. 거짓 선지자는 "지혜가 여기 있으니 총명한 자는 그 짐승의 수를 세어 보라 그것은 사람의 수니 그의 수는 육백육십육이니라"(계 13:18)라고 말한다. 그것은 무엇을 의미는가? 여러 가지 의견들이 있다. 그러나 다른 성구에 의하면 6이라는 숫자는 인간의 숫

Note

자이며, 완전으로(7)부터 부족한 것을 의미한다. 인간은 여섯 째날 창조되었다. 그는 7일 가운데 육일을 일해야 한다. 땅은 6년 동안 경작을 해야 하고 7년째는 쉬게 해야 한다. 히브리 노예는 6년이상 노예로 있지 않게 되어 있었다.

d. 6이 세 개로 겹쳐져 있는 666이 여기에 나온다. 그것은 666—곧 인간의 숫자이다. 인간의 숫자 6에서 삼위일체를 꾀하는 것은 사탄이다. 대부분의 사람들이 항상 얻는 것은 완전에서 모자라는 6일 뿐이다. 적그리스도를 예배하는 사람들은 짐승의 표를 받게 될 것이다.

5. 짐승의 표를 받는 사람들

a. 짐승의 표를 받는 사람들에게 무슨 일이 일어나는가? 거짓 선지자의 위협이 그 영향력을 발휘할 것이다.

b. 그 답은 요한계시록 14:9–10에 있다. 그 성경을 읽고 밑줄을 그어라.

E. 적그리스도와 거짓 선지자의 운명

1. 그들은 불 못 속에 던져질 것이다.

요한계시록 19:20을 적어 보라. ____________________

____

2. 사탄은 불 못 속에 던져질 것이다.

요한계시록 20:10은 적그리스도와 거짓 선지자들이 사탄보다 먼저 지옥에 던져질 것이라고 말한다. 이 성구는 요한계시록 19:20을 확실하게 해주며, 이 삼자의 운명을 영원히 규정하고 있다.

복습

적그리스도는 왕국의 왕, 곧 지도자이다. 그는 사탄이 그리스도께 제시했고, 그리스도께서 거절하셨던(마 4:8–10) "이 세상 나라"를 다스릴 것이다. 그는 "큰 일들을 말할" 것이다. 그는 사람들의 재산 뿐 아니라 사람들의 마음을 얻어 다스릴 수 있는 능력을 가진 매력있는 사람일 것이다. 거짓 선지자는 적그리스도를 높일 것이다. 그는 사람들로 하여금 적그리스도를 경배하게 만든다. 그는 큰 기적을 행하고, 인류를 속이고, 그에게 부합하지 않는 사람은 죽게 할 것이다. 그는 사람들로 하여금 짐승의 표를 받게 한다.

과거에 그러했듯이, 하나님의 말씀에 명시된 미래가 그대로 사실로 드러나게 된다. 이미 성취된 예언들은 앞으로 성취되어야 할 예언들에 대한 확실성을 증거이다.

그리스도인들은 환난과 심판을 당하지 않을 것이다. 그러므로 짐승의 표를 받지 않을 것이다(살후 2:2).

짐승의 표를 받지 않을 사람들이 있을 것이다. 곧 그들은 생명을 버린다해도 그리스도를 믿을 사람들이다(계 15:2). 그들은 죽음을 당하게 될 것이다(계 13:15).

그리스도의 일을 하기에 시간은 짧다. 마지막 때가 임박했다. 모든 징조들이 주님의 재림, 곧 그의 교회를 불르시는 때임을 나타내고 있다.

예습

1. 욥기 19:25–26, 시편 2:4–6, 이사야 9:6–7, 마태복음 24–25장, 마가복음 11–13장, 누가복음 17:26–28, 21장, 요한복음 14:1–3, 사도행전 1:9–11, 고린도전서 15:51–57, 데살로니가전서 4:13–18, 디도서 2:11–13, 요한일서 3:2–3, 유다서 1:14, 15, 요한계시록 1:7; 22:20을 읽어 보라.
2. 적그리스도와 거짓 선지자에 대한 기록을 복습하라.
3. 새로운 진리를 배울 때마다 성경에 표시해 보라.

Week 50
그리스도의 재림

Ⅰ. 서론

성경은 그리스도의 초림보다 재림에 대해 더 많이 언급한다. 구약 예언의 많은 부분이 그의 재림에 관해 말씀하고 있다. 사실상, 초림에 관한 한 구절의 말씀이 있다면 재림에 관해서는 여덟 구절의 말씀이 있는 셈이다. 이사야는 그리스도의 영광스러운 초림에 관하여 말하고 있다. 그러나 이사야서에는 재림에 관한 말씀이 더 많다. 에스겔서는 주로 예수님께서 재림하시는 영광스러운 왕국에 관하여 언급한다. 다니엘, 예레미야, 요엘, 아모스, 호세아, 말라기, 그리고 구약의 다른 선지자들에 있어서도 마찬가지이다. 신약에는 재림에 관하여 320번 언급하고 있다. 재림이 없다면 그의 초림은 불완전한 것이다. 하나님의 말씀을 공부하는 사람은 이 재림에 관해 몰라서는 안 된다. 이 주제는 성경의 많은 부분을 차지하고 있다. 성부 하나님과, 성자 하나님 그리고 성령 하나님께서는 이 주제를 강조하셨다. 그러므로 우리는 그 중요성을 무시하거나 간과해서는 안 될 것이다.

Ⅱ. 중요한 성경 구절

다음 성구를 읽어 보라.

욥기 19:25-26, 시편 2:4-6, 이사야 9:6-7, 마태복음 24-25장, 마가복음 11-13장, 누가복음 17:26-28, 21장, 요한복음 14:1-3, 사도행전 1:9-11, 고린도전서 15:51-57, 데살로니가전서 4:13-18, 디도서 2:11-13, 요한일서 3:2-3, 유다서 1:14, 15, 요한계시록 1:7; 22:20.

Ⅲ. 핵심 진리

성경은 그리스도의 재림이 그의 초림 사실과 같이 확실한 것이라고 언급한다. 그리스도께서는 그의 교회를 자신에게로 취하시고, 하나님의 나라를 세우시기 위하여 돌아오실 것이다. 그

때 세상에는 평화와 축복이 있을 것이다. 그가 하나님의 말씀을 이루시기 위하여 처음 오셨듯이, 두 번째도 확실하게 오실 것이다. 복된 소망인 그리스도의 재림 사실은 우리가 의롭게 살고, 봉사하고, 전도하고, 선교하는 삶을 살아야 할 가장 큰 동기가 된다.

Ⅳ. 중요한 진리: 그리스도의 재림

A. 성경의 반복된 주제

1. 그리스도의 첫 예언은 그의 재림에 관한 것이었다.

   a. 인간이 타락한 후 하나님께서 인간에게 주셨던 첫 약속은 그리스도의 재림이었다. 우리들 대부분은 창 3:15이 그리스도에 대한 최초의 직접적인 예언이라는 사실을 알고 있다. 그러나 여기서 잠깐 생각해 보기로 하겠다.

   b. 창세기 3:15를 적어 보라. ______________________________

   ____

   c. 이 구절은 그리스도의 두 번 오심에 대해 언급한다.

   • 초림은 "너는(사탄의 후손) 그의(여자의 후손) 발꿈치를 상하게 할 것이니라" 이 일은 예수님께서 십자가에 달리셨을 때 일어났다.

   • 재림은 "여자의 후손은 네 머리를 상하게 할 것이요" 라는 말씀에 나타나 있다. 이것은 그리스도께서 재림하실 때 일어날 것이다. 뱀은 머리가 상함으로 멸망될 것이다. 그리스도께서 왕으로 오셔서 사탄의 세력을 멸하실 것이다.

2. 욥은 그리스도의 오심을 바라보았다.

   a. 욥기는 재림에 관해 명백히 언급하고 있다.

   b. 욥기 19:25를 적어 보라. ______________________________

   ____

   "마침내 그가 땅 위에 서실 것이라"는 말씀에 유의하고 19:26에 밑줄을 그어라.

3. 다윗은 그리스도의 재림을 바라보았다.

   a. 시편 2편은 오실 왕이신 그리스도에 대한 것이다. 세상 통치자들은 그 왕을 대적할 것이다(시 2:1-3).

   b. 예수님께서 오셔서 시온 산에 왕으로 서실 때에 세상은 왕이신 예수님께 복종할 것이다. 시편 2:4-6에 밑줄을 그어라.

4. 이사야는 초림과 재림에 관해 예언했다.

Note

a. 이사야 선지자는 아기로 오시는 그리스도를 보았다(사 7:14, 9:6). 이것이 그리스도의 초림이었다.

b. 그는 다윗의 왕위에서 그 왕국을 통치하시는 그리스도를 보았다(사 9:7). 이것이 그리스도의 재림이다.

5. 바울은 그리스도의 재림에 대해 설교했다.

a. 바울은 주님의 재림에 관해 많은 내용을 우리에게 제시해 준다. 이 구절들을 읽고 성경에 표시를 하라.

- 고린도전서 15:51–53
- 빌립보서 3:20–21
- 데살로니가전서 1:10; 4:13–18
- 디모데전서 6:14–15
- 디도서 2:13

b. 디도서 2:13을 적어 보라. ______________________________

____

6. 재림에 관한 또 다른 언급들

a. "보라 주께서 그 수만의 거룩한 자와 함께 임하셨나니"(유 1:14).

b. "그리하면 목자장이 나타나실 때에 시들지 아니하는 영광의 관을 얻으리라"(벧전 5:4). 베드로는 또한 사도행전 3:20, 베드로후서 1:16에서 그의 오심에 대해 말했다.

c. 야고보는 그의 재림에 관해 이야기했다. 야고보서 5:7–8에 밑줄을 그어라.

d. 사도 요한은 그의 재림에 관해 설교했다.

요한일서 3:2를 적어 보라. ______________________________

____

요한일서 2:28에 밑줄을 그어라. 요한은 또한 우리가 이 주에 공부한 요한계시록을 기록했다.

e. 창세기부터 요한계시록까지 반복되는 주제가 있는데 곧, "예수님의 재림"이다.

B. 놀라운 선포

1. 성경은 항상 예수님께서 구름을 타고 오신다고 말씀하신다.

a. "볼지어다 그가 구름을 타고 오시리라"(계 1:7)고 했다. 이것은 요한계시록의 주제이며, 놀라운 선포이다.

b. 그는 가실 때와 같이 다시 오실 것이다. 사도행전 1:9에 밑줄을 그어라.
사도행전 1:11을 적어 보라. ______________________________

____

c. 내가 또 밤 환상 중에 보니 인자 같은 이가 하늘 구름을 타고 와서…(단 7:13).

d. 예수님께서는 산상 설교에서 자신이 구름을 타고 오시겠다고 하셨다.
마태복음 24:30을 적어 보라. ______________________________

____

e. 산헤드린 공회에서 예수님께서 동일한 말씀을 사용하셨다. 마태복음 26:64에 밑줄을 그어라.

2. 구름은 예수님의 재림을 상징하는 싸인이다.

a. 우리 주님께서 승천하실 때 요한도 거기 있었다. 그는 사도행전 1:11에서 천사의 말을 들었다. 그는 "이 예수님은 하늘로 가심을 본 그대로 오시리라"고 했다.

b. 광야에서 하나님의 백성들은 밤에는 불기둥으로, 낮에는 구름기둥으로(출 13:21-22; 14:19-20) 인도받았다. 바로 이 구름이 주님 재림에 대한 빛나는 징조이다.

c. 변화는 이 영광스러운 징조의 또 다른 실례이다. 마태복음 17:5절에 밑줄을 그어라.

d. 주께서 구름을 타고 가신 그대로 구름을 타고 오실 것이다. 그가 다시 오실 때, 우리는 하나님의 택하신 목적의 완전한 영역을 다 알게 될 것이다. 창세기에서 시작된 것이 요한계시록에서 그 완성과 궁극적인 종말을 발견하게 된다.

C. 그리스도께서 도적같이 임하심

1. 예수님께서 밤에 도적같이 돌아오실 것이다.

a. 요한계시록 1:7에서 요한은 "볼지어다. 그가 구름을 타고 오시리라. 각 사람의 눈이 그를 보겠고…"라고 했다. 그것은 모든 사람이 같은 시간에, 같은 형태로 그를 보게 된다는 의미가 아니다. 그가 밤에 도적같이 오실 때에 그를 볼 사람들이 있을 것이다. 그가 권세와 심판으로 오실 때에 그를 볼 사람들이 있을 것이다. 그러나 각 사람이 그를 볼 것이다.

b. 그가 몰래 오심은 "좋은 진주"인 교회를 취하시기 위함이다(마 13:45-46). 하나님께서 이 땅 위에서 가지신 가장 귀한 것은 그리스도의 신부 곧 구원받은 자들인 교회이다.

c. 예수님께서 도적같이 조용히 오실 것이다. 요한계시록 3:3에 밑줄을 그어라. 그가 도적같이 오셔서 옷을 더럽히지 아니한 "몇 명"을 불러내신다. 4, 5절을 읽고 그 분류에 유의하라. 예수님께서는 아버지 앞에서 그 이름을 시인하실 수 있는 자들을 취하실 것이다.

d. 마태복음 24:42-44에도 동일한 사상이 나와 있다.
마태복음 24:43을 적어 보라. ______________________

____

e. 데살로니가전서 5:1, 2, 4에도 동일한 서술이 나와 있다.
데살로니가전서 5:2를 적어 보라. ______________________

____

4절에 밑줄을 그어라. 바울이 "형제들아"라고 하는 것은 교회에 대한 말이다.

f. 요한계시록 16:15에도 동일한 말씀이 언급한다. "보라 내가 도둑 같이 오리니."

g. 데살로니가전서 4:13-18에 나와 있듯이 그는 교회를 위하여 오신다. 이 만남은 공중에서 이루어질 것이다. 구원받은 자들만 무덤 밖으로 불러 내임을 받을 것이다. 살아 있는 성도들도 그들과 함께 공중에서 주를 만나게 될 것이다. "어떤 자들은 데려감을 당하고, 어떤 자들은 버림을 당하게 될 것이다." 오직 믿는 자들만 데려감을 당할 것이며, 믿지 않는 자들은 버림을 받게 될 것이다. 데살로니가전서 4:15-17에 밑줄을 그어라.
바울은 "주의 말씀으로 너희에게 이것을 말하노니"고 했다(살전 4:15). 무엇을 의미하는가? 그는 예수님께서 요한복음 14:3에서 "내가 다시 와서 너희를 내게로 영접하여 나 있는 곳에 너희도 있게 하리라"고 하신 그 말씀을 의미하고 있다. 예수님께서는 그를 믿는 자들, 곧 그의 한 부분인 자기 백성들에 대하여 말씀하시는 것이다.

2. 그리스도의 은밀한 부르심은 그리스도의 유형적 인물들과 가르침을 통해 제시된다.

a. 믿음으로 에녹은 죽음을 보지 않고 옮겨졌으니 하나님이 그를 옮기심으로 다시 보이지 아니하였느니라. 그는 옮겨지기 전에 하나님을 기쁘시게 하는 자라 하는 증거를 받았느니라(히 11:5).

Note

b. 그와 같이 교회는 "불러내심을 받은" 무리인 에녹과 같이 "옮겨진" 자들이다.

c. 노아 시대에도 동일한 모습을 볼 수 있다. 누가복음 17:26에 밑줄을 그어라. 세상 사람들은 마시며 조롱할 때에 하나님께서 노아를 방주로 불러 들이셨다(창 6, 7장). 하나님께서 노아를 심판 전에 불러내셨다.

d. 롯의 시대에도 동일한 일이 일어났다(눅 17:28–30). 하나님께서는 롯이 빠져 나오기 전까지 소돔을 심판하시지 않았다(창 19:22). 그와 같이, 주께서는 그의 백성들을 위하여 몰래 오실 것이다. 그는 오실 것이다. 그러나 그때는 하나님 아버지 외에는 아무도 모른다(마 24:36).

D. 그리스도께서 모든 사람이 알도록 오실 것이다.

1. 그의 성도들과 함께 그리스도께서 땅에 임하실 것이다.

a. 예수님께서는 공개적으로 임하실 것이다. 보라 주께서 그 수만의 거룩한 자와 함께 임하셨나니(유 1:14). 거룩한 자들은 주께서 밤에 도적같이 임하실 때 주께서 받아주신 자들이다. 그들은 교회이다.

b. 그리스도께서 승천하신 후에 첫 메시지는 천사가 전했다. 너희 가운데서 하늘로 올려지신 이 예수님은 하늘로 가심을 본 그대로 오시리라(행 1:11).

c. 동정녀에게서 태어나시고, 십자가에서 돌아 가셨던 그 예수님께서 다시 오실 것이다. 그는 감람산을 떠나셨다. 그는 우리 눈에 보이도록 감람산으로 돌아오실 것이며, 그의 발이 그 곳에 설 것이다. 스가랴 14:4에 밑줄을 그어라.

2. 예수님께서는 왕으로 다시 오실 것이다.

a. 그 날에 여호와께서 천하의 왕이 되시리니(슥 14:9).

b. 예수님께서는 그의 재림에 대해 상세하게 말씀하셨다(마 24:4–31).

재림의 징조

- 거짓 그리스도들(5절)
- 전쟁과 전쟁의 소문(6절)
- 기근, 질병, 지진(7절)
- 성도들에 대한 핍박--거짓 선지자들(9–11절)
- 온 세계에 복음이 전파됨(14절)
- "다니엘이 말한바 멸망의 가증한 것"(15절)

이것들은 예수님께서 재림하시게 되는 징조들이다. "멸망의 가증한 것"은 적그리스도인 짐승

Note

에 대해 말하는 것이다(지난 과에서 공부했다). 여기서 예수님께서는 적그리스도에 대한 진리를 그들과 우리에게 가르치기 위해 다니엘의 이야기를 사용하셨다(단 9:27). 예수님께서는 적그리스도와 "대환난"의 시작에 관해 경고하신다(마 24:15-26).

c. "인자"의 임하심은 번개가 동편에서 나서 서편까지 번쩍이는 것과 같을 것이다(마 24:27). 마태복음 24:29에 밑줄을 그어라.

d. 그리고서 예수님께서는 그가 다시 오실 것이라고 말씀하신다.
마태복음 24:30을 적어 보라. ______________________________

____

예수님께서는 그 상황의 개요를 말씀해 주셨으며 권세와 큰 영광으로 돌아오실 것이라고 우리에게 말씀하셨다. 우리는 그의 말씀에 대해 의문을 가질 권리가 없다. 사건의 순서에 유의하라. 곧 재림의 징조들, 환난, 왕으로 임하심의 순서이다.

e. 그는 "만왕의 왕이요, 만주의 주"(계 19:16)로 오실 것이다. 그의 재림은 요한계시록 19:11-16에 생생하게 묘사되고 있다. 요한계시록 19:11, 16에 밑줄을 그어라.
예수님께서는 온 땅위에 왕으로 임하실 것이며 "각 사람의 눈이 그를 보겠고 그를 찌른 자들도 볼 것이요 땅에 있는 모든 족속이 그로 말미암아 애곡할"것이다(계 1:7). 우리는 이것을 51과에서 계속 공부할 것이다. 여기서 우리는 재림에 관하여 단지 윤곽만 더듬었다. 그러나 그것이 당신으로 하여금 말씀을 더욱 깊이 연구하게 할 것이다.

복습

그리스도의 재림은 하나의 사실이다. 인간 타락 후의 첫 약속은 그의 재림에 관한 것이다. 구약에 나타난 마지막 약속은(말 4:2) 그의 재림에 관한 것이다. 신약에 기록된 최초의 언급은 천사가 요셉과 마리아에게 주께서 육체로 임하실 것에 대해 말한 것이다(마 1:18-23). "주 하나님께서 그 조상 다윗의 왕위를 그에게 주시리니 영원히 야곱의 집을 왕으로 다스리실 것이며 그 나라가 무궁하리라"(눅 1:32-33). 예수님께서 못박히시기 전의 마지막 말씀도 "내가 다시 와서"(요 14:3)라는 말씀이었다. 그리스도께서 승천하실 때에 천사가 했던 말도 "이 예수님은 하늘로 가심을 본 그대로 오시리라"는(행 1:11)말이었다. 성경의 마지막 약속은 "내가 진실로 속히 오리라”(계 22:20)는 말씀이다.

예수님께서는 그의 몸인 그의 교회를 자기에게로 데려 가시기 위해 도적 같이 몰래 임하실 것이다. 그는 하나님의 영광의 표적인 구름을 타고 오실 것이다. 그는 왕으로 온 땅을 다스리시기 위해 공개적으로 임하실 것이다. 성도들은 주와 함께 주의 나라에서 다스리기 위해 주와 함께 임하게 될 것이다. “주 예수여 오시옵소서.”

예습

1. 시편 2:1–12; 72:1–10, 이사야 2:1–5; 11:1–16; 35:1–10; 65:18–25, 예레미야 23:5–8; 30:1–9, 스가랴 12:10–14; 14:9–21, 마태복음 24:27–30; 25:31, 누가복음 1:32–33, 사도행전 3:20–21, 고린도전서 15:24–28, 요한계시록 19:17–21; 20:1–10을 읽어 보라.
2. 그리스도의 재림에 대한 당신의 기록을 복습하라.
3. 새로운 진리를 배울 때마다 성경에 표시해 보라.

Week 51
왕과 그의 나라

Ⅰ. 서론

세계는 그 어느 때 보다도 평화에 대해 더 많이 언급하고 있다. 그러나 세계의 나라들이 평화에 대해 토의할 때에, 그들은 열광적으로 전쟁 준비를 하고 있는 것이다. 모든 뉴스 프로그램과 신문들은 평화에 관한 항목들로 가득 차 있다. 글이나 말로 전해지는 동일한 뉴스들이 또한 전 세계의 나라가 비축한 무기들에 대해 말하고 있다. 우리들의 마음속에는 질문이 남게 된다. 곧 "세상이 진정한 평화를 알고 경험하게 될 때가 과연 있을까?"하는 질문이다(렘 8:11, 15). 세상은 왕이신 예수님께서 그의 왕국을 이 땅 위에 세우실 때까지는 결코 참된 평화를 경험하지 못할 것이다.

천국은 요한계시록 20장에서 언급한 그 시기에 임한다. 성령께서는 "천년"이라는 단어를 한 장에서 여섯 번이나 반복하여 사용함으로써 그 시간의 길이를 강조했다. 어떤 사람은 이것을 "천년 왕국"이라고 부른다. 이러한 말은 성경에 사용되고 있지는 않지만, 영적인 진리이다. 그 단어는 일천이라는 의미의 "밀레"(mille)와 해(年)라는 의미의 "아눔"(annum)의 두 라틴어로 되어 있다. 그래서 밀레니엄(millennium)은 천년을 뜻한다. 그 단어는 신학자들과 또 다른 사람들에게 잘못 이해가 되어서 "붉은 깃발"이라는 의미가 되기도 했다. 천년에 대한 강조가 성경에 여섯 번이나 나와 있다. 어떤 선입견을 가지고 있든지 간에, 성경을 공부하는 사람은 하나님께서 그것을 의도적으로 강조하셨다는 사실을 받아 들여야 한다.

천년에 대한 더 적합한 용어는 "천국"이다. 이것은 그 연수에 대해 논쟁할 주제가 되어서는 안 될 것이다. 주께서는 사탄이 이런 귀중한 진리를 취하여 사람들로 하여금 성경에서 사용하지 않은 "천년 왕국"이란 단어에 혼돈하고, 의견이 나누이기를 꾀할 것을 아셨음에 틀림없다. 그리하여 "천년"이라는 단어를 여섯 번씩이나 사용하셨던 것이다. 우리는 여기서 "천국"이라는 말을 사용하도록 하겠다.

Ⅱ. 중요한 성경 구절

시편 2:1-12; 72:1-10, 이사야 2:1-5; 11:1-16; 35:1-10; 65:18-25, 예레미야 23:5-8; 30:1-9, 스가랴 12:10-14; 14:9-21, 마태복음 24:27-30; 25:31, 누가복음 1:32-33, 사도행전 3:20-21, 고린도전서 15:24-28, 요한계시록 19:17-21; 20:1-10.

Ⅲ. 핵심 진리

천국이라는 말은 마태복음에 약 32번 정도 사용되고 있다. 마태는 그리스도를 왕으로 나타내고 있기 때문에 이것은 적합한 일이다. 천국은 그리스도의 초림부터 그 왕국의 마지막 때까지이다. 예수님께서 그의 초림 시 왕으로서 배척 당하셨을 때, 천국은 연기 되었으며, 그는 영광 가운데로 올라 가셨다. 예수님께서는 "천국의 비밀"에 관하여 마태복음 13장에 말씀하셨다. 예수님께서 다시 오실 때에, 그는 왕으로 오실 것이며, 그의 나라를 천년 동안 다스리실 것이다. 구약과 신약은 한권의 책인데, 그것은 우리 주님의 나라에 대해 이야기하고 있다.

Ⅳ. 중요한 진리: 왕과 그의 나라

A. 천국에 대한 선포

1. 신약에 나타난 천국에 대한 증거
   a. 많은 성경들이 그리스도의 재림과 그가 평화의 시대로 이 땅을 지배할 것을 말씀하고 있다. 구약에서는 350번 이상, 신약에서는 320번 이상 그의 재림과 이 땅 위의 평화와 의의 나라를 세우실 사실에 대해 언급한다.
   b. 세례 요한은 천국이 "가까이 왔다"고 알렸다.
   마태복음 3:2를 적어 보라. ____________________
   ____
   c. 예수님 자신도 천국이 "가까이 왔다"고 알리셨다.
   마태복음 4:17을 적어 보라. ____________________
   ____
   d. 열두 제자들도 천국이 "가까이 왔다"는 것을 알렸다.
   마태복음 10:7을 적어 보라.____________________
   ____

Note

e. 70명의 제자들도 예수님으로부터 보내심을 받아 천국이 "너희에게 가까이 왔다"고 알렸다(눅 10:9).

2. 천국에 대한 구약의 증거

a. 예수님께서는, 구약의 선지자들이 예언했듯이, 처음에는 왕국의 왕이 되시기 위해 오셨다. 왕과 그 나라는 실제적이며, 말 그대로 일 것이며, 사실이 될 것이다. 신약에서의 언급은 실제 왕이신 예수님께서 실제 그의 백성인 이스라엘에게 나타나신 것에 대하여 이야기하는 당시 사람들에 의하여 이루어진 것이다. 그 언급들은 구약에서의 하나님의 계시와 하나님 아들의 성육신에 근거하고 있다.

b. 이사야는 그의 책 전체를 통하여 하나님 나라에 대해 서술한다. 이사야 2:2, 4에 밑줄을 그어라.

이사야 9:7을 적어 보라. ______________________________

____

이사야 11:6-7, 11에 밑줄을 그어라.

c. 예레미야도 천국에 대해 말했다.

예레미야 23:5를 적어 보라. ______________________________

____

예레미야 23:3, 6에 밑줄을 그어라.

d. 하박국 2:14를 적어 보라. ______________________________

____

e. 스가랴도 그 나라에 대해 말했다.

스가랴 14:9를 적어 보라. ______________________________

____

이 몇 구절들은 이스라엘에 왕으로 임하시는 예수님 그리스도 안에서의 하나님의 목적을 입증하기에 충분하다.

B. 왕의 나타나심

1. 성경에 나타난 그 왕은 누구인가?

a. 우리가 하나님의 말씀에서 볼 때 이 땅 위에 하나님 나라를 세우는 하나님의 계시된 목적이 나타난 것을 볼 수 있다. 하나님께서는 결코 이 목적을

벗어나시지 않으신다. 그것은 성경 전체를 통해 나타나 있다.

b. 구약에서는 메시아에 대한 예언적인 초상화가 있다. 신약에서는 그 메시아 왕에 대한 역사적인 초상화가 나타난다.

c. 그는 약속된 여자의 후손인 메시아이다. 구약에서는 그가 생생하고 분명하게 나타난다.

- 창세기 3:15에 보면, 그는 여자의 후손이 될 것이다.
- 창세기 9:26에서는 그가 셈의 후손으로 오실 것으로 되어 있다.
- 창세기 12:1–3에서는 그가 아브라함의 자손이 될 것으로 나타나 있다.
- 창세기 17:19에 보면 그는 이삭의 후손이 될 것이다.
- 창세기 28:14–15에 보면, 그는 야곱의 후손이 될 것이다.
- 창세기 49:10에서는, 그가 유다 지파에 속하게 될 것이다.
- 사무엘하 7:12, 16에서는 그가 다윗의 자손이 될 것이다.
- 시편 89:3–4; 35–37에서는 다윗 자손의 왕위는 영원히, 무조건적으로 계속될 것이다.
- 예레미야 33:17–26에서는, 그 무조건적인 약속이 재확인 된다.
- 이사야 11:1, 2, 10에서 그것이 재확인된다.

2. 그 왕은 하나님의 아들이다.

a. 성경은 예수님이 왕이시라고 분명하게 말하고 있다.

- 이사야 7:14; 9:6–7에서, 그는 하나님으로부터 탄생할 자라고 되어 있다.
- 누가복음 1:31–33, 35에서 이사야의 예언이 이루어졌다.
- 미가서 5:2에서 그의 출생지가 미리 알려졌다.
- 마태복음 2:1–2에서 미가의 예언이 이루어졌다. 그는 "유대인의 왕"으로 태어나셨다.
- 다니엘 9:26에서, 그는 끊어져 없어질 것이나, 그분 자신이 없어지는 것은 아니다. 그분은 죄에 대한 희생제물로 돌아가실 것이다.
- 시편 22편에서, 그 죽음이 상세하게 묘사한다
- 이사야 53장에, 그리스도의 죽음이 다시 묘사한다.
- 시편 16편에, 그의 부활에 대한 예언이 나와 있다.
- 사도행전 2:25–28에서, 베드로는 그 예언을 인용하며 그의 부활과 높이 올라가심을 선언한다.

• 누가복음 19:11-15에서, 예수님께서는 "그들은 하나님의 나라가 당장에 나타날 줄로 생각"했기때문에, 비유를 말씀하셨으며, 그가 떠나시는 사실을 말씀하셨다.

• 사도행전 15:13-18에서, 그의 나라와 그의 재림이 언급되어 있다.

b. 이 모든 성구들에 언급된 왕은 우리 주님이신 예수님 그리스도이다. 그는 실제 왕이신 참 왕이시다. 그는 상징적인 인물이 아니고, 눈에 보이는 왕이 되실 것이다.

Note

C. 천국의 현현

1. 천국이라는 말은 신약의 용어이다.

a. 천국이라는 말은 마태만이 사용하고 있는데, 32번의 다른 경우에 사용하고 있다. 예를 들자면:

• 마태복음 4:23; 5:19, 20, 35; 6:10; 7:21; 8:11; 9:35; 10:7; 11:11; 13:11, 19, 24, 31, 33, 38, 44, 45, 47, 52; 16:19, 28; 18:1, 3, 4, 23; 19:12, 14, 23, 28; 20:1, 21; 22:2.

b. 천국은 시간과 공간이 제한되어 있다. 그 시간은 그리스도의 초림부터 그리스도 왕국의 마지막까지다. 그 범위는 모든 기독교의 영역이다. 이제 그것을 설명해 보기로 하자.

예수님께서는 왕으로 오셨다. 유대인들은 왕으로서의 그를 배척했다(요 1:49; 18:33; 19:19-22). 그는 버림받은 왕으로 죽었다가 장사지 낸 바 되었다가 다시 사셨다. 그 나라는 연기 되었으며, 예수님께서는 마태복음 13장에서 천국의 비밀에 대해 말씀하셨다. 그는 자신이 아버지께로 돌아가실 것을 아셨다. 그의 승천과 재림 사이의 기간이 바로 "미스테리온"(musterion) 곧, "교회의 비밀"이다(46주에 공부했다).

2. 이 땅에서의 하나님의 목적

a. 그 나라가 있을 것인가? 행 1:6에서 제자들은 주님께 물었다. "주께서 이스라엘 나라를 회복하심이 이 때니이까"하고 물었다. 예수님께서는 "때와 시기는 너희가 알 바 아니요"(행 1:7)라고 하셨다.

b. 성경은 예수님께서 다시 오셔서 그의 나라를 세우실 것이며, 우리들은(교회-구원 받은 자들) 그와 함께 다스릴 것이다(딤후 2:12; 계 1:6, 5:10).

c. 그리스도의 신부인 우리들은 "하나님의 상속자요, 그리스도와 함께 한 상속자"(롬 8:17)가 될 것이다.

D. 천국의 존속기간

1. 천국

a. 예수님께서는 "만왕의 왕이요 만주의 주"(계 19:11–16)로 재림하실 것이다.
요한계시록 19:16을 적어 보라. ______________________________
____

b. 그는 "능력과 큰 권세로 구름을 타고"오실 것이다. 아마겟돈 전쟁이 끝날 때에 예수님께서는 다윗의 왕위를 완전히 장악하게 되실 것이다. 이 전쟁은 마태복음 24:27–31, 요엘 3:9–13, 스가랴 14:1–4, 요한계시록 16:13–16; 19:17–19에 설명되어 있다. 이 전쟁은 그리스도와 적그리스도 사이의 투쟁이다. 이것은 여자의 후손과 싸우는 뱀의 후손이다(창 3:15).

c. 적그리스도와 거짓 선지자의 운명(계 19:20). 그들은 "산 채로 유황불 붙는 못에 던져지게" 된다.

d. 이방 나라들에 대한 심판(마 25:31–46) 그리고 이스라엘에 대한 심판(겔 20:33–38).

e. 사탄은 밑이 보이지 않는 구덩이에 1,000년 동안 갇히게 될 것이다. 요한계시록 20:2를 적어 보라. ______________________________
____

2. 성경에 나타난 그 나라의 기간과 그 기간에 대한 반복되는 언급

a. 천국은 1,000년 동안 지속될 것이다. 이 진리를 어떻게 거부할지를 아신 성령께서는 요한계시록 20장에 그 기간을 여섯 번이나 반복하신다.

- 요한계시록 20:2
- 요한계시록 20:3
- 요한계시록 20:4
- 요한계시록 20:5
- 요한계시록 20:6
- 요한계시록 20:7

성경의 이 구절들에 밑줄을 그어라.

b. 천국은 그리스도께서 만왕의 왕이 되시는 1,000년 동안의 기간이다. 세상이 평화를

알 수 있는 유일한 길은 평화의 왕께서 평화의 도시인 예루살렘에 돌아오시는 것이다. 예루살렘은 "평화의 터전"이라는 의미이다. 우리는 예수님살렘의 평화를 위해 기도해야 한다(시 122:6–8). 예수님께서 다시 오실 때 예루살렘에 평화가 임할 것이다.

Note

시편 2:6을 적어 보라. ______________________________

____

시편 2:7–9에 밑줄을 그어라.

c. 왕에게 모두가 절대적으로 복종할 것이며 "모든 무릎이 주께 꿇을 것이요 모든 입이 예수님 그리스도를 주라 시인할"것이다(사 45:23, 롬 14:11, 빌 2:10–11).

d. 그리스도는 철장으로 다스리실 것이다(시 2:9; 46:9, 사 2:4).

E. 천국 시대의 상황들

1. 이스라엘은 모든 나라의 첫째가 될 것이다.

이스라엘은 첫째가 되고, 지금과 같이 꼬리가 되지 않을 것이다(신 28:13, 사 61:5, 슥 8:23).

2. 교회가 천국 기간 동안 통치하게 될 것이다(딤후 2:11–12, 살전 4:17, 고전 6:2–3).

주께서 계신 어떤 곳에서든 우리들 교회가 그와 함께 있게 될 것이다. 우리들은 천사와 세상을 다스리며 심판할 것이다. 위의 성구에 밑줄을 그어라.

3. 사탄은 1,000년 동안 갇히게 될 것이다(계 20:2).

적그리스도와 거짓 선지자는 사탄보다 먼저 불 못에 던져지게 될 것이다(계 19:20).

4. 세상 나라들은 주를 경배하게 될 것이며, 그렇지 않은 자에게는 비를 내리지 않을 것이다(슥 14:16, 17).

5. 왕국 시대 동안의 인간의 영적 상태

인간성은 결코 변화되지 않는다. 그리스도에 대한 전 세계적인 경배가 있을 것이다. 그러나 그것은 어떤 사람들에게 있어서는 가장된 복종일 것이다. 만약 그 하나님의 나라가 예수님을 믿는 자들로만 이루어졌다면 이 기간 동안 어디서 죄가 나오겠는가?(사탄은 이 기간 동안 매임을 받는다는 사실을 기억하라). 그들은 살아있는 동안 고난에서부터 놓여난 구원받은 부모에게서 태어난다(히 8:11).

사탄이 1,000년 후에 잠시 동안 풀려날 때에(계 20:2–3), 그는 그리스도를 멸망시키려는 마지막 노력의 우두머리가 될 것이다. 주를 경배하는 척했던 사람들은 사탄을 따를 것이다. 사탄은 그 모든 노력에 실패하여 그의 마지막 운명인 불 못에 던져질 것이다(계 20:10).

6. 그 기간 동안 인간의 육체적 상태

생명이 길어질 것이며, 어떤 사람들은 므두셀라만큼(969년) 혹은 그 이상 살게 될 것이다. 건강이 좋아지고, 장수하고, 고통이 없을 것이다(사 35:5-6). 주를 공공연히 반역한 자들 이외에는 이 시기에 죽는 자가 없을 것이다. 그리스도를 계속 부인하면 그는 죽게 될 것이다(사 65:20).

7. 이 왕국 기간 동안 자연의 상태

피조물들이 회복될 것이다. 더 이상 기근과, 질병과, 지진이 없을 것이다. 사 32:15, 35:1, 65:18-25에 밑줄을 그어라 동물들도 주님께서 만드셨던 그 상태로 돌아간다는 사실에 유의하라(사 11:6-9, 65:25).

F. 하나님께 바쳐진 나라

1. 그 나라는 하나님께 바쳐진다.
    - a. 그 나라의 마지막에 그리스도께서 만물을 그의 발 아래 복종케 하시고, "그 나라를 아버지 하나님께 바칠" 것이다(고전 15:24).
    - b. "하나님이(삼위-아버지, 아들, 성령) 만유의 주로서 만유 안에 계실" 것이다(고전 15:28).
2. 하나님의 나라는 영원할 것이다.
    - a. 하나님의 나라는 영원히 계속된다(시 103:19, 단 4:3).
    - b. 영원한 보좌가 "하나님과 어린양"- 예수님의 것이다(계 22:1).

복습

왕이신 예수님, 그리고 그의 나라는 실제로 있으며, 사실적이며, 성경의 기록 그대로이다. 천국은 땅 위의 예수님 나라이다. 그는 통치하실 것이며 왕 중 왕, 만유의 주로서 다스릴 것이다. 신구약 성경은 그 왕국 시대를 제시하고 있다. 우리가 성경을 성경으로 해석할 때 그것을 변명할 길이 없다. 교회는 예수님 앞에 불리워 나갈 것이다(살전 4:13-18, 살후 2:1-7). 스가랴 14:4-7을 다시 읽어 보라.

예수님께서 그의 나라를 세우시기 위해 오실 때 그리스도의 신부인 교회는 그리스도와 함께 있게 될 것이다. 교회인 우리들은 그와 함께 다스릴 것이다(딤후 2:12, 계 5:10). 스가랴 14:5를 읽어 보라. "모든 거룩한 자들이" 예수님과 함께 감람산으로 돌아간다는 예언을 유의하라. 당신이 구원받았다면 하나님의 후사요, 그리스도와 함께 한 후사이다. 당신이 "거듭났다면" 당신은 하나님의 나라에 있을 것이다. 당신이 "거듭나지 않았다면" 당신은 영원한 지옥의 운명과 심판을 직면하게 될 것이다. 요한계시록 22:17에서 당신은 "성령과 신부가 말씀하시기를 오라" 하시는 말씀을 읽게 된다. 이 마지막 초청은 하나님과 성령 그리고 교회와 신부로부터 오는 것이다. 삼위일체 하나님과 그리스도의 신부인 몸의 모든 지체들이 "오라" 하신다.

Note

예습

1. 이사야 65:17; 66:22-24, 베드로후서 3:7-13, 요한계시록 21-22를 읽어 보라.
2. 왕과 그의 나라에 관한 당신의 기록을 복습하라.
3. 새로운 진리를 배울 때마다 성경에 표시해 보라.

Week 52

새 하늘과 새 땅

Ⅰ. 서론

사도행전 7:49를 보면 스데반은 산헤드린에서 "주께서 이르시되 하늘은 나의 보좌요 땅은 나의 발등상이니"라는 선지자 이사야 말씀을 인용한 것을 볼 수 있다. "하늘"이라는 말은 기쁨, 축복, 평화, 조화, 영광의 기쁨 등을 생각하게 한다. 또한 우리의 마음에도 하늘은 행복, 재결합, 기대, 정적을 의미하는 모든 개념들과 연관되어 있다. 그렇기 때문에 우리는 최고의 기쁨과 미를 표현하고자 할 때에 "하늘의 것"이라는 형용사를 사용하곤 한다.

"하늘"이라는 말은 성경에 거의 600번 사용되었다. 성경에 600번 사용되는 가운데 하늘들의 하늘이나 셋째 하늘에 관해서는 아주 조금 밖에 언급되어 있지 않는다. 하나님께서는 그의 말씀 가운데 우리에게 계시해 주시지 않은 것들이 있다. 그러기에 우리는 하늘의 영광에 대한 계시를 다 알 수 없다. 하늘은 너무나 영광스럽고 너무나 훌륭하기 때문에 이 땅위의 장막에서는(육체) 하늘 집에 대한 완전한 묘사를 다 깨달을 수가 없다. 그것이 우리를 압도하지는 않을 것이다. 감추어진 일은 우리 하나님 여호와께 속하였거니와 나타난 일은 영원히 우리와 우리 자손에게 속하였나니 이는 우리에게 이 율법의 모든 말씀을 행하게 하심이니라(신 29:29).

Ⅱ. 중요한 성경 구절

이사야 65:17; 66:22-24, 베드로후서 3:7-13, 요한계시록 21-22장.

Ⅲ. 핵심 진리

모든 사람들은 전능하신 하나님께서 준비하신 두 장소 중 어느 곳에서든지 영원을 보게 될 것이다. 성경에 의하면, 모든 사람이 영원히 살 것인데 천국에서나 지옥에서, 주님과 혹은 사탄과 그렇게 살 것이라고 한다. 미래의 우리의 거처에 대하여, 가능한 한 할 수 있는 것을 배우는 것은 참으로 지혜로운 일이다. 우리에게는 하나님께서 우리가 천국과 지옥에 관하여 알기를 원하신다고 말해 주는 책이 있다. 이 공부는 천국에 초점을 맞출 것이다.

Note

Ⅳ. 중요한 진리: 새 하늘과 새 땅

A. 새 하늘(계 21:1-8)

1. 성경은 세 가지 하늘에 관하여 말씀하고 있다.
   a. 히브리 원어에는 "하늘"에 대해 사용된 세 단어가 있다. 헬라어에도 세 가지가 있다. 이 여섯 단어가 우리 성경에는 "하늘"로 번역되어 있다.
   b. 세 히브리어와 세 헬라어는 다음과 같은 사실을 나타낸다.
      - 우리가 살고 있는 대기의 하늘
      - 해, 달 등의 혹성계의 하늘
      - 하나님의 처소인 하늘의 하늘
2. 하늘을 잠깐 볼 수 있었던 사람
   a. 단지 소수의 사람만이 하늘을 잠깐 볼 수 있었다. 모든 경우마다 그들은 그 환상에 압도되었다.
   b. 바울은 셋째 하늘을 잠깐 보았으며 고린도후서 12:1–9에서 그 환상을 묘사하고 있다.
   고린도후서 12:2를 적어 보라. ______________________________

   ____
   c. 스데반은 하늘에 들어가기 바로 전에 하늘을 보았다. 예수님께서 그를 맞으시려고 서 계시는 그 하늘의 환상은 스데반의 전체를 변형시켰다. 산헤드린 공회가 스데반에게서 본 것이 사도행전 6:15에 기록되어 있다.
   스데반이 영광 중에 본 것이 사도행전 7:54–60에 기록되어 있다. 55절, 56절에 밑줄을 그어라.
   d. 사랑받던 사도인 요한은 한번 잠깐 보는 것 이상으로 하늘을 보았다. 그의 계시에서, 요한은 예수님 그리스도를 보았으며 "그의 발 앞에 엎드러져 죽은 자 같이"되었다(계 1:17). 요한은 하늘로 올라갔으며, 거기서 그는 보좌와, 보좌에 앉으신 분, 하늘의 아름다움과, 24장로, 주의 천사들을 보았다. 요한계시록 4:1–11을 읽어 보라. 그리고 가장 핵심 되는 구절을 적

어 보라.

다시, 요한은 하늘의 문이 열린 것을 보았으며, 예수님께서 왕의 왕, 주의 주로서 오시기 위하여 하늘을 떠나시는 것을 보았다(계 19:11-16).

3. 하늘은 하나의 장소이다

a. 하늘은 단순히 하나의 상태나 정서, 혹은 상징이 아니라 하나의 일정한 장소이다. 그것은 실제적이며 문자 그대로의 장소이다. 그곳은 예수님께서 십자가에 달리시기 전에 말씀하셨던 곳이다.

요한복음 14:2를 적어 보라.

b. 성도들의 "시민권"은 하늘에 있다.

빌립보서 3:20을 적어 보라.

4. 하늘의 도서관

a. 하늘은 한 종류의 많은 책들과 전체 내용이 다른 한 권의 책을 가지고 있다. 많은 책들이란 구원받지 못한 사람들의 모든 말과 행위를 기록한 책들을 가리킨다. 예수님께서는 이 사실을 마태복음 12:36과 누가복음 12:2-3에서 지적하셨다.

b. 그 책은(단수) "생명책"이다. 이 책에는 모든 구원받은 자들의 이름들이 기록되어 있다.

요한계시록 20:12를 적어 보라.

5. 하늘은 안식의 장소이다.

a. 하늘은 안식과 평화의 장소이다. 누가복음 19:38에 밑줄을 그어라.

b. 그곳은 완전한 안식의 장소이다. 이 세상에 있는 모든 시련과 수고로부터 안식하는 곳이다.

요한계시록 14:13을 적어 보라.

6. 하늘은 완전한 만족의 장소이다.

a. 하나님과 그리스도께서 그곳에 계심으로 말미암아 모든 근심은 사라지고 필요한 모든 것은 채워지게 된다.

b. 그곳에는 하나님께서 영광 가운데 자기 백성을 위하여 하시는 일곱 가지가 있다(계

21:3-4).

- "하나님이 저희와 함께 거하심"
- "그들의 하나님이 되심"
- "모든 눈물을 그 눈에서 닦아 주심"
- "다시 사망이 없음"
- "애통하는 것이 없음"
- "곡하는 것이 없음"
- "아픈 것이 다시 있지 아니하리니 처음 것들이 다 지나갔음이러라"(새 하늘과 새 땅에 대한 우리의 공부에서 우리는 어떻게 땅과 하늘이 새로워지는 가를 알아야 한다.)

Note

B. 새 땅, 구속, 회복

1. 요한의 말은 처음 하늘과 땅이 소멸된다는 것을 의미하는가?
   a. 요한은 "또 내가 새 하늘과 새 땅을 보니 처음 하늘과 처음 땅이 없어졌고" 라고 했다(계 21:1).
   b. 요한의 말은 위의 하늘이 다 무너지고, 하나님께서 다른 하늘과 땅을 창조함으로 이 혹성이 사라진다는 것을 의미는가? 아니면 하나님께서 같은 땅과 하늘을 구속하시고, 새롭게 하시고 정결케 하심을 의미하는가?
2. "새"라는 말은 구원, 회복을 말한다.
   a. 왜, 누구나 그 말씀을 믿는가 첫째는, 하나님께서 이 일들을 묘사하시는 확실한 단어들의 의미 때문이다. 요한계시록 21:1에는 "처음 하늘과 처음 땅이 없어졌고"라고 기록되어 있으며, 동일한 단어가 신약에서 자주 언급되고 있다. 헬라어에서 "파레르코마이"(parerchomai)라는 단어의 일차적인 뜻은 폐기나 소멸을 의미하지 않고 한 장소나 종류가 다른 것으로 바뀌는 것을 의미한다.
   b. 헬라어의 제일 주요한 의미를 예를 들어 설명해 보겠다. 예를 들자면, 배가 바다를 "파레르코마이" 한다는 것은 수평선 너머로 지나가는 것을 의미한다. 그것은 배가 소멸된다는 것을 의미하지 않는다. 또 하나의 예를 들자면, 한 사람이 문을 "통과하면" 다시 그를 볼 수 없다.
   그러나 그것이 그 사람의 존재가 소멸된 것을 의미하지는 않는다. 헬라어에 있어서 제일 주요한 첫 번째 의미는 그러하다. 요한이 "처음 하늘과 처음 땅이 없어졌고"라고 할 때에 그것들은 소멸된 것을 의미하지 않고 어떤 한 상태에서 다른 상태로 변화된 것을 의미한다. 하늘과 땅은 여기 있다. 그러나 그것들은 변화되고, 구속되고, 새로워졌다.

3. 베드로의 증거

a. "이로 말미암아 그 때에 세상은 물이 넘침으로 멸망하였으되"(벧후 3:6). 베드로는 홍수의 무시무시한 날들에 대하여 이야기했다. 하나님의 그 심판에서 "코스모스", 곧 인간의 문명화된 질서는 물이 넘쳐 소멸되었다. 그 문명화된 질서와 문화의 양상은 더 이상 존재하지 않게 되었다.

b. 그 성경 가운데 한 단어를 이해해야 한다. 곧 "멸망했다"는 말이다. 땅은 멸망하지 않았고 혹성은 소멸되지 않았다. 그러나 베드로는 "그때 세상은 물의 넘침으로 멸망하였으되"라고 했다. 그 의미는 "코스모스"–문명화된 질서를 말하며, 미와 장식의 아름다움이 더 이상 존재하지 않는다는 것을 의미한다.

c. "이제 하늘과 땅은 그 동일한 말씀으로 불사르기 위하여 보호하신 바 되어 경건하지 아니한 사람들의 심판과 멸망의 날까지 보존하여 두신 것이니라"(벧후 3:7). 베드로는 이 정결케 하는 불이 심판의 날과 경건치 못한 자들이 지옥에 가게 되는 날에 있을 것이라고 말한다.

d. 베드로는 깨끗케 하는 방법에 대하여 7절에 기록하고 있다. 그 구절에서 베드로는 하나님께서 어떻게 새 하늘과 새 땅을 만드실 것인가에 대한 가장 상세한 묘사처럼 보이는 내용을 기록한다.

이것은 이 주제에 관한한 성경에 나타난 가장 진전되고 과학적인 언급이다. 다음의 말씀은 가장 정확하고 적절한 표현이라고 생각된다. "이제 하늘과 땅은 그 동일한 말씀으로 불사르기 위하여 보호하신바 되어 경건하지 아니한 사람들의 심판과 멸망의 날까지 보존하여 두신 것이니라"

e. "불사르기 위하여"라는 언급은 땅에서 일어나야 하는 것을 말한다. 베드로는 이 모든 것을 1,900년 전에 알았지만 우리는 그것이 현실화된다는 사실을 과학적으로 안다

f. 하나님께서는 사탄과 죄에 의하여 부패해 버린 모든 것들을 정결케 하시고, 깨끗케 하시고, 구속하실 것이다. 공중의 상황은 현재 "공중 권세잡은 자"가 지배하고 있기 때문에 불로 정화될 것이다.

4. 성경의 증거

a. 성경은 우리가 땅을 유업으로 물려받을 것이라고 말한다.

시편 37:9, 11, 29, 마태복음 5:5

b. 이사야 65:17에 밑줄을 그어라.

Note

C. 새 예루살렘(계 21:10, 22:5)

1. 하나님의 하늘도성(외부)

   a. 요한은 새 예루살렘이 "하나님께로부터 하늘에서 내려오는 것"을 보았을 때 먼저 외부의 것을 묘사했다. 그 외부에 대한 묘사는 요한계시록 21:10부터 22절 전반부까지 기록되어 있다.

   b. 요한은 천사에 의해 한 크고 높은 산에으로 갔으며 그곳에서 그는 어린양의 신부(계 21:9-10)를 보았다. 그 신부는 그리스도의 신부인 교회이다.

   c. 그 도성은 모든 시대에 걸쳐 구원받은 자들의 집이다. 그 도성에는 열두 대문에 이스라엘 열두 지파의 이름이 있기 때문에 이것이 진실인 것을 안다(계 21:12). 열두 이름들은 구약의 모든 구원받은 자들을 의미한다.

   d. 요한은 열두 기초석과 그 기초석에 새겨진 어린 양의 사도들의 이름을 보았다(계 21:14).

   e. 요한은 그 성의 크기를 묘사한다(계 21:15-17). 그 성은 가로 세로 1,500마일에다 1,500마일의 높이일 것이다. 또한 기초석의 성곽은 250피트 높이일 것이다.

2. 하나님의 하늘도성(내부)

   a. 요한이 그 성에 들어 갈 때에(계 21장의 21절 중간), 그는 마치 맑은 유리 같은 정금의 거리를 보았다.

   b. 그곳에서 요한은 성전이 없는 것을 보았다. 그 이유는 주 하나님과 그리스도께서 성전이 되시기 때문이다(계 21:22). 즉 그곳에는 하나님께서 임재하시며, 휘장이나, 커튼, 그리고 의식이 필요 없다.

   c. 그 성의 조명은 하나님과 어린양 예수님의 영광에 의하여 준비된다(계 21:23-25; 22:5). 밤이 없을 것이며 그 성에는 어두움도 없을 것이다.

   d. 생명의 물이 하나님의 보좌로부터 흘러나온다(계 22:1).

   e. 생명나무의 실과가 강 양쪽에 열린다(계 22:2).

   f. 그의 종들이 하나님과 어린 양을 섬길 것이다(계 22:3). 우리도 앉아있지 않

고 그를 섬길 것이다. 에덴동산에서 하나님께서는 인간으로 하여금 그 동산을 지키도록 하셨다. 그와 같이, 우리도 하나님께서 그 성에서 하라고 주시는 일을 하게 될 것이다.

g. 우리가 그를 볼 때에 그의 이름이 우리의 이마에 있을 것이다(계 22:4). 진주문도 귀하고, 정금의 거리도, 녹색의 성곽도 귀하며, 모두가 굉장하다. 그러나 모든 것 가운데 가장 귀한 것은 영원히 주님과 함께 있게 된다는 사실이다.

h. 요한이 우리에게 말해 준 언어로서가 아니고는 그 하나님의 성을 묘사한다는 것은 불가능하다.

D. 아멘 주 예수여 오시옵소서

1. 주님의 공언

   a. 보라 내가 속히 오리니 내가 줄 상이 내게 있어(계 22:12).

   b. 요한계시록 22:16에 나타난 주님의 공언에 밑줄을 그어라.

   c. 요한계시록 22:17의 주님의 복된 초청을 적어 보라.____________________

   ____

2. 하나님 백성의 반응

   a. 예수님께서 거듭 말씀하신다. "내가 진실로 속히 오리라."

   b. 주를 사랑하는 모든 사람들의 반응은 일치해야 한다. 아멘 주 예수여 오시옵소서(계 22:20).

복습

하늘은 그를 신뢰하는 모든 자들을 위하여 예수님께서 마련하신 장소이다. 그것은 현실적인 것이며, 영원한 것이다. 그것은 언어로 다 묘사할 수 없는 것이다. 주 하나님께서는 전에도 그렇게 하셨듯이 하늘과 땅을 회복하시고 변화시키시고, 깨끗케 하실 것이다. 주님의 신부인 교회는 하늘에서 중요한 역할을 하게 될 것이다.

그곳에서, 예수님께서는 우리로 하여금 "오라"하는 위대한 초청의 초청 주체의 멤버가 되게 하실 것이다. 우리는 그를 섬기게 될 것이다. 우리는 바쁠 것이다. 이 땅에서의 예수님의 마지막 말씀은 요한계시록 22:20에 나와 있다. 우리가 인자의 음성을 다시 듣게 되는 때는, 마치 밤에 오는 도둑과 같이 그가 몰래 오셔서 그의 귀한 진주를 취하시는 때이다.

마지막 축도는 "주 예수님의 은혜가 모든 자들에게 있을지어다 아멘"이다.